★★★ 반드시 내 것으로 ★★★

#MUSTHAVE

27년 개발, 12년 강의 노하우를 담은 자바 입문서가 나타났다

이재환의 자바 Java 프로그래밍 입문

Must Have 시리즈는 내 것으로 만드는 시간을 드립니다. 명확한 학습 목표와 핵심 정리를 제공하고, 간단명료한 설명과 다양한 그림으로 학습 효과를 극대화합니다. 설명과 예제를 제공해 응용력을 키워줍니다. 할 수 있습니다. 포기는 없습니다. 지금 당장 밑줄 긋고 메모하고 타이핑하세요! Must Have가 여러분의 성장을 돕겠습니다.

골든래빗은 가치가 성장하는 도서를 함께 만드실 저자님을 찾고 있습니다.

내가 할 수 있을까 망설이는 대신, 용기 내어 골든래빗의 문을 두드려보세요.

apply@goldenrabbit.co.kr

이 책은 대한민국 저작권법의 보호를 받습니다.
일부를 인용 또는 재사용하려면 반드시 저자와 골든래빗(주)의 동의를 구해야 합니다.

우리는

가치가 성장하는

시간을

만듭니다.

추천의 말

이 책은 원고 단계에서 베타 리딩을 진행했습니다. 보내주신 의견을 바탕으로 더 좋은 원고로 만들어 출간합니다. 참여해주신 모든 분께 감사드립니다.

자바 프로그래머

프로그래밍 자체가 처음인 분이나 환경 설정만 하다가 힘이 빠지신 분에게 도움이 될 책입니다. 스터디를 하면서 초보자에게 프로그래밍을 가르쳐 준 적이 있는데, 만약 이 책이 있었다면 이 책으로 진행했을 겁니다. '처음부터 코딩이 가능하고, 실제 동작하는 예제들이 있어서 지루하지 않은 이 책이 있었다면 스터디에 큰 도움이 되었을 텐데'하는 생각이 드네요.

이호훈 TVING 프로그래머

화려한 표현보다는 간결한 정리로 중요한 내용만 쏙쏙 전달해주는 안내자 같은 책입니다. 프로그래밍 입문자뿐만 아니라 다른 프로그래밍 언어를 다뤄본 적 있는 분에게도 추천합니다. 프로그래밍 기초 개념을 자바로 풀어놓았기 때문에 도움이 많이 됩니다. 다른 책보다 넓은 범위를 다루기 때문에 기존에 자바를 다루고 있지만 다시금 정리가 필요한 분들에게도 도움이 될 겁니다.

송종근 《이것이 iOS다》 저자

프로그래밍 입문자

기초부터 탄탄히 기초체력부터 채워간 좋은 기본서입니다. 꼼꼼하게 여러 가능성을 코드와 설명으로 풀어줍니다. 어려운 용어보다는 현실과 가까운 용어로 설명합니다. 마치 멘토를 실제로 만나서 듣는 듯한 설명이 와닿습니다. 헷갈리는 개념은 무조건 다 집어주고, 배운 내용으로 만들 수 있는 프로젝트가 소소한 재미를 선사합니다. 초보자를 겨냥한 프로젝트 책을 출간해 주시면 꼭 읽어 볼 거 같습니다.

강은혜 University of the Potomac 학생

자바라는 언어를 꺼리는 사람 또는 자바를 잘 모르는 사람에게 추천합니다. 이 책은 재밌고 깊게 자바를 알려줍니다. 그래서 기초를 탄탄하게 잡을 수 있을 거라 확신합니다.

제정민 대구소프트웨어고등학교 학생

타 언어 프로그래머

초보자 눈높이로 설명했지만 완전 말랑말랑한 책은 아닙니다. 실제 자바 수업을 현장에서 듣는 듯한 느낌을 받았습니다. 단순히 코드를 따라 치는 수준이 아니라 컴퓨터 작동 원리, 알고리즘 같은 컴퓨터 과학도 함께 배울 수 있습니다.

송진영 프로그래머

자바라는 언어는 자칫 어려워 보일 수도 있지만, 대한민국의 자바 사랑에는 다 이유가 있습니다. 이 책을 통해 코딩에 입문하게 된다면 코딩을 하는 즐거움뿐 아니라, 자바라는 언어의 기초도 탄탄하게 익힐 수 있을 겁니다.

최규민 서울대학교 데이터 사이언티스트

자바 인기가 떨어지는 요즘 가뭄에 단비 같은 책입니다. 자바로 프로그래밍에 입문하는 분들께 추천합니다. 자바를 통해서 어플리케이션을 어떻게 개발하는지 알 수 있습니다.

최희욱 프로그래머

저자와 3문 3답

Q 취준생이 자바를 선택해야 하는 이유가 있을까요?

웹과 모바일 개발을 생각한다면 자바로 결론지을 수 있습니다.

특히 우리나라에서는 공공기관이나, 금융, 통신, 유통 등 대부분의 업무 영역에서 자바로 시스템을 구축하여 사용합니다. 그렇기에 구인 수요도 다른 언어에 비해 훨씬 많습니다. 우리나라에서 자바 언어는 프로그래밍의 기초 체력과 같습니다.

Q 자바 언어의 특징을 알려주세요.

자바는 변수, 상수, 함수(메서드) 개념과 각종 연산자, 표현식 개념이 있으며 객체지향 개념을 가지고 있습니다. 버전 8에 함수형 개념이 도입되면서 현대적 언어의 모든 요소를 가지고 있게 되었습니다.

Q 자바로 개발할 수 있는 분야를 알려주시겠어요?

흔히 볼 수 있는 웹 사이트 개발뿐만 아니라, 기업에서 사용하는 ERP나 웹 앱 등이 자바를 베이스로 하는 프레임워크를 이용하여 만들어집니다. 그리고 안드로이드 앱 개발도 자바로 하게 됩니다. 빅데이터 관련한 플랫폼인 하둡 자체도 자바로 개발되어 있습니다. 이처럼 자바는 특정 분야에 국한되어 사용되지 않고 아주 다양한 분야에서 널리 사용되고 있는 프로그래밍 언어입니다.

숫자로 보는 책의 특징

0 아무것도 몰라도 OK

프로그래밍을 전혀 모르는 분을 대상으로 합니다. 어려운 환경 설치 없이 웹에서 코딩을 체험할 수 있는 〈선수 수업〉으로 시작합니다.

3 가지를 챙겨드립니다

첫 코딩 뭣이 중요합니까? 27년 개발, 12년 강의 베테랑인 저자가 코딩 재미, 프로그래밍 개념 장착, 탄탄한 기본기 모두 챙겨드립니다.

3 가지 프로젝트 제공

배운 내용만으로 만들 수 있는 간단하지만 유용한 프로젝트를 제공합니다.

★☆☆☆ 계산기 만들기

★★☆☆ 정렬 알고리즘 만들기

★★★☆ 주소록 만들기

4 단계 코딩 챌린지

0단계 〈선수 수업〉으로 코딩을 손에 익힌 다음, 1단계에서 자바 기초, 2단계에서 자바 객체지향, 3단계에서 클래스 응용 프로그래밍을 배웁니다.

12 〈선수 수업〉 예제 제공

자동차를 속속들이 몰라도 차를 몰 수 있듯이, 자바 문법 모두를 몰라도 자바 프로그램을 짤 수 있습니다. 최소한의 문법을 알려드리고 손으로 타이핑하며 재미를 느낄 수 있게 12가지 예제를 담은 〈선수 수업〉을 제공합니다.

180 본문 예제

180개가 넘는 예제를 활용해 설명합니다. 책에 등장하는 예제를 하나씩 따라 할 때마다 프로그래밍 실력이 차곡차곡 쌓이도록 충실히, 때로는 그림을 활용해서 설명했습니다.

대상 독자께 드리는 편지

프로그래밍을 배운 적이 없는 초보자께

자바를 배워 프로그래밍을 하는 것은 게임을 하는 것과 비슷합니다. 보스몹을 잡기 전 공략을 숙지하고 공략에 익숙해져야 보스몹을 잡을 수 있는 것과 같습니다. 다만 프로그래밍에서는 보스몹이 좀 많습니다. 외워야 할 공략이 조금 많은 것이죠.

자신이 1렙부터 직접 키워 만렙이 된 캐릭터라면 사용하는 모든 스킬을 정확하게 알 것이고 스킬들의 연계를 쉽고 자연스럽게 할 수 있습니다. 그러나 남이 키워준 만렙 캐릭터라면 스킬들을 내가 정확히 모르기 때문에 효율적으로 사용하지 못합니다. 기술의 효과도 모를 수 있습니다.

이렇기 때문에 프로그래밍에서도 모든 예제를 직접 다 입력해보고 실행해보면서 공부를 해야 합니다. 남의 코드를 눈으로만 보거나 머리로만 생각하면 프로그래밍 실력이 늘지 않습니다.

그리고 많은 선배나 책에서 말하는 코딩 요령이 있습니다. "코딩을 할 때는 이렇게 줄을 맞춰라, 변수명은 이렇게 지어라, 메서드명은 이렇게 지어라" 등은 대체로 "이렇게 하면 누구나 보스를 잡을 수 있어"라고 하는 방식입니다. 이것이 프로그래밍에서는 문법이고 프로그래밍을 할 때의 규칙입니다. 따라만 해도 초보자한테 좋은, 선배들이 주는 경험치입니다.

저는 이 책을 통해 꼭 필요한 기술들에 대해 빠르고 쉽게 익숙해질 수 있도록 단계별로 올바른 순서를 제시할 뿐입니다. 경험치는 스스로 열심히 해야 얻으실 수 있습니다.

프로그래밍을 배웠지만 이해가 안 되고 어렵다는 프로그래밍 초보자께

프로그래밍을 공부한다는 것은 프로그래밍 언어를 배우고 이해하는 것이 아닙니다. 이해가 안 돼서 못하겠다는 것은 변명입니다. 이해가 아니고 규칙을 외우고 적용하는 익숙함의 문제이기 때문입니다.

자전거를 탈 때 어떻게 중심을 잡는지, 어떻게 페달을 밟는지 등 원리를 배우고 이해했다고 자전거를 잘 타게 되는 것은 아닙니다. 연습을 통해 익숙해져야 자전거를 잘 타게 되는 겁니다(도레미파솔라시를 배워서 안다고 연주를 잘 할 수는 없습니다. 또한 앞에서 말한 것처럼 공략을 외웠다고 보스몹을 그냥 잡을 수는 없습니다. 공략을 익혀야 하는 겁니다).

프로그래밍도 마찬가지로 이해가 아닌 익숙함이 프로그래밍을 잘하게 해줍니다. 강의를 해보니 프로그래밍이 안 되는 학생들의 공통점은 모든 것을 이해를 하려고 합니다. 규칙에 대한 이해는 규칙을 외우는 데 도움을 줄 수 있지만 모든 규칙에 이해가 필요한 것은 아닙니다. 프로그래밍은 규칙을 외우고 연습으로 익숙해져야 하는 것이고 이해가 안 된 규칙이라도 외워서 익숙해지면 프로그래밍은 할 수 있습니다.

프로그래밍에 익숙해지는 가장 좋은 방법은 여러 규칙에 대한 예제 코드를 하나 하나 직접 입력해보면서 실행해보는 겁니다. 눈으로 읽고 머리로 이해하는 것이 아닌 손을 이용한 타이핑이 여러분을 프로그래밍에 익숙해지는 가장 빠른 길로 안내해줄 겁니다.

이 책을 보는 방법

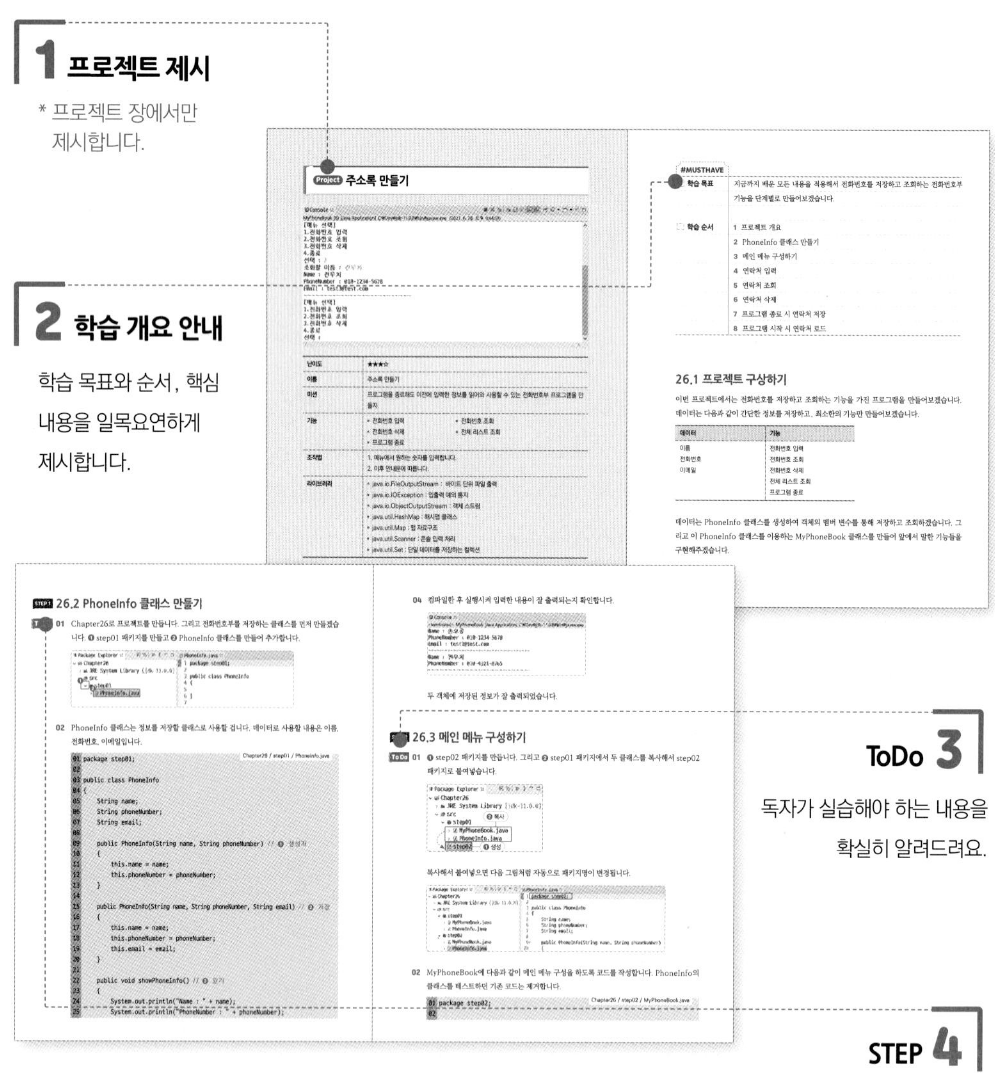

1 프로젝트 제시

* 프로젝트 장에서만 제시합니다.

2 학습 개요 안내

학습 목표와 순서, 핵심 내용을 일목요연하게 제시합니다.

ToDo 3

독자가 실습해야 하는 내용을 확실히 알려드려요.

STEP 4

길고 복잡한 내용도 길을 잃지 않게 단계별로 안내해드립니다.

개발 환경 그대로 5

이클립스와 최대한 같도록 행 번호 넣고 실행결과는 스샷으로!

학습 마무리 6

핵심 개념을 한 방에 정리해드립니다.

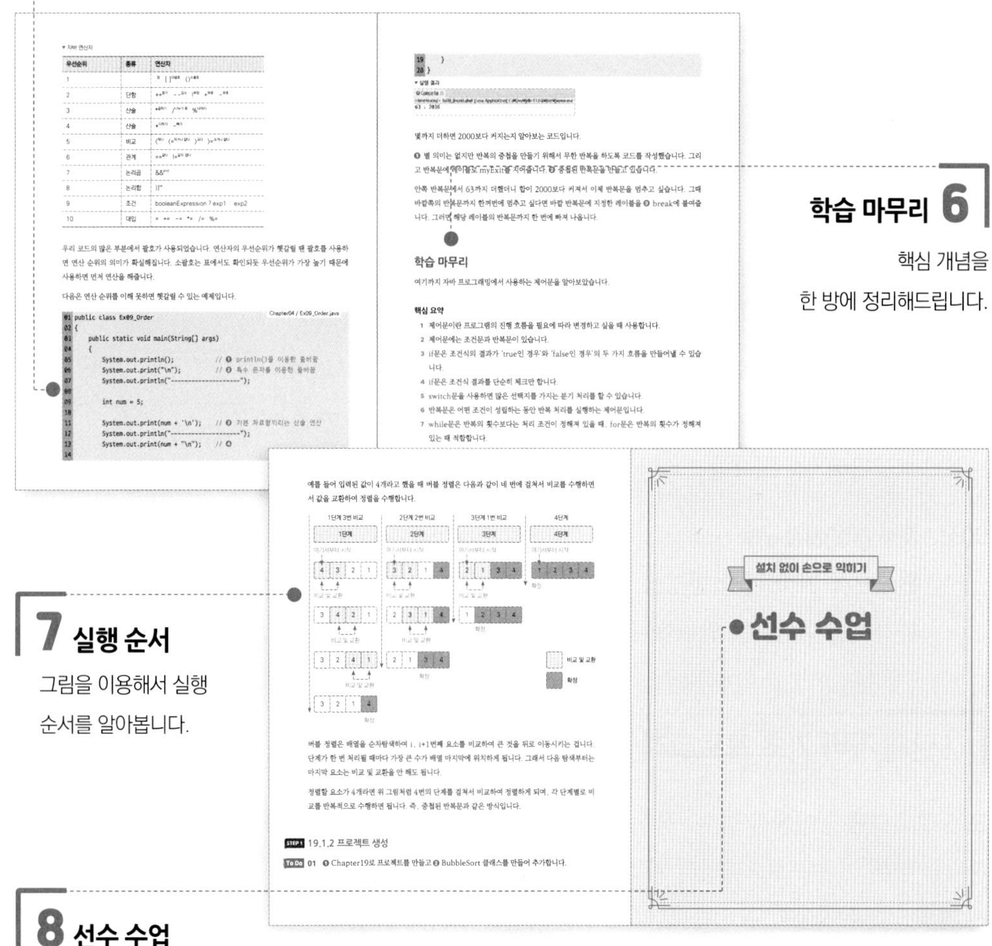

7 실행 순서

그림을 이용해서 실행 순서를 알아봅니다.

8 선수 수업

일단 해보면서 익히는 선수 수업 별책을 제공합니다.

이 책의 구성

추후 현업에서 자바로 개발하는 데 필요한 기술을 단계별로, 그리고 익히기 쉬운 순서로 예제를 통해 설명합니다. 예제를 직접 손으로 입력해서 실행해보고, 미니 프로젝트도 만들어보며 빠르고 쉽게 자바 프로그래밍을 익힐 수 있도록 구성했습니다.

초보자를 위한 쉬운 책이라는 이유로 어려운 개념을 생략하거나 모호한 용어를 사용해 억지로 외우게 하지 않습니다. 자바를 자바답게 이해하기 위해 필요하다면 어려운 개념도 다룹니다. 하지만 초보자라도 잘 이해할 수 있도록 그림과 예제를 사용해 최대한 쉽게 설명하고 있습니다.

선수 수업

자바 선수 수업은 무작정 자바 코드를 보고 실행해보면서 프로그램이 어떻게 돌아가는지 눈과 손으로 확인하고 흥미를 유발하는 데 목적을 둡니다. 다른 언어를 익힌 현업 프로그래머라면 선수 수업을 건너뛰고 0장 '로컬 환경 설치'로 이동해도 좋습니다. 프로그래밍 입문자라면 하나하나 타이핑해가며 실습하기 바랍니다.

00장 자바 개발 환경 구축

윈도우에 자바 개발 환경을 구축해봅시다. 프로그래밍 입문자를 배려해 따라 하면 개발 환경이 구축되도록 안내합니다. 예제 코드를 내려받는 방법도 알아보겠습니다.

1단계 자바 기초 프로그래밍

모든 프로그램 언어에서 변수, 상수, 자료형, 표현식, 메서드 표현은 거의 유사합니다. 여기서는 자바를 통해 이런 프로그래밍의 기초를 배우게 됩니다. 여기서 배운 기초는 모든 프로그램 언어에서 거의 그대로 사용할 수 있습니다.

01장 Hello Java World

프로그래밍 언어가 무엇인지, 자바와 JVM은 어떤 관계인지 알아봅니다. 첫 자바 프로젝트도 만들어보고 이클립스 사용법도 알아봅시다.

02장 자료형

프로그래밍을 이해하려면 하드웨어 동작 원리를 알아야 할 필요가 있습니다. 하드웨어를 제어하는 코드의 묶음이 프로그래밍이기 때문입니다. 하드웨어의 동작 이해와 함께 자료형을 배워보겠습니다.

03장 변수, 상수, 자료형의 형변환

선수 수업에서 배운 변수와 상수의 개념을 확장해봅니다. 그리고 자료형의 형변환이 무엇인지 알아봅니다.

04장 연산자

흔히 연산이라고 하면 수학 시간에 배운 사칙연산을 떠올리겠지만, 프로그래밍에서 사용하는 연산은 그외에도 다양한 종류가 있습니다. 우리가 흔히 생각할 수 있는 산술연산 외에도 대입 연산, 비교 연산, 증감 연산, 논리 연산 등이 있습니다. 자바에서 다루는 다양한 연산을 알아보겠습니다.

05장 콘솔 출력과 입력

우리는 이미 System.out.println()과 System.out.print()로 출력을 많이 해보았습니다. 그래서 출력을 간단히 정리하고, 입력을 더 살펴보겠습니다. 입력을 배우게 되면 지금까지 배운 것만으로도 재미있는 프로그램을 만들 수 있습니다.

06장 제어문

자바에서 다루는 다양한 제어문(if문, switch문, 반복문)을 알아봅니다.

07장 메서드와 변수의 사용 가능 범위

메서드를 만들고 사용하는 방법과 변수의 사용 가능한 범위를 알아보겠습니다.

08장 Project 계산기 만들기(선수 수업 업그레이드) ★☆☆☆

선수 수업 맨 마지막 단계에서 계산기를 만들었습니다. 출력된 메뉴에서 사용자가 사칙연산 중 하나를 선택하고, 다시 사용자가 입력한 값으로 계산을 수행하여 결과를 출력하고 다시 메뉴를 출력하는 계산기였습니다. 지금부터 구현할 계산기는 선수 수업에서 만든 계산기와 기능이 같습니다. 하지만 지금까지 배운 모든 내용을 적용해서 더 섬세한 프로그램으로 만들어보겠습니다.

2단계 자바 객체지향 프로그래밍

자바에서 다루는 객체지향 이론을 알아봅니다. 객체지향 4대 요소인 추상화, 캡슐화, 상속, 다형성을 자바에서는 어떻게 사용하는지 익히면서 클래스 사용 방법도 익히게 됩니다.

09장 클래스의 기초

클래스의 기본 개념을 알아보고, 클래스를 통해 객체를 생성하고 사용하는 방법을 알아봅니다.

10장 자바의 메모리 모델

자바에서 사용하는 메모리 모델의 구조를 이해하면 자바 프로그래밍에 큰 도움이 됩니다. 그러나 모든 것을 자세히 알 필요는 없습니다. 우리가 공부한 것과 연관해서 필요한 개념만 조금 이해하면 됩니다. 자바에서 사용하는 메모리 모델의 구조를 알아봅니다.

11장 스태틱의 이해

예약어 static은 변수 및 메서드, 그리고 지정한 영역에 붙일 수 있습니다. 자바 프로그래밍에서 스태틱 예약어를 붙이면 어떻게 동작하는지 직접 보면서 확인하고 이해합시다. 스태틱의 다양한 사용 방법도 알아봅니다.

12장 클래스의 상속

자바 클래스의 상속을 알아보고, 상속과 관련된 오버라이딩, 추상 클래스, 인터페이스, 다형성을 알아봅니다.

13장 패키지와 클래스 패스

클래스의 경로를 지정하는 데 사용하는 클래스 패스와 패키지를 알아봅니다.

14장 String 클래스

자바 String 클래스에서 다루는 다양한 메서드를 알아봅니다.

15장 배열

자바의 배열을 알아보고, 배열을 다룰 때 사용하는 Array 클래스를 알아봅니다.

16장 예외 처리

자바에서 다루는 다양한 예외 처리를 알아봅니다.

17장 자바의 기본 클래스

Object 클래스와 Object 클래스를 상속받아 여러 기본 기능을 제공해주는 다양한 기본 클래스를 알아봅니다.

18장 열거형, 가변 인수, 어노테이션

자바 프로그래밍을 할 때 큰 개념은 아니지만 프로그래밍을 편하게 해주는 소소한 요소들이 있습니다. 열거형, 가변 인수, 어노테이션 등이 그런 요소들입니다. 이번 장에서 가볍게 알아보겠습니다.

19장 Project 정렬 알고리즘 만들기 ★★☆☆

버블 정렬과 삽입 정렬 알고리즘을 알아보고 구현하겠습니다.

3단계 자바 클래스 응용 프로그래밍

자바 클래스에서 가장 빈번하게 사용한다고 할 수 있는 컬렉션 프레임워크를 통해 자바에서 다루는 자료구조와 사용법을 익히고, 람다식을 통해 자바에서 다루는 함수형 프로그래밍 기법을 배웁니다.

20장 제네릭

자바에서 다루는 제네릭을 알아봅니다.

이 책의 구성

21장 컬렉션 프레임워크

예전에는 자바 기본 문법을 배우고 알고리즘과 자료구조를 따로 더 배웠지만 지금의 자바에는 개발자들이 많이 사용하는 자료구조가 컬렉션 프레임워크에 구현되어 있습니다. 자바에서 제공하는 컬렉션 프레임워크를 알아봅니다.

22장 내부 클래스, 람다식

자바에서 사용하는 내부 클래스와 람다식을 알아봅니다.

23장 스트림

자바에서 다루는 스트림을 알아봅니다.

24장 입출력 스트림

자바에서 다루는 입출력 스트림을 알아봅니다.

25장 스레드

자바에서 다루는 스레드를 알아봅니다.

26장 Project 주소록 만들기 ★★★☆

지금까지 배운 모든 내용을 적용해서 전화번호를 저장하고 조회하는 전화번호부 기능을 단계별로 만들어보겠습니다.

프로젝트 소개

프로젝트를 체계적으로 확실하게 이끌어드립니다(프로젝트 특성에 따라 일부 단계를 생략하기도 합니다).

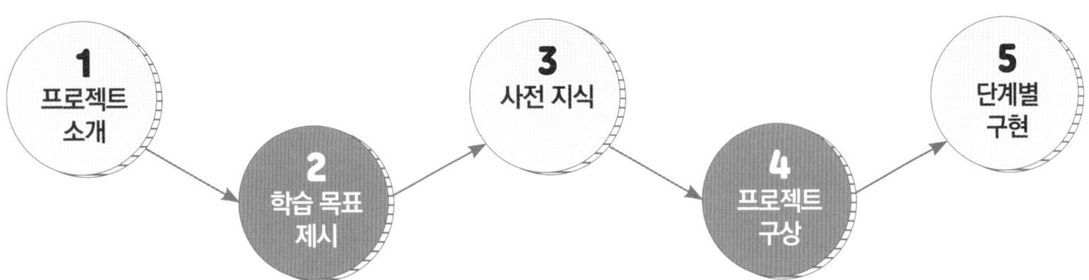

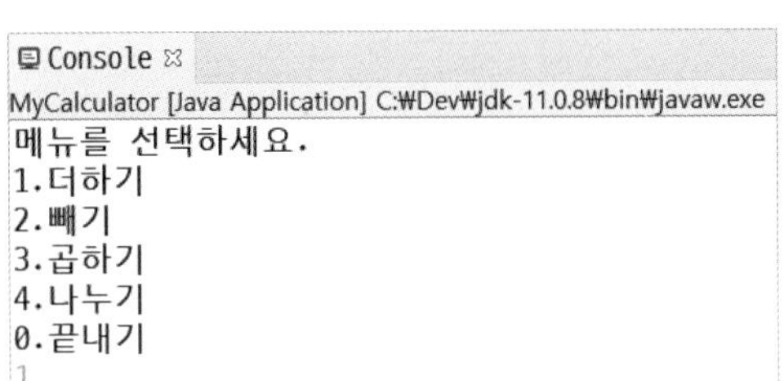

계산기 만들기 (선수 수업 업그레이드) ★☆☆☆

선수 수업 때 만든 사칙연산 계산기를 업그레이드하세요(8장).

```
Console
<terminated> BubbleSort (1) [Java Application] C:₩Dev₩jdk-11.0.8₩bin₩javaw.exe
10개의 정수를 무작위로 입력하세요.
4 3 2 6 7 5 8 1 9 10
1 2 3 4 5 6 7 8 9 10
```

정렬 알고리즘 만들기 ★★☆☆

입력된 숫자들을 정렬하는 알고리즘을 만드세요(19장).

```
Console
MyPhoneBook (6) [Java Application] C:₩Dev₩jdk-11.0.8₩bin₩javaw.exe (2021. 3. 7. 오후
[메뉴 선택]
1.전화번호 입력
2.전화번호 조회
3.전화번호 삭제
4.종료
선택 : 2
조회할 이름 : 전우치
Name : 전우치
PhoneNumber : 010-1234-6666
Email :
----------------------------------------
[메뉴 선택]
1.전화번호 입력
2.전화번호 조회
3.전화번호 삭제
4.종료
선택 :
```

주소록 만들기 ★★★☆

프로그램을 종료해도 이전에 입력한 정보를 읽어와 사용할 수 있는 전화번호부 프로그램을 만들어봅니다(26장).

목차

목차

목차

목차

목차

Chapter

00

자바 개발 환경 구축

#MUSTHAVE

□ **학습 목표**	윈도우에 자바 개발 환경을 구축해봅시다. 프로그래밍 입문자를 배려해 따라 하면 개발 환경이 구축되도록 안내합니다. 예제 코드를 내려받는 방법도 알아보겠습니다.
□ **학습 순서**	**1** JDK 설치 및 설정 **2** 이클립스 설치 및 설정 **3** 예제 코드 다운로드
□ **JAVA 개발 환경 안내**	자바를 개발하려면 자바 개발 키트Java Development Kit, JDK를 설치해야 합니다. JDK로는 OracleJDK와 OpenJDK가 있는데, OpenJDK 11을 설치하겠습니다.[1] 유료 라이선스인 OracleJDK와 달리 OpenJDK 11은 무료 라이선스이기 때문입니다(맥OS나, 리눅스 등에 설치되는 기본 버전이기도 합니다). 선수 수업에서 사용했던 콘솔창에도 OpenJDK 11이 설치되어 있었습니다. 통합 개발 환경으로는 이클립스를 사용하겠습니다.

알려드려요

이 책은 윈도우에 설치하는 방법만 다룹니다. 다른 운영체제에서는 일부 내용이 상이할 수 있습니다.

0.1 JDK 설치 및 설정

JDK 설치를 'JDK 설치→윈도우 환경 변수 등록→자바 실행 확인' 단계로 진행하겠습니다.

0.1.1 JDK 설치

OpenJDK 11을 내려받아 설치하겠습니다.

1 더 최신 버전을 선택해 설치해도 됩니다. 11 버전을 선택한 이유는 2021년 현재 실무에서 가장 많이 사용하기 때문입니다.

To Do **01** OpenJDK 다운로드 사이트로 접속합니다(OpenJDK는 오라클 홈페이지에서도 제공합니다).

- jdk.java.net

02 내려받을 버전으로 11을 선택합니다.

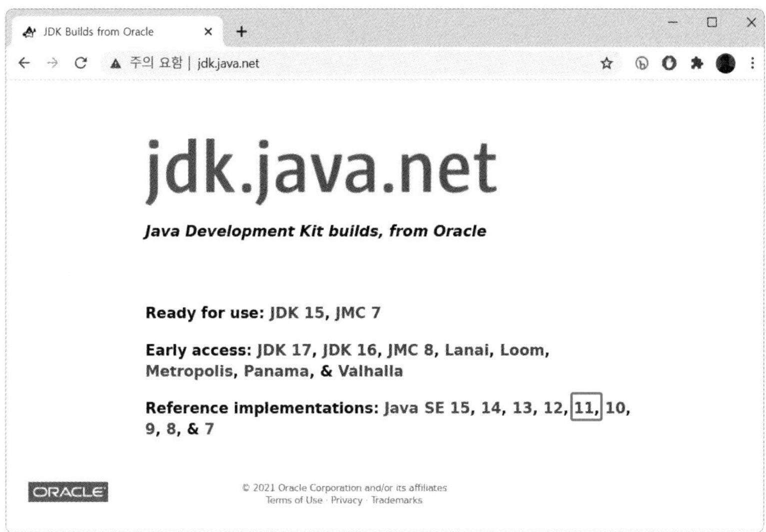

03 본인의 OS에 맞는 버전을 선택해서 다운받습니다.

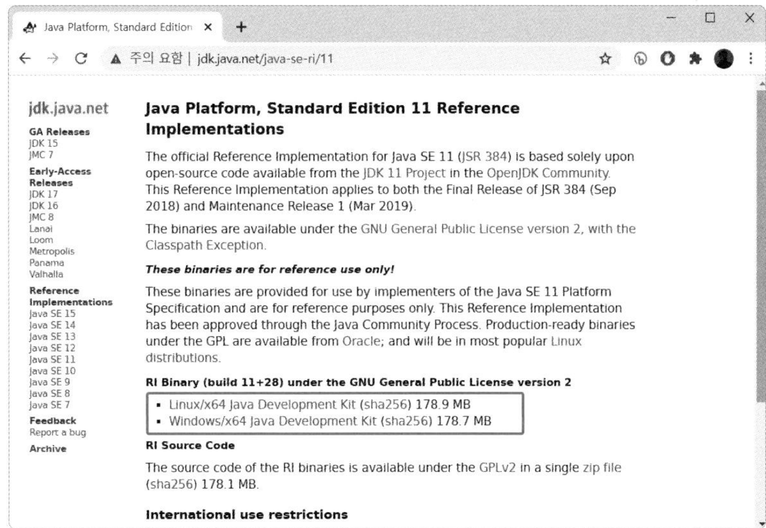

04 다운로드한 파일의 압축을 풀고 원하는 폴더로 이동시킵니다. 우리가 다운로드한 자바는 별도의 설치 과정을 진행하지는 않습니다. 저는 개발 도구를 하나의 폴더에 모아놓은 것을 선호하기 때문에 C 드라이브에 Dev 폴더를 만들고 그 하위 폴더로 압축 해제한 자바를 옮겨 놓겠습니다.

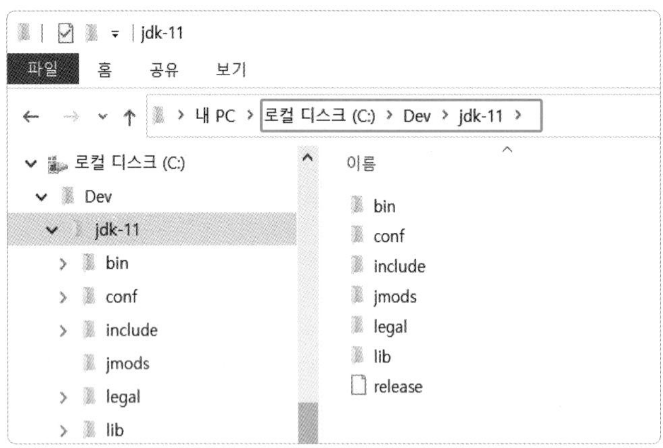

0.1.2 JDK 환경 변수 설정

윈도우 명령 프롬프트를 사용해서 컴파일하거나, 다른 프로그램에서 자바를 참조할 수 있으려면 환경 설정을 해주어야 합니다. 우리가 통합 개발 환경으로 사용할 이클립스도 자바 기반 프로그램이기 때문에 환경 설정이 제대로 되어 있지 않으면 실행되지 않습니다.

안내하는 순서대로 진행하면 어렵지 않게 환경 변수를 설정할 수 있습니다.

To Do **01** ⊞+S를 누르거나, 윈도우 검색창을 클릭합니다.

02 ❶ '시스템 환경 변수 편집'을 입력하고 ❷ 시스템 환경 변수 편집 [열기] 버튼을 클릭합니다.

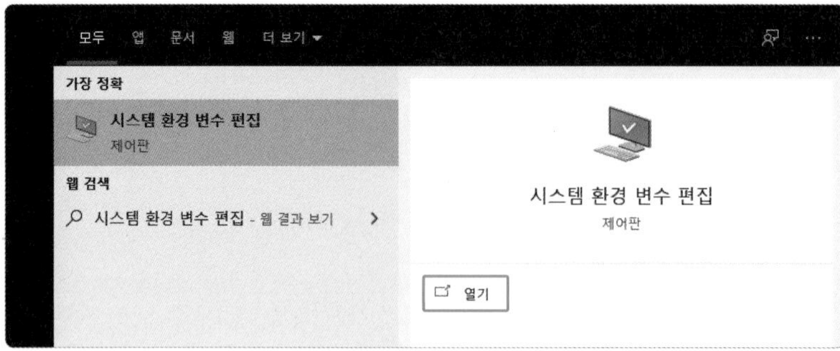

03 시스템 속성 창이 열리면 [고급] 아래쪽에서 [환경 변수(N)...]를 선택합니다.

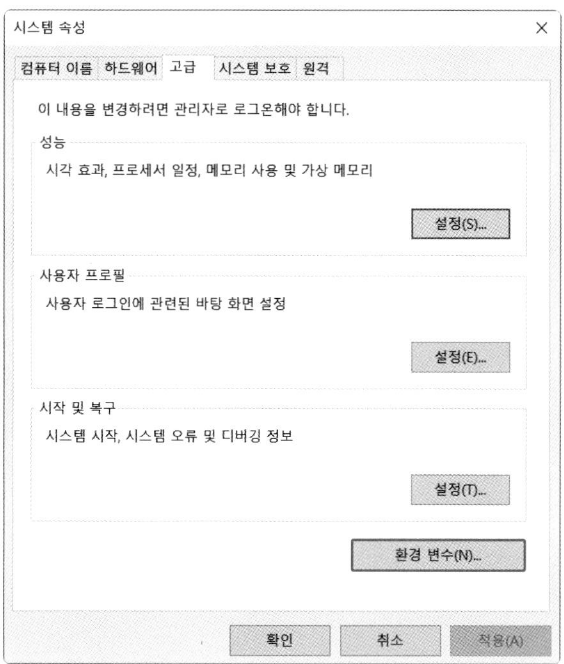

04 환경 변수 창이 열리면 환경 변수를 등록할 수 있습니다. ❶ [사용자 변수(U)]에서 ❷ [새로 만들기(N)...]를 선택합니다.

'사용자 변수'와 '시스템 변수' 선택

윈도우는 혼자 사용뿐 아니라 여럿이 사용하는 기능도 제공합니다. 그래서 윈도우가 부팅되고 나면 대기 화면에서 사용자를 선택해 로그인하게 됩니다. '사용자 변수'에 환경 변수를 등록하면 로그인한 아이디에만 해당 환경 변수가 적용되고, '시스템 변수'에 환경 변수를 등록하면 모든 사용자에게 환경 변수가 적용됩니다.

혼자만 사용할 때는 '사용자 변수'와 '시스템 변수' 중 무얼 써도 무방하나, 학교나 학원에서처럼 같은 PC를 여러 명이 사용할 때는 윈도우에 로그인하는 사용자 아이디를 여러 개 만들어 사용자를 변경해가면서 로그인하게 됩니다. 그래서 사용자가 여러 명이라면 환경 변수를 '사용자 변수'에 등록하는 것이 좋습니다.

05 환경 변수를 입력하는 창이 열리면 ❶ 변수명으로 'JAVA_HOME'을 입력하고 ❷ 변수 값으로 JDK가 있는 경로를 입력(저와 같은 위치에 설치했다면 'C:\Dev\jdk-11' 입력)합니다. ❸ [확인]을 선택합니다.

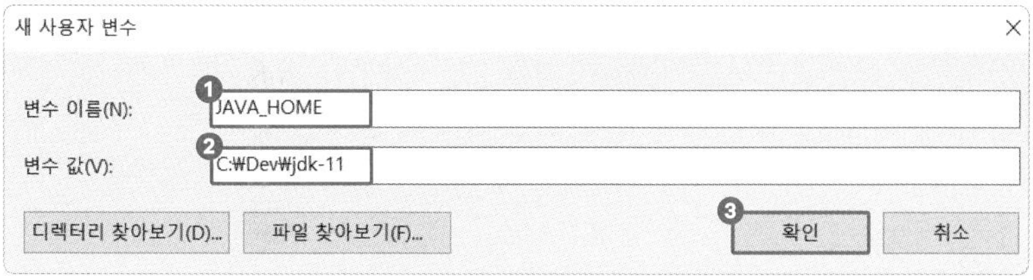

새 사용자 변수

변수 이름(N):	JAVA_HOME
변수 값(V):	C:₩Dev₩jdk-11

디렉터리 찾아보기(D)... 파일 찾아보기(F)... 확인 취소

06 [사용자 변수]에서 기존의 Path를 더블 클릭하여 환경 변수를 입력할 창을 엽니다.

환경 변수

tjoeun-jg-303에 대한 사용자 변수(U)

변수	값
CLSID	{F06AB843-A635-0A55-79A1-2CD5216414EB}
JAVA_HOME	C:₩Dev₩jdk-11
OneDrive	C:₩Users₩tjoeun-jg-303₩OneDrive
Path	C:₩Users₩tjoeun-jg-303₩AppData₩Local₩M...
TEMP	C:₩Users₩tjoeun-jg-303₩AppData₩Local₩Te...

새로 만들기(N)... 편집(E)... 삭제(D)

시스템 변수(S)

변수	값
asl.log	Destination=file
ComSpec	C:₩Windows₩system32₩cmd.exe
DriverData	C:₩Windows₩System32₩Drivers₩DriverData
NUMBER_OF_PROC...	4
OS	Windows NT

새로 만들기(W)... 편집(I)... 삭제(L)

확인 취소

07 ❶ [새로 만들기(N)]를 선택하고, ❷ JDK가 설치된 폴더에서 bin 폴더의 경로를 입력합니다(저와 같은 위치에 설치했다면 'C:\Dev\jdk-11\bin' 입력).

Tip 앞에서 입력한 JAVA_HOME 환경 변숫값을 이용하여 다음과 같이 적어 줄 수도 있습니다.
%JAVA_HOME%\bin

08 [확인]을 클릭해 창을 닫습니다.

0.1.3 자바 실행 확인

OpenJDK 환경 설정이 제대로 되었는지 확인해보겠습니다.

To Do 01 ❶ 윈도우 검색창에서 'cmd'를 입력하여 ❷ [명령 프롬프트]를 실행합니다.

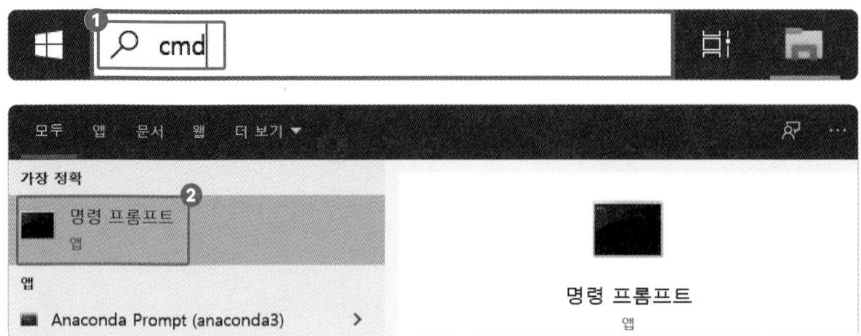

02 창이 열리면 다음과 같이 입력하고 실행을 해서 버전을 확인해봅니다.

```
javac -version Enter
java -version Enter
```

우리가 설치한 버전이 표시된다면 환경 설정이 잘 된 겁니다.

0.2 이클립스 설치

통합 개발 환경integrated development environment, IDE을 제공하는 이클립스를 설치해 자바 프로그래밍에 활용하겠습니다. 선수 수업 때처럼 일반 에디터를 이용해서 프로그램을 만들 수도 있지만 많이 불편하고 생산성도 떨어집니다. 참고로 이클립스가 자바 전용 개발 툴은 아니지만 전 세계 자바 개발자들이 애용하고 있습니다.

To Do **01** OS를 재부팅합니다. 그래야 새로 추가한 환경 설정이 반영됩니다.

02 이클립스 사이트에 접속합니다.

- www.eclipse.org

03 우측 상단 [Download]를 선택합니다.

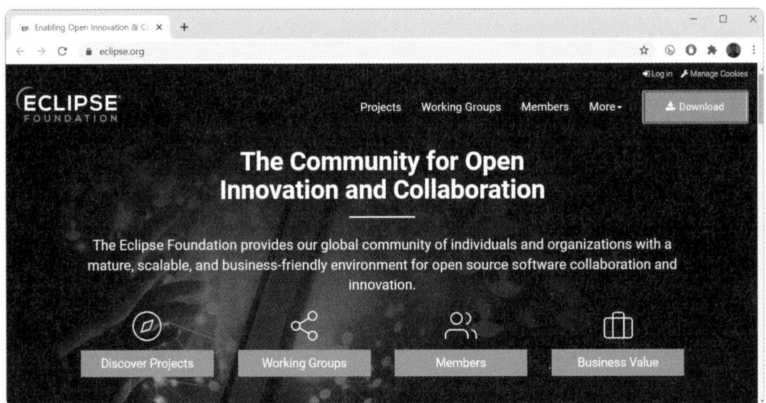

Notice 홈페이지 디자인은 변경될 수 있습니다. 화면 디자인이 변하더라도 [Download] 메뉴는 있을 것이니 주의 깊게 보고 메뉴를 선택하면 됩니다.

04 본인 OS에 맞는 이클립스를 다운로드합니다. 다운로드 버튼을 누르면 진짜로 다운로드를 할 수 있는 화면으로 이동합니다.

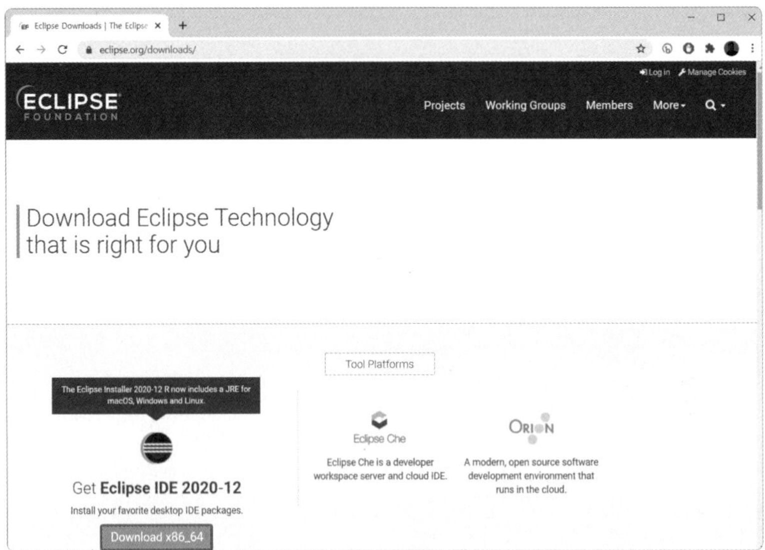

05 [Download] 버튼을 눌러 다운로드합니다.

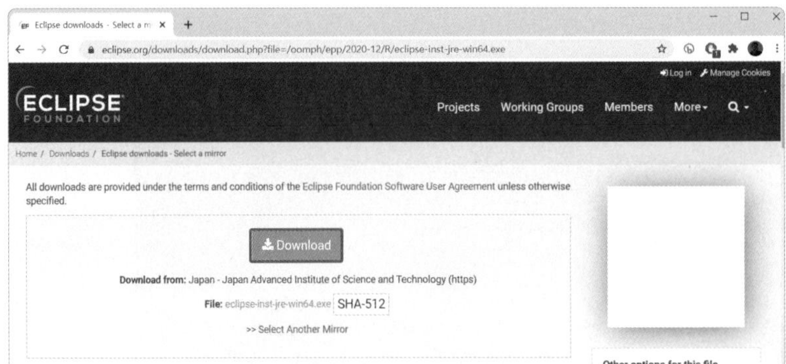

06 다운로드한 파일을 더블 클릭하여 실행하면 다음과 같은 창이 열릴 수 있습니다. 혹시 이런 창이 뜬다면 [실행(R)]을 선택하여 프로그램을 계속 실행시키세요(안 뜰 수도 있습니다).

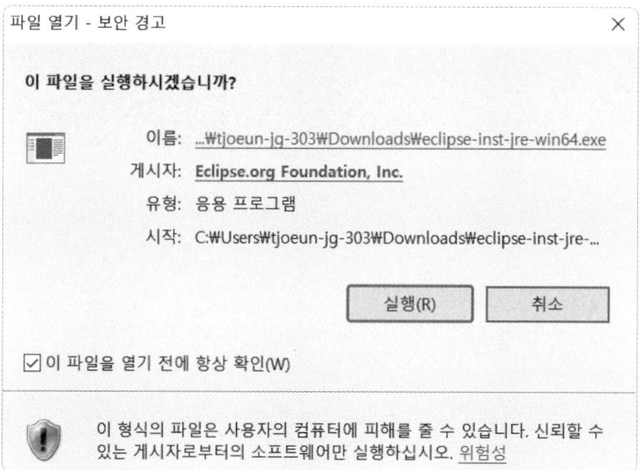

07 설치 프로그램이 실행되면 설치할 버전을 선택하는 창이 열립니다. [Eclipse IDE for Enterprise Java Developers]를 선택하여 설치합니다.

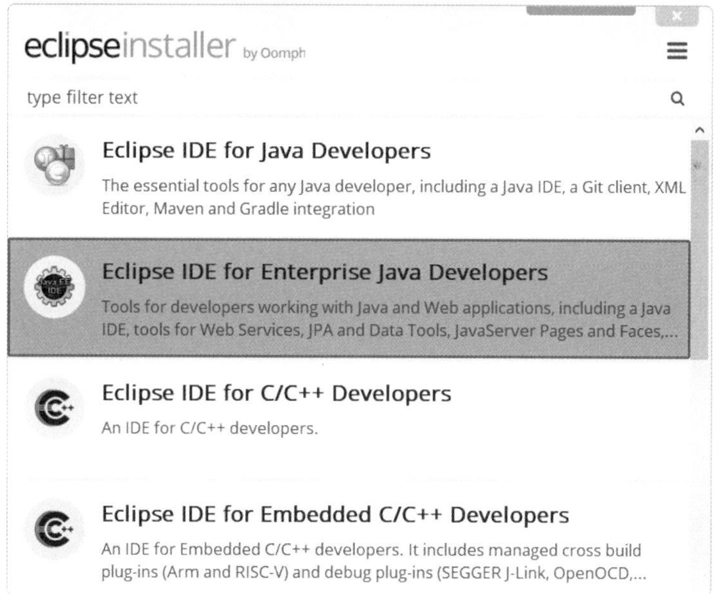

Note 순수하게 자바만 개발할 때는 [Eclipse IDE for Java Developers]를 선택해도 됩니다. 하지만 JSP/Servlet 등 웹 개발을 하려면 [Eclipse IDE for Enterprise Java Developers]를 선택하여 설치해야 합니다.

08 다음 화면에서 ❶ 'Java 11+VM'에는 앞에서 환경 변수로 등록한 JAVA_HOME이 미리 입력되어 있을 겁니다(그렇지 않다면 OS를 재부팅하거나 환경 설정이 제대로 되었나 확인하세요). ❷ 'Installation Folder'에 설치할 폴더만 입력해줍니다(저는 자바 개발에 관련된 모든 프로그램을 C:\Dev 폴더에 설치할 겁니다. 그래서 C:\Dev를 입력했습니다). ❸ [INSTALL] 버튼을 클릭합니다.

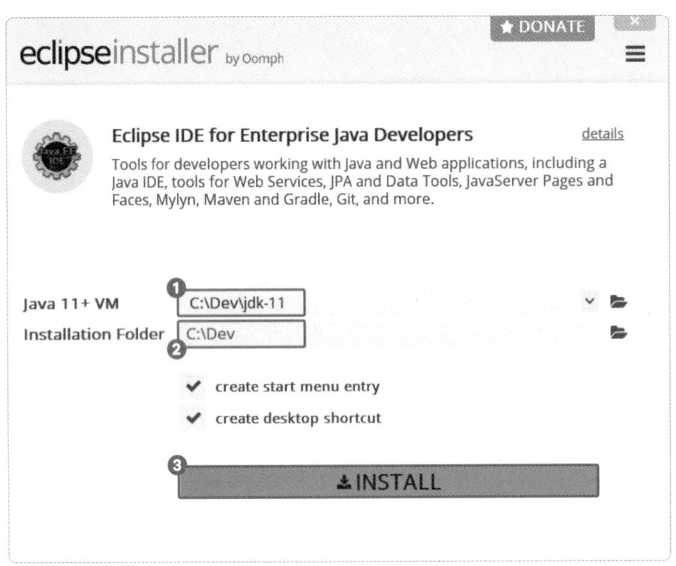

09 설치 중간에 다음 창이 뜨면 ❶ 다음과 같이 다 체크를 해주고 ❷ [Accept selected] 버튼을 클릭해 설치를 계속 진행합니다.

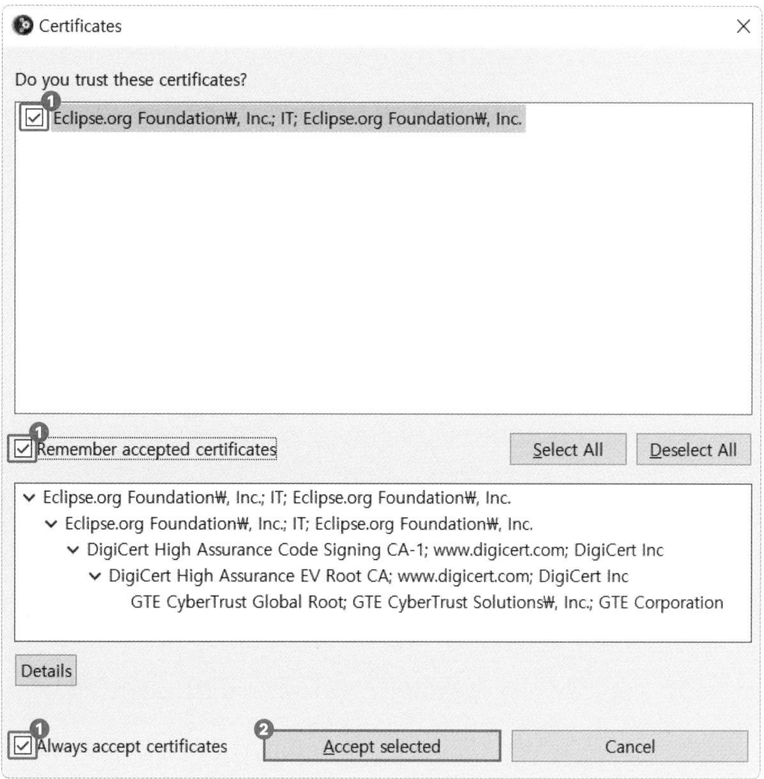

10 설치가 완료되면 [LAUNCH] 버튼을 클릭하여 이클립스를 실행시킵니다.

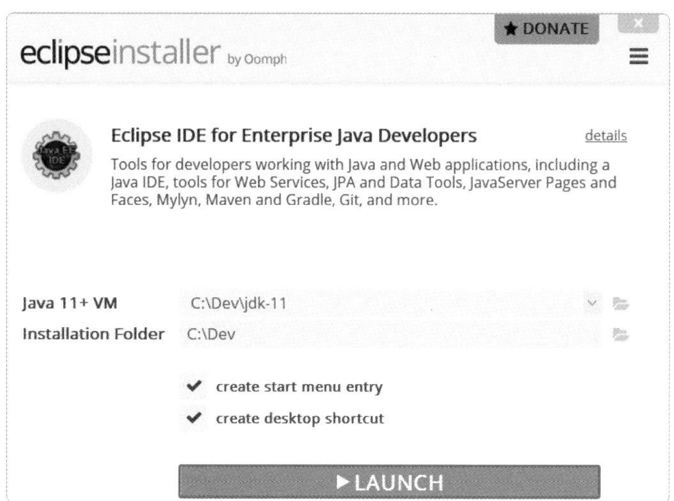

11 처음으로 이클립스를 실행하면 워크스페이스를 지정하는 창이 뜹니다. ❶ 원하는 폴더를 선택하세요(기본 경로는 윈도우에 로그인한 사용자의 문서 폴더입니다).

이클립스가 실행될 때 더 이상 워크스페이스의 경로를 물어보지 않도록 ❷ 체크 박스에 체크해주고 ❸ [Launch] 버튼을 클릭합니다.

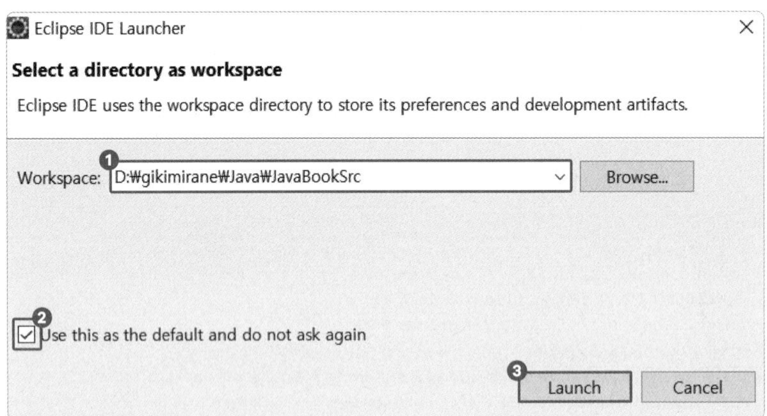

12 드디어 이클립스 IDE가 실행됐습니다. 현재 보이는 Welcome 화면은 ☒를 클릭해서 닫아줍니다.

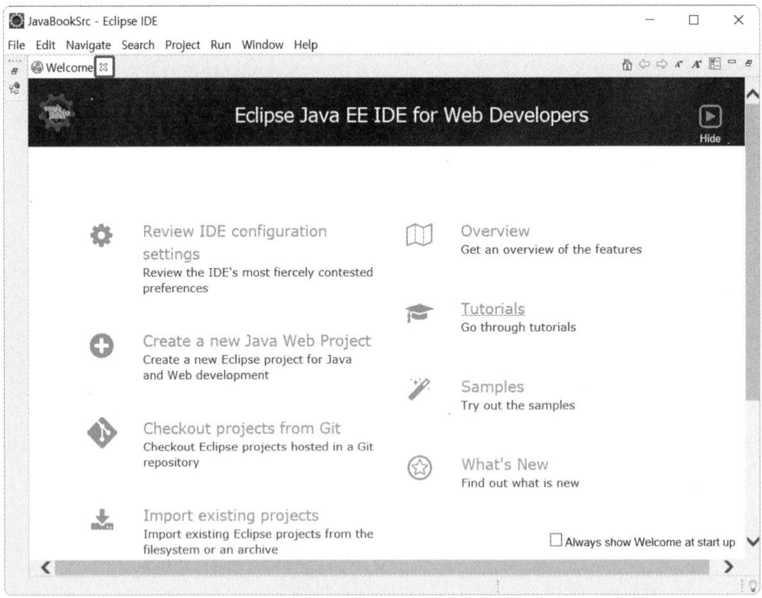

0.3 이클립스 메뉴 및 설정

이클립스를 설치했으니 자바용으로 메뉴 구성을 바꾸고, 화면 구성을 알아보고, 추가 환경 설정을 진행하겠습니다.

1 메뉴 구성 바꾸기
2 화면 구성 알아보기
3 추가 환경 설정하기

0.3.1 자바용으로 메뉴 구성 바꾸기

이클립스는 자바 개발뿐 아니라 자바 웹 개발, 다른 언어 개발에도 사용되기 때문에 개발 상황에 맞는 여러 메뉴 구성을 제공합니다. 이클립스의 메뉴 구성을 자바 개발용으로 변경하겠습니다.

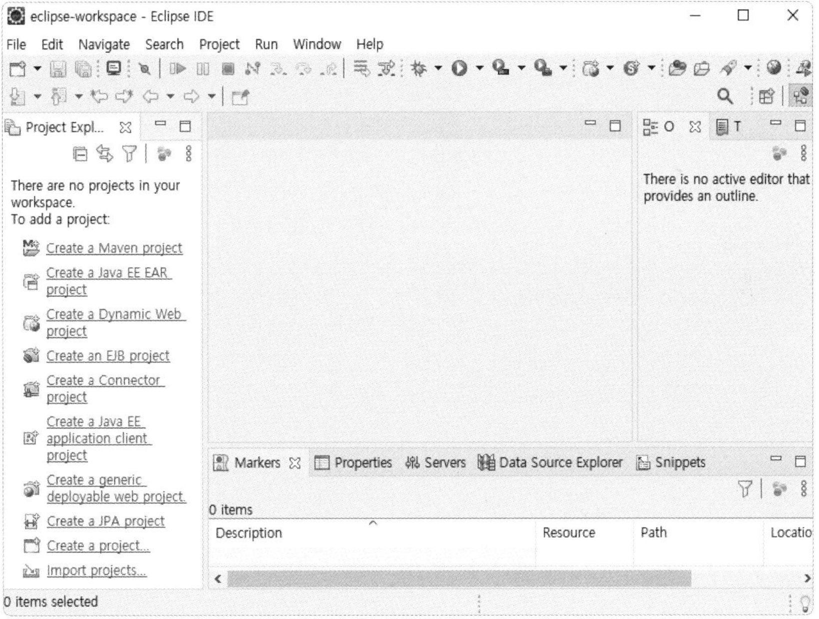

To Do 01 우측 상단의 퍼스펙티브 선택 아이콘을 클릭합니다.

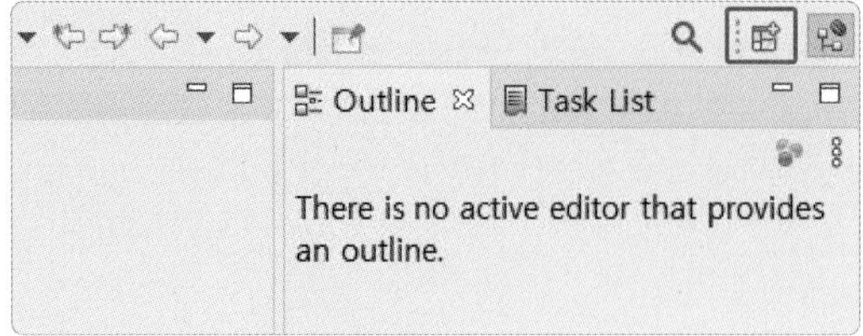

02 퍼스펙티브 창이 뜨면 다음처럼 [Java]를 선택합니다.

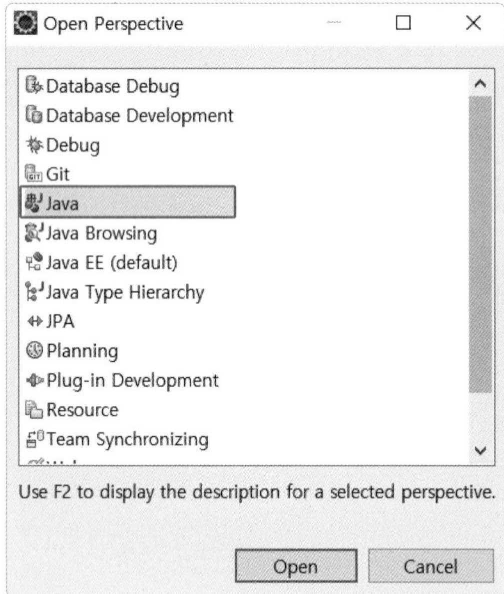

03 우측에 있는 창들은 개발 시 유용하게 사용되기도 하지만 초보자들게에는 불필요하므로 일단 창의 ⌧ 부분을 클릭해 다 닫도록 하겠습니다.

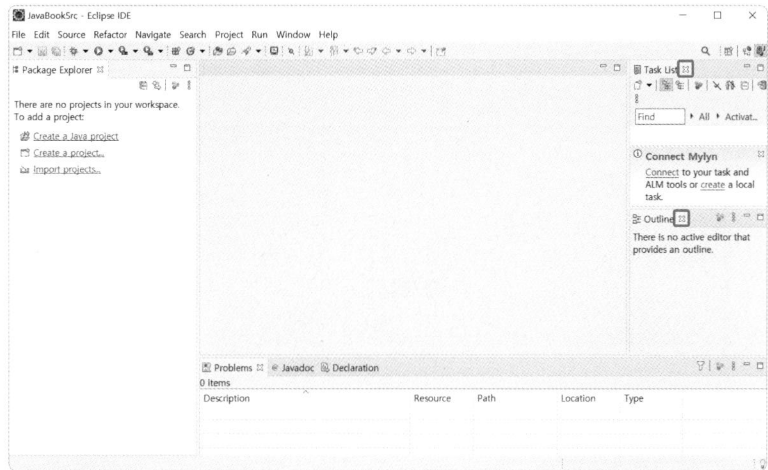

04 콘솔창은 프로그램을 작성하고 실행하면 자연스럽게 나오는 창이긴 하지만 미리 꺼내보겠습니다. 메뉴에서 ❶ [Window] → ❷ [Show View] → ❸ [Console]을 클릭해주세요.

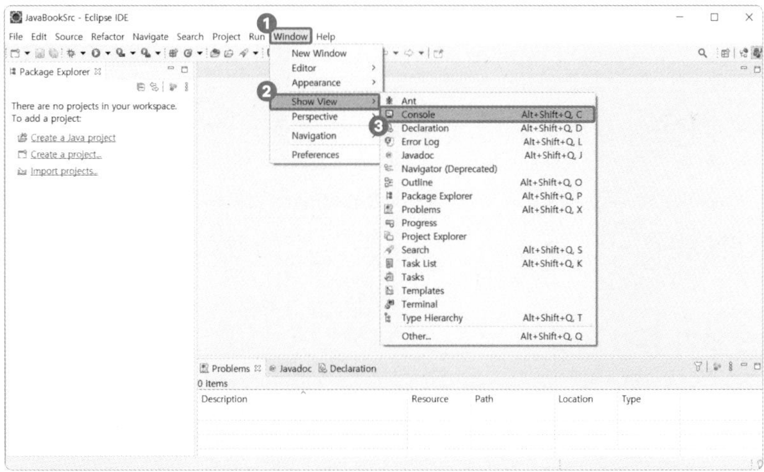

Tip 실수로 어떤 창을 닫게 되면 이 메뉴에서 닫힌 창을 선택해 다시 열면 됩니다.

0.3.2 이클립스 화면 구성 익히기

이클립스의 기본적인 화면 구성을 살펴봅시다.

▼ 이클립스의 기본 화면

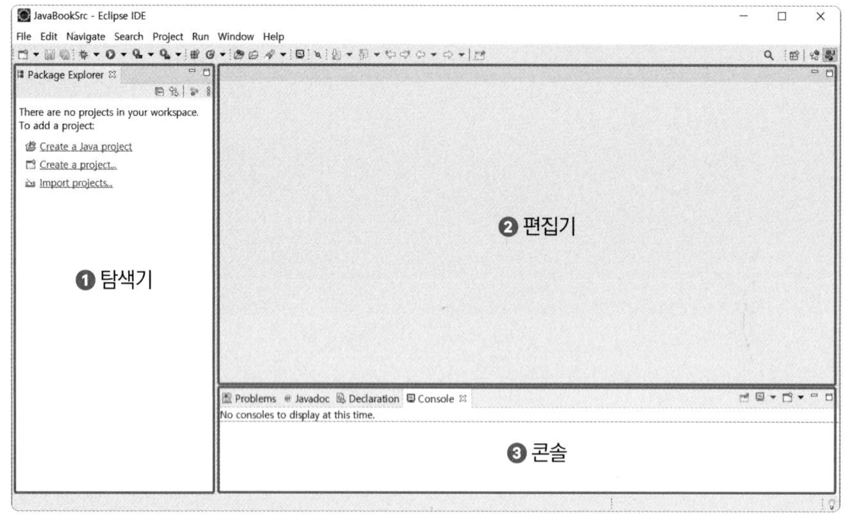

❶ 패키지 익스플로러창입니다. 우리가 만든 자바 프로그램을 프로젝트별로 구분해서 보여줍니다. 이 책에서는 '탐색기창'으로 부르겠습니다.

❷ 편집기창입니다. 자바 프로그램을 작성하는 곳입니다.

❸ 자바 코드를 컴파일하고 실행할 때 그 결과를 볼 수 있는 콘솔창입니다. 선수 수업 때 보았던 화면 구성과 거의 비슷합니다.

0.3.3 이클립스 추가 환경 설정

To Do **01** 메뉴에서 ❶ [Window] → ❷ [Preferences]를 선택합니다.

02 문서의 인코딩 타입을 변경합니다. ❶ [General] → ❷ [Workspace] → ❸ [Other]에서 [UTF-8]을 선택합니다.

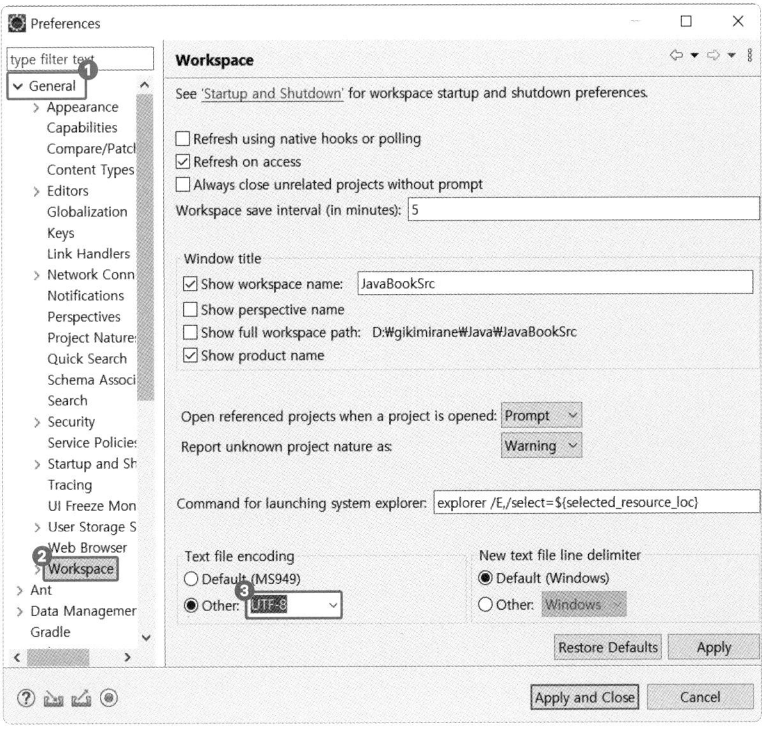

03 중괄호 위치, 즉 코드 작성 시 자동으로 만들어지는 중괄호 위치를 변경합니다. ❶ [Java] → ❷ [Code Style]에서 [Formatter] → ❸ [Edit...]를 선택합니다.

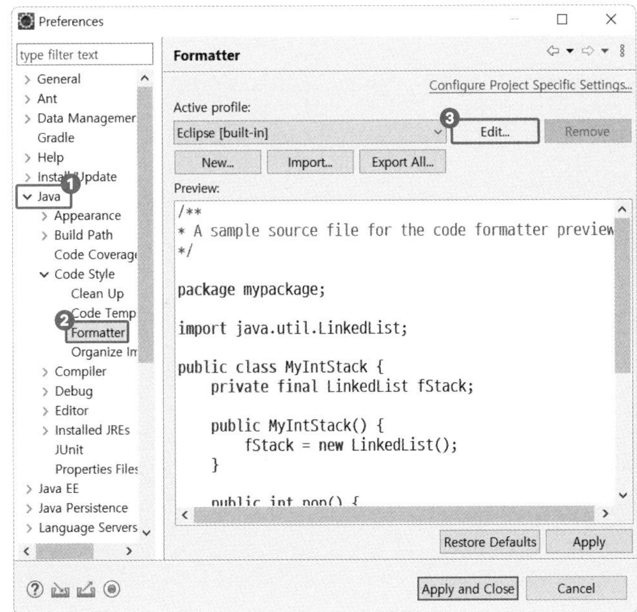

04 ❶ 프로파일 이름을 본인 아이디 등으로 바꿉니다. ❷ [Brace positions]를 클릭하여 펼친 후 ❸ 개행이 되도록 설정을 바꿔주세요. 설정을 마쳤다면 ❹ [OK]를 클릭합니다.

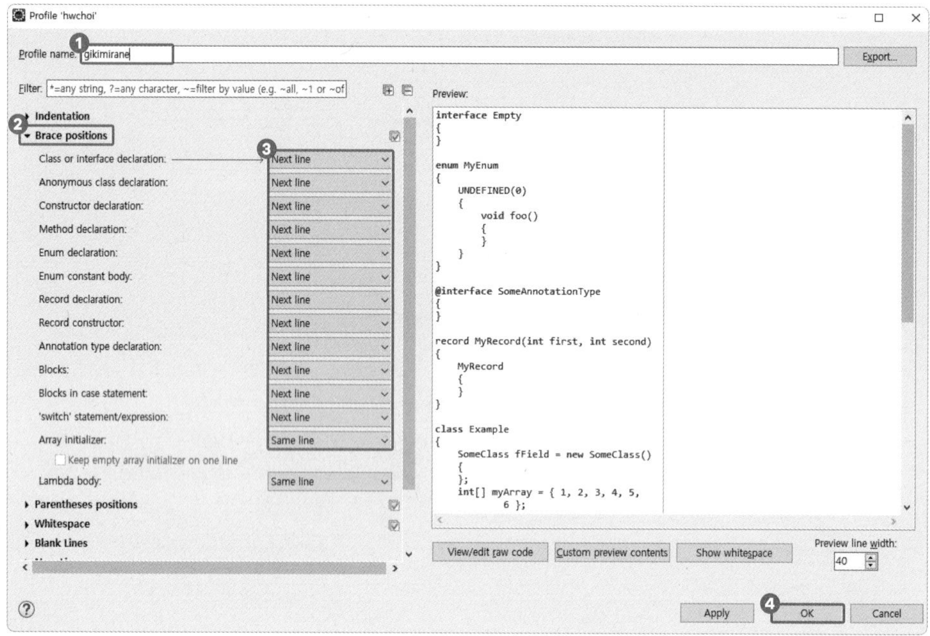

이렇게 해놓으면 코드의 중괄호 위치가 다음과 같이 바뀌게 됩니다.

▼ 기존 코드 생성 시 중괄호 위치

```
for (int i = 0; i < 10; i++) {
    // 코드;
}
```

▼ 이후 코드 생성 시 중괄호 위치

```
for (int i = 0; i < 10; i++)
{
   // 코드;
}
```

이 상태로 코드를 작성하면 코드 들여쓰기에 적응하는 데 도움이 될 겁니다. 선수 수업 때는 중괄호를 위·아래로 연결한 지시선이 보였지만 이클립스에서는 나오지 않습니다. 그러므로 열고 닫는 중괄호끼리 가상의 선을 상상으로 그어서 코드에 들여쓰기가 제대로 반영되게 코드를 작성하는 노력을 해야 합니다. 이렇게 노력하다 보면 자연스럽게 들여쓰기에 익숙해지게 될 겁니다.

05 [Apply and Close]를 클릭해 전체 변경 사항을 반영하고 종료합니다.

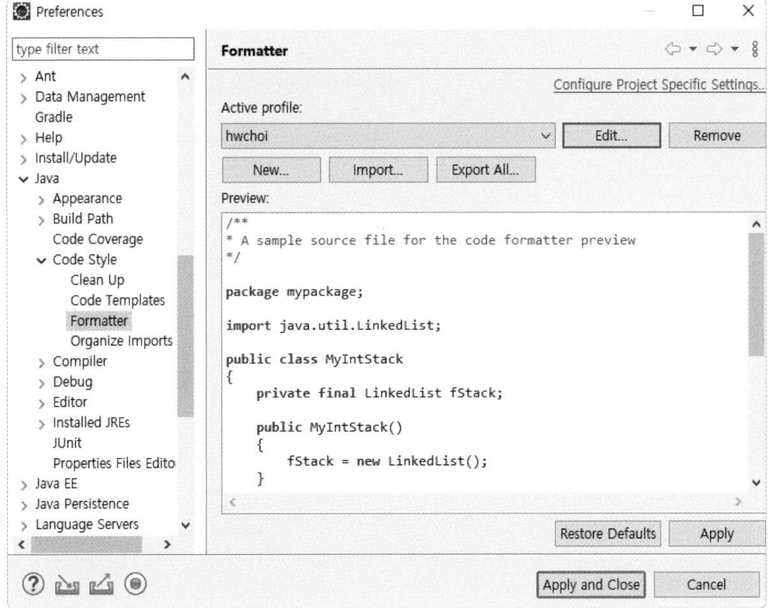

0.4 예제 코드 다운로드 및 점검

깃허브에서 예제 코드를 다운로드하고 실행하는 방법을 알아보겠습니다.

예제 저장소 위치

이 책에 등장하는 모든 예제 코드를 깃허브에서 내려받을 수 있습니다. 저장소 위치는 다음과 같습니다.

- 깃허브 : github.com/goldenrabbit2020/musthave_java4beginner

예제 코드 내려받기

01 브라우저로 이 책의 깃허브 URL에 접근하세요.

02 musthave_java4beginner_src.zip 파일을 클릭하세요.

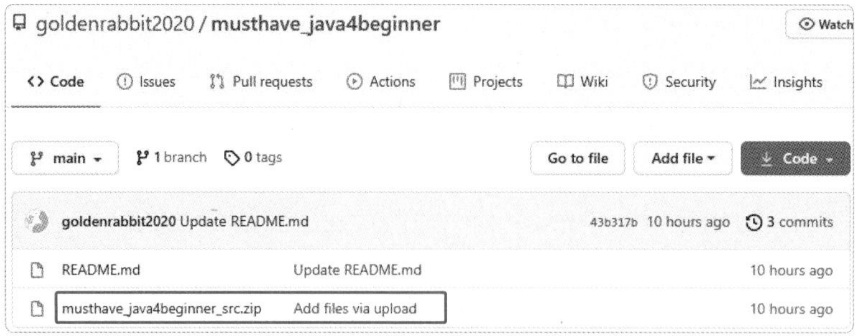

03 [Download] 버튼을 클릭하세요.

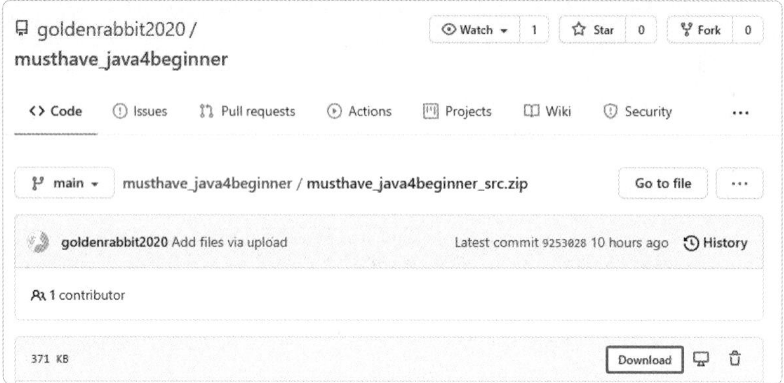

04 내려받은 ZIP 파일을 압축 해제해주세요.

05 압축 해제한 파일을 저장하고 싶은 곳에 위치시켜줍니다.

0.4.1 예제 소스 코드 열기

이클립스에서 원하는 파일을 찾는 방법을 알아보겠습니다.

01 메뉴에서 [File] → [Open Project from File System...]을 클릭합니다.

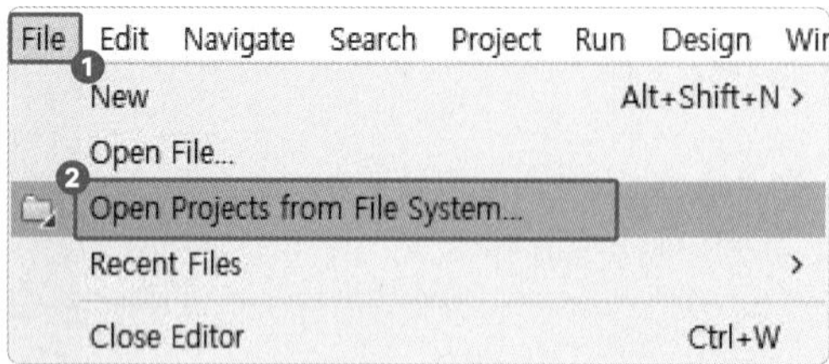

02 팝업창에서 [Directory...] 버튼을 선택합니다.

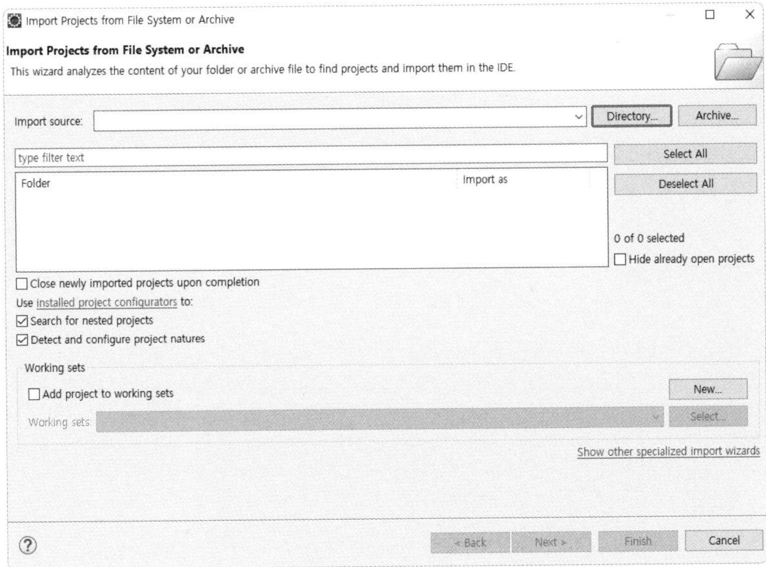

03 ❶ 압축을 푼 폴더로 이동 후 ❷ [폴더 선택]을 클릭합니다(압축을 푼 폴더명은 사용자마다 다를 수 있습니다).

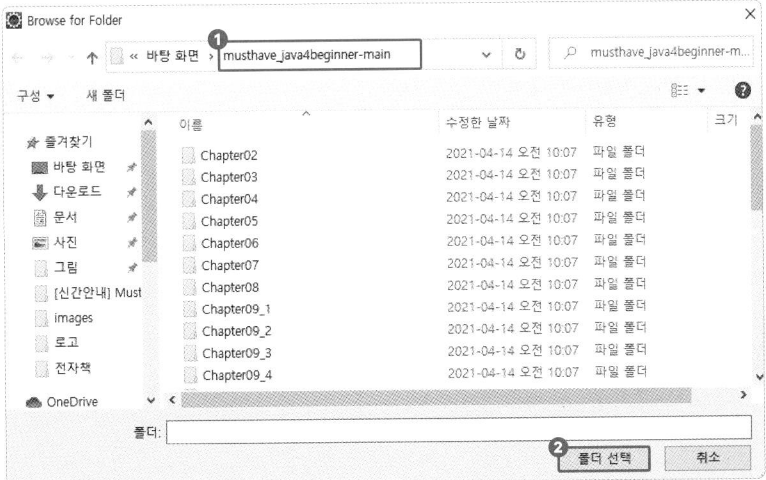

04 [Finish] 버튼을 클릭합니다.

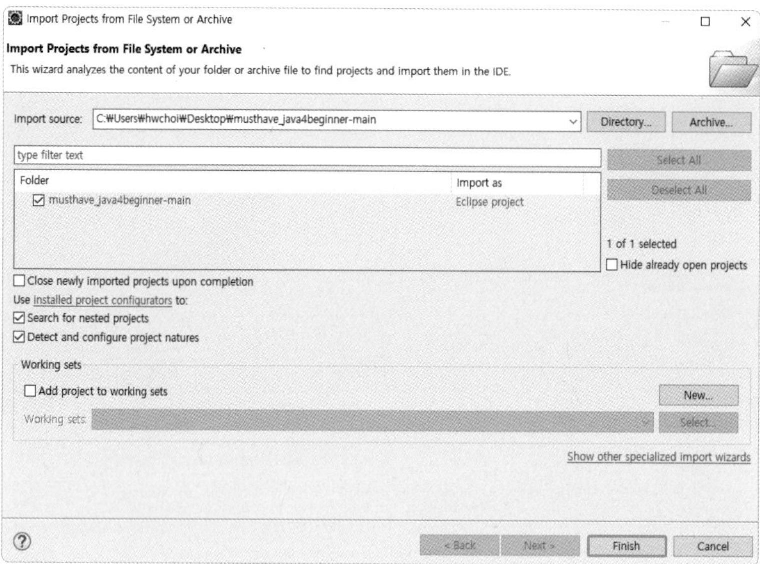

05 [Project Explorer] 창에 다음과 같이 보일 겁니다.

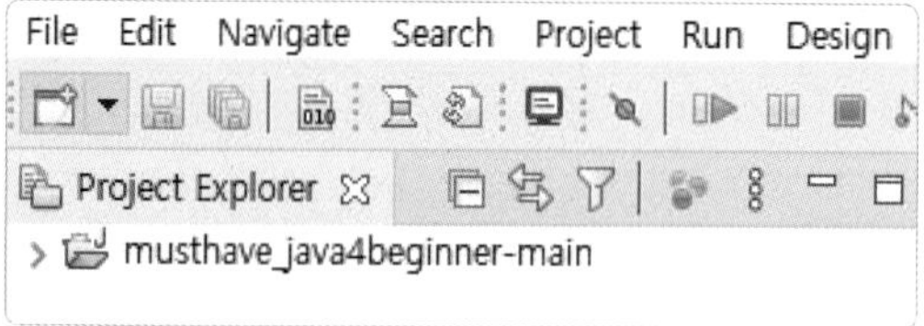

06 ❶ 클릭해서 원하는 소스 코드를 열면 됩니다. ❷ ▶ 버튼을 클릭해 실행할 수 있습니다.

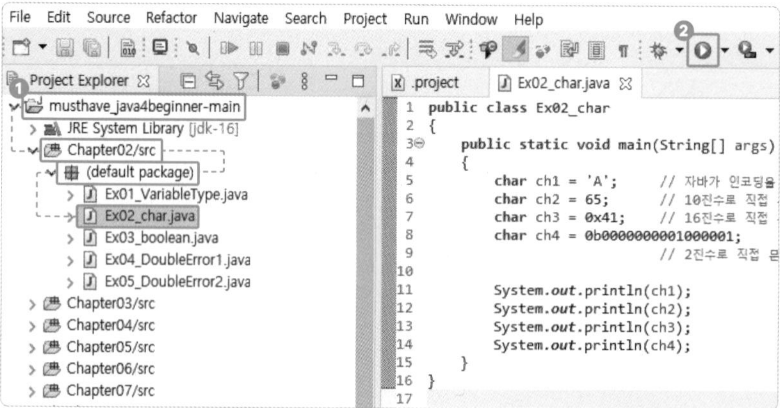

07 이런 방식으로 이 책의 모든 예제를 확인하고 실행할 수 있습니다.

학습 마무리

이번 장에서 로컬 PC에 자바 개발 환경을 만들어보았습니다. JDK 설치, 환경 설정, 이클립스 설치 및 이클립스 환경 설정을 이번 장에서 배웠습니다. 개발 환경을 구축했으므로 이제부터 함께 열심히 공부합시다.

핵심 요약

1. JDK는 Java Development Kit의 약자입니다.
2. JDK로는 OracleJDK와 OpenJDK가 있습니다. 무료 라이선스인 OpenJDK 11을 설치했습니다.
3. 이클립스는 통합 개발 환경을 제공하는 도구입니다.

학습 목표

모든 프로그램 언어에서 변수, 상수, 자료형, 표현식, 메서드 표현은 거의 유사합니다.
여기서는 자바를 통해 이런 프로그래밍의 기초를 배우게 됩니다. 여기서 배운 기초는 모든 프로그램 언어에서 거의 그대로 사용할 수 있습니다.

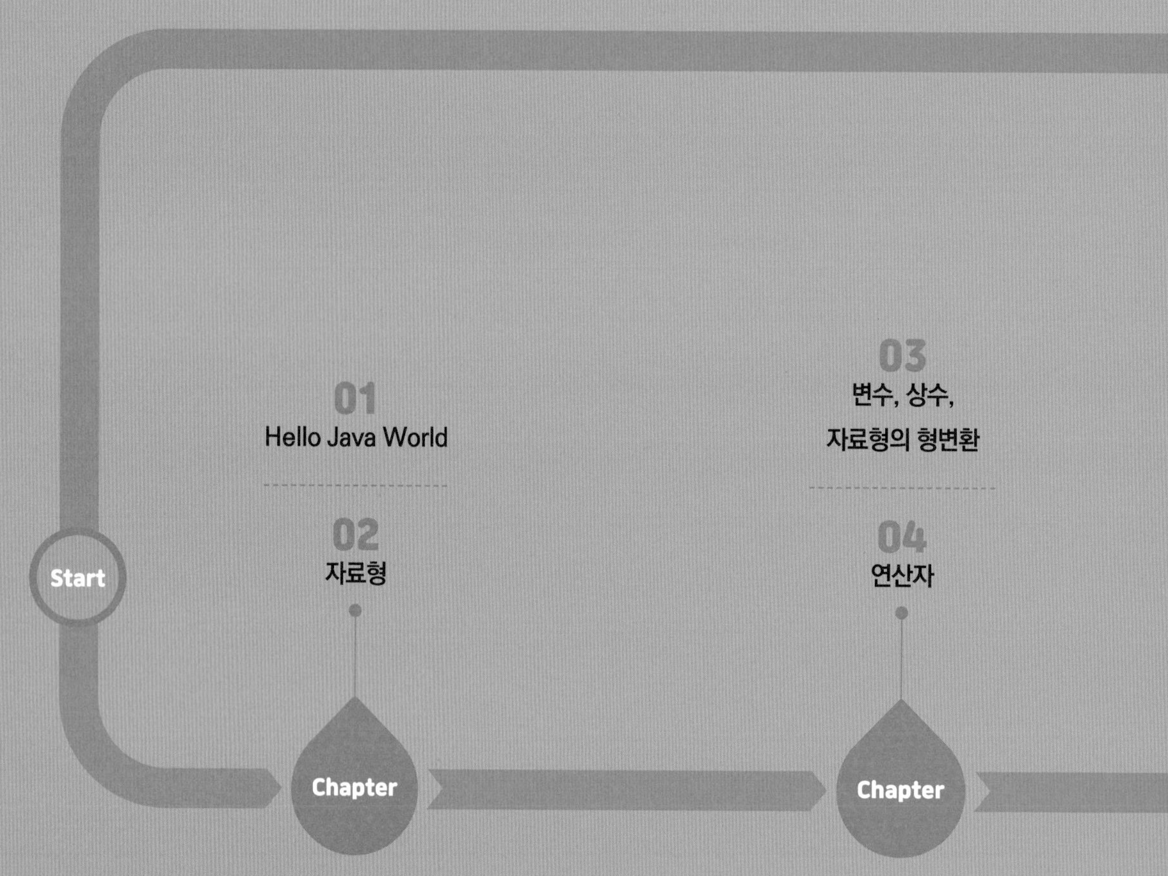

1

단계

자바 기초 프로그래밍

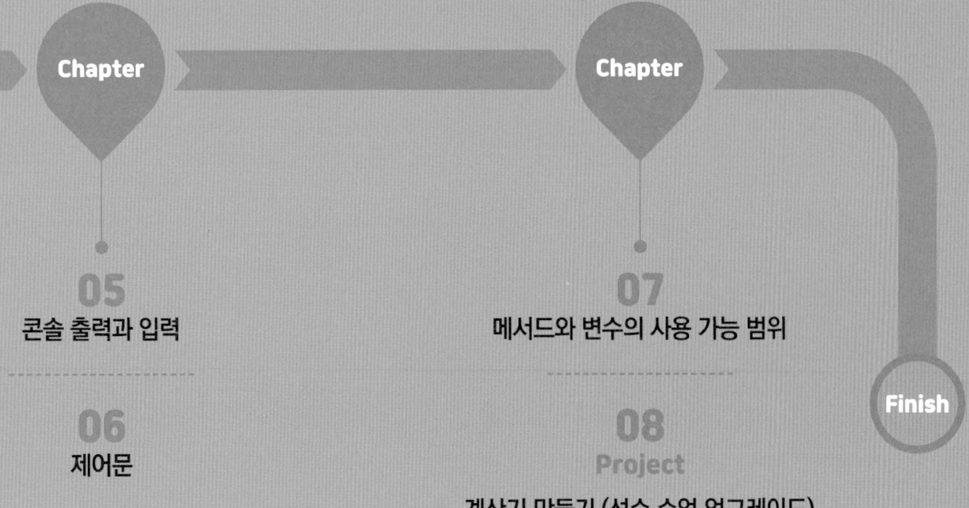

Chapter

01

Hello Java World

#MUSTHAVE

☐ 학습 목표	프로그래밍 언어가 무엇인지, 자바와 JVM은 어떤 관계인지 알아봅니다. 첫 자바 프로젝트도 만들어보고 이클립스 사용법도 알아봅니다.
☐ 학습 순서	1 프로그래밍 언어 2 자바 3 JVM 4 첫 자바 프로젝트 만들기

1.1 프로그래밍 언어

초기의 저수준 프로그래밍 언어부터 현대의 고수준 프로그래밍 언어까지 프로그래밍 언어가 무엇인지 간단하게 알아봅니다.

1.1.1 초기 프로그래밍

컴퓨터 하드웨어는 미리 정해진 일을 고속으로 처리합니다. 이때 '미리 정해진 일'이 프로그램입니다. 프로그램은 미리 정해진 일을 순서대로 컴퓨터 하드웨어에 전기 신호를 보내서 컴퓨터 하드웨어를 동작시킵니다. 컴퓨터 하드웨어에 신호를 보내는 데는 전류를 약하게 보냈다가 강하게 보냈다가 하는 방법을 사용합니다. 이런 처리 절차를 일일이 적으면 길고 복잡합니다. 전류를 약하게 보내는 것을 0, 강하게 보내는 것을 1로 표현한다고만 알면 됩니다.

… 0101000000101001 …

위와 같이 0과 1로 표현하는 프로그래밍 언어를 기계어라고 합니다. 초기에는 사람이 직접 0과 1로 된 숫자를 보고 코드를 입력했습니다(코드cord를 연결했죠).

전기 신호를 한 번에 하나만 보내면 두 가지 동작밖에 구분을 못합니다. 두 가지 상태로는 스위치 역할밖에 시킬 일이 없습니다. 그래서 신호 여덟 개를 묶어서 동작을 구분하게 만들었습니다. 그러면 2의 8승, 즉 256개 동작을 구분할 수 있습니다. 하드웨어에 시킬 수 있는 일이 많아져서 기쁘네요.

▼ 초기 기계어 프로그래밍 : 에니악

출처 : www.columbia.edu

0과 1을 표현하는 한 자리를 비트bit라고 합니다. 비트를 8개를 묶어 1바이트byte라고 합니다.

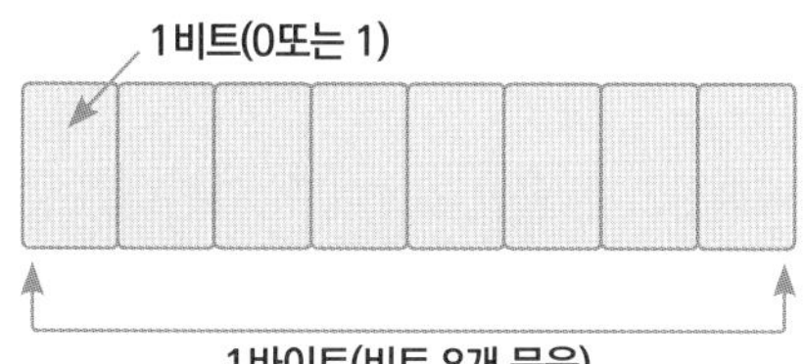

- 1비트 : 신호 하나를 0 또는 1로 처리
- 1바이트 : 8비트 묶음. 컴퓨터에서 정보를 처리하는 기본 단위로 삼음

Tip 동시에 신호를 몇 개 처리하느냐에 따라 32비트(4바이트) 컴퓨터, 64비트(8바이트) 컴퓨터라고 부릅니다.

0과 1로 된 기계어는 알아보고 작성하고 유지보수하기가 어렵기 때문에 기계어에 일대일 대응하는 단어를 이용한 프로그래밍 방식이 나왔습니다. 이것이 어셈블리어입니다.

▼ 기계어와 어셈블리어

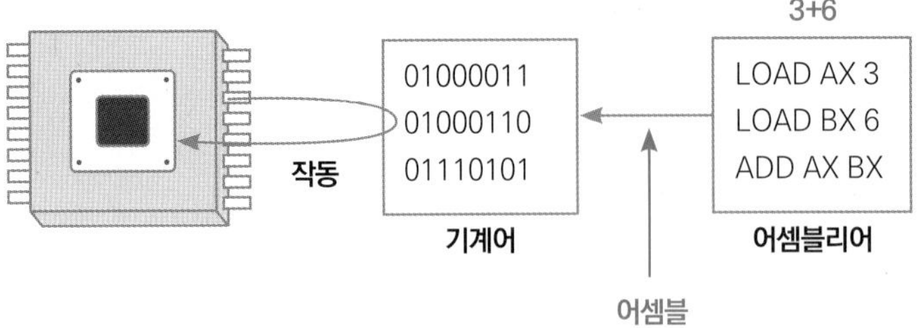

연속된 숫자를 보는 것보다는 편하지만 이것도 그렇게 편해 보이진 않습니다.

1.1.2 현재 프로그래밍

어셈블리어보다 더 사람 친화적으로 만든 고수준 언어가 출현했습니다. 1950년대부터 포트란을 필두로 많은 언어가 지속적으로 출연했습니다. 지금도 많이 쓰는 C 언어는 1970년대에, C++는 1980년에, 이 책의 주제인 자바는 1995년에 개발되었습니다. 위 내용을 자바 코드로 보면 다음과 같습니다.

```
int x = 3 + 6;
```

수학 시간에 배운 표현하고 거의 비슷합니다. 기계어보다 이해하기가 훨씬 쉽습니다. 이런 고수준 언어high level language가 나오면서 어셈블리어를 저수준 언어low level language라고 부르게 됩니다. 저수준이라고 해서 수준이 낮다는 뜻은 아니고 사람에게 어렵고 멀게 느껴진다는 뜻입니다.

- 고수준 언어 : 사람에 더 친화적인 언어
- 저수준 언어 : 기계에 더 친화적인 언어(사람보다는 '저 아래 기계쪽에 가깝다'로 이해하세요)

오늘날 위키피디아에는 700개 언어가 등록돼 있고 깃허브에서 370개 언어가 사용됩니다. 1995년 처음 공개된 이후에도 꾸준히 개발자에게 사랑을 받으며 대표적인 프로그래밍 언어로 성장할 수 있었던, 자바만의 특징은 무엇일까요?

CPU마다 CPU를 제어하는 기계어가 다르기 때문에 C/C++ 언어는 CPU가 달라지면 같은 코드라도 해당 CPU에 맞게 다시 컴파일을 해주어야 합니다.

Tip CPU는 제조사마다 만드는 노하우가 다 다릅니다. 같은 설계도를 가지고 똑같은 성능의 CPU를 만드는 게 아니기 때문에, 이를 컨트롤하는 기계어도 달라지게 됩니다.

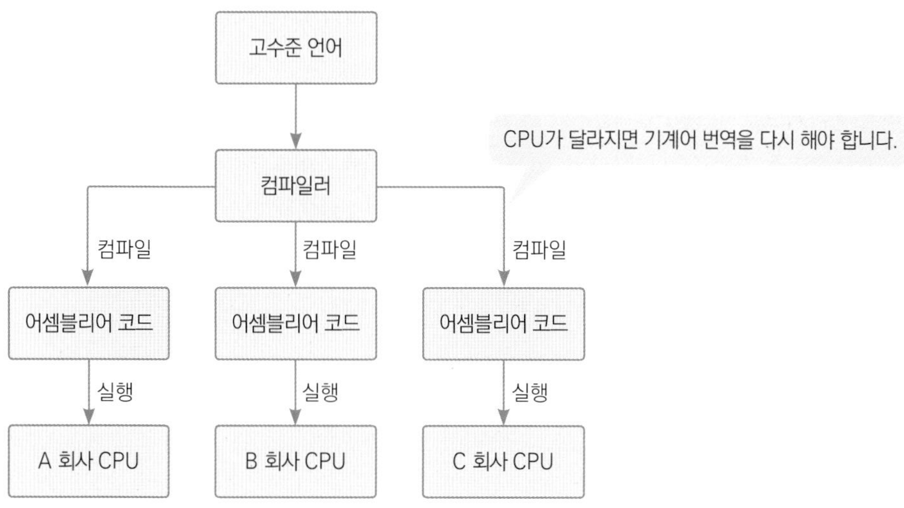

또한 운영체제마다 CPU를 컨트롤하는 방식이 다르므로 운영체제가 달라지면 기계어 번역(컴파일)을 다시 해야 합니다. 코드는 하나인데 다양한 플랫폼에서 동작하게 하려면 플랫폼마다 컴파일을 해주어야 하니 여간 불편한 게 아닙니다. 이때 혜성처럼 등장한 언어가 바로 자바입니다. 자바 1.0 버전이 공개되면서 내세운 표어는 'Write Once, Run Anywhere'입니다. '한 번 코드를 작성하면 어떤 운영체제에서도 잘 작동한다'라는 장점을 부각한 표어입니다.

1.2 자바

자바 언어는 1991년에 썬마이크로시스템즈Sum Microsystems에서 제임스 고슬링James Gosling이 이끄는 팀에서 시작되었습니다. 냉장고, TV 등 가전제품에서 사용되는 컨트롤러 칩의 기능을 프로그래밍하는 언어 개발이 목표였습니다.

가전제품을 만든 제조사도 많고, 각 제조사가 만드는 제품도 다양합니다. 당시에는 C/C++ 언어가 많이 사용되었는데, 다양한 플랫폼마다 매번 다른 기계어로 컴파일해야 하는 기존 언어와 달리 플랫폼 독립적인 기능이 필요했습니다.

또한 네트워크에서 자동으로 내려받는 기능이 필요한데, 악성 코드 침투를 막으려면 포인터 개념도 없애야 했습니다(이 점에서 C/C++보다 안전하다는 말을 듣게 됩니다). 이런 필요성에 의해 자바가 개발된 겁니다.

썬마이크로시스템즈는 자바의 첫 번째 정식 버전인 자바 1.0 버전을 1995년에 공개합니다. 그런데 썬마이크로시스템즈에서 자바를 관리할 때 자바를 오픈 소스로 공개하라는 많은 요청이 있었습니다. 그래서 썬마이크로시스템즈는 JDK 소스 코드를 GPL 라이선스로 공개하고 OpenJDK라는 오픈 소스 프로젝트를 만들었습니다. 그리고 OpenJDK는 버전 7 이후로 자바 SE의 공식 레퍼런스 구현체가 됩니다. 이후 썬마이크로시스템즈가 2010년 1월 오라클에 인수된 후 썬마이크로시스템즈에서 관리하던 자바는 오라클에서 관리하게 됩니다.

▼ 자바 버전

자바 버전	발표 일자	비고
JDK 1.0	1996.01	Java Development Kit
JDK 1.1	1997.02	
J2SE 1.2	1998.12	JDK를 Java 2 Platform Standard Edition으로 변경 JAVA 2
J2SE 1.3	2000.05	JAVA 3
J2SE 1.4	2002.02	JAVA 4
J2SE 5.0	2004.09	JAVA 5
JAVA SE 6	2006.12	J2SE를 JAVA SE로 변경 JAVA 6
JAVA SE 7	2011.07	JAVA 7
JAVA SE 8	2014.03	LTS 버전으로 2025년 3월까지 기술 지원. 최초로 자바에 람다식이 도입된 버전으로 JAVA 8이라고 부름
JAVA SE 9	2017.09	non-LTS. 이후 64비트만 지원
JAVA SE 10	2018.03	non-LTS
JAVA SE 11	2018.09	LTS 버전. 2026년 9월까지 기술 지원
JAVA SE 12	2019.03	non-LTS
JAVA SE 13	2019.09	non-LTS
JAVA SE 14	2020.03	non-LTS
JAVA SE 15	2020.09	non-LTS

오라클은 Java SE 8 버전(이하 자바 8)까지는 10년 이상 기술 지원을 제공했습니다. 그런데 Java SE 9부터 짧은 기술 지원(6개월)과 긴 기술 지원LTS, long term support으로 나눠서 발표하고 있습니다. 현재 JAVA SE 16까지 발표되었지만, 자바 8과 자바 11만 LTS로 지정되었습니다.

2021년 02월 현재 Java SE 8의 버전은 Java SE 8u281입니다. 버전 끝에 붙는 281은 버그를 수정하고 성능을 개선한 281번째 업데이트라는 뜻입니다. LTS 버전에는 이렇게 장기간의 기술 지원이 이루어집니다. 따라서 LTS 버전으로 공부하고 프로젝트를 진행하는 것이 현명합니다.

Tip 버그 수정과 성능 개선만 이루어지면서 주된 내용이 변하지 않는 이유로 많은 책에서 Java SE 8을 선택했습니다. 많은 회사에서도 실무적으로 Java SE 8을 사용했습니다. 오랜 기간 안정적인 운영 및 유지보수가 가능했기 때문입니다.

또한 오라클은 Java SE 9부터 라이선스 정책도 유료로 변경했습니다. 비상업 용도로는 여전히 무료로 사용할 수 있지만, 상업용으로 사용할 때는 라이선스를 지불해야 합니다. 이런 라이선스 정책으로 인해 많은 개발자와 회사에서 OpenJDK를 사용합니다.

OpenJDK 11은 현재 맥OS, 리눅스에 설치되는 기본 버전입니다. 우리가 선수 수업에서 사용했던 콘솔창에도 OpenJDK 11이 설치되어 있었습니다. 우리도 앞서 개발 환경을 구축할 때 OpenJDK 11을 다운받아서 개발 환경을 구축했습니다. OpenJDK를 더 알고 싶다면 openjdk.java.net을 참고하면 됩니다.

1.3 JVM

자바는 'Write Once, Run Anywhere'를 위해 자바 가상 머신JVM, Java Virtual Machine을 사용합니다. 이를 위해 인기 있는 플랫폼마다 실행되는 java 실행 파일을 제공합니다. 자바는 실행 파일인 java가 실행될 때마다 소프트웨어적으로 가상 머신을 즉시 만듭니다. 그리고 그 자바 가상 머신에서 우리가 만든 바이트 코드를 실행시켜주는 겁니다.

여러분이 선수 수업에서 사용했던 java를 기억해봅시다. 프롬프트에 'java Exam01'이라고 입력하고 Enter 를 치면 자바 프로그램이 실행되었습니다. 리눅스 운영체제에서 java가 실행되면서 자바 가상 머신을 소프트웨어적으로 구현을 하고 그다음에 우리가 만든 바이트 코드인 Exam01이 자바 가상 머신 위에서 실행된 겁니다.

윈도우에서도 cmd를 이용해서 명령 프롬프트 창을 열고 java Exam01이라고 입력해서 우리가 만든 자바 프로그램을 실행할 수 있습니다. 이때도 역시 윈도우용 실행 파일인 java.exe가 가상의 자바 실행 환경을 소프트웨어적으로 먼저 만들어주고, 즉 자바 가상 머신을 만들고 그 안에서 우리가 만든 바이트 코드를 실행시켜주는 겁니다.

그림으로 표현하면 다음과 같습니다.

▼ 플랫폼에 독립적인 자바 언어

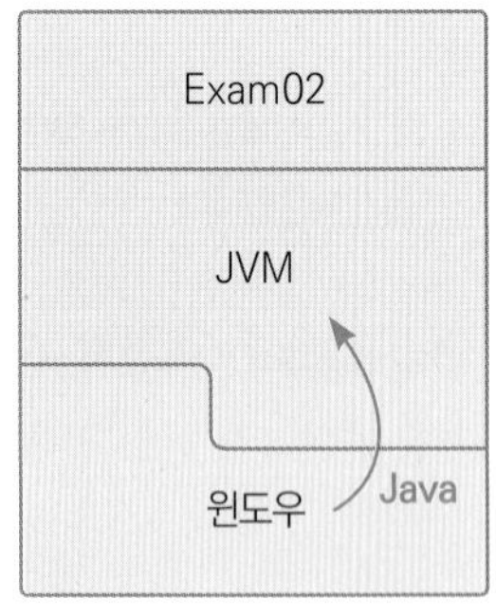

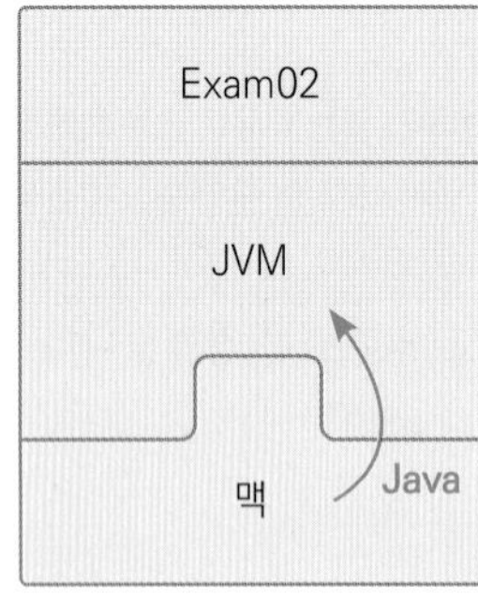

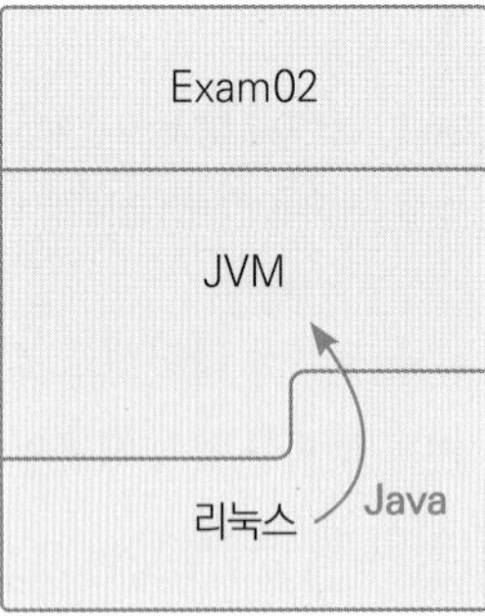

Tip 가상 머신을 여러분이 쉽게 이해하려면 맥을 사용하는 사람이라면 패럴렐즈(Parallels), 안드로이드 게임을 PC에서 하는 사람이라면 블루스택(BlusStacks)이나 녹스(Nox)를 생각하시면 됩니다. 이 외에도 VirtualBox나 VMware 등을 생각하시면 됩니다. 이런 가상 머신을 지원하는 프로그램들은 해당 소프트웨어를 (영구적으로) 설치하고 다른 운영체제를 추가 설치해서 사용합니다.

이렇게 자바의 실행 환경인 자바 가상 머신을 알아보았습니다.

1.4 첫 자바 프로젝트 만들기

선수 수업 때는 프로그램을 만들 때 파일 하나를 만들고 코드를 작성했지만, 이클립스에서는 파일 대신 프로젝트를 단위로 사용합니다. 프로젝트 하나에는 자바 파일이 하나 또는 여러 개일 수 있습니다. 즉, 클래스 여러 개를 묶어서 하나의 큰 프로그램으로 구성할 수 있게 하는 겁니다. 이제부터 다음과 같이 두 가지를 알아봅니다.

1. 첫 프로젝트 만들기
2. 에러를 찾는 간단한 방법

1.4.1 첫 프로젝트 만들기

"Hello"를 출력하는 간단한 프로젝트를 만들어보겠습니다.

To Do **01** 메뉴에서 ❶ [File] → ❷ [New] → ❸ [Java Project]를 선택합니다.

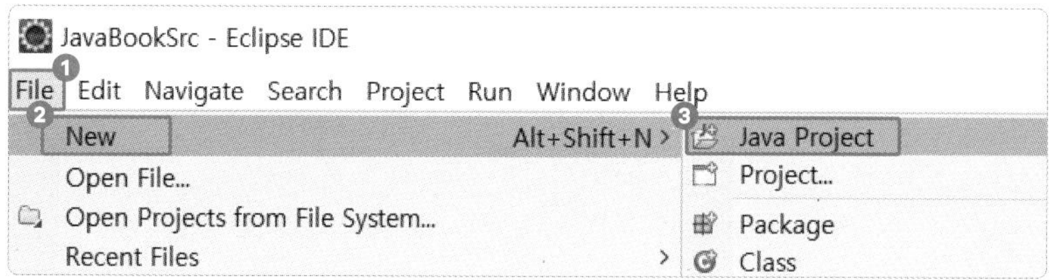

Tip 메뉴 구성이 그림과 다르다면 퍼스펙티브 설정이 제대로 안 된 겁니다. 퍼스펙티브 뷰에서 [Java]를 선택해주세요.

02 ❶ 프로젝트 이름으로 HelloWorld를 입력하고 ❷ JRE는 세 번째 버튼을 선택해주세요. ❸ [Next >]를 선택합니다.

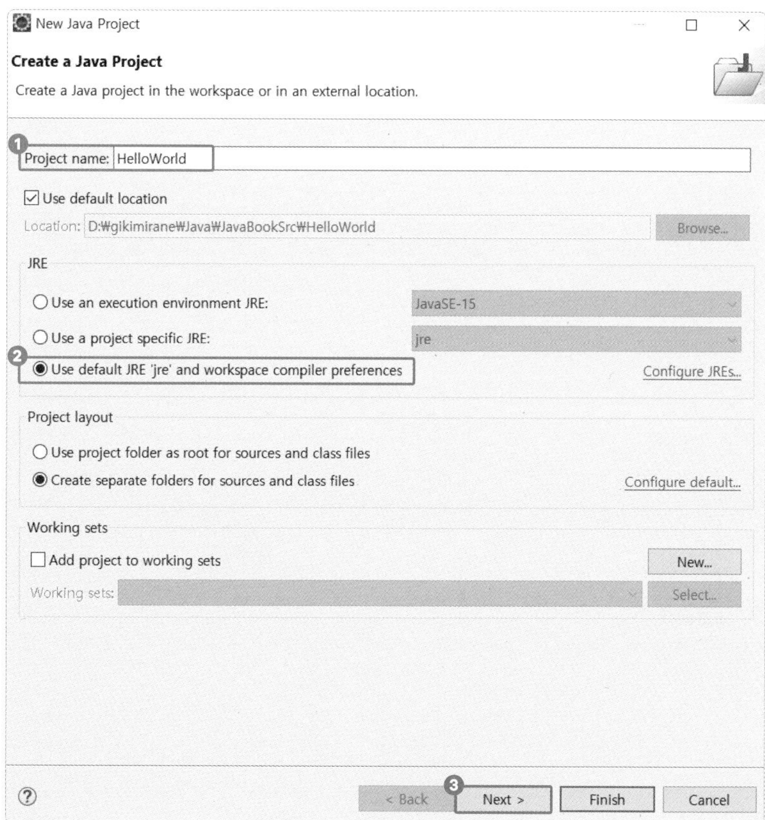

03 ❶ [Create module-info.java file] 체크를 해제합니다. 자바 9에서 추가된 내용을 프로젝트 생성 시 반영하는 옵션인데 이 책에서는 사용하지 않습니다. ❷ [Finish]를 클릭합니다.

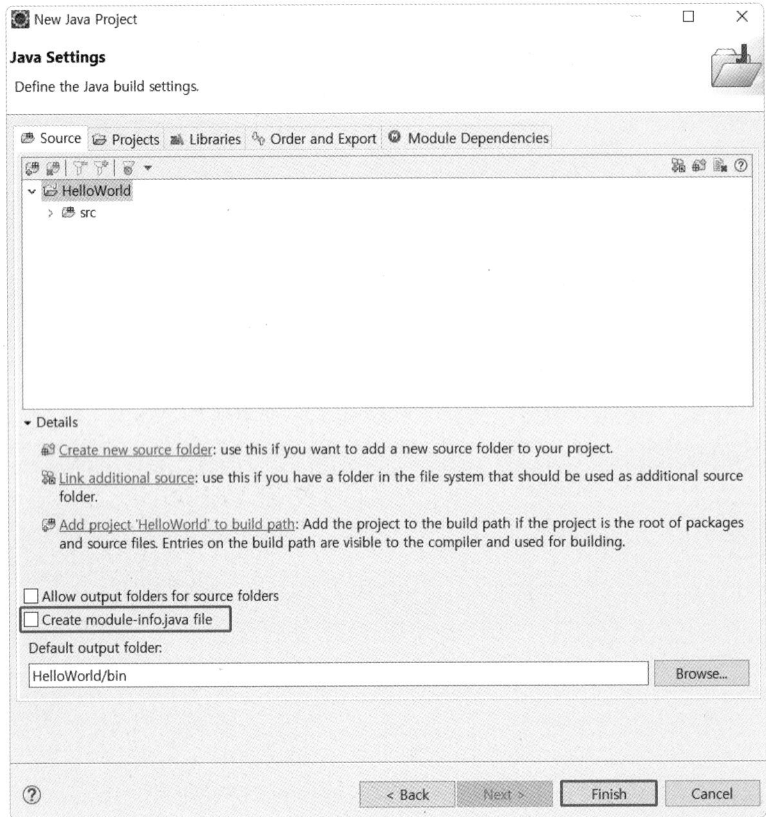

혹시라도 **02**에서 [Finish]를 눌렀다면 다음과 같은 창이 뜹니다. 이때는 [Don't Create] 버튼을 선택하면 됩니다.

New module-info.java
Create module-info.java
Discouraged module name. By convention, module names usually start with a lowercase letter
Module name: HelloWorld
Generate comments (configure templates and default value here)
Create
Don't Create

04 탐색기창에서 > 를 클릭하면 ∨ 로 모양이 바뀌면서 하위 상세 내용이 펼쳐집니다.

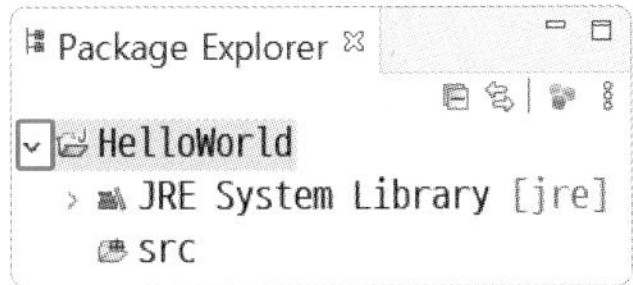

05 ❶ 프로젝트명(여기서는 HelloWorld) 위에서 마우스 우클릭 → 팝업에서 ❷ [New] → ❸ [Class]를 선택합니다.

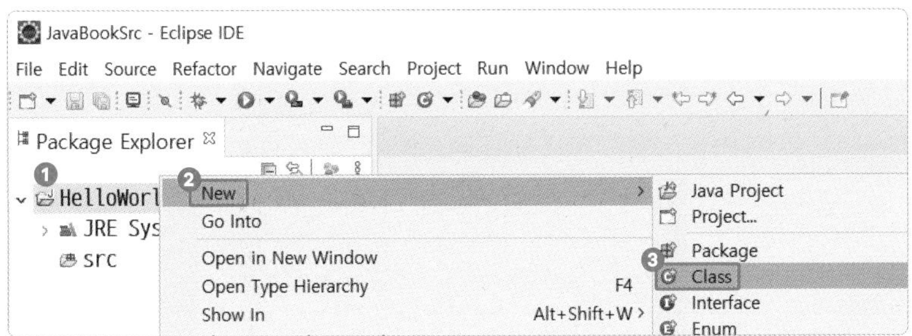

06 클래스 정보를 입력하여 클래스 파일을 생성합니다.

❶ Package : 패키지명은 입력하지 않습니다. 기존의 것이 있다면 지웁니다.

❷ Name : MyMain을 입력합니다.

❸ 클래스 파일이 만들어질 때 main()이 자동으로 만들어지게 체크합니다.

❹ [Finish]를 눌러 클래스 파일을 생성합니다.

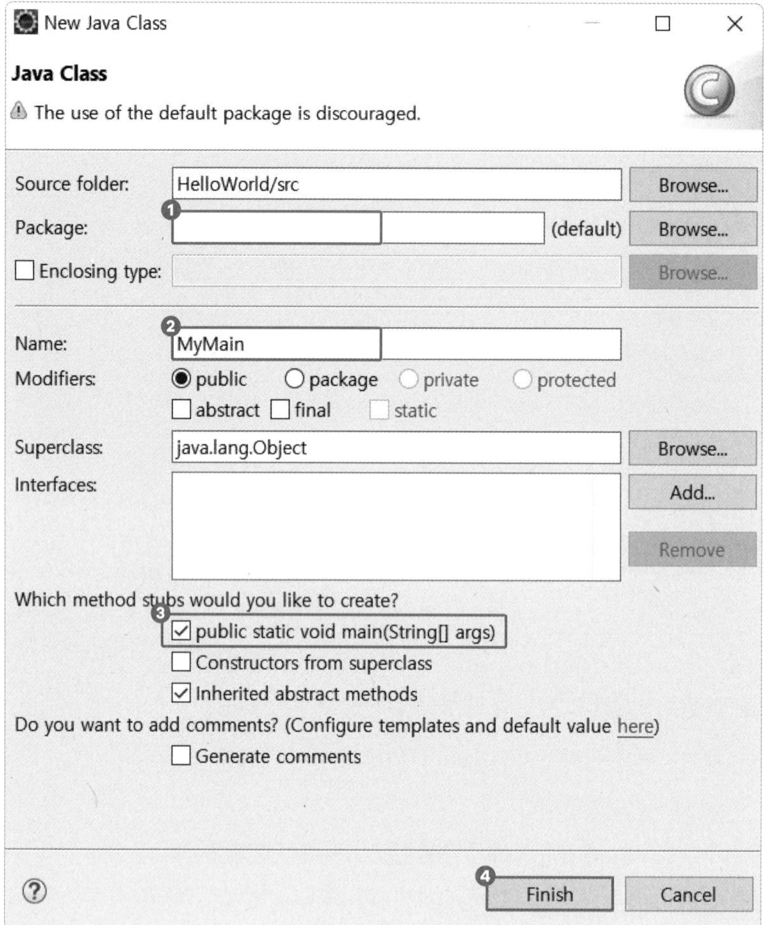

07 클래스 파일이 만들어진 모습을 살펴보겠습니다.

탐색기창에 ❶ HelloWorld 프로젝트가 있고, ❷ MyMain.java 파일이 프로젝트 안에 생성되었습니다. 편집기창에는 ❸ MyMain.java 파일이 생성되면서 ❹ 자동 생성된 코드가 보입니다. 파일명과 클래스명이 대소문자까지 같은 것을 볼 수 있습니다. 선수 수업에서 본 클래스 파일의 내용과 구성이 같습니다.

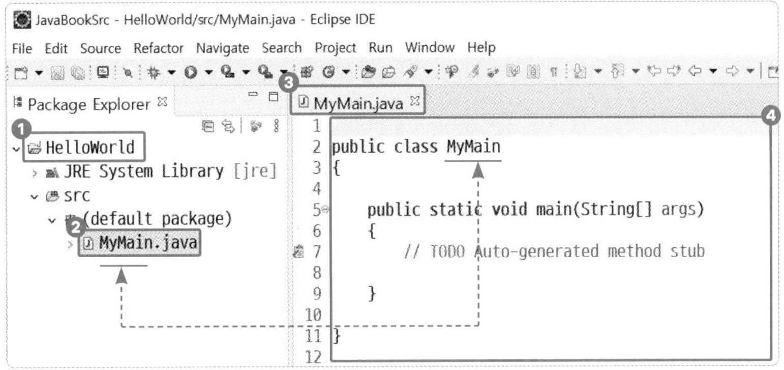

09 ❶ 주석을 지우고 "Hello"를 출력하는 코드를 입력하고 ❷ 메뉴에서 [File] → [Save]를 클릭해 저장합니다.

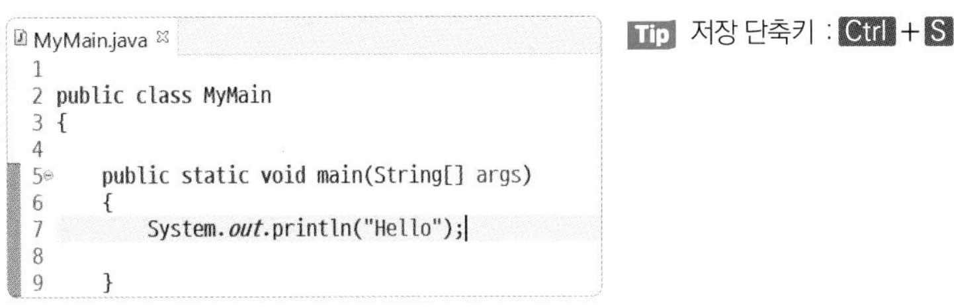

Tip 저장 단축키 : Ctrl + S

10 이클립스는 클래스 파일을 저장할 때 자동으로 컴파일을 수행하므로 에러 없이 컴파일되었다면 에러 표시가 안 보일 겁니다. 실행을 해보겠습니다. ❶ 클래스 파일을 선택하고 메뉴 ❷ [Run] → ❸ [Run As] → ❹ [Java Application]을 선택합니다.

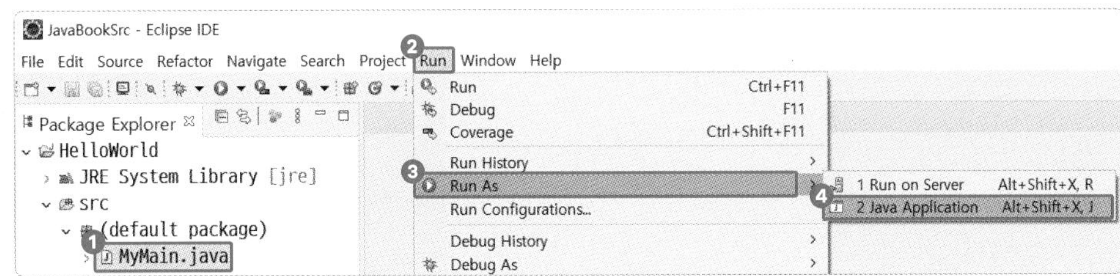

11 하단 콘솔창에 실행 결과가 표시됩니다.

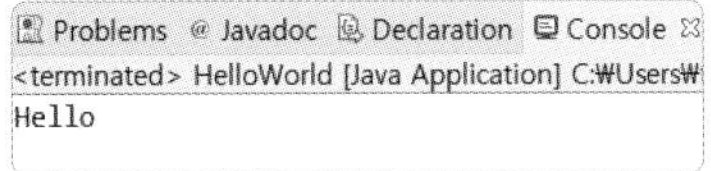

이클립스로 만든 첫 자바 프로젝트(안의 클래스)가 잘 실행되었습니다. 축하합니다.

1.4.2 이클립스에서 에러 찾기

HelloWorld 프로젝트에 일부러 오류를 만들어봅니다. ❶ 문장의 끝에 세미콜론을 삭제합니다. ❷ 행 번호 앞에 에러 표시 가 나타납니다. 이 표시를 참고하면 쉽게 에러를 발견할 수 있습니다.

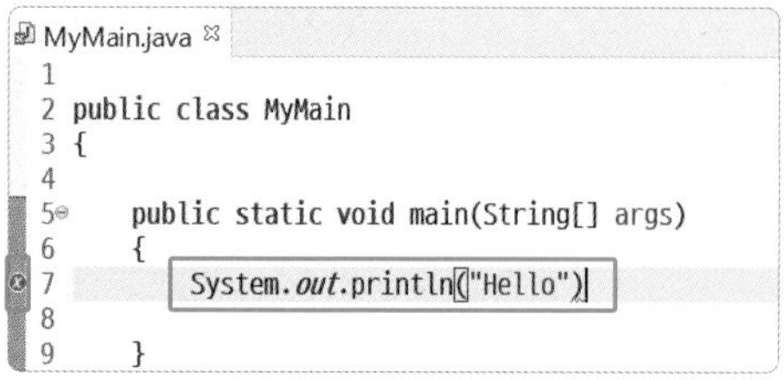

```
MyMain.java

public class MyMain
{

    public static void main(String[] args)
    {
        System.out.println("Hello")

    }
```

이클립스는 클래스 파일을 저장할 때 자동으로 컴파일을 수행합니다. 그러므로 저장할 때 에러를 발견한 라인 번호 앞에 에러 표시를 보여줍니다.

학습 마무리

지금까지 자바 프로그래밍 언어의 발전사와 JVM을 알아보았습니다. 이클립스를 사용해 프로젝트를 만들고 에러를 찾는 방법은 책 전반에 사용합니다. 꼭 익혀두세요.

핵심 요약

1 고수준 언어 : 사람에 더 친화적인 언어
2 저수준 언어 : 기계에 더 친화적인 언어
3 JVM은 자바가 실행되는 가상머신 환경입니다.
4 이클립스는 저장하면서 자동으로 컴파일도 진행합니다. 에러가 발생한 행 번호 앞에 를 표시합니다.

Chapter

02

자료형

#MUSTHAVE

□ 학습 목표	프로그래밍을 이해하려면 하드웨어 동작 원리를 알아야 할 필요가 있습니다. 하드웨어를 제어하는 코드의 묶음이 프로그래밍이기 때문입니다. 하드웨어의 동작 이해와 함께 자료형을 배워보겠습니다.
□ 학습 순서	**1** 진수 계산법 **2** 컴퓨터에서 데이터 처리 방식 **3** 자바 기본 자료형

2.1 진수 계산법

이 장에서는 자료형을 다룹니다. 사람이 10진수로 값을 입력해도 컴퓨터는 무조건 2진수로 변환해 저장합니다. 그래서 자료형을 다룰 때 진수 변환을 알면 편합니다. 깊고 어려운 내용을 다루려는 건 아닙니다. 간단히 진수 계산법을 살펴보고 넘어갑시다.

2.1.1 지수 계산

지수 계산하는 방법은 학창 시절 배워 다 아실 겁니다. 컴퓨터는 2진수를 기반으로 데이터를 관리하기 때문에, 복습하는 차원에서 표로 정리해뒀습니다.

지수 표현	풀이	10진수 정숫값
2^0	= 1	= 1
2^1	= 2	= 2
2^2	= 2 x 2	= 4
2^3	= 2 x 2 x 2	= 8
…		…
2^8		= 256
…		…

다 기억나셨죠? 이어서 10진수를 2진수로 바꾸는 방법을 살펴보겠습니다.

2.1.2 10진수를 2진수로 바꾸기

10진수 11을 2진수로 바꾸려면 ❶ 더 이상 나눌 수 없는 정숫값이 나머지로 나올 때까지 2로 계속 나누고 ❷ 화살표 방향 순서로 배치해주면 됩니다.

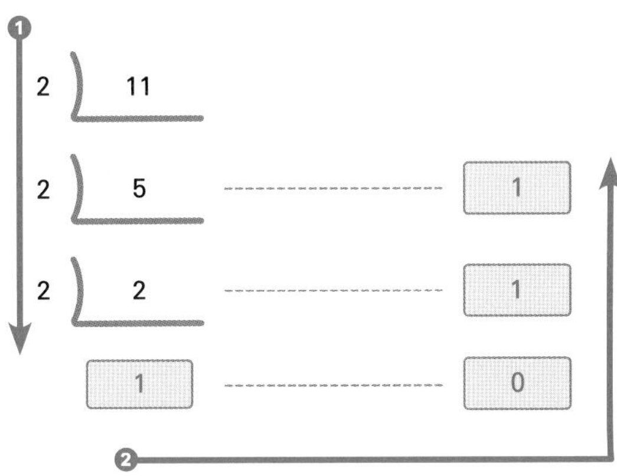

- 결론 : 10진수 11 = 2진수 1011_2

2.1.3 2진수를 10진수로 바꾸기

이번에는 2진수 1011을 10진수로 바꿔보겠습니다. ❶ 자리별로 지수 계산을 한 뒤 ❷ 모든 숫자를 더합니다.

❶
1 0 1 1
× × × ×
2^3 2^2 2^1 2^0
8 4 2 1
1x8 0x4 1x2 1x1
8 + 0 + 2 + 1 = 11 ❷ 합

- 결론 : 2진수 1011_2 = 10진수 11

이 정도 내용을 알고 계시면 이후 내용을 보는 데 어려움이 없을 겁니다.

2.1.4 계산기를 이용한 진수 변환

윈도우에서 기본 제공하는 계산기를 이용하면 쉽게 진수별 값을 확인할 수 있습니다. 윈도우 계산기에서 ❶ 설정 ≡ 아이콘 → ❷ [〈/〉 프로그래머]를 클릭하면 프로그래머용 계산기로 바뀝니다.

▼ 10진수를 선택하고 11을 입력한 프로그래머 계산

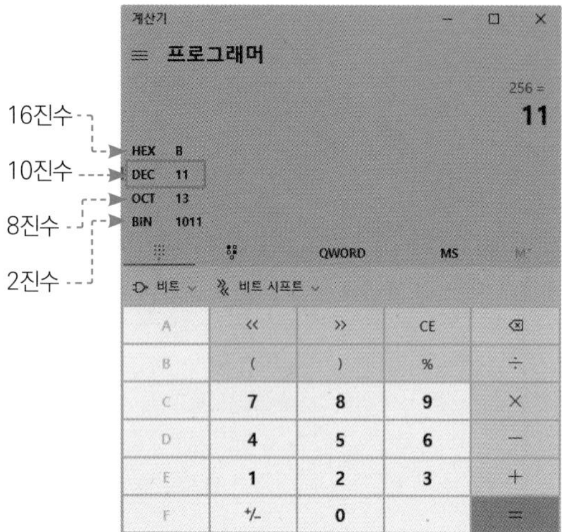

2.2 컴퓨터에서 데이터 처리 방식

프로그램은 미리 정해진 일을 순서대로 컴퓨터 하드웨어에 전기 신호를 보내서 컴퓨터 하드웨어를 동작시키고 데이터를 표현합니다. 컴퓨터 하드웨어에 신호를 보낼 때 전류를 약하게 보냈다가 강하게 보냈다가 하는 방법을 사용합니다. 이것을 기계어로 숫자 0과 1로 표현하게 되는데, 우리가 마침 알고 있는 이진수와 같은 형태입니다.

컴퓨터에서 숫자 데이터를 표현하려면 전기 신호를 다음 이진수로 적어놓은 것처럼 보내야 합니다.

10진수 숫자	2진수 신호
0	0
11	1011
255	1111 1111

1장에서 설명한 것처럼 1바이트는 비트 8개를 모아놓은 것이고, 1바이트는 컴퓨터에서 정보를 처리하는 기본 단위입니다. 1바이트로 양수만 표현하면 0에서 255까지 표현할 수 있습니다. 1바이트에서 제일 큰 수는 11111111이기 때문입니다.

▼ 윈도우 10 계산기 이용

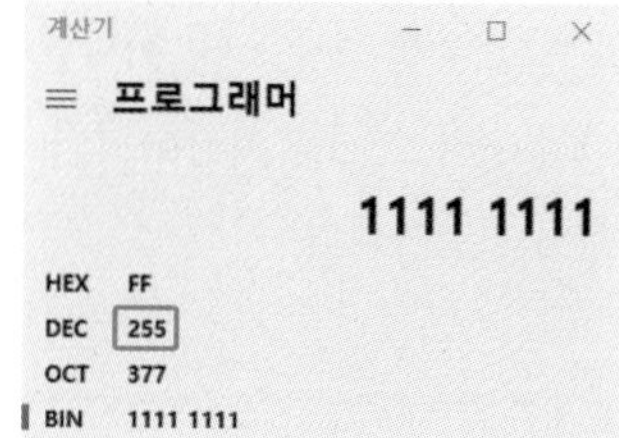

255보다 큰 256을 표현하고 싶습니다. 어떻게 해야 할까요? 컴퓨터에서 정보를 처리하는 기본 단위가 바이트이므로 1비트나 4비트만 추가할 수는 없습니다. 바이트 단위로 추가해야 합니다. 예를 들어 8인용 객실만 가진 호텔이 있습니다. 일행이 9명인 손님이 왔습니다. 이러면 방 두 개를 빌려줘야 하겠지요?

따라서 256을 표현하는 데 9비트를 사용하지 않고 바이트를 하나 더 사용해 2바이트, 총 16비트를 사용하게 됩니다. 바이트 두 개를 합쳐 하나의 신호로 사용합니다. 256을 표현해 보내는 신호는 다음과 같게 됩니다.

10진수 숫자	2진수 신호
256	1 0000 0000 ← 잘못된 표현
256	0001 0000 0000 ← 잘못된 표현
256	0000 0001 0000 0000 ← 올바른 표현

이런 신호로 전달된 데이터를 메모리에 저장할 때도 바이트 단위는 중요하게 사용됩니다. 바이트는 컴퓨터에서 데이터를 처리하는 기본 단위이면서 메모리 위치를 표시하는 최소 단위이기도 합니다. 실제로 메모리에는 1바이트마다 주소가 매겨져 있습니다.

주소	메모리
0x10	00001100
0x11	01010000
0x12	00000001
0x13	11010001
0x14	
0x15	
0x16	
0x17	
0x18	
0x19	
0x1A	
0x1B	

메모리는 8비트, 즉 1바이트씩 저장하는 구조라서 방마다 주소를 매겨 놓았습니다. 그러므로 8비트보다 적게 보내도 방 하나를 차지합니다. 실제로도 바이트 단위로 전달받아 저장하게 됩니다. 따라서 숫자 256을 저장하려면 신호를 '`0000 0001 0000 0000`'으로 받아서 메모리 주소 2개를 사용해서 저장합니다.

32비트 CPU에서 처리할 수 있는 최대 메모리 크기

표현할 수 있는 메모리 주소의 범위가 0 ~ $2^{32}-1$, 총 크기는 2^{32}(=4GB)입니다. 2진수로 표현하면 너무 길게 써야 해서 16진수로 나타내면 메모리 주소는 00000000부터 FFFFFFFF까지입니다.

그래서 32비트 컴퓨터에서는 4GB 이상의 메모리를 사용할 수 없습니다. 물리적으로 존재해도 소프트웨어적으로 주소를 표시해줄 수 없기 때문입니다. 즉, 장치에 1GB 메모리가 있을 때 4GB 메모리를 추가해서 물리적으로 5GB가 되더라도 4GB밖에 사용할 수 없습니다.

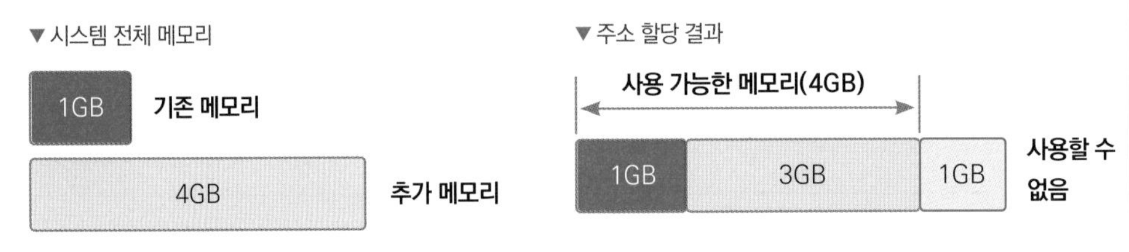

2.3 자바 기본 자료형

개인용 컴퓨터도 하드디스크가 테라바이트Terabyte, TB 시대입니다. 그런데 메모리는 아직도 8GB, 16GB, 정말 많으면 32GB[1]입니다. 하드디스크에 비해 메모리가 월등히 비쌉니다. 컴퓨터가 나온 초창기에도 사정은 비슷했습니다. 그래서 작고 비싼 메모리를 아껴 효율적으로 사용할 필요가 있었습니다. 효율적으로 데이터를 사용하고 메모리를 아껴 쓰려면 자료형을 잘 활용해야 합니다.

자바에서 제공하는 기본 자료형은 크게 정수형, 문자형, 논리형, 실수형으로 나눌 수 있습니다. 각

1 2021년 현재 DDR4 단품 기준

각에 대해 알아보겠습니다.

2.3.1 정수형

정수 자료형은 숫자를 담는 자료형입니다. 예를 들어 국어, 영어, 수학 점수를 저장하는 데는 큰 저장 공간이 필요하지 않습니다. 100점 만점이기 때문에 1바이트면 충분합니다. 1바이트로 255까지 처리할 수 있으니까요. 점수를 저장하는 데 4바이트를 사용한다면 3바이트를 낭비하게 됩니다. 그래서 상황에 따라 사용하는 데이터의 최대 크기를 정할 필요가 생겼습니다.

그런데 A 데이터는 메모리 한 칸 사용, B 데이터는 메모리 두 칸 사용 이렇게 표현하면 말하는 사람이나 듣는 사람이나 좀 불편합니다. 그래서 단위에 byte, short, int, long이라는 이름을 붙입니다.

용도	자료형 이름	값의 크기	자바에서 값의 범위
1바이트 사용할 때	byte	2^8	$-2^7 \sim 2^7-1$ -128 ~ 127
2바이트 사용할 때	short	2^{16}	$-2^{15} \sim 2^{15}-1$ -32,768 ~ 32,767
4바이트 사용할 때	int	2^{32}	$-2^{31} \sim 2^{31}-1$ -2,147,483,648 ~ 2,147,483,647
8바이트 사용할 때	long	2^{64}	$-2^{63} \sim 2^{63}-1$ -9,223,372,036,854,775,808 ~ 9,223,372,036,854,775,807

앞에서 말한 것처럼 1바이트로는 2^8, 총 256가지를 구분할 수 있습니다. 자, 이제 숫자 데이터를 표현할 때를 정리해보겠습니다.

구분	값의 범위	경우의 수
양수만 표현	1 ~ 256	256가지
0 포함 양수 표현	0, 1 ~ 255	256가지
음수까지 표현	-128 ~ -1, 0, 1 ~ 127	256가지 양수를 반으로 나누어 음수에 배치. 그리고 양수쪽에서 하나를 빼서 0을 포함

자바에서는 '음수까지 표현'한 방식을 자료형 크기로 사용합니다. 그래서 자바에서는 데이터를 표현할 때 "음, 이 데이터는 값의 범위가 ~128부터 127까지 사이에서 저장할 수 있겠군. 그러면 메모리 주소 한 칸을 사용하면 충분하겠군". 이런 상황이면 "이 데이터는 byte 자료형으로 사용하면 되겠군". 이렇게 표현하는 겁니다. 나머지 자료형도 같은 방식으로 이해하고 똑같이 해석하면 됩니다.

이것을 변수에 적용하면 다음과 같습니다. 다 같은 십진수 1을 변수에 대입하지만 메모리에 값이 저장될 때는 다르게 동작합니다.

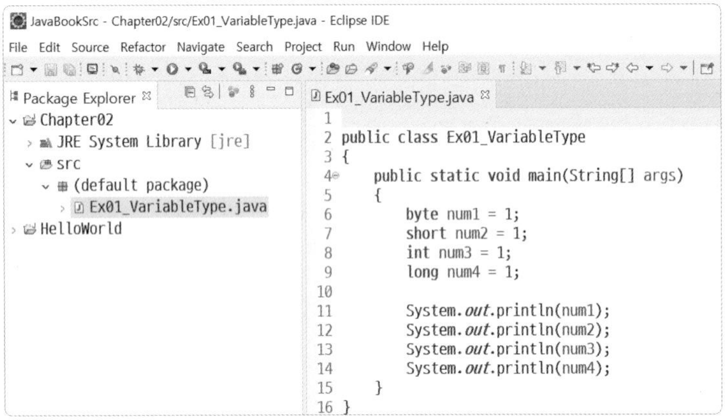
JavaBookSrc - Chapter02/src/Ex01_VariableType.java - Eclipse IDE
File Edit Source Refactor Navigate Search Project Run Window Help
Package Explorer
Chapter02
JRE System Library [jre]
src
(default package)
Ex01_VariableType.java
HelloWorld
Ex01_VariableType.java
public class Ex01_VariableType
{
public static void main(String[] args)
{
byte num1 = 1;
short num2 = 1;
int num3 = 1;
long num4 = 1;
System.out.println(num1);
System.out.println(num2);
System.out.println(num3);
System.out.println(num4);
}
}

num1 변수는 byte 자료형으로 만들었습니다. 이제 이 변수와 이 변수의 자료형을 보면서 우리는 '메모리 주소 하나를 사용하여 데이터를 저장할 수 있겠구나'하고 순간적으로 생각하게 됩니다. 이게 서로의 약속이니까요. 그리고 십진수 1을 변수에 대입합니다. 그러면 컴퓨터는 십진수 1을 이진수 `0000 0001`로 변환하여 메모리에 저장하게 됩니다.

나중에 num1을 사용하면 컴퓨터는 "아 num1은 byte 자료형이니까 저장된 위치에서 메모리 주소 한 칸만 읽어서 꺼내주면 되겠네"하면서 값을 읽어 알려줍니다. 이때 이진수로 알려주면 우리가 당황하니까 십진수로 바꾸어서 알려줍니다.

Tip 자바에는 변수명과 변수 자료형, 그리고 변수가 메모리 어디에 저장되었는지를 저장하는 테이블이 따로 있습니다.

나머지 변수들도 마찬가지 방식으로 작동합니다.

그러면 long 자료형에다 1을 저장하는 건 너무 낭비가 아니냐 할 수도 있습니다. 변수를 선언할 때는 1을 대입했지만 나중에 큰 값을 다시 대입할 수도 있습니다. 지금 당장 저장하는 값이 작다고 하더라도 앞으로 저장할 값의 범위에 따라 변수 자료형을 지정해주면 됩니다.

Tip 프로그래밍에서 자료형을 정할 때는 '메모리에서 데이터 저장의 효율성'을 따져야 한다는 것을 명심해야 합니다.

2.3.2 문자형

자 이제는 문자 데이터에 대해서 알아보겠습니다. 문자 자료형은 다음과 같습니다.

자료형 이름	자료형 크기
char	2바이트

자료형과 이름을 정해서 변수를 선언하고 값을 대입해줍니다. 코드로 표현하면 다음과 같습니다.

```
char ch1 = 'A';
```

- 문자 자료형 변수에는 한 자만 대입할 수 있습니다.
- 자바에서는 문자를 표현할 때 작은따옴표를 사용합니다.

ch1이라는 변수는 자료형이 char이니까 규칙대로 2바이트 메모리 공간에 신호를 저장하면 되겠습니다. 그런데 문자 'A'를 0과 1 두 가지 신호로 어떻게 표현할까요? 자바에서는 문자를 표현하는 신호를 유니코드Unicode 표를 보고 참조합니다.

유니코드와 아스키코드

1바이트에 문자를 저장하던 프로그래밍 언어에서는 아스키코드ASCII 코드표를 사용했습니다. 표현하는 아스키코드표에는 총 128개 영문자, 숫자, 특수 문자가 약속되어 있습니다. 컴퓨터가 전 세계로 보급되고 프로그래밍이 발전하면서 영문자뿐만 아니라 다양한 언어를 표현할 필요가 대두되었습니다. 이런 요구에 부합하는 문자 코드 규약인 유니코드Unicode 1.0 버전이 1991년에 공개되었습니다. 자바는 유니코드표를 참조해 유니코드의 0번 플레인까지는 1개 char 타입(2바이트)으로 표현하고 나머지 1~16번 플레인은 2개의 char 타입을 묶어(4바이트) 1개 문자를 표현합니다. 참고로 유니코드의 1바이트 앞 부분(처음 7바이트)은 아스키코드 값과 똑같습니다. 한글 유니코드는 www.unicode.org/charts/PDF/UAC00.pdf를 참고하세요.

유니코드의 1바이트 앞 부분(처음 7바이트)과 같은 아스키코드 값을 확인해봅시다. 아스키코드표는 다음과 같이 1바이트의 양의 정수 부분에 영문자, 숫자, 특수 문자의 신호를 정해놓았습니다.

10진수	16진수	8진수	2진수	ASCII
65	0×41	101	1000001	A
66	0×42	102	1000010	B
67	0×43	103	1000011	C
68	0×44	104	1000100	D
69	0×45	105	1000101	E
70	0×46	106	1000110	F
71	0×47	107	1000111	G
72	0×48	110	1001000	H
73	0×49	111	1001001	I
74	0×4A	112	1001010	J
75	0×4B	113	1001011	K
76	0×4C	114	1001100	L
77	0×4D	115	1001101	M

10진수	16진수	8진수	2진수	ASCII
78	0×4E	116	1001110	N
79	0×5F	117	1001111	O
80	0×50	120	1010000	P
81	0×51	121	1010001	Q
82	0×52	122	1010010	R
83	0×53	123	1010011	S
84	0×54	124	1010100	T
85	0×55	125	1010101	U
86	0×56	126	1010110	V
87	0×57	127	1010111	W
88	0×58	130	1011000	X
89	0×59	131	1011001	Y
90	0×A	132	1011010	Z

표에서 대문자 A는 10진수로 65이고 16진수로 0x41입니다. 이진수 표현은 다음과 같습니다.[2]

문자	10진수	16진수	2진수
A	65	`0x41`	`0100 0001`

아스키코드표의 값은 1바이트입니다. 자바에서는 2바이트로 문자를 표현하므로 1바이트 코드값 앞에 0값으로 채운 1바이트를 덧붙여서 사용합니다. 예를 들어 A는 2진수 아스키코드값으로 `0100 0001`이고, 자바에서는 `0000 0000 0100 0001`입니다.

Tip 진수를 표현하는 접두어로 16진수는 `0x`, 2진수는 `0b`를 사용합니다.

2 아스키코드표에 2진수를 표시하면 너무 길어지고 복잡해져서 보통 표에서는 2진수는 생략합니다.

인코딩과 디코딩

이렇게 'A'를 문자 코드표를 보고 이진수 `0000 0000 0100 0001`로 바꾸는 것을 인코딩이라고 합니다. 반대로 이진수 `0000 0000 0100 0001`을 문자 코드표를 보고 문자 'A'로 바꾸는 것을 디코딩이라고 합니다.

자 이제 문자형 변수에 'A'를 저장하는 코드를 다시 봅시다.

```
char ch1 = 'A';
```

ch1이라는 변수는 자료형이 char이니까 규칙대로 메모리 2바이트 공간에 `0000 0000 0100 0001` 신호를 저장하면 됩니다. 이제 저 메모리의 값을 직접 읽는다면[3] 이진수 `0000 0000 0100 0001`이니 십진수 65라고 읽을 수도 있습니다.

하지만 우리는 메모리의 주소에 직접 가서 여기 뭐 있나 하고 보는 것이 아니고 ch1이라는 변수를 통해서 값을 읽어옵니다. 그러면 ch1 자료형이 char인 것을 확인한 자바는 해당 값을 유니코드표에서 보고 디코딩해서 'A'라고 보여주게 됩니다.

정말 그런지 'A'를 문자, 10진수, 16진수, 2진수로 표현해 문자형 변수에 대입하고 출력하는 예제를 살펴보겠습니다.

Chapter02 / Ex02_char.java

```
public class Ex02_char
{
    public static void main(String[] args)
    {
        char ch1 = 'A';      // 자바가 인코딩을 합니다. ─────────┐
        char ch2 = 65;       // 10진수로 직접 문자의 값을 넣어줍니다.  │
        char ch3 = 0x41;     // 16진수로 직접 문자의 값을 넣어줍니다.  ├─// ①
        char ch4 = 0b0000000001000001;                               │
                             // 2진수로 직접 문자의 값을 넣어줍니다. ─┘

        System.out.println(ch1);
        System.out.println(ch2);
```

3 C, C++의 포인터에서 사용하는 방법입니다.

```
        System.out.println(ch3);
        System.out.println(ch4);
    }
}
```

▼ 실행 결과

```
Console ☒
<terminated> Ex02_char [Java Application]
A
A
A
A
```

문자형 변수에 'A'를 뜻하는 값을 다양한 형식으로 각각 ❶ 대입했습니다. 예상대로 모두 A가 출력되었습니다. 문자형 변수이므로 문자로 디코딩해 출력해준 겁니다.

2.3.3 논리형

논리 자료형은 어떤 변수의 참, 거짓의 값을 나타내는 데 사용합니다. 논리 자료형은 다음과 같습니다.

자료형 이름	자료형 크기
boolean	1바이트

true, false 두 가지 값만 가집니다. 1비트면 될 것 같지만 최소 단위가 1바이트이므로 1바이트를 사용합니다.

Chapter02 / Ex03_boolean.java

```
public class Ex03_boolean
{
    public static void main(String[] args)
    {
        boolean check1 = true;       // ❶직접 값 대입
        boolean check2 = false;
        boolean check3 = (1 < 2);    // ❷연산의 결과를 값으로 대입

        System.out.println(check1);
        System.out.println(check2);
        System.out.println(check3);
        System.out.println(1 > 2);   // ❸연산 결과 출력
    }
}
```

▼ 실행 결과

```
Console ☒
<terminated> Ex03_boolean [Java Applicati
true
false
true
false
```

논리형 변수에 ❶ true/false를 직접 대입하거나 ❷ 수식의 결과를 대입할 수 있습니다.

2.3.4 실수형

실수를 사용할 때도 메모리에 저장될 공간의 크기를 지정해야 합니다. 그런데 실수에는 문제가 있습니다.

0과 1 사이에 실수가 과연 몇 개 있을까요? 수학 시간에 배운 대로라면 무한대입니다. 무한대에 이르는 수들을 컴퓨터에서는 표현할 수 없습니다. 그래서 무한대까지는 아니더라도 가능하면 많은 수를 표현할 수 있도록 정의되어 있습니다.

자료형	크기
float	4바이트
double	8바이트

예를 들어 '지정해놓은 크기의 몇 자리는 소숫점 아래를 표현하는 데 사용한다'는 약속을 정했습니다. 이를 고정 소수점fixed point 방식이라고 합니다.

▼ 고정 소수점 방식

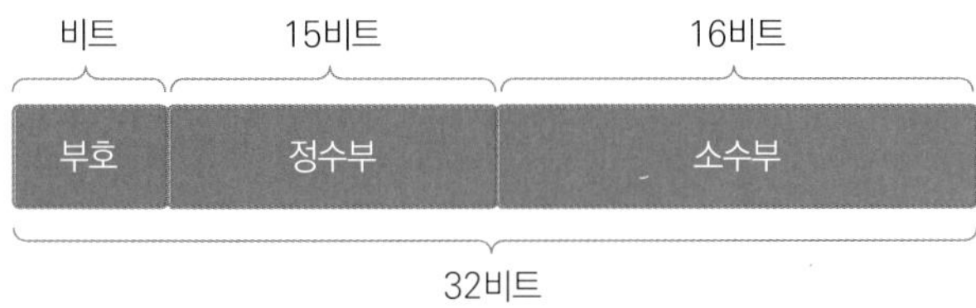

이 방식은 정수부와 소수부의 자릿수가 크지 않으므로, 표현할 수 있는 실수의 범위가 매우 적다는 단점이 있습니다.

소수점을 표현하는 다른 방법으로 부동 소수점floating point 방식이 있습니다. 수학 시간에 배운 바와 같이 실수 0.1은 1.0×10^{-1}과 같습니다. 이처럼 가수 부분(1.0)과 지수 부분(-1)을 나누어서 실수를 표현하는 방식을 부동 소수점 방식이라고 합니다. IEEE[4] 754 표준에서 부동 소수점 방식으로 실수를 구하는 수식을 정의해놓았습니다. 부동 소수점 방식을 사용하면 실수를 더 세밀하게 표현할 수 있습니다. 자바도 역시 부동 소수점 방식을 사용합니다.

$$\pm(1.m)\times 2^{e-127}$$ 실수의 표현을 위해 정의된 수식

▼ IEEE float형 부동 소수점 방식

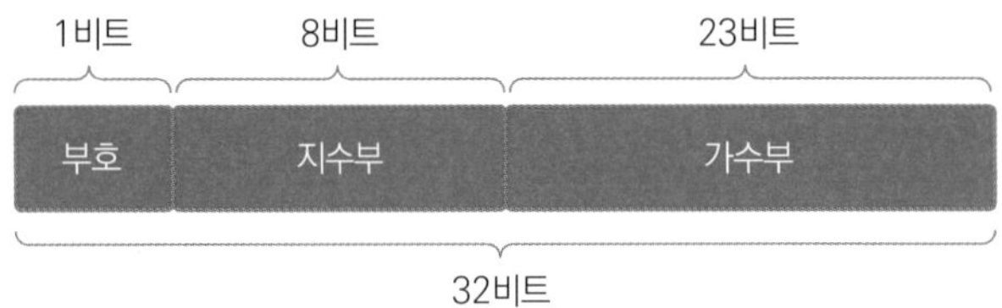

▼ IEEE double형 부동 소수점 방식

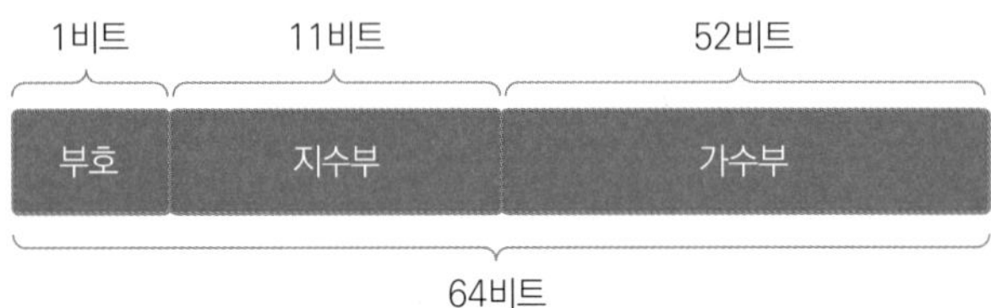

이렇게 값을 구하면 float형은 소수점 아래 7자리까지 정밀도를, double형은 소수점 아래 15자리까지 정밀도를 표현할 수 있습니다(자바에서는 실수 사용 시 기본으로 double형을 사용합니다).

그런데 지수와 가수로 나타내는 부동 소수점 방식은 지수로 표현되는 값이 0을 나타낼 수 없습니다. 부동 소수점 방식을 사용하면 표현할 수 있는 실수 범위는 고정 소수점 방식보다 늘어나지만, 10진수를 정확하게 표현할 수는 없어서 언제나 근사치로 표현합니다. 따라서 부동 소수점 값을 연산하면 약간의 오차가 발생할 수 있습니다. 애초에 근사치 값이기 때문입니다.

다음 예제는 부동 소수점 방식의 실수로 연산할 때 발생할 수 있는 오차의 예입니다.

---

4 Institute of Electrical and Electronics Engineers는 전기/전자공학 전문가들이 모여 만든 국제조직으로 기술 공유와 표준 정의 등의 활동을 합니다. 이곳에서 실수 표현 방식을 표준인 IEEE 754를 정의했습니다.

Chapter02 / Ex04_DoubleError1.java

```java
public class Ex04_DoubleError1
{
    public static void main(String[] args)
    {
        double num1 = 1.0000001;    // ❶
        System.out.println(num1);
        double num2 = 2.0000001;    // ❷
        System.out.println(num2);
        double result = num1 + num2;
        System.out.println(result);    // ❸
    }
}
```

▼ 실행 결과

```
Console
<terminated> Ex04_DoubleError1 [Java App
1.0000001
2.0000001
3.0000001999999997
```

double형 변수에 ❶ 1.0000001과 ❷ 2.0000001을 각각 대입하고 더한 결과를 출력했습니다. 예상으로는 3.0000002가 출력되어야 하는데 ❸ 3.0000001999999997이 출력되었습니다. 더하기 결과가 이상하죠? 네, 이처럼 실수의 연산은 오차가 발생합니다.

오차가 발생하는 다른 예제를 하나 더 보겠습니다.

Chapter02 / Ex05_DoubleError2.java

```java
public class Ex05_DoubleError2
{
    public static void main(String[] args)
    {
        double dNum = 0.0;

        for (int i=0; i<1000; i=i+1)   ─┐
        {                                │
            dNum = dNum + 0.1;           ├─// ❶
        }                               ─┘
        System.out.println(dNum); // ❷
    }
}
```

▼ 실행 결과

```
Console
<terminated> Ex05_DoubleError2 [Java App
99.9999999999986
```

❶ 0.1을 1000번 더합니다. ❷ 그 결과를 출력합니다.

100을 예상했으나 이번에도 빗나갔습니다. 이처럼 컴퓨터에서 실수를 가지고 수행하는 모든 연산에는 언제나 작은 오차가 존재합니다. 실수형 연산에서 생기는 오차는 자바뿐만 아니라 모든 프로그래밍 언어에서 발생하는 기본적인 문제입니다. 자바에 대한 오해가 없으시길 바랍니다.

자, 여기까지의 내용이 어려웠다면 다음만 기억하시면 됩니다.

- 실수는 정확한 값이 아니고 수식에 의해 저장되는 근사치입니다. 그러므로 연산 시 오차가 발생합니다.
- float형은 4바이트이고 double형은 8바이트입니다. 자바는 double형을 기본 실수형으로 사용합니다. float형으로 사용하고 싶다면 명시를 해줘야 합니다.

학습 마무리

이번 장에서 배운 자료형을 정리하면 다음과 같습니다.

<table>
<tr><th>구분</th><th>자료형 이름</th><th>크기</th><th>자바에서 값의 범위</th></tr>
<tr><td rowspan="4">정수</td><td>byte</td><td>1 Byte</td><td>-2^{7} ~ 27−1
−128 ~ 127</td></tr>
<tr><td>short</td><td>2 Byte</td><td>$-2^{15} \sim 2^{15}-1$
−32,768 ~ 32,767</td></tr>
<tr><td>int</td><td>4 Byte</td><td>$-2^{31} \sim 2^{31}-1$
−2,147,483,648 ~ 2,147,483,647</td></tr>
<tr><td>long</td><td>8 Byte</td><td>$-2^{63} \sim 2^{63}-1$
−9,223,372,036,854,775,808 ~
9,223,372,036,854,775,807</td></tr>
<tr><td rowspan="2">실수</td><td>float</td><td>4 Byte</td><td></td></tr>
<tr><td>double</td><td>8 Byte</td><td></td></tr>
<tr><td>문자</td><td>char</td><td>2 Byte</td><td>Unicode</td></tr>
<tr><td>논리형</td><td>boolean</td><td>1 Byte</td><td>true, false</td></tr>
</table>

Chapter

03

변수, 상수, 자료형의 형변환

#MUSTHAVE

☐ **학습 목표**	선수 수업에서 배운 변수와 상수의 개념을 확장해봅니다. 그리고 자료형의 형변환이 무엇인지 알아봅니다.
☐ **학습 순서**	**1** 변수 **2** 상수 **3** 자료형의 형변환

3.1 변수

변수(변할 變과 셀 數)는 값이 변하는 수를 말합니다. 코드에서 변수가 구체적으로 무엇인지와 이름 짓는 방법을 알아보겠습니다.

3.1.1 변수의 이해

선수 수업에서 살펴본 변수에 대한 설명을 다시 한번 보겠습니다.

```
y = x + 1;
```

x값이 2면 y값은 3이 됩니다. x값이 3이면 y값은 4가 됩니다. 이처럼 x, y는 대입되는 값에 따라 값이 변한다고 해서 변수variable라고 했고, 1, 2, 3, 4 등은 이미 정해져 있는 값이라고 해서 상수constant라고 했습니다. 그리고 앞 장에서는 자료형을 배우면서 컴퓨터에서 데이터를 어떻게 메모리에 저장하는지를 살펴보았습니다. 그러므로 이제 변수에 대해서 조금 더 깊이 알아볼 때가 되었습니다.

```
int num = 1;
```

이 코드에 대한 컴퓨터의 동작은 다음과 같습니다.

1. 자료형이 int이니 메모리에 주소 네 개를 확보해서 공간을 비워둡니다(어딘지는 컴퓨터만 알면 됩니다).

2 그리고 십진수 1을 이진수로 변경해서 이 공간에 저장합니다.
3 그리고 이 공간(주소)을 변수 num에 기억시킵니다.

그리고 이 변수를 다음과 같이 사용할 수 있습니다.

```
System.out.println(num);
```

이 코드에 대한 컴퓨터 동작은 다음과 같습니다.

1 num 변수의 값은 어디 있더라(메모리 어디에 적어두었는지 찾아옵니다).
2 찾아낸 메모리의 시작 위치로 찾아갑니다.
3 num 변수는 int형이니까 4바이트를 읽습니다.
4 그리고 int형이니까 10진수로 바꿔서 숫자로 알려줍니다.
    ◦ char형이면 유니코드표를 보고 디코딩해서 문자로 알려줍니다.

네 이렇게 되는 겁니다. 즉, 변수는 메모리 공간을 기억하는 용도로 사용되는 겁니다.

메모리

num 0x~~

변수 목록

num	int	0x~~에 적어놓았음
money	long	0x~~에 적어놓았음
name	String	0x~~에 적어놓았음

여러분이 핸드폰의 연락처 앱에 친구 이름을 입력하면 폰 메모리 어디에 적혀 있을지 모르지만 친구의 전화번호를 찾아오는 것과 같습니다.

3.1.2 변수명을 짓는 방법

이런 변수명을 만들 때도 약간의 규칙은 있습니다. 다음은 제약사항입니다.

- 변수의 이름은 숫자로 시작할 수 없습니다.
- $와 _ 이외의 다른 특수문자는 변수의 이름에 사용할 수 없습니다.
- 키워드는 변수의 이름으로 사용할 수 없습니다.
    ◦ 키워드는 자바의 문법을 구성하는 public, class, int, double 같은 단어들을 말합니다.

Tip 제약사항을 힘들게 외울 필요는 없습니다. 변수명을 잘못 지으면 이클립스가 잘못되었다고 알려줍니다. 이클립스 외 일반 에디터에서 직접 만드는 경우라면 컴파일 시 에러로 알려줍니다.

다음은 권장 사항입니다.

- 소문자로 시작합니다.
  - 이렇게 하면 클래스의 이름이 대문자로 시작하는 것과 구별됩니다.
- 변수에 사용되는 데이터를 유추할 수 있는 이름으로 만들어줍니다.
  - 여러 단어를 카멜 표기법[1]을 이용하여 만들어도 됩니다.

권장 사항은 수많은 선배 개발자의 노하우입니다. 권장 사항을 지키면 코드 가독성이 좋아집니다.

3.2 상수

선수 수업에서 '상수는 변하지 않는 값이다'라고 가볍게 배우고 사용했습니다. 자바에서는 이런 상수에 두 가지 종류가 있습니다. 리터럴 상수와 final 상수입니다. 하나씩 살펴보겠습니다.

3.2.1 리터럴

리터럴literal이란 문자 뜻 그대로, 문자 그대로의 값입니다. 1이라는 아라비아 숫자(글자)를 보면서 숫자 1의 개념을 생각할 수 있게 하는 문자 그대로의 값, A를 보면서 누구나 알파벳의 첫 글자라고 생각할 문자 그대로의 값을 말합니다. 이렇게 리터럴이란 문자 자체에 의미가 있어 누구나가 공통으로 그 의미를 알고 의미를 변경할 수 없습니다. 우리가 지금까지 변수에 대입하던 모든 숫자, 문자, 논리값(true, false)들이 리터럴입니다.

리터럴은 프로그램이 시작할 때 특정 메모리 공간인 상수 풀constant pool에 자동으로 로딩됩니다. 그리고 우리가 변수에 값을 대입할 때, 예를 들어 int num = 1; 이런 문장을 사용하면 상수 풀에서 1을 복사해서 num 변수에 대입해주는 겁니다.

---

1 camel case. 낙타 등 모습을 닮았다 해서 붙여진 이름입니다. 낙타 표기법이라고도 합니다. 변수명은 소문자로 쓰는데 여러 단어로 이어질 때는 두 번째 단어부터 첫 글자만 대문자로 씁니다. 예) camelCase

3.2.2 final 상수

상수를 프로그래머가 임의로 만들 수도 있습니다. 자바에서는 final 키워드를 사용하여 상수를 만듭니다.

```
final double PI = 3.14;
final int MAX_SIZE = 100;
```

final 상수 이름은 대문자를 이용해서 만듭니다. 그러면 대소문자를 이용한 카멜 표기법을 사용할 수 없기 때문에 단어 단위를 구분해서 읽기 쉽게 언더바 _를 이용해 단어를 구분해줍니다.[2]

- 모두 대문자라 첫 글자가 소문자인 변수의 이름과 구분됩니다.
- 모두 대문자라 단어의 첫 글자만 대문자인 클래스의 이름과 구분됩니다.

final 상수는 변수처럼 값을 대입하여 처음 값을 정하게 되지만 상수의 성격상 이후에는 다른 값을 대입받아 바꿀 수 없습니다. '이 값이 최종이다'라는 의미로 final을 붙여놓은 겁니다. 그러므로 처음에 final 상수를 만들 때 값을 지정하지 않았다면 아직 최종 값이 있는 게 아니므로 한 번은 넣어줄 수가 있습니다.

Tip 선언과 동시에 값을 지정하는 것이 좋습니다. 나중에 값을 넣는 방법은 다른 사람이 만든 코드를 볼 때 그런 코드가 있다면 참고하라고 알려준 것이지 사용하라고 알려준 것은 아닙니다.

Chapter03 / Ex01_FinalUse

```
public class Ex01_FinalUse
{
    public static void main(String[] args)
    {
        final int MAX_NUM = 100;      // 선언과 동시에 초기화
        final int MIN_NUM;            // 선언만 하기

        MIN_NUM = 60;                 // 나중에 초기화. 딱 한 번 가능

        // final 상수를 사용하는 이유
        int myScore = 40;

```

2 스네이크 표기법

```
        if (myScore < MIN_NUM)       // ❶
        {
            System.out.println("당신의 등급은 F입니다.");
        }
    }
}
```

▼ 실행 결과

```
Console ⌧
<terminated> Ex01_FinalUse [Java Applicati
당신의 등급은 F입니다.
```

상수를 사용하면 ❶ 처럼 코드를 읽을 때 가독성이 좋아집니다.

또한 6개월 정도 후에 이 코드를 보았을 때 ❶ 비교 부분이 숫자로 되어 있었다면, 왜 60보다 작은 것을 비교한거지? 하면서 기억을 더듬어야 합니다. 하지만 의미있는 단어로 이루어진 final 상수를 사용했기에 의미 파악도 쉽습니다.

3.3 자료형의 형변환

지금까지 우리가 공부한 모든 내용이 메모리와 관련된 내용이었습니다. 이제부터 살펴볼 자료형의 형변환은 CPU와 관련된 내용입니다. 많은 책에서 이 부분을 맹목적으로 외우게 해서 어려웠습니다. 이해하면 쉬운 내용입니다.

3.3.1 상수값 대입 시 형변환

이제 다음과 같은 코드를 보면 생각나는 것이 많을 겁니다.

```
byte num1 = 1;
short num2 = 1;
int num3 = 1;
long num4 = 1;
```

값 1은 리터럴 상수입니다. 프로그램이 시작될 때 메모리의 상수 풀에 로드되어 변수에 대입이 될 때 복사가 되어서 사용된다고 했습니다. 자 여기서 메모리에 있다는 것은 자료형의 형태를 가지고 메모리의 공간을 사용하고 있다는 이야기입니다. 그러면 이 값들의 자료형은 무엇일까요? 정수형 리터럴 상수는 int형으로 처리하기로 약속되어 있습니다.

```
double num5 = 1.0;
```

그리고 실수형 리터럴 상수는 double형으로 처리됩니다. 역시 규칙입니다. 기본 자료형 중에 정수와 실수는 문자나 논리형과는 달리 그 안에 종류가 여럿이라 기본형을 약속으로 정하고 사용합니다.

자 이러면 또 고민이 생깁니다. 다음의 예제를 보겠습니다. 이 예제는 실행 결과를 출력하지 않습니다. 이클립스에 코드를 입력하고 에러가 발생하는지 여부만 확인하면 됩니다.

Chapter03 / Ex02_TypeChange1.java

```
public class Ex02_TypeChange1
{
    public static void main(String[] args)
    {
        int num1 = 1;         // ❶
        byte num2 = 1;
        byte num3 = 127;      // ❷
        byte num4 = 128;      // ❸

        short num5 = 1;

        num2 = num5;// ❹
        num2 = (byte)num5;  // ❺
    }
}
```

❶에서 int형 리터럴 상수 1을 int형 변수 num2에 대입하니 아주 자연스럽습니다. 그런데 ❷에서는 int형 상수 1을 byte 타입 변수 num2에 대입하고 있습니다. 4바이트 크기를 1바이트 크기의 공간에, 현실이라면 구겨넣어야 하는 겁니다. 다행히도 자바 컴파일러는 리터럴 상수의 값을 알고 있으므로 앞부분을 잘라서 넣어줍니다(자동 형변환이라고 합니다. 지금은 큰 쪽에서 작은 쪽으로 형변환이 일어났습니다. int → byte).

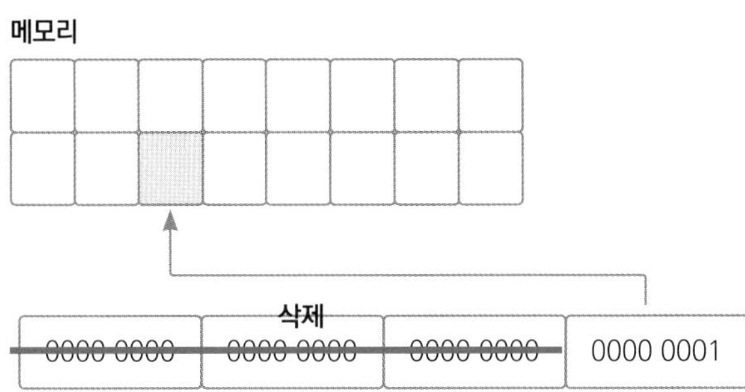

그런데 ❸처럼 상수가 변수에 저장할 수 있는 범위의 값보다 큰 값이면 컴퓨터가 도와줄래야 도와줄 수가 없습니다. 앞부분을 자르자니 원래 값이 훼손되기 때문입니다. 그러므로 프로그래머가 고칠 수 있게 에러를 냅니다.

❹처럼 변수이면 타입만 비교하고 바로 에러 처리를 합니다. 변수에 혹시라도 작은 값이 있을 수도 있지만 큰 값이 들어올 수도 있으므로 컴파일러는 모험을 하지 않습니다. 역시 프로그래머가 고칠 수 있게 에러를 냅니다.

❺는 프로그래머가 자기가 책임지겠다고 명시적으로 표시한 겁니다. 변수 안의 값을 알고 있으니 줄여도 된다고 명시적으로 표시해준 겁니다. 이럴 경우에는 에러를 내지 않고 대입해줍니다.

Tip 자동 형변환 규칙을 보면 컴파일러는 꽤 합리적입니다. 그리고 책임질 일을 하지 않습니다.

다음은 형변환을 말하는 다양한 표현입니다.

▼ 형변환 표현

주최	용어 1	용어 2
컴파일러(가 자동으로)	자동 형변환	묵시적(암묵적) 형변환
프로그래머(가 직접)	강제 형변환	명시적 형변환

자동 형변환 방향은 다음 그림과 같습니다.

▼ 자동 형변환의 방향

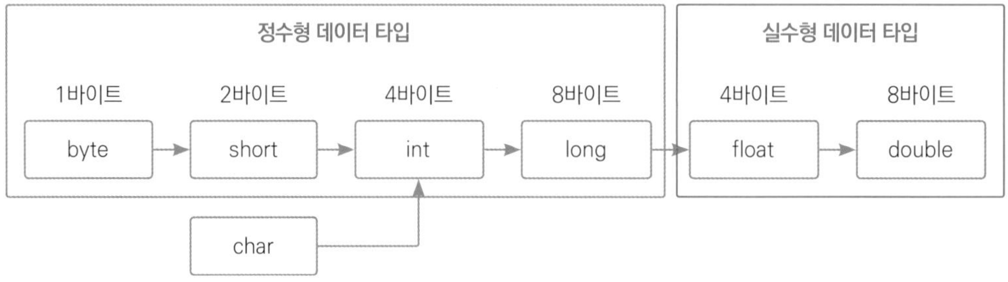

이렇게 산술 연산에서 자동 형변환은 자료형 크기가 큰 쪽으로 일어나거나, 정수형에서 실수형으로 일어납니다. 컴파일러가 책임지지 않아도 되는 방향입니다(리터럴 1을 byte형 변수에 대입할 때 자동 형변환이 큰 쪽에서 작은 쪽으로 이뤄지는 것도 보았습니다. 역시 책임지지 않아도 되는 선까지만 동작합니다).

변수에 값을 대입 시 발생하는 형변환 예제를 또 하나 살펴보겠습니다. 이 예제도 별다른 실행 결과는 없습니다. 이클립스에 코드를 입력하고 에러가 발생하는지 여부만 확인하면 됩니다.

Chapter03 / Ex03_TypeChange2.java

```
public class Ex03_TypeChange2
{
    public static void main(String[] args)
    {
        int num1 = 2147483647;       // ❶ OK
        int num2 = 2147483648;       // ❷ 에러 발생
        long num3 = 2147483648;      // ❸ 에러 발생
        long num4 = 2147483648L;     // ❹ OK

        float num5 = 1.0;            // ❺ 에러 발생
        float num6 = 1.0F;           // ❻

        double num7 = 30;            // ❼ int -> double 자동 형변환
    }
}
```

int형에서 최대로 표현할 수 있는 값은 2,147,483,647입니다. 그래서 ❶ 대입은 정상적으로 이루어집니다.

그런데 ❷에서는 에러가 납니다. '아, 변수의 타입이 int라서 큰 값을 못 받는구나'하고 ❸처럼 long형으로 바꾸어봅니다. 그렇지만 그래도 에러가 납니다. 2147483648을 인식하는 것 자체에서 문제가 있는 겁니다. 2147483648을 int형이라고 자바 컴파일러가 인식했기 때문에 쓸 수 없는 겁니다. 그래서 ❹처럼 숫자 뒤에 L을 붙여서 '이 숫자는 long형으로 형변환한 거야'하고 알려주어야 합니다. 이렇게 입력한 ❹에서는 에러가 나지 않습니다.

❺도 에러가 납니다. 자바에서 사용하는 실수는 기본으로 double형이라고 했습니다. 그래서 1.0은 double형입니다. 여기서 '정수 때처럼 알아서 줄여주면 안 돼?'라고 생각할 수 있지만 실수는 계산식에 의해서 만들어지는 근사치이므로 안 됩니다. 앞뒤 바이트를 줄이고 늘려서 만들 수 없는 값이기 때문입니다. 그래서 ❻처럼 이 값은 float형이라고 형변환해서 알려주어야 합니다.

Tip long형과 float형을 알려주는 L과 F는 지금처럼 대문자로 적어도 되고, 소문자로 적어도 됩니다.

❼에서는 int형의 상수 30이 double형의 상수 30.0으로 형변환된 후 가장 근사치 값을 계산하여

double형의 변수에 대입해줍니다.

3.3.2 연산 시 형변환

형변환이 일어나는 곳이 또 있습니다. 산술 연산을 할 때입니다. 연산은 CPU가 담당합니다. CPU에는 기본 자료형 수를 계산하는 연산 장치가 있는데, 이 장치가 다음과 같이 계산을 합니다. 단순하게 만들어져 있습니다.

입력 1	입력 2	결과
int	int	int
long	long	long
float	float	float
double	double	double

그러므로 이 외에는 다 형변환해서 넣어줘야 합니다.

입력 1과 입력 2에 크기가 다른 자료형이 입력되면 어떻게 될까요? 큰 쪽에 맞춰서 먼저 형변환을 한 후 계산을 하게 됩니다. 예를 들어 byte, short는 일단 다 작으니 int로 형변환 후 계산을 하게 됩니다.

다음 예제를 만들어 에러를 확인해보겠습니다(실행하면 에러가 발생하는 예제입니다).

Chapter03 / Ex04_Calculation1

```
public class Ex04_Calculation1
{
    public static void main(String[] args)
    {
        byte num11 = 1;
        byte num12 = 2;
        byte result1 = num11 + num12;             // ❶ 에러 발생

        short num21 = 1;
        short num22 = 2;
        short result21 = num21 + num22;           // ❷ 에러 발생

        short result22 = (short)(num21 + num22);  // ❸ 강제 형변환
    }
}
```

❶ num11 + num12는 연산을 하려면 먼저 각각 int로 형변환된 후 더하기 연산을 하게 됩니다. 결과 역시 int형이기 때문에 byte 타입 변수 result1에 대입을 하지 못하고 에러가 발생합니다.

❷ num21 + num22는 연산을 하기 위해 먼저 각각 int로 형변환된 후 더하기 연산을 하게 됩니다. 결과 역시 int형이기 때문에 short 타입 변수 result21에 대입을 하지 못하고 에러가 발생합니다.

❸ num21 + num22는 연산을 하기 위해 먼저 각각 int로 형변환된 후 더하기 연산을 하게 됩니다. 그 결과를 강제 형변환하여 short 타입으로 만들었습니다. 그 후 short 타입 변수인 result22에 대입하기 때문에 에러가 발생하지 않습니다.

또 다음 예제를 만들어 자동으로 일어나는 형변환을 생각해봅시다(실행하면 에러가 발생합니다).

Chapter03 / Ex05_Calculation2

```
public class Ex05_Calculation2
{
    public static void main(String[] args)
    {
        int num31 = 1;
        int num32 = 2;
        int result3 = num31 + num32;        // ❶ OK

        long num41 = 1;
        long num42 = 2;
        long result4 = num41 + num42;       // ❷ OK

        long result5 = num31 + num41;       // ❸ OK 자동 형변환

        float num61 = 1.0f;  ─┐
        float num62 = 2.0f;  ─┴// ❹ f 접미사
        float result6 = num61 + num62;      // ❺ OK

        double num71 = 1.0;
        double num72 = 2.0;
        double result7 = num71 + num72;     // ❻ OK

        double result8 = num61 + num71;     // ❼ OK 자동 형변환
    }
}
```

❶ 'int형 변수의 값 + int형 변수의 값'이므로 계산 후 나온 int형 결과를 int형 변수 result3에 대입할 수 있습니다.

❷ 'long형 변수의 값 + long형 변수의 값'이므로 계산 후 나온 long형 결과를 long형 변수 result4에 대입합니다.

❸ 'int형 변수의 값 + long형 변수의 값'이므로 앞 쪽의 int형 변수를 long형으로 형변환 후 계산을 합니다. 계산 후 나온 long형 결과를 long형 변수 result5에 대입합니다.

❹ float형의 상수임을 알려주기 위해 상수 뒤에 f 접미사를 붙여주었습니다. ❺ 'float형 변수의 값 + float형 변수의 값'이므로 계산 후 나온 float형 결과를 float형 변수 result6에 대입합니다.

❻ 'double형 변수의 값 + double형 변수의 값'이므로 계산 후 나온 double형 결과를 double형 변수 result7에 대입합니다.

❼ 'float형 변수의 값 + double형 변수의 값'이므로 앞 쪽의 float형 변수를 double형으로 형변환 후 계산을 합니다. 계산 후 나온 double형 결과를 double형 변수 result8에 대입합니다.

여기까지 산술 연산에서 발생하는 자동 형변환에 대해서 알아보았습니다.

학습 마무리

변수, 상수 개념을 익히고 자료형의 형변환을 알아보았습니다.

핵심 요약

- 변수는 메모리 공간을 기억하는 용도로 사용됩니다.
- 자바의 상수에는 리터럴 상수와 final 상수가 있습니다.
- 자바 컴파일러는 정수형 리터럴 상수를 int형으로 처리합니다
- 자바 컴파일러는 실수형 리터럴 상수를 double형으로 처리합니다.
- 변수에 데이터를 대입할 때와 데이터끼리의 산술 연산을 할 때 형변환이 일어납니다.

Chapter

04

연산자

#MUSTHAVE

☐ 학습 목표	흔히 연산이라고 하면 수학 시간에 배운 사칙연산을 떠올리겠지만, 프로그래밍에서 사용하는 연산은 그외에도 다양한 종류가 있습니다. 우리가 흔히 생각할 수 있는 산술연산 외에도 대입 연산, 비교 연산, 증감 연산, 논리 연산 등이 있습니다. 자바에서 다루는 다양한 연산을 알아보겠습니다.
☐ 학습 순서	**1** 산술 연산자 **2** 대입 연산자와 복합 대입 연산자 **3** 부호 연산자와 증감 연산자 **4** 비교 연산자 **5** 논리 연산자 **6** 조건 연산자 **7** 단항 · 이항 · 삼항 연산자 **8** 연산자 우선순위

4.1 산술 연산자

자바에서 사칙연산 기능을 하는 연산자는 다음과 같습니다.

▼ 자바 산술 연산자

연산자	설명	사용 예	결과
+	더하기	5 + 2	7
-	빼기	5 - 2	3
*	곱하기	5 * 2	10
/	나누기의 몫	5 / 2	2
%	나누기의 나머지	5 % 2	1

키보드에는 수학 시간에 배운 ×, ÷ 기호가 없기 때문에 위와 같은 기호를 사용합니다. 이미 선수

수업에서 다 사용해본 연산자입니다. 그런데 왜 수학에서와 달리 나누기 결과로 몫만 나올까요? 힌트는 앞 장에서 배운 자료형의 형변환에 있습니다. CPU가 계산을 할 때 두 정수를 입력받아 정수로 결과를 반환하는 구조로 만들어져 있기 때문입니다.

간단하게 예제를 만들어 확인해봅시다.

Chapter04 / Ex01_Arithmetic.java

```
public class Ex01_Arithmetic
{
    public static void main(String[] args)
    {
        int num1 = 7;
        int num2 = 3;

        System.out.println("num1 + num2 = " + (num1 + num2));
        System.out.println("num1 - num2 = " + (num1 - num2));
        System.out.println("num1 * num2 = " + (num1 * num2));
        System.out.println("num1 / num2 = " + (num1 / num2)); // ❶ 나누기
        System.out.println("num1 % num2 = " + (num1 % num2)); // ❷ 나머지
    }
}
```

▼ 실행 결과

```
Console
<terminated> Ex01_Arithmetic [Java Applica
num1 + num2 = 10
num1 - num2 = 4
num1 * num2 = 21
num1 / num2 = 2
num1 % num2 = 1
```

❶ 나누기의 몫 연산을 수행합니다. 7에서 3을 나눈 결과 2가 출력되었습니다. ❷ 나누기의 나머지 연산입니다. 7에서 3을 나누기의 나머지 연산한 결과는 1입니다.

4.2 대입 연산자와 복합 대입 연산자

대입 연산자는 오른쪽에 있는 연산식의 결과를 왼쪽에 있는 변수에 저장합니다. 이미 여러분이 자연스럽게 사용하고 있는 연산자입니다. 이것도 이름이 있었어? 하실지는 모르겠지만요.

```
int num = 100;
int myScore =  50 + 20;
```

이 코드에서 등호 =가 대입 연산자입니다. 코드에서 보듯이 상수를 바로 대입할 수도 있고, 연산 결과를 대입할 수도 있습니다. 이때 자료형이 다르면 형변환이 일어난다는 것도 기억나시죠?[1] 연산자에 의해 연산을 하기 때문에 형변환도 일어나는 겁니다.

대입 연산자에는 단순한 대입인 등호 = 외에 다음과 같은 복합 대입 연산자도 있습니다.

연산자	설명 (다른 방법)
a += b	a = a + b
a -= b	a = a - b
a *= b	a = a * b
a /= b	a = a / b
a %= b	a = a % b

복합 대입 연산자를 쓰는 사람들이 말하는 장점은 코드가 간결해진다는 겁니다. 개인적으로 전 초보자들에게는 별로 추천하지 않는 형태입니다. 코드를 보고 한 번 더 머릿속으로 생각해야 하거든요. 남이 사용한 것을 읽을 수는 있어야 하니까 배워야 하지만, 본인들 코드는 한 번에 바로 이해할 수 있게 가급적 풀어 쓰라고 얘기합니다.

그렇다면 이 복합 대입 연산자는 왜 있을까요? 다음 예제에 답이 있습니다.

Chapter04 / Ex02_Assignment.java

```
public class Ex02_Assignment
{
    public static void main(String[] args)
    {
        short num = 10;
        num += 77L;                    // ❶ 사람의 강제 형변환 필요하지 않음
        System.out.println(num);

        num = (short)(num + 77L);      // ❷ 형변환 필요
        System.out.println(num);
    }
}
```

1 기억이 안 난다면 3장 '변수, 상수, 자료형의 형변환'을 다시 한번 천천히 공부해보세요.

❶ 에서는 형변환 없이 연산이 수행됩니다. 반면에 ❷에서는 num값을 long형으로 자동 형변환 후에 num과 77L을 더하게 됩니다. 그리고 계산 결과를 short 타입으로 형변환해야 대입할 수 있습니다.

이제 복합 대입 연산자가 왜 있는지 아시겠죠?

4.3 부호 연산자와 증감 연산자

부호 연산자는 기본 자료형의 숫자 부호를 나타낼 때 사용하고, 증감 연산자는 변수의 값을 1 증가시키거나 1 감소시킬 때 사용합니다.

▼ 부호 연산자와 증감 연산자

연산자	사용 예	설명
+	+x	부호 유지(의미 없는 연산)
-	-x	부호 반전
++	++x	다른 연산 전 x값을 증가시킴
	x++	다른 연산 후 x값을 증가시킴
--	--x	다른 연산 전 x값을 감소시킴
	x--	다른 연산 후 x값을 감소시킴

그런데 +, -도 연산자냐 할 것 같아서 예제를 통해 살펴보겠습니다.

Chapter04 / Ex03_PlusMinusSign.java

```
public class Ex03_PlusMinusSign
{
    public static void main(String[] args)
    {
        short num1 = 5;
        System.out.println(+num1);       // ❶ 결과적으로 불필요한 + 연산
        System.out.println(-num1);       // ❷ 부호를 바꿔서 얻은 결과를 출력
        System.out.println(num1);        // num1값은 변하지 않음

        short num2 = 7;
        short num3 = (short)(+num2);     // ❸ 형변환하지 않으면 오류 발생
```

```
        short num4 = (short)(-num2);    // 형변환하지 않으면 오류 발생
        System.out.println(num3);
        System.out.println(num4);
    }
}
```

▼ 실행 결과

```
Console ⊠
<terminated> Ex03_PlusMinusSign [Java Application] C:₩Dev₩jdk-11.0.8₩bin₩javaw.exe
5
-5
5
7
-7
```

❶과 ❷의 실행 결과만 놓고 보면 이게 과연 연산자인가 할 수 있습니다. 하지만 ❸에서 보면 + 연산자에 의해 연산이 이루어집니다. 연산이 이루어지려면 형변환이 일어나야 합니다. 현재 short이니까 int로 말이죠. 이렇게 + 연산자에 의해 연산이 이루어지고 int로 형변환이 되었기 때문에 다시 short로 강제 형변환을 해주어야 변수에 값을 대입할 수 있게 됩니다. +, -도 연산자임을 이렇게 확인해볼 수 있습니다.

증감 연산자도 예제를 만들어 확인해보겠습니다.

Chapter04 / Ex04_PrefixPostfix.java

```
public class Ex04_PrefixPostfix
{
    public static void main(String[] args)
    {
        int num = 10;                    // ❶ 변수 선언
        System.out.println(++num);   // ❷ num값 하나 증가 후 출력
        System.out.println(num);     // ❸ num값이 증가되어 있음

        System.out.println(num++);   // ❹ 출력 후에 값이 증가
        System.out.println(num);     // ❺ 9행에서 증가된 값 확인
    }
}
```

▼ 실행 결과

```
Console ⊠
<terminated> Ex04_PrefixPostfix [Java Application] C:₩Dev₩jdk-11.0.8₩bin₩javaw.exe
11
11
11
12
```

❶ 변수를 선언하고 값을 대입합니다. ❷ 먼저 변수의 값을 증가시키고 그다음 출력합니다. ❸ 출력된 num 변수의 값이 증가되어 있음을 확인할 수 있습니다.

❹ 먼저 num 변수의 값을 출력하고, 그 후에 값을 증가시킵니다. ❺ num 변수의 값을 확인해보면 값이 증가되어 있습니다.

이런 증감 연산자는 다른 연산자와 같이 사용하게 되면 의도치 않게 생각이 깊어집니다.

int result = num++;

num값이 증가하고 대입이 되는 것인지, 대입이 된 후에 나중에 증가되는지 고민을 하게 됩니다. 복잡하고 크리티컬한 업무에서 이런 고민으로 인한 실수가 발생하면 안 됩니다.

좋은 코드는 간결한 코드입니다. 코드 자체를 축약해서 짧게 만든다는 이야기가 아닙니다. 들여쓰기 등이 잘 맞아 있는 물리적인 깔끔함에, 고민 없이 바로 바로 읽을 수 있는 생각을 간결하게 해주는 코드입니다.

그래서 다음처럼 반복문에서 단독으로 사용하는 것이 좋습니다.

```
for (int i = 0; i < 10; i++ )
{
    ...
}
```

```
int i = 0;
while (i > 10)
{
    ...
    i++;
}
```

4.4 비교 연산자(관계 연산자)

비교 연산자는 두 피연산자를 비교해 결괏값으로 논리 값인 true나 false를 반환해줍니다. 관계 연산자라고도 합니다.

```
int x = 2;
int y = 1;
```

위와 같이 x와 y가 있을 때 연산 결과를 확인해보겠습니다.

▼ 비교 연산자

연산자	사용 예	설명	결과
==	x == y	x와 y는 같다.	false
!=	x != y	x와 y는 같지 않다.	true
>	x > y	x가 y보다 크다.	true
>=	x >= y	x가 y보다 크거나 같다.	true
<	x < y	x가 y보다 작다.	false
<=	x <= y	x가 y보다 작거나 같다.	false

코드를 작성할 때 초보자들이 저 설명 부분을 의문문으로 끝내고 결과를 사람이 생각하는데, 저렇게 결론을 내고 결괏값이 들어와 있다고 생각을 하셔야 합니다.[2] 이렇게 하면 자연스럽게 컴퓨터의 연산 순서가 됩니다.

```
if (x>y)
{
    ....
}
```

→

```
if (true)
{
    ....
}
```

위의 예를 보면 if문이 연산 결과를 만드는 것이 아니고 if문은 true, false만 확인하는 것이고, 비교 연산자가 true, false를 만드는 겁니다. 그래서 선수 수업 때 while문에서 다음과 같이 코드를 사용할 수 있었던 겁니다.

```
while (true)
{
    ....
}
```

다음은 비교 연산자를 사용하는 예제입니다.

2 한꺼번에 'x가 y보다 크면'이 아니고 if (true)라고 생각하라는 뜻입니다.

Chapter04 / Ex05_Compare.java

```
public class Ex05_Compare
{
    public static void main(String[] args)
    {
        System.out.println("2 >= 1 : " + (2 >= 1));
        System.out.println("2 <= 1 : " + (2 <= 1));

        // 비교 연산 시에도 형변환이 일어남
        System.out.println("1.0 == 1 : " + (1.0 == 1));
        System.out.println("1.0 != 1 : " + (1.0 != 1));   // ❶
    }
}
```

▼ 실행 결과

```
Console ☒
<terminated> Ex05_Compare [Java Application] C:₩Dev₩jdk-11.0.8₩bin₩javaw.exe
2 >= 1 : true
2 <= 1 : false
1.0 == 1 : true
1.0 != 1 : false
```

❶ 1.0과 1은 실수와 정수인데, 그 결과가 놀랍게도 true와 false입니다. 실수형으로 자동 형변환이 이뤄진 다음 비교 연산을 수행했기 때문입니다. 이처럼 비교 연산 시에도 형변환이 일어난다는 점을 알고 계시기 바랍니다.

4.5 논리 연산자

논리 연산자는 예전 수학 시간에 배운 명제를 다룹니다.

- 두 명제가 모두 참이면 논리곱은 참이고,
- 두 명제 중 하나라도 참이면 논리합은 참입니다.
- 참의 부정은 거짓, 거짓의 부정은 참입니다.

이러한 논리 연산을 프로그래밍 언어로 표현한 연산자가 논리 연산자입니다.

▼논리 연산자

연산자	기능
&& (논리곱, And)	두 항이 모두 참이면 결괏값이 참입니다. 그렇지 않은 경우 거짓입니다.
|| (논리합, Or)	두 항 중 하나의 항이라도 참이면 결괏값은 참입니다. 두 항이 모두 거짓이면 결괏값은 거짓입니다.
! (부정, Not)	값이 참인 경우는 거짓으로 바꿉니다. 값이 거짓인 경우는 참으로 바꿉니다.

※ 역슬레시(버티컬 바). 원화 표시 키를 Shift 로 눌렀을 때

true, false 논리 연산 진리표를 살펴봅시다.

▼논리 연산 진리표

A	B	A && B	A || B	!A
true	true	true	true	false
true	false	false	true	false
false	true	false	true	true
false	false	false	false	true

다음은 논리 연산자를 사용하는 예제입니다.

Chapter04 / Ex06_Logical.java

```
public class Ex06_Logical
{
    public static void main(String[] args)
    {
        int num1 = 11;
        int num2 = 22;
        boolean result;

        result = (num1 > 1) && (num1 < 10);                     // ❶
        System.out.println("1 초과 10 미만인가? " + result);

        result = ((num2 % 2) == 0) || ((num2 % 3) == 0);        // ❷
        System.out.println("2 또는 3의 배수인가? " + result);
```

```
    }
}
```

▼ 실행 결과

```
Console
<terminated> Ex06_Logical [Java Application] C:₩Dev₩jdk-11.0.8₩bin₩javaw.exe
1 초과 10 미만인가? false
2 또는 3의 배수인가? true
```

❶ num1의 값은 11로, 10보다 작지 않으므로 조건절을 만족하지 않아 false입니다. ❷ num2의 값은 22이므로 2의 배수입니다. 2의 배수이거나 3의 배수이면 되므로 결과는 true입니다.

4.5.1 논리 연산자 주의점

그런데 이 논리 연산자를 사용해야 할 때 주의할 점이 있습니다. 연산의 특성 중에 Short-Circuit Evaluation[SCE]이라는 것이 있습니다. 우리말로 하면 '최단 거리 평가' 정도로 볼 수 있는데, 보통 SCE라고 부릅니다. 이는 연산의 효율 및 속도의 향상을 위해 불필요한 연산을 수행하지 않는 기능을 말합니다.

예를 들어 논리곱에서는 둘 다 참이어야 참이 되므로 앞쪽이 거짓이면 뒤쪽 계산을 수행하지 않습니다. 논리합에서는 둘 중 하나라도 참이면 참이 되므로 앞쪽이 참이면 역시 뒤쪽 계산을 수행하지 않게 됩니다.

다음 예제로 확인해보겠습니다.

Chapter04 / Ex07_ShortCircuitEvaluation.java

```
public class Ex07_ShortCircuitEvaluation
{
    public static void main(String[] args)
    {
        int x = 0;
        int y = 0;
        boolean result;

        result = ((x = x + 1) < 0) && ((y = y + 1) > 0); // ❶

        System.out.println("result = " + result);
        System.out.println("x = " + x);
        System.out.println("y = " + y + '\n');
```

```java

        result = ((x = x + 1) > 0) || ((y = y + 1) > 0); // ❷

        System.out.println("result = " + result);
        System.out.println("x = " + x);
        System.out.println("y = " + y);
    }
}
```

▼ 실행 결과

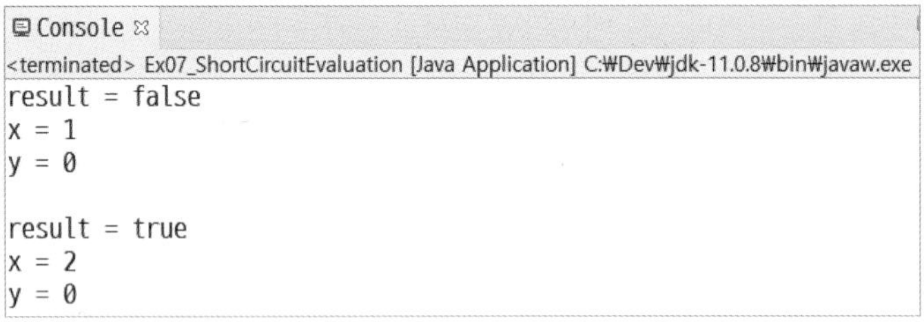

```
Console
<terminated> Ex07_ShortCircuitEvaluation [Java Application] C:₩Dev₩jdk-11.0.8₩bin₩javaw.exe
result = false
x = 1
y = 0

result = true
x = 2
y = 0
```

❶에서 코드의 변화를 보겠습니다.

```java
result = ((x = x + 1) < 0) && ((y = y + 1) > 0);
```

x가 0으로 변합니다.

```java
result = ((x = 0 + 1) < 0) && ((y = y + 1) > 0);
```

0과 1이 더해지고

```java
result = ((x = 1) < 0) && ((y = y + 1) > 0);
```

x에 1이 대입된 후 0과 크기 비교를 합니다.

```java
result = (1 < 0) && ((y = y + 1) > 0);
```

연살 결과 false입니다. SCE에 의해 뒤는 연산을 하지 않습니다.

```java
result = false && ((y = y + 1) > 0);
```

false가 result에 대입됩니다.

```java
result = false
```

이렇게 && 뒤쪽의 연산은 시작도 못 해보고 result에 false가 결과로 대입됩니다. ❷도 마찬가지입니다. || 뒤쪽에 있는 y는 연산이 수행되지 않아 값이 증가하지 않았고, 초깃값 그대로 0입니다.

4.6 조건 연산자

조건 연산자는 주어진 조건식이 참인 경우와 거짓인 경우에 다른 결괏값을 나타내주는 연산자입니다.

수식 표현법은 다음과 같습니다.

```
조건식 ? 참일 때 실행 : 거짓일 때 실행;
```

사용 예를 코드로 들어보겠습니다.

참일 때 실행

```
int myclass = (age>20) ? 2 : 1 ;
```

조건식 거짓일 때 실행

예제를 보면 이해가 쉽습니다.

Chapter04 / Ex08_Condition.java

```
public class Ex08_Condition
{
    public static void main(String[] args)
    {
        int num1 = 50;
        int num2 = 100;

        int big = (num1 > num2) ? num1 : num2; // ❶ false
        System.out.println("큰 수 : " + big);

        int diff = (num1 > num2) ? (num1 - num2) : (num2 - num1); // ❷ false
        System.out.println("두 수의 차 : " + diff);
    }
}
```

▼ 실행 결과

```
Console ⊠
<terminated> Ex08_Condition [Java Application] C:₩Dev₩jdk-11.0.8₩bin₩javaw.exe
큰 수 : 100
두 수의 차 : 50
```

❶ 'num1값이 num2값보다 크다'. 이 명제의 결과는 거짓이기 때문에 거짓일 때 실행되는 부분에서 num2값을 가져와 big 변수에 대입합니다.

❷ 'num1값이 num2값보다 크다'. 이 명제의 결과는 거짓이기 때문에 거짓일 때 실행되는 부분의 num2 - num1 연산을 수행하고 그 결과를 diff 변수에 대입합니다.

조건 연산자는 이렇게 조건에 따른 항의 결괏값 또는 연산이 수행된 결과를 반환하는 연산자입니다.

Tip 선수 수업에서 사용했던 if ~ else ~와 같은 동작을 합니다. 차이점은 if ~ else ~는 다음 장에서 배울 제어문 중 조건문이고, 지금 사용한 것은 조건 연산자입니다.

4.7 단항 · 이항 · 삼항 연산자

연산자를 항 개수로 구분할 수 있습니다. 자바는 단항, 이항, 삼항 연산자를 제공합니다.

- 단항 연산자 : ++x, y--에서 ++, --는 하나의 피연산자만으로 이루어진 식으로 연산을 수행합니다. 이런 연산자를 단항 연산자라고 합니다.
- 이항 연산자 : x + y 에서 + 연산자는 피연산자를 두 개 가지고 식을 구성하기 때문에 이항 연산자라고 합니다.
- 삼항 연산자 : 삼항 연산자는 항이 세 개 있어야 합니다. 우리가 앞서 배운 조건 연산자가 삼항 연산자입니다. 삼항 연산자는 다음과 같이 표현합니다.

```
1항 ? 2항 : 3항 ;
```

4.8 연산자 우선순위

이런 연산자들은 연산을 수행함에 있어 우선순위를 가집니다. 이 역시 여러분들이 수학 시간에 배웠던 내용과 거의 유사합니다.

다음 표에 정리를 해보았습니다.

▼ 자바 연산자

우선순위	종류	연산자
1		.점 [ ]대괄호 ()소괄호
2	단항	++증가 --감소 !부정 +부호 -부호
3	산술	*곱하기 /나누기 몫 %나머지
4	산술	+더하기 -빼기
5	비교	<작다 <=작거나 같다 >크다 >=크거나 같다
6	관계	==같다 !=같지 않다
7	논리곱	&&and
8	논리합	||or
9	조건	booleanExpression ? exp1 : exp2
10	대입	= += -= *= /= %=

우리 코드의 많은 부분에서 괄호가 사용되었습니다. 연산자의 우선순위가 헷갈릴 땐 괄호를 사용하면 연산 순위의 의미가 확실해집니다. 소괄호는 표에서도 확인되듯 우선순위가 가장 높기 때문에 사용하면 먼저 연산을 해줍니다.

다음은 연산 순위를 이해 못하면 헷갈릴 수 있는 예제입니다.

Chapter04 / Ex09_Order.java

```
public class Ex09_Order
{
    public static void main(String[] args)
    {
        System.out.println();            // ❶ println()을 이용한 줄바꿈
        System.out.print("\n");          // ❷ 특수 문자를 이용한 줄바꿈
        System.out.println("--------------------");

        int num = 5;

        System.out.print(num + '\n');    // ❸ 기본 자료형끼리는 산술 연산
        System.out.println("--------------------");
        System.out.print(num + "\n");    // ❹

```

```
        System.out.println("3 >= 2 : " + (3 >= 2));  // ❺
        //System.out.println("3 >= 2 : " + 3 >= 2);  // ❻
    }
}
```

▼ 실행 결과

```
Console ⊠
<terminated> Ex09_Order [Java Application] C:₩Dev₩jdk-11.0.8₩bin₩javaw.exe
 ◀--- 줄바꿈
 ◀--- 줄바꿈
--------------------
15--------------------
5
3 >= 2 : true
```

❶ println()에 내용을 입력하지 않고 그냥 사용하면 줄바꿈만 해줍니다. ❷ print()은 줄을 바꾸지 않지만 아스키코드 표를 보고 줄바꿈 특수 문자를 출력하면 줄바꿈을 할 수 있습니다. ❶과 ❷가 어떻게 동작했는지 기억하고, 이어지는 코드를 살펴봐주세요.

- ❸ 'n' : 작은 따옴표로 n을 감쌈 → 문자형
- ❹ "n" : 큰 따옴표로 n을 감쌈 → 스트링 객체. 글자들

❸에서 num 변수에는 값이 이미 이진수로 들어 있습니다. '\n'은 문자형 데이터이기 때문에 2바이트 크기를 가질 것이고 이진수로 변환, 즉 인코딩이 됩니다. 그 결과 '이진수 + 이진수' 산술 연산이 일어납니다. 크기가 다르니 뒤쪽 값이 2바이트에서 4바이트로 형변환이 되고 그 후 산술 연산인 더하기가 실행됩니다. 산술 연산의 결과 15가 출력되고 줄바꿈하려는 의도와 달리 줄바꿈이 되지 않습니다.

❹에서 사용한 "\n"은 큰 따옴표로 감싸져 있습니다. 스트링 객체라고 하는데, 쉽게 말하면 글자들입니다. 한 글자인데 뭔 글자들이라고 하겠지만, 글자들을 담을 수 있는 형태인데 여기선 한 글자만 담은 겁니다.

char형에는 변수에 한 글자밖에 대입이 안 되지만 String형에는 글자 길이에 제한이 없습니다. 여기서 한 글자만 넣은 것뿐입니다. 스트링은 관련된 내용이 많기 때문에 뒤에서 14장 'String 클래스'에서 배웁니다. 여기서는 기본 자료형이 아니다 정도만 알면 됩니다.

기본 자료형일 때만 산술 연산을 할 수 있습니다. 기본 자료형이 아니라면 CPU가 다른 방법을 찾습니다. 그래서 양쪽의 내용을 합쳐서 출력해줍니다.

꼭 기억하세요. 산술 연산은 데이터가 기본 자료형일 때만 일어납니다. ❹는 '기본 자료형 + 스트링' 연산이므로 산술 연산이 일어나지 않습니다. 산술 연산이 아니니 에러를 내든지 다른 어떤 동작을 해야 합니다. 다행히 println() 안에 사용된 +연산자는 산술 연산이 아니면 그냥 합쳐서 출력하는 동작을 제공합니다. 그래서 ❹에서 코드 변화를 살펴보겠습니다.

```
System.out.print(num + "\n");
```

num 변수의 값을 메모리에서 찾아옵니다.

```
System.out.print(5 + "\n");
```

산술 연산이 안 되니 5를 글자 "5"로 바꿉니다.

```
System.out.print("5" + "\n");
```

두 개를 합칩니다.

```
System.out.print("5\n");
```

화면에 "5\n"가 출력되면 출력 장치가 글자 5는 화면에 보여주고 특수 문자 \n은 줄바꿈에 사용합니다.

```
5
```

❺도 같은 절차로 동작하게 됩니다.

❻에서 주석을 풀면 에러가 나는데, 이유는 다음과 같은 순서로 동작하기 때문입니다.

```
System.out.println("3>=2 : " + 3 >=2);
```

연산자의 우선순위에 의해 +가 먼저 연산됩니다. 두 문자열이 합쳐집니다.

```
System.out.println("3>=2 : " + "3" >=2);
```

이제 비교를 하려고 하니 글자들과 숫자라 비교를 할 수 없습니다.

```
System.out.println("3>=2 : 3" >=2);
```

비교를 할 수 없고, 다른 동작도 정의되어 있지 않으므로 컴파일러는 에러를 냅니다. 에러 내용이 다음과 같습니다. 위 사항을 그대로 적어서 알려주고 있습니다.

```
The operator >= is undefined for the argument type(s) String, int
```

학습 마무리

여기까지 자바 프로그래밍에서 사용하는 다양한 연산자를 알아보았습니다. 자료형과 형변환을 고려해서 생각하면 동작이 더 쉽게 이해되므로 연산자를 단순히 외우지 않아도 됩니다.

자바를 배우고 나면 일반적으로 웹 개발로는 스프링으로 웹 서비스를, 모바일 개발로는 안드로이드로 앱 서비스를 만듭니다. 자바 개발자 대부분이 포진한 두 영역에서 비트 연산자를 사용할 일이 없습니다. 그래서 이 책에서는 비트 연산자를 다루지 않습니다.

핵심 요약

1 산술 연산자는 사칙연산 계산 기능을 하는 연산자입니다.

2 대입 연산자는 오른쪽에 있는 연산식의 결과를 왼쪽에 있는 변수에 저장합니다.

3 부호 연산자는 기본 자료형의 숫자 부호를 나타낼 때 사용하고, 증감 연산자는 변수의 값을 1 증가시키거나 1 감소시킬 때 사용합니다.

4 비교 연산자는 두 피연산자를 비교해 결괏값으로 true나 false를 반환해줍니다.

5 논리 연산자는 논리 연산을 프로그래밍 언어로 표현한 연산자입니다.

6 조건 연산자는 주어진 조건식이 참인 경우와 거짓인 경우에 다른 결괏값을 나타내주는 연산자입니다.

7 자바는 단항, 이항, 삼항 연산자를 제공합니다.

8 연산자들은 연산을 수행함에 있어 우선순위를 가집니다.

Chapter

05

콘솔 출력과 입력

#MUSTHAVE

□ **학습 목표**	우리는 이미 System.out.println()과 System.out.print()로 출력을 많이 해보았습니다. 그래서 출력을 간단히 정리하고, 입력을 더 살펴보겠습니다. 입력을 배우게 되면 지금까지 배운 것만으로도 재미있는 프로그램을 만들 수 있습니다.

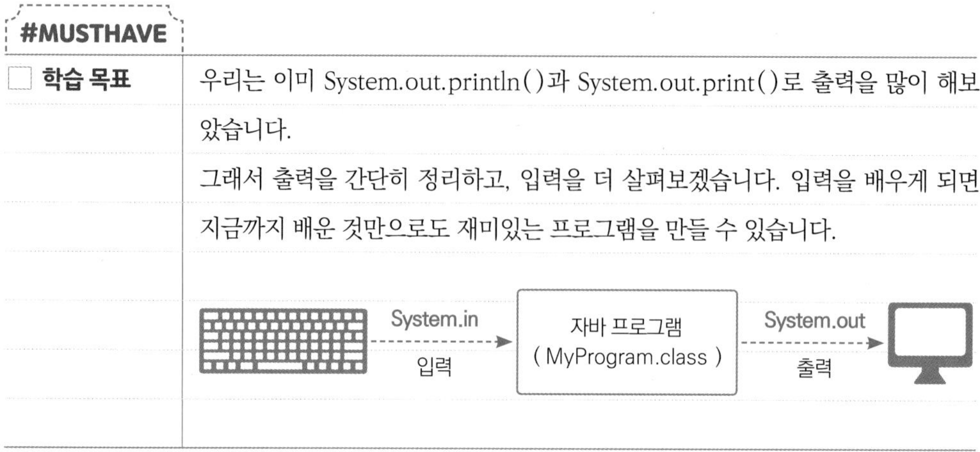

5.1 콘솔 출력

콘솔은 컴퓨터를 대상으로 데이터를 입력 및 출력하는 장치를 총칭하는 말입니다. 대표적으로 키보드와 모니터가 콘솔 입출력 장치에 해당합니다.

자바에서는 화면에 데이터를 출력하는 다양한 기능을 제공하는데, 이런 기능들을 메서드라고 부릅니다. 메서드 형태는 뒤에 소괄호가 붙어 있습니다. 모두 System.out과 연결해 사용합니다.

- System.out.println( )
- System.out.print( )
- System.out.printf( )

여기서는 이렇게 제공되는 메서드를 사용하기만 하고, 자신만의 메서드를 직접 만드는 방법은 뒤에 나오는 7장 '메서드와 변수의 사용 가능 범위'에서 천천히 더 배우도록 하겠습니다.

이 중에서 처음 보는 printf( )를 살펴보겠습니다. System.out.printf( )는 문자열의 내용을 조합하여 출력하는 기능을 제공합니다. 예전 CLI[Command-Line Interface] 환경에서는 정말로 많이 사용한 기능이지만, GUI[Graphical User Interface]를 사용하는 요즘에는 그 사용도가 많이 떨어졌습니다.

사용 형식은 다음과 같습니다.

```
System.out.printf("포맷 문자열", 데이터, 데이터, 데이터 … );
```

다음과 같이 씁니다.

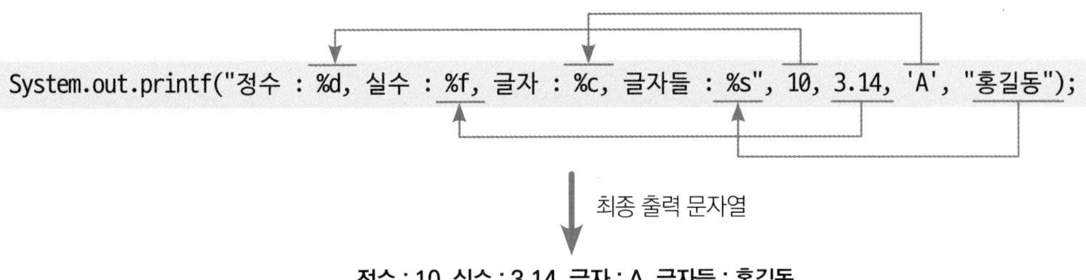

포맷 문자열에 지정할 수 있는 서식은 다음과 같습니다.

▼출력 서식 지정자

서식 지정자	출력의 형태
%d	10진수 정수 형태 출력
%o	8진수 정수 형태 출력
%x	16진수 정수 형태 출력
%f	실수 출력
%e	e 표기법 기반 실수 출력
%g	출력 대상에 따라서 %e 또는 %f 형태 출력
%s	문자열 출력
%c	문자 출력

e 표기법

0.0000000001 이런 수를 수학에서는 보기 편하게 1.0×10^{-10}처럼 표기합니다.
문서 작성기에서는 이런 표현이 가능하나 프로그래밍 언어에서는 저렇게 쓸 수가 없습니다.
그래서 e 문자를 사용하여 지수를 표시합니다.
1.0×10^{-10} → 1.0e-10

Chapter05 / Ex01_printf.java

```java
public class Ex01_printf
{
    public static void main(String[] args)
    {
       String name = "Hong Gil Dong";    // ❶ 글자들을 저장할 때 사용하는 자료형
       int age = 20;
       double height = 175.5;

       System.out.printf("%s의 나이는 %d이고, 키는 %f입니다.\n", name, age,
                                                    height); // ❷
       System.out.printf("%s의 나이는 %d이고, 키는 %.2f입니다.\n", name, age,
                                                    height); // ❸
    }
}
```

▼ 실행 결과

```
Console
<terminated> Ex01_printf [Java Application] C:\Dev\jdk-11.0.8\bin\javaw.exe
Hong Gil Dong의 나이는 20이고, 키는 175.500000입니다.
Hong Gil Dong의 나이는 20이고, 키는 175.50입니다.
```

❶ String 자료형이 나왔습니다.[1] 글자들을 저장할 때 사용합니다. 글자들을 표현할 때는 쌍따옴표를 사용합니다. ❷ printf()는 줄바꿈을 하지 않습니다. 그래서 '\n' 특수 문자를 이용하여 줄바꿈을 합니다.

❸ 실수를 출력하면 너무 길게 출력되므로, 소수점 아래 두 자리까지만 출력합니다.

5.2 콘솔 입력

Scanner 클래스는 편리한 콘솔(키보드) 입력 기능을 제공합니다.[2] Scanner 클래스는 선수 수업에서 우리가 만든 프로그램에서 메뉴 구성을 하고 메뉴를 선택할 수 있게 숫자를 입력받을 때 이미

---

1 String은 다루어야 할 내용이 많아서 14장 'String 클래스'에서 배웁니다.

2 클래스 등의 용어는 뒤에서 자세히 배웁니다(9장). 이처럼 자바를 공부할 때는 아직 안 배운 내용이지만 먼저 사용하는 경우가 많습니다. 그래서 책을 끝까지 봤다면, 최소 한 번은 처음부터 다시 봐야 앞에서 설명하지 않고 사용했던 내용이 왜 그리고 어떻게 사용된 건지를 더 이해할 수 있게 됩니다.

사용해봤습니다. 이제 숫자뿐 아니라 다양한 데이터를 입력받을 수 있게, Scanner 클래스에서 제공하는 기능, 즉 메서드를 조금 더 살펴보겠습니다.

이 메서드들은 한 번에 하나의 값만 입력받을 수도 있지만, 여러 데이터를 한 번에 입력받을 수도 있습니다. 여러 데이터가 한 번에 입력되면 입력된 내용은 공백이나 탭으로 구분을 하게 됩니다. 예제를 만들어 확인해보겠습니다.

Chapter05 / Ex02_Scanner1.java

```
import java.util.Scanner;                          // ❶ Scanner 클래스 임포트

public class Ex02_Scanner1
{
    public static void main(String[] args)
    {
        Scanner sc = new Scanner(System.in);       // ❷ Scanner 객체 생성

        System.out.println("숫자를 1 2 3 이렇게 입력하고 엔터를 입력하세요.");
                                                           // ❸ 입력 대기
        int num1 = sc.nextInt();                   // ❹
        int num2 = sc.nextInt();
        int num3 = sc.nextInt();                   // ❺

        System.out.println("숫자를 1 입력하고 엔터를 입력하세요.");
        int num4 = sc.nextInt();
        System.out.println("숫자를 2 입력하고 엔터를 입력하세요.");
        int num5 = sc.nextInt();
        System.out.println("숫자를 3 입력하고 엔터를 입력하세요.");
        int num6 = sc.nextInt();

        System.out.printf("%d %d %d %d %d %d", num1, num2, num3, num4, num5, num6);
    }
}
```

▼ 실행 결과

```
Console
<terminated> Ex02_Scanner1 [Java Application] C:₩Dev₩jdk-11.0.8₩bin₩javaw.exe
숫자를 1 2 3 이렇게 입력하고 엔터를 입력하세요.
1 2 3
숫자를 1 입력하고 엔터를 입력하세요.
1
숫자를 2 입력하고 엔터를 입력하세요.
2
숫자를 3 입력하고 엔터를 입력하세요.
3
1 2 3 1 2 3
```

일단 Scanner 클래스를 이용하여 입력을 받으려면 ❶과 ❷를 그대로 적용해주면 됩니다.

❸에서 내용을 출력하고 입력될 때까지 프로그램 진행이 잠깐 멈추게 됩니다. 입력이 끝나고 Enter 값이 들어오면 다시 ❹부터 프로그램이 진행됩니다.

여러 숫자가 입력되면 일단 버퍼에 내용을 넣고 공백(스페이스)이나 탭으로 구분하여 ❹에서 ❺까지 하나씩 입력된 데이터를 변수에 대입하게 됩니다.

이제 next()와 nextLine() 메서드 기능을 구분할 수 있는 예제를 만들어보겠습니다.

Chapter05 / Ex03_Scanner2.java

```java
import java.util.Scanner;

public class Ex03_Scanner2
{
    public static void main(String[] args)
    {
        Scanner sc = new Scanner(System.in);

        System.out.println("홍길동 전우치 손오공 이렇게 입력하고 엔터를 입력하세요.");
        String name1 = sc.nextLine();                // ❶ 줄 단위 입력 처리

        System.out.println("홍길동 전우치 손오공 이렇게 입력하고 엔터를 입력하세요.");
        String name2 = sc.next();  ─┐
        String name3 = sc.next();   ├─// ❷ 공백이나 탭 단위 처리
        String name4 = sc.next();  ─┘

        System.out.printf("[%s] [%s] [%s] [%s]", name1, name2, name3, name4);
    }
}
```

▼ 실행 결과

```
Console ⊠
<terminated> Ex03_Scanner2 [Java Application] C:\Dev\jdk-11.0.8\bin\javaw.exe
홍길동 전우치 손오공 이렇게 입력하고 엔터를 입력하세요.
홍길동 전우치 손오공
홍길동 전우치 손오공 이렇게 입력하고 엔터를 입력하세요.
홍길동 전우치 손오공
[홍길동 전우치 손오공] [홍길동] [전우치] [손오공]
```

❶ nextLine() 메서드는 입력된 값을 Enter 가 입력될 때 한 번에 줄 단위로 입력받습니다.

❷ next() 메서드는 입력받은 값을 일단 버퍼에 넣고 공백(스페이스)이나 탭으로 구분하여 입력을 구분하여 처리합니다.

학습 마무리

자바 프로그래밍에서 사용하는 콘솔 출력과 입력을 간단히 알아보았습니다.

핵심 요약

1 콘솔은 컴퓨터를 대상으로 데이터를 입력 및 출력하는 장치를 총칭합니다.

2 자바에서는 화면에 데이터를 출력하는 다양한 메서드를 제공합니다. System.out과 연결해 사용합니다.

3 Scanner 클래스는 편리한 콘솔(키보드) 입력 기능을 제공합니다.

Chapter 06

제어문

#MUSTHAVE

□ **학습 목표**	자바에서 다루는 다양한 제어문을 알아봅니다.
□ **학습 순서**	**1** if문 **2** switch문 **3** 반복문
□ **제어문 소개**	제어문이란 프로그램의 진행 흐름을 필요에 따라 변경하고 싶을 때 사용합니다. 프로그램은 코드가 입력된 순서대로 실행되는데 이렇게만 해서는 단순한 동작만 처리할 수 있습니다. 상황에 따라서는 '연산 결과에 따라 다른 동작을 수행'하거나 '동일한 처리를 반복'해야 합니다. 이럴 때 제어문을 사용하게 됩니다. 제어문에는 조건문과 반복문이 있습니다.

6.1 조건문

조건문은 조건식의 결과가 'true인 경우'와 'false인 경우'의 두 가지 흐름을 만들어낼 수 있습니다. 자바에서 다음 세 가지 방법으로 조건을 분기시킬 수 있습니다.

- if문을 사용한 조건 분기(제어문 사용)
- 조건 연산자를 사용한 조건 분기(연산자 사용)
- switch문을 사용한 조건 분기(제어문 사용)

6.1.1 if문

if문을 사용하여 조건을 분기시키는 방법과 조건 연산자를 사용한 조건 분기 방법은 이미 앞에서 살펴보았습니다. 다만 if문에서는 다음을 한 번 더 상기해주시기 바랍니다.

조건식

```
if (x>1)
{
    ....
}
```

```
if (true)
{
    ....
}
```

앞에서도 언급했지만 해석하는 습관도 중요합니다.

- x가 1보다 크면 중괄호 안의 내용을 실행합니다. ← 이것은 사람의 생각입니다.
- x 〉 1을 비교 연산합니다. 그리고 if문은 조건식의 연산 결과가 true이면 중괄호 안의 내용을 실행합니다. ← 컴퓨터의 동작 순서입니다.

if문이 조건식의 결과를 만들어내는 것이 아니고 조건식 결과를 단순히 체크만 하는 겁니다.

그리고 앞에서 설명하지 않은 내용이 하나 있는데, if문이 실행되는 중괄호 안의 영역에서 실행되는 수행문이 하나만 있다면 중괄호를 생략할 수 있습니다.

Chapter06 / Ex01_if.java

```
public class Ex01_if
{
    public static void main(String[] args)
    {
        int num = 100;

        if (num > 50)
        {
            System.out.println("num 변수의 값이 50보다 큽니다.");      // ❶
        }

        // 한 줄만 실행하면 중괄호를 생략 가능
        if (num > 50)
            System.out.println("num 변수의 값이 50보다 큽니다.");      // ❷

        // 같은 줄에 작성 가능. 실행 문장의 끝은 세미콜론 ;으로 구분
        if (num > 50) System.out.println("num 변수의 값이 50보다 큽니다."); // ❸

        // 의도치 않은 결과
        if (num < 50) // ❹
            System.out.println(num); // num 변수의 값이 궁금해 출력   // ❺
```

```
            System.out.println("num 변수의 값이 50보다 작습니다.");   // ❻

    }
}
```

▼ 실행 결과

```
Console ✖
<terminated> Ex01_if [Java Application] C:₩Dev₩jdk-11.0.8₩bin₩javaw.exe
num 변수의 값이 50보다 큽니다.
num 변수의 값이 50보다 큽니다.
num 변수의 값이 50보다 큽니다.
num 변수의 값이 50보다 작습니다.
```

의도치 않은 출력

❶은 우리가 처음 배운 방식입니다. 정상 출력됩니다. if문의 중괄호 안의 실행 문장이 이렇게 한 문장밖에 없다면 중괄호를 생략할 수 있습니다. num의 값이 100으로 50보다 크므로 ❷가 실행되고 내용이 출력됩니다. ❸처럼 같은 줄에 작성할 수도 있습니다. 역시 내용이 출력됩니다.

❹, ❺, ❻에서 원래 ❺가 없었다고 가정합시다. 그러면 num 변수의 값이 50보다 작다는 명제는 거짓이므로 ❻이 실행되지 않습니다. 그런데 갑자기 num 변수의 값이 궁금해서 ❺를 추가했습니다. 이러면 문제가 발생합니다. 이 if문은 중괄호가 없기 때문에 ❺만 if문의 실행 영역으로 판단합니다. 그런데 관계가 없어진 ❻의 들여쓰기 레벨이 자동으로 앞으로 나오지 않기 때문에 우리는 if문에 여전히 속해 있다고 착각을 하게 됩니다. 하지만 ❻은 그냥 출력문이기 때문에 그냥 출력이 됩니다. 그래서 num 변수가 100이라 50보다도 큰데 다른 내용이 출력되는 겁니다.

그래서 초보자들은 가급적 중괄호를 생략하지 않는 편이 좋습니다. 코드를 작성하다 보면 위에서처럼 디버깅 메시지를 출력하는 코드를 넣게 되는 경우가 많은데, 이때 이미 중괄호가 있다면 아무 문제도 없지만, 중괄호가 생략되어 있으면 중괄호를 추가해주어야 하는데, 초보자들이 이걸 자주 까먹습니다. 그러면 지금처럼 의도와 다른 결과를 만들게 됩니다.

6.1.2 switch문

switch문을 사용하면 많은 선택지를 가지는 분기 처리를 할 수 있습니다. 조건식의 결과와 일치하는 case문에 작성된 문장을 실행합니다. 조건식의 값이 어떤 case와도 맞지 않으면 default로 넘어가게 됩니다. 그리고 각 case의 마지막에는 break문을 사용해서 선택한 처리만을 실행하도록 합니다.

그림으로 표현하면 다음과 같습니다.

▼ switch 분기문

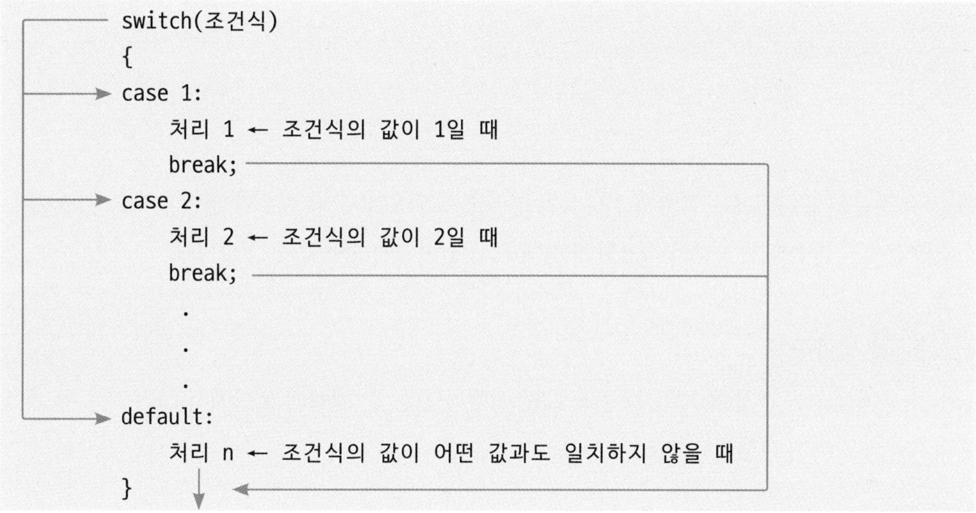

```
switch(조건식)
{
case 1:
    처리 1 ← 조건식의 값이 1일 때
    break;
case 2:
    처리 2 ← 조건식의 값이 2일 때
    break;
     .
     .
     .
default:
    처리 n ← 조건식의 값이 어떤 값과도 일치하지 않을 때
}
```

switch문 기본 사용법

switch문 기본 사용법을 예제를 만들어 살펴보겠습니다.

Chapter06 / Ex02_switch.java

```java
public class Ex02_switch
{
    public static void main(String[] args)
    {
        int n = 4;

        switch(n % 3) // ❶ 조건식
        {
        case 1:
            System.out.println("나머지가 1");
            break;
        case 2:
            System.out.println("나머지가 2");
            break;
        default:
            System.out.println("나머지가 0");
        }
```

```
    }
}
```

▼ 실행 결과

```
Console ☒
<terminated> Ex02_switch [Java Application] C:₩Dev₩jdk-11.0.8₩bin₩javaw.exe
나머지가 1
```

❶ switch문의 조건식에는 이렇게 연산식을 넣어줄 수도 있고 그냥 변수만 넣어줄 수도 있습니다. 조건의 분기가 많을 때는 if문을 사용한 조건 분기보다 편하게 사용할 수 있습니다.

break문을 생략하기

switch문에 break가 없을 때는 다음과 같이 실행됩니다. 앞 예제의 코드에서 break문 두 개를 주석 처리하고 다시 실행해봅시다.

▼ 실행 결과

```
Console ☒
<terminated> Ex02_switch [Java Application] C:₩Dev₩jdk-11.0.8₩bin₩javaw.exe
나머지가 1
나머지가 2
나머지가 0
```

switch문 안의 모든 case문 내용이 전부 실행되었습니다.

이런 점을 조금 응용하여 다음과 같은 예제를 간편히 만들 수도 있습니다.

Chapter06 / Ex03_SwitchNoneBreak.java

```
public class Ex03_SwitchNoneBreak
{
    public static void main(String[] args)
    {
        int n = 6;

        switch(n % 7)
        {
        case 1:
        case 2:
        case 3:
        case 4:      // ❶
        case 5:
```

```
                System.out.println("주중");
                break;
            case 6:
            default:
                System.out.println("주말");
            }
        }
}
```

▼ 실행 결과

```
Console ⊠
<terminated> Ex02_switch [Java Application] C:₩Dev₩jdk-11.0.8₩bin₩javaw.exe
나머지가 1
```

❶ case 1부터 5까지 break문을 없애 "주중"이 출력되도록 했습니다. 이와 같이 여러 개의 값을 묶어서 처리할 수도 있습니다.

Tip break 효과

break는 반복문과 switch문에서만 사용할 수 있습니다. 실행 흐름을 중단시키고 해당 중괄호 밖으로 빠져나갑니다.

조건식에 스트링 사용하기

그리고 자바 7 이후로 자바도 switch문에 스트링을 사용할 수 있습니다. 예제로 확인해보겠습니다.

Chapter06 / Ex04_SwitchString.java

```
public class Ex04_SwitchString
{
    public static void main(String[] args)
    {
        String name = "홍길동";

        switch(name) // ❶ 조건식
        {
        case "홍길동":
            System.out.println("제 이름은 홍길동입니다.");
            break;
        case "전우치":
            System.out.println("제 이름은 전우치입니다.");
            break;
```

```
            case "손오공":
                System.out.println("제 이름은 손오공입니다.");
                break;
            default:
                System.out.println("같은 이름이 없습니다.");
        }
    }
}
```

▼ 실행 결과

```
Console
<terminated> Ex04_SwitchString [Java Application] C:₩Dev₩jdk-11.0.8₩bin₩javaw.exe
제 이름은 홍길동입니다.
```

❶ switch문의 조건식에 이렇게 스트링 변수나 스트링 값을 사용할 수 있습니다.

6.2 반복문

반복문은 어떤 조건이 성립하는 동안 반복 처리를 실행하는 제어문입니다. 자바에서 반복문을 다음 세 가지 방법으로 만들 수 있습니다.

- for문을 이용한 반복
- while문을 이용한 반복
- do~while문을 이용한 반복

6.2.1 for문을 이용한 반복

반복문도 중괄호 안의 영역에서 실행되는 수행문이 하나만 있으면 중괄호를 생략할 수 있습니다. 그러나 초보자라면 가급적 생략하지 않고 사용하는 것이 좋습니다. 예제를 보겠습니다.

Chapter06 / Ex05_for.java

```java
public class Ex05_for
{
    public static void main(String[] args)
    {
        for (int i=2; i<10; i++)
        {
            System.out.print((2 * i) + " ");
        }
        System.out.println();

        // ❶ 한 줄만 실행하면 중괄호를 생략 가능
        for (int i=2; i<10; i++)
            System.out.print((3 * i) + " ");        // ❷ 구구단 3단 출력
        System.out.println();

        // 같은 줄에 작성 가능. 실행 문장의 끝은 세미콜론 ;으로 구분
        // 보통 이렇게 만들지는 않습니다.
        for (int i=2; i<10; i++) System.out.print((4 * i) + " ");
                                                    // ❸ 구구단 4단 출력
        System.out.println();

        // 의도치 않은 결과
        for (int i=2; i<10; i++)
            //System.out.println(i); // ❺ i 변수의 값이 궁금해 출력     // ❹
            System.out.print((5 * i) + " ");  // ❻
        System.out.println();

    }
}
```

▼ 실행 결과

```
Console ☒
<terminated> Ex05_for [Java Application] C:₩De
4 6 8 10 12 14 16 18
6 9 12 15 18 21 24 27
8 12 16 20 24 28 32 36
10 15 20 25 30 35 40 45
```

❶ 구구단의 2단을 2*2부터 출력하고 있습니다.

❷ 구구단의 3단을 3*2부터 출력하고 있습니다. for문에서 실행하는 문장이 한 줄이라 중괄호를 생략한 모습입니다.

❸ 구구단의 4단을 4*2부터 출력하고 있습니다. 역시 for문에서 실행하는 문장이 한 줄이라 중괄호를 생략했고 같은 줄에다 작성까지 했습니다. 실행은 잘 되지만 이런 형태는 잘 사용하지 않습니다.

❹ 구구단의 5단을 5*2부터 출력하고 있습니다. 주석에 적은 것처럼 i 변수의 값이 궁금해서 ❺를 추가할 수도 있습니다. 주석을 풀면 ❻이 for문과 관계가 없어집니다. 그래서 i 변수가 선언되지 않았다고 에러를 냅니다. 저 i 변수는 for문 안에서만 사용할 수 있기 때문입니다.[1]

▼ 주석을 풀었을 때 에러

```
        // 의도치 않은 결과
        for (int i=2; i<10; i++)
            System.out.println(i); // i 변수의 값이 궁금해 출력
i cannot be resolved to a variable rint((5 * i) + " ");
        System.out.println();

```

6.2.2 for문 요소의 생략 · 응용

for문을 구성하는 요소는 상황에 따라 생략할 수 있습니다. 증감식에는 보통 ++ 등 단항식을 이용하는데 구체적인 산술 연산식을 작성할 수도 있습니다.

Chapter06 / Ex06_ForExtention.java

```
public class Ex06_ForExtension
{
    public static void main(String[] args)
    {
        // 2의 배수 출력

        int i = 0;
        for ( ; i<10; i++)  // ❶ 초기식 생략
        {
            if (i % 2 == 0) // ❷ 2의 배수이면
                System.out.print(i + " ");
        }
        System.out.println();

        i = 0;              // ❸ 초기화
        for ( ; i<10; )     // ❹ 초기식, 증감식 생략
        {
            if (i % 2 == 0)
                System.out.print(i + " ");
```

1 변수의 사용 범위는 7장 '메서드와 변수의 사용 가능 범위'에서 더 자세히 다룹니다.

```
            i++;                     // ❺ 증감식
        }
        System.out.println();

        for (int j=0; j<10; j=j+2)  // ❻ 증감식 대신 연산 수식
        {
            System.out.print(j + " ");
        }
        System.out.println();
    }
}
```

▼ 실행 결과

```
Console ☒
<terminated> Ex06_ForExtension [Java Application] C:₩Dev₩jdk-11.0.8₩bin₩javaw.exe
0 2 4 6 8
0 2 4 6 8
0 2 4 6 8
```

실행 결과를 보면 세 for문 모두 10보다 작은 정수 중에서 2의 배수를 잘 출력하고 있습니다.

❶ for문 안에 초기식을 생략했습니다. 변수는 for문 바깥에서 선언한 i를 사용하고 있습니다. ❷ 2로 나누어서 0인 경우만 출력하므로 짝수, 또는 2의 배수를 출력하는 문장입니다.

❸ i 변수의 값을 0으로 다시 초기화합니다. ❹ for문 안에 초기식, 증감식을 생략했습니다. for문 바깥에서 선언한 i 변수를 for문 안에서 사용합니다. ❺ for문 안의 중괄호 안에 있는 조건식에서 검사하는 변수의 값을 증가시키고 있습니다.

❻ 증감식은 단항식만 사용할 수 있는 것이 아니라 상황에 맞는 식을 구성할 수 있습니다.

6.2.3 while문을 이용한 반복

while문은 반복의 횟수보다는 처리 조건이 정해져 있을 때, for문은 반복의 횟수가 정해져 있는 때 사용하면 좋습니다.

다음은 while문과 if 조건문을 섞어 사용해본 예제입니다.

Chapter06 / Ex07_while.java

```
public class Ex07_while
{
    public static void main(String[] args)
```

```
    {
        int num = 0;
        int count = 0;

        while((num++) < 100)          // ❶
        {
//            if(((num % 5) != 0) || ((num % 7) != 0)) // ❷
//                continue;                    // ❸ 5와 7의 배수가 아니면 위로 이동

            if( (num % 5) != 0 )             // ❹
                continue;
            if( (num % 7) != 0 )             // ❺
                continue;

            count++;                  // ❻ 5와 7의 배수이면 실행
            System.out.println(num);         // ❼ 5와 7의 배수이면 실행
        }

        System.out.println("count: " + count);  // ❽
    }
}
```

▼실행 결과

```
Console ☒
<terminated> Ex07_while [Java Application] C:₩Dev₩jdk-11.0.8₩bin₩javaw.exe
35
70
count: 2
```

❶ num 변수의 값을 먼저 증가시키고, num 변수에 값이 100보다 작은지 비교 연산을 합니다.

❷ 5의 배수가 아니거나 7의 배수 아닌지를 검사합니다. ❸ 아래 코드를 실행하지 않고 다시 while 문의 조건식을 검사하러 위로 올라갑니다. ❷의 조건 비교문이 어렵다면 ❹와 ❺처럼 이해하기 쉽게 나눠서 비교할 수 있습니다.

❻ 5와 7의 배수인 경우에만 count 변수의 값을 증가시킵니다. ❼ 5와 7의 공배수를 출력합니다.

❽ 100보다 작은 정수 중에 5와 7의 공배수의 총 개수를 출력합니다.

Tip 복잡한 조건을 한 번에 만들려고 너무 힘들게 고민하지 않아도 됩니다. 조건을 풀어서 만드셔도 됩니다.

6.2.4 do~while문을 이용한 반복

do~while문도 while문과 똑같이 반복 처리를 실행하는 제어문입니다. while문은 먼저 조건식을 평가하기 때문에, 첫 번째 반복을 돌 때 조건식의 결과가 false이면 while문 중괄호 안의 문장들이 한 번도 수행되지 않을 수 있습니다. 그에 반해 do~while문은 조건식을 아래쪽에 쓰기 때문에 최소 한 번은 중괄호 안의 문장들이 실행됩니다.

```
do
{
    문장; ←――――― 실행 후 비교. 조건문이 false더라도 최소 1회는 실행됨
} while(조건문);
```

다음 예제는 앞의 예제와 같은 내용인데, do~while문으로 다시 구성해보았습니다.

Chapter06 / Ex08_DoWhile.java

```
public class Ex08_DoWhile
{
    public static void main(String[] args)
    {
        int num = 0;
        int count = 0;

        do
        {
            num++;

            if( (num % 5) != 0 )
                continue;
            if( (num % 7) != 0 )
                continue;

            count++;                    // 5와 7의 배수인 경우에만 실행
            System.out.println(num);    // 5와 7의 배수인 경우에만 실행
        } while(num < 100);

        System.out.println("count: " + count); // ❶
    }
}
```

▼ 실행 결과

```
Console ⊠
<terminated> Ex08_DoWhile [Java Application] C:\Dev\jdk-11.0.8\bin\javaw.exe
35
70
count: 2
```

❶ while의 조건식을 검사하는 소괄호 뒤에 세미콜론 ;이 있습니다. 세미콜론 ;을 잊어서 에러를 내는 경우가 많은데 주의하기 바랍니다.

6.2.5 레이블을 이용한 중첩된 반복문의 일괄 중지

여러 개의 중첩된 반복문에서는 코드 실행 중간에 break문을 만나면 가장 가까운 반복문을 빠져나가게 됩니다. 중첩된 반복문의 안쪽 반복문에서 특정 조건을 충족하면 바깥쪽의 모든 반복문까지 중지하고 그다음 코드를 실행하고 싶을 경우가 있습니다. 이럴 때 레이블을 이용한 반복문의 중지 기능을 사용합니다.

다음 예제에서 보듯이 반복문에 레이블[lable]을 지정하고 break에 레이블 이름까지 같이 지정해줍니다.

Chapter06 / Ex09_BreakLabel.java

```
public class Ex09_BreakLabel
{
    public static void main(String[] args)
    {
        int sum = 0;

myExit: while (true)                    // ❶ 무한 반복
        {
            for (int i=0; i<100; i++)       // ❷
            {
                sum = sum + i;
                if (sum > 2000)
                {
                    System.out.printf("%d : %d\n", i, sum);
                    break myExit;           // ❸
                }
            }
        }
```

```
    }
}
```

▼ 실행 결과

```
Console ☒
<terminated> Ex09_BreakLabel [Java Application] C:₩Dev₩jdk-11.0.8₩bin₩javaw.exe
63 : 2016
```

몇까지 더하면 2000보다 커지는지 알아보는 코드입니다.

❶ 별 의미는 없지만 반복의 중첩을 만들기 위해서 무한 반복을 하도록 코드를 작성했습니다. 그리고 반복문에 레이블로 myExit를 지어줍니다. ❷ 중첩된 반복문을 만들고 있습니다.

안쪽 반복문에서 63까지 더했더니 합이 2000보다 커져서 이제 반복문을 멈추고 싶습니다. 그때 바깥쪽의 반복문까지 한꺼번에 멈추고 싶다면 바깥 반복문에 지정한 레이블을 ❸ break에 붙여줍니다. 그러면 해당 레이블의 반복문까지 한 번에 빠져 나옵니다.

학습 마무리

여기까지 자바 프로그래밍에서 사용하는 제어문을 알아보았습니다.

핵심 요약

1. 제어문이란 프로그램의 진행 흐름을 필요에 따라 변경하고 싶을 때 사용합니다.
2. 제어문에는 조건문과 반복문이 있습니다.
3. if문은 조건식의 결과가 'true인 경우'와 'false인 경우'의 두 가지 흐름을 만들어낼 수 있습니다.
4. if문은 조건식 결과를 단순히 체크만 합니다.
5. switch문을 사용하면 많은 선택지를 가지는 분기 처리를 할 수 있습니다.
6. 반복문은 어떤 조건이 성립하는 동안 반복 처리를 실행하는 제어문입니다.
7. while문은 반복의 횟수보다는 처리 조건이 정해져 있을 때, for문은 반복의 횟수가 정해져 있는 때 적합합니다.
8. do~while문은 최소 한 번은 중괄호 안의 문장들이 실행됩니다.
9. 중첩된 반복문에서는 코드 실행 중간에 break문을 만나면 가장 가까운 반복문을 빠져 나갑니다.

Chapter

07

메서드와 변수의 사용 가능 범위

#MUSTHAVE

☐ **학습 목표**	이번 장에서는 메서드를 만들고 사용하는 방법과 변수의 사용 가능한 범위를 알아보겠습니다.
☐ **학습 순서**	**1** 메서드 정의하기 **2** 메서드 종료하기 **3** 변수의 사용 가능 범위
☐ **메서드 소개**	프로그래밍을 하다 보면 똑같은 기능을 반복적으로 수행하는 코드 부분이 있습니다. 이렇게 반복 수행하는 코드 부분을 한 뭉치로 묶어서 별도로 빼어 놓을 수 있습니다. 그리고 이 뭉치에 이름을 붙이고 필요할 때마다 불러 사용할 수 있습니다. 이렇게 '특정 기능을 수행하는 일련의 코드 블록block(뭉치)'을 메서드method라고 말합니다. 우리는 이미 메서드를 많이 사용했습니다. 출력하는 기능을 수행하면서 println(), print(), printf() 메서드를, 입력을 받으며 nextInt(), nextLine(), next() 메서드를 사용했습니다. 이렇게 자바에서 미리 만들어 제공하는 기능을 사용할 수도 있지만, 직접 만들어 사용할 수도 있습니다.
☐ **효과**	• 중복되는 코드의 반복적인 프로그래밍을 피할 수 있습니다. • 모듈화로 인해 코드의 가독성도 좋아집니다.

알려드려요

다른 언어에서는 메서드를 함수function라고도 부릅니다. 엄밀히 구분하면 클래스 안에 존재하는 함수를 메서드라고 하는데, 자바에서 함수는 무조건 클래스 안에 존재하기 때문에 결국 모든 함수가 메서드가 됩니다.

7.1 메서드 정의하기

앞에서 살펴 본 메서드의 특징은

- 어떤 기능을 제공합니다.
- 메서드의 형태는 뒤에 소괄호가 붙어 있습니다.

정도였습니다. 이제 좀 더 자세한 메서드의 특징을 알아보고, 작성법을 배워보겠습니다.

수학 시간에 배웠던 함수를 떠올려봅시다. 다음과 같이 입력이 있고 이 입력된 값을 이용하여 계산을 하고 그 결과를 출력해줍니다. 자바에서 사용하는 메서드도 마찬가지입니다.

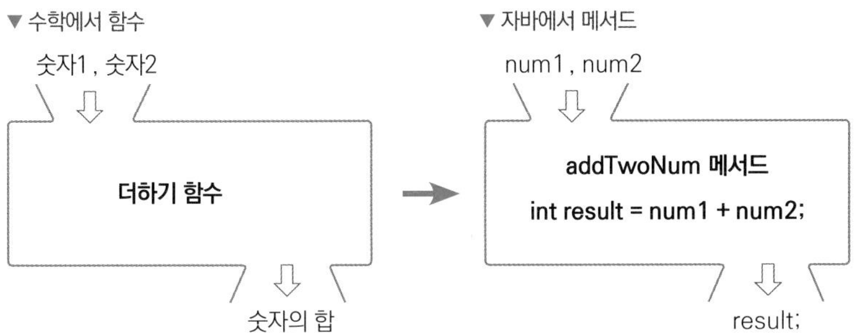

다음은 더하기 기능을 자바에서 구현해놓은 메서드입니다. 이렇게 기능을 구현하는 것을 '메서드를 정의한다'라고 말합니다.

❸ 반환형 ❶ 메서드명 ❷ 매개변수

```
int addTwoNum (int num, int num2)
{
    int result = num1 + num2;
    return result;
}
```

❹ 코드 블록

❺ return 예약어

❶ 메서드명. 더하기 기능을 수행하는 코드 블록의 이름입니다. 함수 이름을 만드는 방법은 변수명을 만드는 방법과 같습니다. 알기 쉬운 단어를 여러 개 이용하여 메서드 기능과 관련 있는 이름으로 만들고, 카멜 표기법을 사용하되 첫 글자를 소문자로 해주면 됩니다.

❷ 매개변수. 매개변수는 메서드에 전달되는 입력값을 나타냅니다. 값의 자료형도 알아야겠기에 변

수와 같은 방법으로 작성이 됩니다. 메서드 바깥의 값을 메서드 안으로 전달시켜준다고 해서 매개변수라고 부릅니다(영어로는 parameter라고 부릅니다). 여기서는 매개변수를 두 개 사용했지만, 개수 제한은 따로 없으므로 메서드 기능을 만드는 데 필요한 만큼 매개변수를 받으면 됩니다. 그리고 아예 매개변수가 없을 수도 있습니다. 단, 메서드를 호출할 때 지정한 개수대로 매개변수의 값을 입력하지 않으면 에러가 발생합니다.

❸ 반환형. 메서드에서 처리한 기능의 결과로 int형의 결과를 반환해준다고 정의했습니다. 반환하는 자료형에 따라 int, long, String 등을 적어주면 됩니다. 때론 반환값이 없을 수도 있습니다. 그럴 때도 빈자리로 놔두지 않고 void라고 표시해줍니다. 매개변수는 여러 개일 수 있지만 반환형은 무조건 하나입니다.

❹ 코드 블록이 실행되면서 더하기 기능을 수행합니다. 여기서는 입력값 두 개를 더한 결과를 만듭니다.

❺ 더하기 기능의 결과를 메서드 바깥으로 반환합니다. 이때 결과는 ❸에서 정의한 자료형으로 반환해야 합니다. 만약에 ❸에서 void로 지정해서 반환하는 값이 없다면 return 예약어를 사용하지 않습니다.

지금 배운 내용을 이용해서 앞에서 우리가 만든 클래스를 살펴보면 우리가 여태 사용한 main()도 메서드입니다.

❸반환형 ❶메서드 이름 ❷매개변수

❹코드 블록

```
public static void main (String[] args)
{
    system.out.println("홍길동")
}
```

❶ 메서드 이름은 main이고 ❷ 매개변수는 한 개가 들어오고[1] ❸ 반환형에 void가 적혀 있으므로 반환값이 없습니다. 즉 어떤 값을 반환하지 않고 ❹ 코드 블록의 기능만 수행하면 된다는 뜻입니다.

우리가 그동안 그냥 사용하던 main() 메서드를 이제 조금은 더 알게 되었습니다.

1 String[]에서 []을 배열이라고 하는데 변수 하나에 여러 개의 값을 담을 수 있습니다. 물론 담는 값이 없을 수도 있습니다.

그렇지만 아직도 public, static, String[]을 설명하지 않았습니다. 이 내용들은 조금 더 공부해야 나오는 내용입니다. 천천히 하나씩 하나씩 배워나가겠습니다. 여태 그랬던 것처럼 일단은 그냥 사용합시다.

그리고 메서드에서 다른 메서드의 기능을 사용하려고 코드에 메서드를 적어주는 것을 '메서드 호출'이라고 하는데, static이 붙어 있는 메서드에서 호출할 메서드에도 static이 붙어 있어야 합니다. 여기에선 static에 대해서 일단 이 정도만 알아두겠습니다.

지금까지 내용을 예제를 통해 살펴보겠습니다. 다음 코드에서 볼 수 있듯이 매개변수가 있냐 없냐, 반환값이 있냐 없냐에 따라 메서드 조합은 네 가지가 될 수 있습니다.

Chapter07 / Ex01_MethodType.java

```
public class Ex01_MethodType
{
    public static void main(String[] args)  // ❶
    {
        // 매개변수 없고 반환 없는 메서드
        sayHello();

        // 매개변수 있고 반환 없는 메서드
        addTwoNum1(5, 2);

        // 매개변수 없고 반환 있는 메서드
        int age = getAge();          // ❷
        System.out.println(age);
        System.out.println( getAge() );     // ❸

        // 매개변수 있고 반환 있는 메서드
        int sum = addTwoNum2(1, 2);
        System.out.println("합은 " + sum);
    }

    public static void sayHello()
    {
        System.out.println("Hello");
    }

    public static void addTwoNum1(int num1, int num2)
    {
```

```
        int nResult = num1 + num2;
        System.out.println(nResult);
    }

    public static int getAge()
    {
        return 20;
    }

    public static int addTwoNum2(int num1, int num2)
    {
        return num1 + num2;
    }
}
```

▼ 실행 결과

```
Console ⌧
<terminated> Ex01_MethodType [Java Application] C:₩Dev₩jdk-11.0.8₩bin₩javaw.exe
Hello
7
20
20
합은 3
```

❶ main() 메서드에 static이 붙어 있기 때문에 main() 메서드에서 호출하는 메서드에는 다 static이 붙어 있습니다.

❷ 반환값이 있는 메서드 호출은 반환값을 변수에 대입시켜줄 수 있습니다. ❷는 다음과 같은 순서로 진행됩니다.

```
int age = getAge();
int age = 20;
```

마찬가지로 ❸은 다음과 같은 순서로 진행됩니다.

```
System.out.println( getAge() );
System.out.println( 20 );
```

메서드를 호출한 지점으로 값이 반환되고 있습니다. 그리고 ❸에서 볼 수 있듯이 반환값이 있는 메서드를 호출하고 결과를 꼭 변수에 대입받을 필요는 없습니다.

7.2 메서드 종료하기

이렇게 return은 어떤 값을 반환하는 데 사용하는 예약어였습니다. 그런데 메서드 기능을 중간에 종료하는 데도 사용합니다.

다음 예제를 보겠습니다. 나누기 기능을 메서드로 만들어둔 예제입니다.

Chapter07 / Ex02_ReturnForExit.java

```
public class Ex02_ReturnForExit
{
    public static void main(String[] args)
    {
        divide(4, 2);
        divide(6, 2);
        divide(8, 0);
    }

    public static void divide(int num1, int num2)
    {
        if (num2 == 0)
        {
            System.out.println("0으로 나눌 수 없습니다.");
            return; // ❶
        }

        System.out.println("나눗셈 결과: " + (num1 / num2));
    }
}
```

▼ 실행 결과

```
Console ⊠
<terminated> Ex02_ReturnForExit [Java Application] C:₩Dev₩jdk-11.0.8₩bin₩javaw.exe
나눗셈 결과: 2
나눗셈 결과: 3
0으로 나눌 수 없습니다.
```

수학에서도 0으로 나눌 수 없듯이, 프로그램에서도 0으로 나누면 에러가 납니다. 그래서 매개변수로 들어온 수 중 나누기에 사용되는 두 번째 매개변수가 0이면 계산을 진행하면 안 됩니다. 이렇게

❶에 사용된 return은 어떤 값을 반환하는 용도가 아니고 메서드를 해당 지점에서 종료시키는 용도로 사용되었습니다.

Tip 반복문, switch문에서 사용한 break는 해당 문장의 중괄호를 빠져 나오지만 return은 메서드를 종료시킵니다.

정리하면 return은 다음과 같은 두 가지 용도로 사용됩니다.

- 메서드를 호출한 지점으로 값 반환
- 메서드 종료

7.3 변수의 사용 가능 범위

자바에서 변수는 사용할 수 있는 범위에 따라 클래스 변수, 지역 변수, 매개변수 등으로 구분할 수 있습니다. 이런 변수들은 사용할 수 있는 범위가 지정되어 있습니다.

규칙은 간단합니다.

1 같은 영역에는 같은 이름의 변수가 존재할 수 없습니다.
2 그리고 포함이 된 작은 영역 쪽에서 포함시킨 큰 영역 쪽의 변수는 사용할 수 있지만, 반대로는 안 됩니다.

다음 예제를 통해 자세히 살펴보겠습니다.

Chapter07 / Ex03_VariableScope.java

```
public class Ex03_VariableScope
{
    public static void main(String[] args)
    {
        boolean myState = true;
        int num1 = 11;

        if (myState)
        {
            //int num1 = 22; // ❶ 에러
            num1++;
            System.out.println(num1);
        }
```

```java

        {
            int num2 = 33;
            num2++;                          // ❷
            System.out.println(num2);
        }

        //System.out.println(num2); // ❸ 에러

        for (int i=0; i<3; i++)
        {
            System.out.println(i);
        }

        //System.out.println(i);    // ❹ 에러
    }
}
```

▼ 실행 결과

```
Console ☒
<terminated> Ex03_VariableScope [Java Application] C:₩Dev₩jdk-11.0.8₩bin₩javaw.exe
12
34
0
1
2
```

위 코드는 다음과 같이 영역을 나눌 수 있습니다.

▼ 변수의 사용 가능 범위

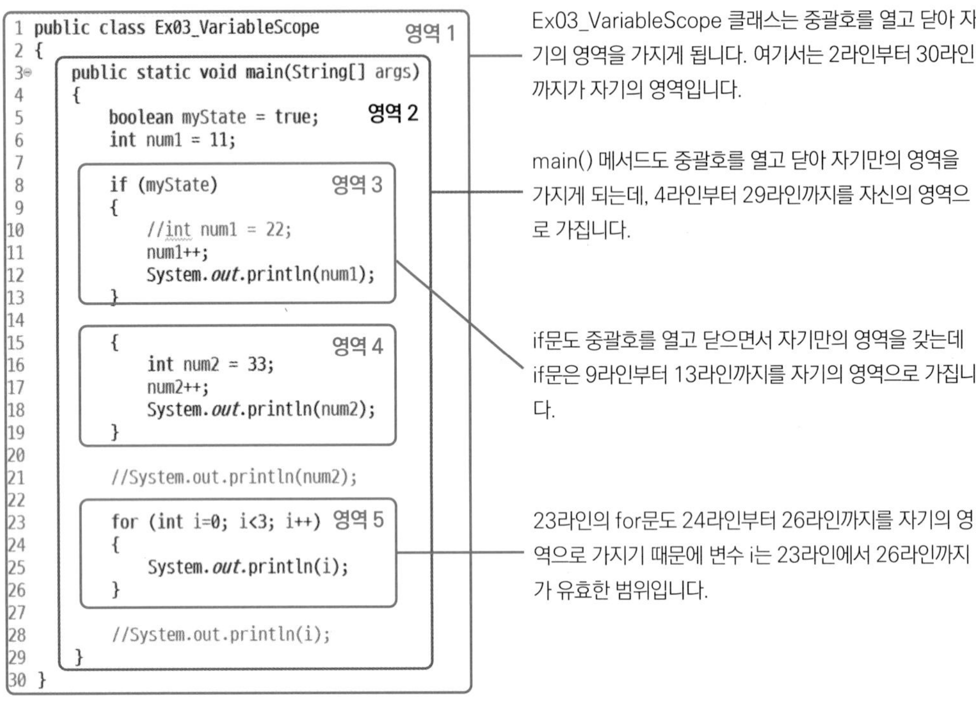

1 public class Ex03_VariableScope
영역 1
2 {
3 public static void main(String[] args)
4 {
5 boolean myState = true;
영역 2
6 int num1 = 11;
7
8 if (myState)
영역 3
9 {
10 //int num1 = 22;
11 num1++;
12 System.out.println(num1);
13 }
14
15 {
영역 4
16 int num2 = 33;
17 num2++;
18 System.out.println(num2);
19 }
20
21 //System.out.println(num2);
22
23 for (int i=0; i<3; i++)
영역 5
24 {
25 System.out.println(i);
26 }
27
28 //System.out.println(i);
29 }
30 }
Ex03_VariableScope 클래스는 중괄호를 열고 닫아 자기의 영역을 가지게 됩니다. 여기서는 2라인부터 30라인까지가 자기의 영역입니다.
main() 메서드도 중괄호를 열고 닫아 자기만의 영역을 가지게 되는데, 4라인부터 29라인까지를 자신의 영역으로 가집니다.
if문도 중괄호를 열고 닫으면서 자기만의 영역을 갖는데 if문은 9라인부터 13라인까지를 자기의 영역으로 가집니다.
23라인의 for문도 24라인부터 26라인까지를 자기의 영역으로 가지기 때문에 변수 i는 23라인에서 26라인까지가 유효한 범위입니다.

설명을 위해 다음과 같이 가정을 해보겠습니다.

- 영역 1 : 기숙사
  - 영역 2 : 1동, 2동, 3동 (앞의 예제처럼 메서드가 여러 개 있다면. 지금은 한 동만 있네요.)
    - 영역 3 : (1동) 101호
    - 영역 4 : (1동) 102호 (어라, 문 앞에 몇 호 표시가 떨어져서 없습니다.)
    - 영역 5 : (1동) 103호

영역 2에서는 영역 1의 변수를 사용할 수 있지만, 우리 코드에는 현재 영역 1에는 변수가 없습니다. 영역 3에서는 영역 2의 변수를 사용할 수 있습니다. 휴게실 등 공용 공간 등을 사용할 수 있겠죠. 그렇지만 영역 3에서 영역 4의 변수를 사용할 수는 없습니다. 옆 방이 몇 호인지는 알 수 있겠지만 그 방 안에 뭐가 있는지는 알 수 없습니다.

❶의 주석을 풀면 에러가 납니다. 이는 영역 3에서 영역 2의 변수를 사용할 수 있다고 했는데, 주석을 풀면 영역 2의 입장에서 보면 같은 영역에서 사용할 수 있는 변수 두 개가 이름이 같게 되어 버

리기 때문에 에러가 나는 겁니다.

if문이나 for문 같은 특별한 문을 사용하지 않고 ❷에서처럼 중괄호만으로 영역을 지정할 수도 있습니다. 일반적인 방법은 아니지만 가능한 방법입니다.

Tip 저자도 가끔 특정 코드를 나누는 데 사용합니다. 국어에서 문단을 나누듯 말이죠.

❸의 주석을 풀면 알 수 없는 변수라고 에러가 납니다. ❸의 위치에서는 각 방 안에 있는 변수를 알 수 있는 방법이 없기 때문입니다.

같은 이유로 ❹의 주석도 풀면 에러가 발생합니다. 저 i는 for문 안에서만 사용 가능합니다. 앞의 장에서 중괄호 없이 for문을 사용하다가 한 줄을 추가하여 에러가 발생했던 상황과 같습니다.

학습 마무리

여기까지 메서드 종류와 변수의 사용 가능 범위에 알아보았습니다. 다음 그림을 보면서 각 요소별 이름과 범위를 확인해보세요.

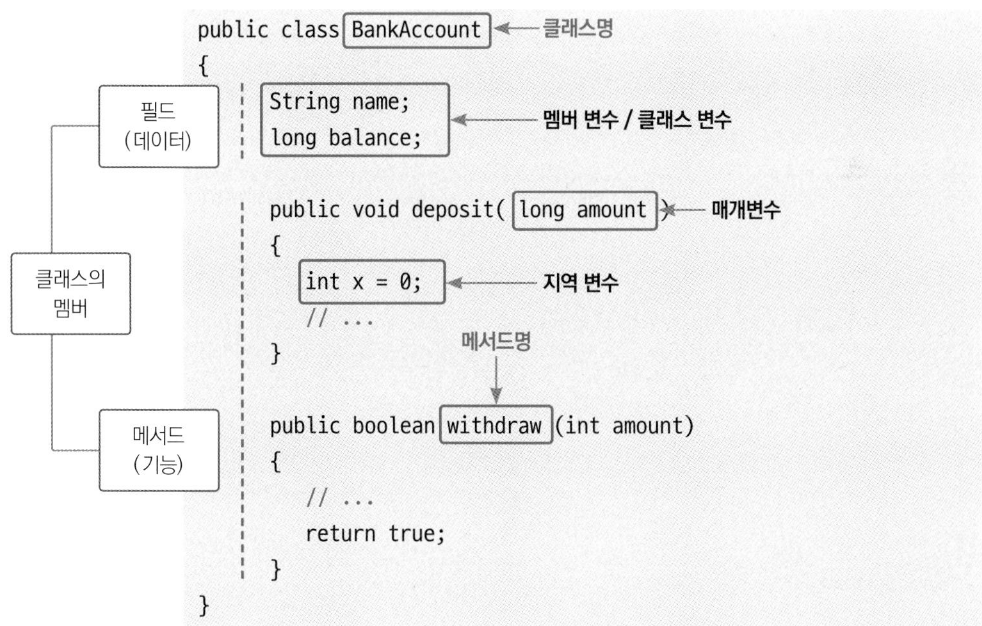

Chapter

08

Project

계산기 만들기(선수 수업 업그레이드)

Project 계산기 만들기(선수 수업 업그레이드)

```
Markers  Properties  Servers  Data Source Explorer  Snippets  Console
<terminated> MyCalculator [Java Application] C:₩Dev₩jdk-16₩bin₩javaw.exe (2021. 5. 20. 오후 1:43:51 – 오후 1:44:07)
메뉴를 선택하세요.
1.더하기
2.빼기
3.곱하기
4.나누기
0.끝내기
1
1
첫 번째 숫자:2
두 번째 숫자:5
2 + 5 = 7
메뉴를 선택하세요.
1.더하기
2.빼기
Exception in thread "main" 3.곱하기
4.나누기
0.끝내기
```

난이도	★☆☆☆
이름	계산기(선수 수업 업그레이드)
프로젝트명	Chapter08
미션	선수 수업 때 만든 사칙연산 계산기를 업그레이드하라.
기능	사칙연산 결과 출력
조작법	1. 실행(메뉴 출력) 2. 원하는 기능 입력 3. 입력이 0이면 종료, 아니면 두 숫자 입력 4. 입력된 숫자로 연산 5. 무한 반복
라이브러리	• java.util.Scanner : 콘솔 입력 처리

#MUSTHAVE

□ **학습 목표**	선수 수업 맨 마지막 단계에서 계산기를 만들었습니다. 출력된 메뉴에서 사용자가 사칙연산 중 하나를 선택하고, 다시 사용자가 입력한 값으로 계산을 수행하여 결과를 출력하고 다시 메뉴를 출력하는 계산기였습니다. 지금부터 구현할 계산기는 선수 수업에서 만든 계산기와 기능이 같습니다. 하지만 지금까지 배운 모든 내용을 적용해서 더 섬세한 프로그램으로 만들어보겠습니다.
□ **학습 순서**	**1** 메뉴 만들기 **2** 메뉴 출력 및 사용자 입력 **3** 연산 기능 만들기 **4** 선택 메뉴 실행하기 **5** 유효성 검사

STEP 1 8.1 메뉴 만들기

To Do **01** Chapter08로 프로젝트를 만들고 MyCalculator 클래스를 만들어 추가합니다.

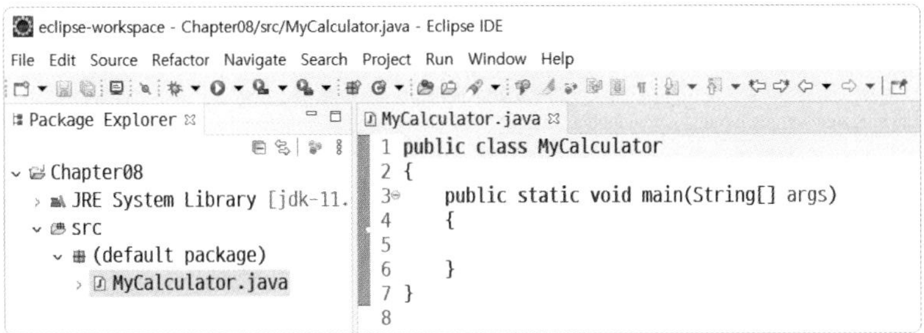

eclipse-workspace - Chapter08/src/MyCalculator.java - Eclipse IDE

File Edit Source Refactor Navigate Search Project Run Window Help

Package Explorer

- Chapter08
  - JRE System Library [jdk-11.
  - src
    - (default package)
      - MyCalculator.java

MyCalculator.java

```
public class MyCalculator
{
    public static void main(String[] args)
    {

    }
}
```

02 입력 처리에 Scanner 클래스를 사용하겠습니다. 그리고 선택할 수 있는 메뉴를 보여주는 기능을 메서드로 만들어줍니다. 그리고 메뉴를 호출해줍니다.

Chapter08 / MyCalculator.java

```
import java.util.Scanner; // ❶ 입력 처리 클래스

public class MyCalculator
{
```

```
    public static void main(String[] args)
    {
        Scanner sc = new Scanner(System.in);  // ❷ 입력 처리 객체

        showMenu();         // ❸ 메뉴 출력
    }

    public static void showMenu() // ❹
    {
        System.out.println("메뉴를 선택하세요.");
        System.out.println("1.더하기");
        System.out.println("2.빼기");
        System.out.println("3.곱하기");
        System.out.println("4.나누기");
        System.out.println("0.끝내기");
    }
}
```

❶ 입력 기능을 사용하기 위해 그대로 적용합니다(클래스를 임포트합니다). ❷ 입력 기능을 사용하기 위해 그대로 적용합니다(객체를 생성합니다). sc는 변수명이므로 변경해도 됩니다.

❹ 사용자에게 보여줄 메뉴 항목을 작성해 메서드로 만들고 ❸ 호출해 출력합니다.

03 컴파일한 후 실행시켜 메뉴가 잘 출력되는지 확인합니다.

```
Console ⊠
<terminated> MyCalculator [Java Application] C:\Dev\jdk-11.0.8\bin\javaw.exe
메뉴를 선택하세요.
1.더하기
2.빼기
3.곱하기
4.나누기
0.끝내기
```

STEP 2 8.2 메뉴 출력 및 사용자 입력

To Do 01 반복문을 이용하여 메뉴가 계속해서 출력되어 사용자 입력을 처리할 수 있도록 만들어줍니다. 횟수가 정해지지 않고 끝나는 조건만 있을 때는 while 반복문이 for 반복문보다 잘 어울립니다.

Chapter08 / MyCalculator.java

```
public class MyCalculator
{
    public static void main(String[] args)
    {
        Scanner sc = new Scanner(System.in);

        while (true)           // ❶ 반복
        {
            showMenu();        // ❷ 메뉴 출력

            int num = sc.nextInt(); // ❸ 입력받기
            if (num == 0)      // ❹ 반복문 종료
            {
                break;
            }
            else  // ❺
            {
                if (num > 4)
                {
                    System.out.println("메뉴를 잘못 선택했습니다.");
                    continue;  // ❻
                }

              // 더하기, 빼기, 곱하기, 나누기 실행 ← STEP 4에서 코드를 작성할 위치
            }
        }
        System.out.println("계산기를 종료합니다.");  // ❼ 종료 메시지
    }

    public static void showMenu()
    {
        … 생략 …
    }
}
```

❶ while문을 이용하여 반복문을 만듭니다. ❷ 메뉴 출력을 위해 메서드를 호출합니다. ❸ 사용자로부터 정수를 입력받습니다.

❹ 입력받은 값이 0이면 반복문을 종료합니다.

❺ 입력받은 값이 0이 아니고 메뉴의 다른 값이면 else 부분의 중괄호에서 처리를 합니다. ❻ 잘못된 메뉴 번호가 입력되면 메시지를 출력하고 다시 메뉴 선택을 할 수 있도록 합니다

❼ 반복문이 종료되면 메시지를 출력하고 프로그램을 종료합니다.

02 컴파일한 후 실행시켜 반복문에서 메뉴가 잘 출력되는지, 입력을 받고 입력받은 값을 잘 처리하는지 확인합니다. 일단 입력받은 값이 0이 아닐 때 메뉴가 반복적으로 잘 출력되고, 입력받은 값이 0일 때 프로그램이 종료되면 제대로 처리되는 겁니다.

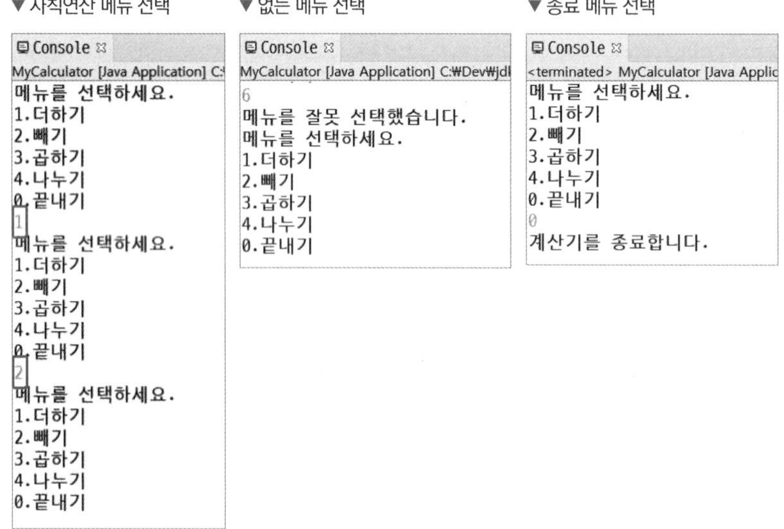

▼ 사칙연산 메뉴 선택 ▼ 없는 메뉴 선택 ▼ 종료 메뉴 선택

STEP 3 8.3 연산 기능 만들기

메뉴의 기능을 메서드로 만들어 추가하겠습니다.

To Do 01 showMenu() 메서드 아래 쪽에 각 연산 기능을 작성합니다.

Chapter08 / MyCalculator.java

```
    … 생략 …
    public static void showMenu()
    {
        System.out.println("메뉴를 선택하세요.");
        System.out.println("1.더하기");
        System.out.println("2.빼기");
        System.out.println("3.곱하기");
```

```
        System.out.println("4.나누기");
        System.out.println("0.끝내기");
    }

    public static void addNum(int num1, int num2)       // ❶ 더하기
    {
        int result = num1 + num2;
        System.out.println(num1 + " + " + num2 + " = " + result);
    }

    public static void minusNum(int num1, int num2)     // ❷ 빼기
    {
        int result = num1 - num2;
        System.out.println(num1 + " - " + num2 + " = " + result);
    }

    public static void multiplyNum(int num1, int num2) // ❸ 곱하기
    {
        int result = num1 * num2;
        System.out.println(num1 + " * " + num2 + " = " + result);
    }

    public static void divideNum(int num1, int num2)    // ❹ 나누기
    {
        int result1 = num1 / num2;
        System.out.println(num1 + " / " + num2 + " = " + result1);

        int result2 = num1 % num2;
        System.out.println(num1 + " % " + num2 + " = " + result2);
    }
}
```

❶ addNum(), ❷ minusNum(), ❸ multiplyNum(), ❹ divideNum() 메서드를 추가해주었습니다. 이 부분이 예전에 만든 코드와 많이 구분되는 점입니다. 모든 사칙연산의 로직이 main() 메서드 안에 있어서 보기가 불편했는데, 기능별로 메서드를 구현하고 이렇게 main() 밖으로 빼내준 겁니다.

이렇게 기능별로 메서드로 구현해주면 main() 메서드에서는 전체 로직을 알아보기도 쉽고, 개별 기능별로는 수정을 쉽게 할 수 있습니다.

STEP 4 8.4 선택 메뉴 실행하기

이제 사용자가 선택한 메뉴의 기능이 실행되도록 해줍시다.

To Do 01 if 조건문을 이용하여 선택한 메뉴에 맞는 기능을 수행하는 코드를 추가해주겠습니다. 기존 코드의 26번 라인의 주석 아래에 다음 코드를 추가합니다.

Chapter08 / MyCalculator.java

```
19 … 생략 …
20             if (num > 4)
21             {
22                 System.out.println("메뉴를 잘못 선택했습니다.");
23                 continue;
24             }
25 
26             // 더하기, 빼기, 곱하기, 나누기 실행
27             System.out.print("첫 번째 숫자:");
28             int num1 = sc.nextInt();
29 
30             System.out.print("두 번째 숫자:");
31             int num2 = sc.nextInt();
32 
33             if (num == 1)
34                 addNum(num1, num2);
35             else if (num == 2)
36                 minusNum(num1, num2);
37             else if (num == 3)                      // ❶
38                 multiplyNum(num1, num2);
39             else if (num == 4)
40                 divideNum(num1, num2);
41 
42         }
43     }
44     System.out.println("계산기를 종료합니다.");
45 }
46 … 생략 …
```

❶ 각 조건문 안에 수행되는 문장이 한 문장씩밖에 없어서 중괄호를 생략했습니다.

STEP 5 8.5 유효성 검사

To Do **01** 이제 사용자의 입력이 숫자가 아닐 때를 체크해보겠습니다. 메뉴를 선택하는 입력은 숫자여야 하고, 사칙연산을 수행하는 데 사용할 입력값도 숫자여야 합니다. 여기서는 메뉴를 선택하는 부분에만 적용시키겠습니다. checkNum() 메서드를 코드의 맨 뒤에 추가합니다.

Chapter08 / MyCalculator.java

```
    … 생략 …
    public static void divideNum(int num1, int num2)
    {
        int result1 = num1 / num2;
        System.out.println(num1 + " / " + num2 + " = " + result1);

        int result2 = num1 % num2;
        System.out.println(num1 + " % " + num2 + " = " + result2);
    }

    public static boolean checkNum(char ch) // ❶
    {
        if (ch >= '0' && ch <= '9')
        {
            return true;
        }
        else
        {
            return false;
        }
    }
}
```

❶ checkNum() 메서드는 char형 데이터를 매개변수로 받아 숫자 0에서 9 사이의 값인지 확인하고 숫자이면 true를 반환하고 그렇지 않으면 false를 반환합니다.

02 자, 이 메서드를 이용하여 입력받은 값을 체크하면 됩니다. 입력받는 부분을 다음과 같이 수정합니다.

Chapter08 / MyCalculator.java

```
    … 생략 …
        while (true)
        {
            showMenu(); // 메뉴 출력
```

```java

            //int num = sc.nextInt(); // ❶ 기존 입력 코드
            char myChar = sc.nextLine().charAt(0); // ❷ 새로운 입력 코드
            if ( !checkNum(myChar) ) { // ❸ 숫자인지 확인
                System.out.println("메뉴를 잘못 선택했습니다."); ─┐
                continue; ──────────────────────────────────────┘─// ❹
            }
            //int num = (int)myChar; // ❺
            //System.out.println(num);
            //int num = Character.getNumericValue(myChar); // ❻
            int num = myChar - '0';  // ❼
            System.out.println(num);
            if (num == 0)
            {
                break;
            }
            else
      … 생략 …
```

기존의 입력 코드는 ❶입니다. 입력된 것이 숫자가 아닐 수도 있는데 여기서 무조건 숫자로 처리하여 입력받기 때문에 에러가 발생합니다.

❶을 주석 처리하고 ❷에서 sc.nextLine()를 이용하여 글자로 입력을 받습니다. 글자로 입력을 받으면 키보드의 어떤 키라도 입력을 받을 수 있으므로 에러가 나지 않습니다. 다만 우리가 필요한 것은 한 글자, char형 데이터인데 char형의 데이터를 받는 기능은 따로 없으므로 sc.nextLine().charAt(0)를 이용하여 한 글자를 입력받습니다.[1]

이제 char형 데이터 한 개를 입력받았으니 ❸ checkNum() 메서드에 매개변수로 넘겨 숫자인지 체크합니다. 반환받은 값이 false이면 ❹가 실행됩니다. 잘못 입력을 받은 것이니 다시 메뉴 출력을 반복합니다.

숫자이면 ❺부터 다시 진행됩니다. ❺에서처럼 숫자라고 판명된 char형 데이터를 바로 int형 데이터로 형변환해 출력해보면 '1'을 입력했을 때 49가 출력됩니다. 문자 '1'의 십진수 값은 아스키코드표상 49이기 때문입니다.

---

1 String으로 저장된 문자열 중 한 글자만 선택해 char형으로 변환해 반환하는 방법. 지금 것도 안 배운 내용이지만, 나중에 클래스와 String을 배우면 이 부분은 좀 더 쉽게 처리할 수 있습니다.

안 배운 내용이지만 ❻처럼 코드를 작성하면 char형 숫자를 int형 숫자로 변경할 수 있습니다. 즉 '1'을 1로 반환해줍니다.

배운 내용으로 처리하려면 ❼처럼 입력된 문자에서 '0'을 빼면 됩니다.

```
int 변수 = 문자 - 문자;
```

산술 연산이기 때문에 char형 데이터는 int형 데이터로 형변환되고 '1'을 입력하면 다음과 같은 순서로 연산됩니다.

```
int num = '1' - '0';
            ↓      ↓  형변환
int num = 49 - 48;
           ↓  산술 연산
int num = 1;
```

❼ 다음 라인부터는 이전에 작성한 코드 그대로입니다.

```
Console
MyCalculator [Java Application] C:₩BigData₩jdk-11₩bin₩javaw.exe (2021. 5. 21. 오전 10:26:12)
메뉴를 선택하세요.
1.더하기
2.빼기
3.곱하기
4.나누기
0.끝내기
1
첫 번째 숫자:2
두 번째 숫자:3
2 + 3 = 5
메뉴를 선택하세요.
1.더하기
2.빼기
3.곱하기
4.나누기
0.끝내기
```

이렇게 메뉴를 선택할 때 숫자가 아닌 키보드의 다른 입력을 방지하는 코드를 적용시킬 수 있습니다.

학습 마무리

지금까지 우리가 배운 자료형, 형변환, 연산자, 제어문, 메서드 등 많은 기능을 계산기 예제에 다 적용시켰습니다. 그래서 선수 수업 때 만든 예제보다는 좀 더 세련된 코드로 업그레이드되었습니다.

학습 목표

자바에서 다루는 객체지향 이론을 알아봅니다. 객체지향 4대 요소인 추상화, 캡슐화, 상속, 다형성을 자바에서는 어떻게 사용하는지 익히면서 클래스 사용 방법도 익히게 됩니다.

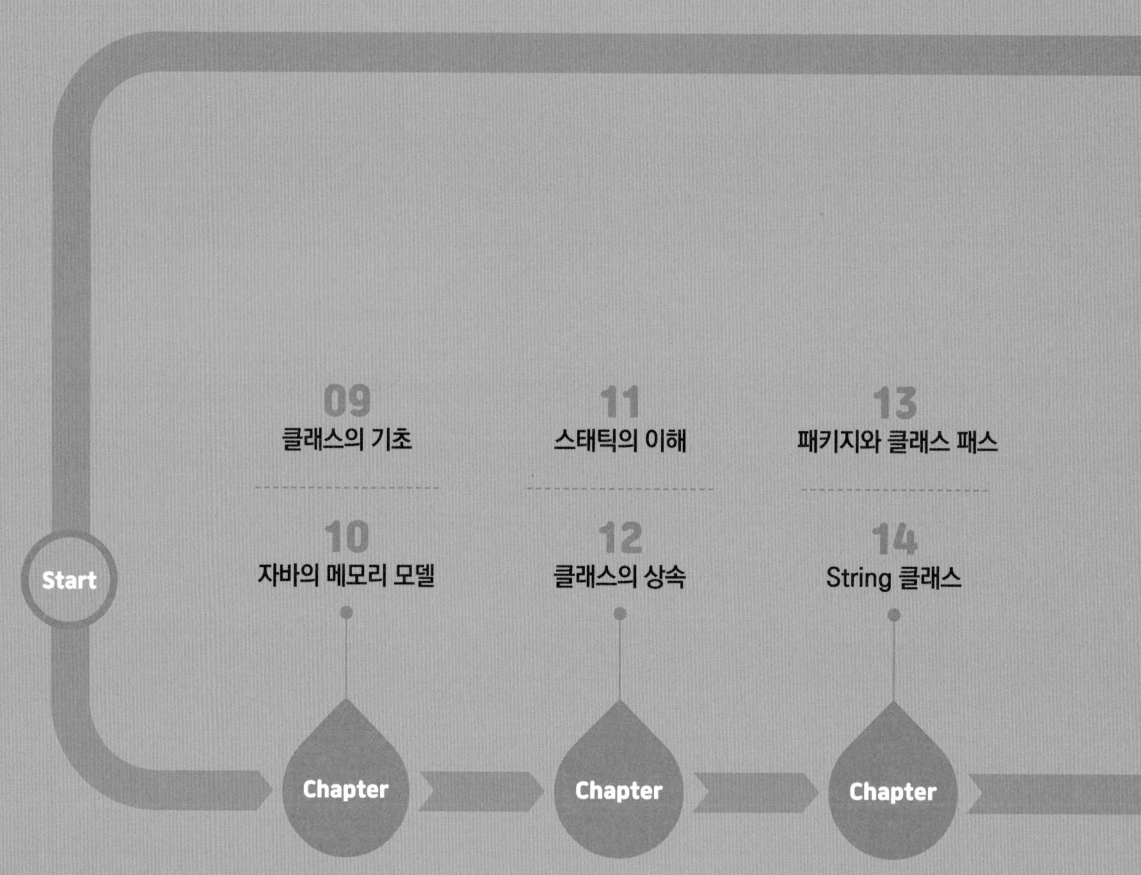

단계 2

자바 객체지향 프로그래밍

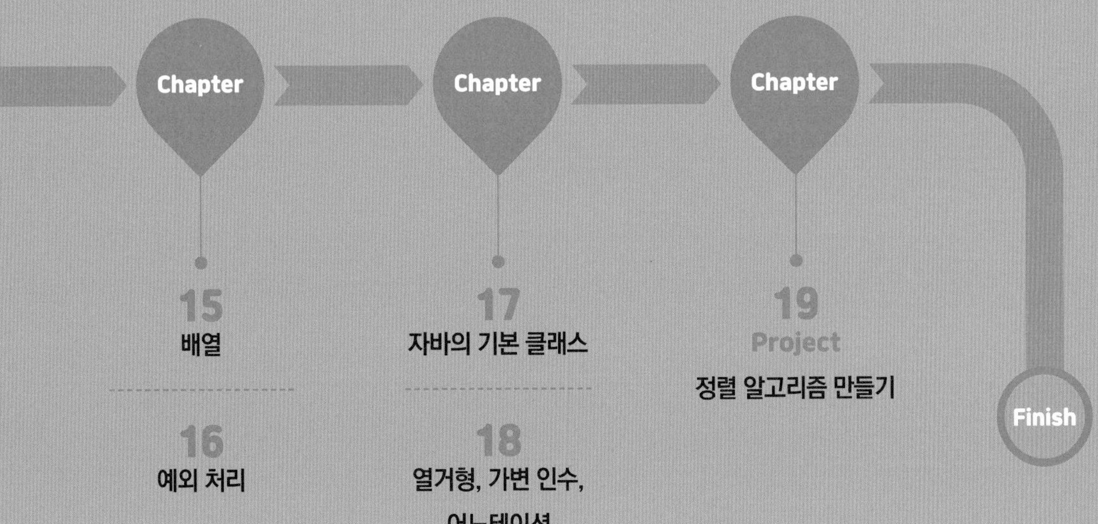

Chapter

09

클래스의 기초

#MUSTHAVE

학습 목표	클래스의 기본 개념을 알아보고, 클래스를 통해 객체를 생성하고 사용하는 방법을 알아봅니다.
학습 순서	**1** 객체 **2** 클래스 **3** 객체와 클래스 **4** 오버로딩 **5** 생성자 **6** 접근 제한자
객체지향 소개	자바는 객체지향 언어입니다. 프로그램을 단순히 데이터와 처리 방법으로 나누는 것이 아니라, '객체'라는 기본 단위로 나누고 객체의 상호작용으로 프로그래밍하는 방식입니다. 자바에서 객체를 만들려면 반드시 클래스를 먼저 만들어야 합니다.

9.1 객체

먼저 객체를 간단히 정의내리면, 우리가 표현할 수 있는 실제 세계의 모든 사물들을 객체(오브젝트[object])라고 합니다. 객체는 소프트웨어 분야에서만 사용하는 한정된 용어가 아닙니다.

이러한 객체는 눈에 보이고 만져지는 '물리적인 객체'와 보이지 않고 만져지지 않는 '개념적인 객체'로 나눌 수 있습니다.

개념적인 객체	물리적인 객체
동물	개, 고양이, 호랑이, 곰
자동차	소나타, K5, SM5

9.2 클래스

클래스란 간단히 말하면 프로그래밍에서 객체와 관련된 데이터와 처리 동작을 한데 모은 코드 뭉치입니다. 그런데 현실 객체를 프로그래밍에서 전부 묘사하기에는 데이터와 처리 동작이 너무 많습니다. 그래서 어느 정도 특징적인 데이터와 동작으로 추려낼 필요가 있습니다. 이렇게 특징적인 데이터와 처리 동작을 추려내는 과정을 추상화abstraction라고 부릅니다.

객체지향 프로그래밍에서 추상화는 객체에서 특징적인 속성과 행위를 추출하는 과정을 의미하는데, 같은 대상으로 추상화를 하더라도 목적이나 원하는 기능에 따라 여러 추상화 모델이 생성될 수 있습니다.

객체	목적 구분	객체 구분	추상화된 클래스 모델
탈 것	개인, 이륜	자전거, 오토바이	Bike
	자동차	승용차, 버스, 트럭	Car
	운송 수단	자동차, 배, 비행기	Vehicle

추상화 모델이 결정되고 객체를 추상화(일반화)할 때 다음과 같은 추상화 작업을 거치게 됩니다.

- 명사적인 특징을 뽑아내는 추상화 과정 → 멤버 변수(필드) 추출
- 동사적인 특징을 뽑아내는 추상화 과정 → 멤버 함수(메서드) 추출

추상화를 거친 클래스 예제 코드를 살펴보겠습니다.

```
// ❶ 클래스 정의 : 객체를 추상화해놓은 것
class Npc
{
    // ❷ 필드 : 데이터
```

```
    String name;
    int hp;
    // ❸ 메서드 : 동작
    void say()
    {
        System.out.println("안녕하세요.");
    }
}
```

이렇게 어떤 객체를 ❶ 자바의 클래스 파일에 ❷ 데이터는 필드로, ❸ 동작은 메서드로 추상화해서 기술하는 것을 '클래스를 정의한다'라고 말합니다.

더 자세한 클래스 구조는 다음 그림에서 확인할 수 있습니다.

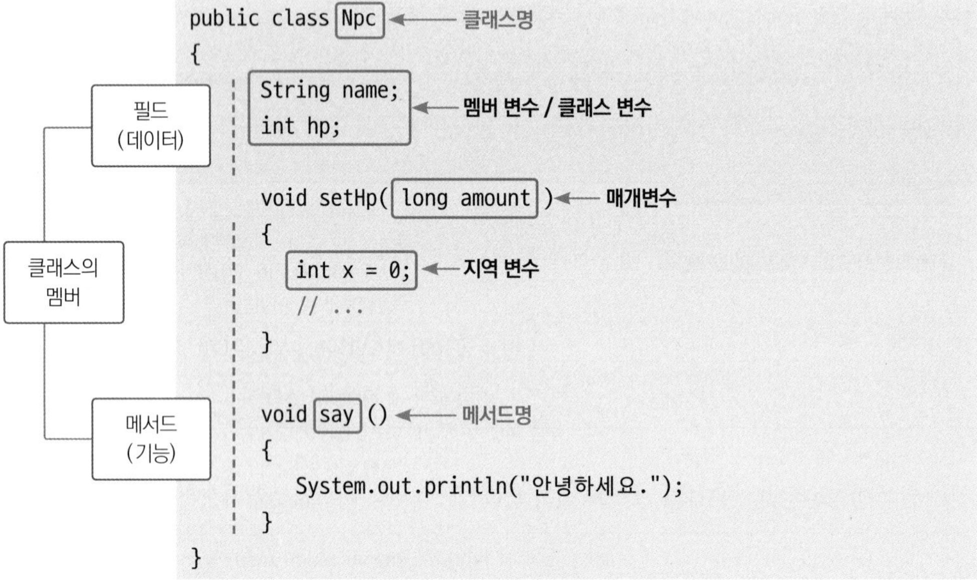

9.3 객체와 클래스

클래스는 객체를 프로그래밍에서 사용하려고 추상화해서 기술해놓은 설계도입니다.

그러므로 프로그래밍에서 사용하려면 설계도를 기초로 실체를 만들 필요가 있습니다. 실체화된 것을 객체(오브젝트)라고 하며, 실체화하는 작업을 '객체(오브젝트)를 생성한다' 또는 '인스턴스화 한다instantiate[1]' 등으로 말합니다.

소프트웨어 세계에서 객체는 클래스라는 설계도대로 구현한 것을 메모리에 탑재해 메모리 주소를 부여한 것을 의미합니다.

	설계도		객체 생성(인스턴스화)		실물
실생활	자동차 설계도	→	공장	→	(생산된) 자동차
프로그래밍	클래스	→	new	→	(메모리에 적재된) 값

실제로 클래스를 객체로 만드는 코드는 다음과 같습니다.

myBook이라는 변수를 만드는 데 변수의 자료형을 Book이라는 클래스형으로 합니다. 그리고 Book 클래스의 Book() 생성자[2]를 이용해서 new해서(새로 만들어서) 생성된 객체를 메모리에 적재하고 변수 myBook에 대입시킵니다.

기본 자료형의 변수를 만들 때와 비교해봅시다.

num이라는 변수를 만드는 데 변수의 자료형을 기본 자료형인 int형으로 합니다. 그리고 상수 풀에서 5를 복사해서 변수 num에 대입시킵니다.

---

1 만들 때 오래 고민해서 만드는 것이 아니라, 필요하면 설계도에 따라 바로 바로 만들기 때문에 붙여진 용어입니다.

2 9.5절 '생성자'에서 배웁니다.

상수야 이미 알고 있던 것이니 미리 상수 풀에 만들어놓을 수 있었지만, Book이라는 클래스를 모든 프로그래머가 아는 것도 아니고 사용하는 것도 아니니 필요한 프로그래머가 new로 새로 객체를 만들어서 사용해라 정도의 의미로 생각하면 됩니다.

간단하게 예제를 만들어 확인해보겠습니다.

To Do **01** 프로젝트를 Chapter09_1 이름으로 만듭니다.

02 NpcUse 클래스를 추가합니다. 이클립스의 좌측 탐색기창에 NpcUse.java 파일이 생깁니다.

03 NpcUse.java 파일을 열고 그 위쪽에 그림처럼 새로운 클래스를 하나 더 추가합니다. 새로운 클래스 추가는 직접 타이핑해서 입력합니다.

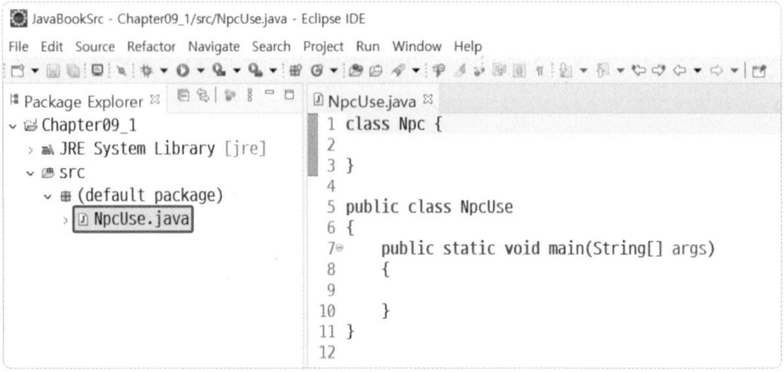

JavaBookSrc - Chapter09_1/src/NpcUse.java - Eclipse IDE

File Edit Source Refactor Navigate Search Project Run Window Help

Package Explorer
- Chapter09_1
  - JRE System Library [jre]
  - src
    - (default package)
      - NpcUse.java

NpcUse.java

```
class Npc {

}

public class NpcUse
{
    public static void main(String[] args)
    {

    }
}
```

04 아직 내용은 없지만 우리가 이 프로젝트를 실행하려면 명령 프롬프트에 다음과 같이 입력하게 됩니다.

```
java NpcUse
```

이렇게 입력하고 enter를 치면 자바는 java.exe를 실행시켜 자바 가상 머신을 만들고 NpcUse라는 클래스를 찾습니다. 그리고 그 안에 있는 main()을 실행시킵니다.

이게 자바 프로그램이 실행되는 순서입니다. 그러므로 .java 파일의 이름과 main()이 들어있는 클래스명은 똑같아야 합니다.

그리고 지금처럼 .java 파일 하나에 다른 class도 추가해줄 수 있습니다. main() 메서드만 파일 이름과 같은 class 안에 존재하면 됩니다.

.java 파일을 저장하면 이클립스가 자동으로 컴파일을 한다고 했습니다. 윈도우 파일 탐색기를 열어 .class 파일이 만들어진 폴더의 내용을 살펴보겠습니다.

▼ 소스 폴더의 파일 리스트

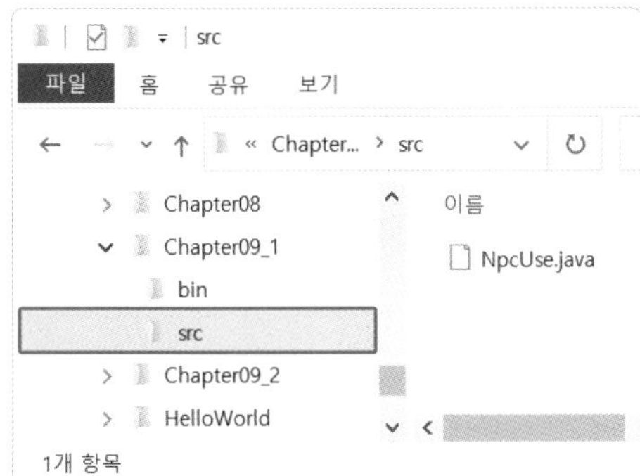

▼ 컴파일된 폴더의 파일 리스트

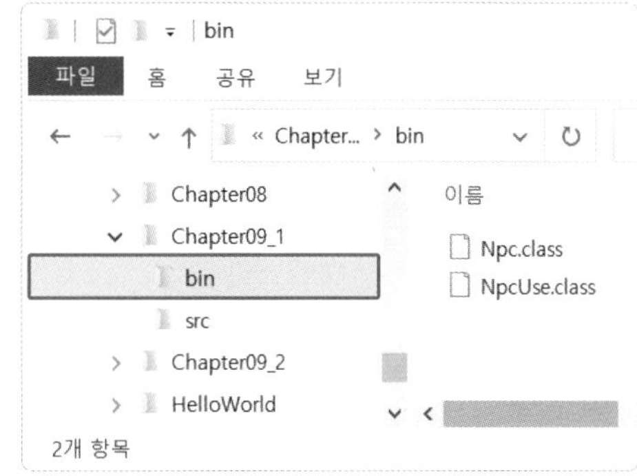

.java 파일이 하나이더라도 작성한 클래스 개수만큼 .class 파일이 생성되는 것을 확인할 수 있습니다.

Tip 클래스 파일은 별도의 파일로 만들 수도 있고, 지금처럼 같은 파일에 만들 수도 있습니다.

05 이제 클래스의 내용을 작성합시다.

Chapter09_1 / NpcUse.java

```
// ❶ 클래스 정의
class Npc
{
    // ❷ 필드 : 데이터
    String name;
    int hp;
    // ❸ 메서드 : 동작
    void say()
    {
        System.out.println("안녕하세요.");
    }
}

public class NpcUse
{
    public static void main(String[] args) {
        // 클래스를 이용해 객체 생성
        // - 'Npc'라는 설계도(클래스)를 이용해 Npc 객체 만들기
```

```java
        // 클래스 타입의 변수는 new를 통해 객체 생성
        // ❹ 클래스 타입의 참조 변수는 스택에, 생성된 객체는 힙에 적재됨
        Npc saram1 = new Npc(); // ❺
        // 필드 접근
        saram1.name = "경비";              // ❻ 멤버 변수에 직접 접근
        saram1.hp = 100;                   // ❼ 멤버 변수에 직접 접근
        System.out.println(saram1.name + ":" +
                                saram1.hp);        // ❽ 출력
        // ❾ 메서드 호출
        saram1.say();
    }
}
```

❶ Npc 클래스를 정의합니다. ❷ Npc 클래스에서 데이터로 사용할 것, 즉 필드를 정의합니다. ❸ Npc 클래스에서 기능으로 사용할 것, 즉 메서드를 정의합니다.

❹ 이 내용은 뒤에서 다룹니다(10장 '자바의 메모리 모델', 11장 '스태틱의 이해' 참조).

❺ 자료형이 Npc 클래스형인 saram1 변수를 만듭니다. ❻ 객체의 필드는 dot.을 이용하여 접근합니다. 객체의 멤버 변수 name에 값을 대입합니다. ❼ 객체의 멤버 변수 hp에 값을 대입합니다. ❽ 객체의 멤버 변수에 대입된 값을 출력합니다.

❾ 객체의 메서드를 호출해 기능을 동작시켜봅니다.

객체의 멤버 변수와 메서드의 사용법은 우리가 계속 사용해왔던 변수 사용법과 같습니다. 앞에 객체의 변수명과 .을 입력하고 그 뒤에 멤버들을 불러주면 됩니다.

int형의 변수를 얼마든지 만들 수 있듯이 이 예제에서 Npc 클래스형의 변수도 필요한 만큼 만들 수 있습니다. 이렇게 만들어진 객체들은 설계도만 같지 각각 만들어져 서로 다른 메모리에 저장됩니다.

Tip 길거리에 보면 같은 설계도로 만들어진 똑같은 차종이 많은 것과 같습니다.

그리고 눈치 챈 분들도 있겠지만 Npc 클래스의 메서드에는 static이 없습니다. 우리가 그동안 만든 메서드에는 static이 붙어 있었습니다. 이렇게 new를 통해 새로 만들어지는 객체에서 사용하는 메서드에는 static을 붙이지 않습니다. 더 구체적인 내용은 11장 '스태틱의 이해'에서 설명합니다.

06 프로그램을 실행해보겠습니다.

```
Console
<terminated> NpcUse [Java Application] C:₩Dev₩jdk-11.0.8₩bin₩javaw.exe
경비:100
안녕하세요.
```

Tip 클래스는 메서드만 가지고 있을 수도 있고, 필드만 가지고 있을 수도 있습니다. 필드만 가지고 있을 경우 데이터 저장용으로도 많이 사용됩니다.

여기까지 정리하면 다음과 같습니다.

- 객체 생성에 new 연산자를 사용합니다.
- 다른 객체의 멤버에는 .을 이용하여 접근합니다.

9.4 오버로딩

오버로딩overloading이란 하나의 클래스 내에 매개변수 개수나 자료형은 다르지만 메서드명은 같은 메서드를 여러 개 정의하는 것을 말합니다. 동일하거나 유사한 일을 수행하는 메서드가 전달받는 매개변수에 따라 각기 다른 연산을 하는 경우 유용합니다.

다음 예제를 통해 오버로딩이 어떻게 사용되는지 살펴보겠습니다.

Chapter09_2 / OverloadingUse.java

```
class Calc
{
    int add(int a, int b)
    {
        return a + b;
    }

    int add(int a)
    {
        return a + 1;
    }

    double add(double a, double b)
    {
        return a + b;
    }
```

```
}

public class OverloadingUse
{
    public static void main(String[] args)
    {
        Calc calc = new Calc();          // ❶
        int nRtn1 = calc.add( 3, 9 );  // ❷
        int nRtn2 = calc.add( 3 );      // ❸
        double nRtn3 = calc.add( 3.0, 9.0 );  // ❹

        System.out.println("Rtn1 = " + nRtn1);
        System.out.println("Rtn2 = " + nRtn2);
        System.out.println("Rtn3 = " + nRtn3);
    }
}
```

▼ 실행 결과

```
Console ⊠
<terminated> OverloadingUse [Java Applica
Rtn1 = 12
Rtn2 = 4
Rtn3 = 12.0
```

Calc 클래스는 다양한 더하기 기능을 구현해놓은 클래스입니다. 그런데 모든 메서드명이 add()로 똑같습니다. 매개변수 개수가 다르거나, 매개변수 자료형이 다를 뿐입니다.

❶ 자료형이 Calc 클래스형인 calc 변수를 만듭니다.

❷ 객체의 add() 메서드를 호출합니다. 매개변수 두 개가 int형입니다.

❸ 객체의 add() 메서드를 호출합니다. 매개변수 한 개가 int형입니다.

❹ 객체의 add() 메서드를 호출합니다. 매개변수 두 개가 double형입니다.

int를 더하나 double을 더하나 둘 다 더하기이기 때문에 메서드명을 add로 하고 싶은데 같은 이름이라 불가능하다면 메서드명을 짓기가 매우 불편해집니다. 실례로 이게 불가능한 C 언어에서는 add() 기능을 하는 함수를 add_int( ), add_double()처럼 짓습니다. 유사한 일을 수행하는 메서드마다 구분되는 메서드명을 각각 정의하는 것은 생각보다 쉽지 않습니다.

이렇게 자바에서는 메서드명과 매개변수까지 합쳐서 메서드를 구분해줍니다.[3] 그렇기 때문에 같은 이름의 메서드를 사용할 수 있는 겁니다. 여러분이 이미 잘 사용하고 있던 메서드 중에도 오버로딩이 적용되어 있던 메서드가 있습니다.

```
System.out.println();           // 매개변수 없이 줄바꿈만 출력
System.out.println(1);          // 정숫값 출력
System.out.println("홍길동");   // 문자열 출력
```

9.5 생성자

생성자constructor란 객체 생성을 할 때만 호출하는 특수한 메서드입니다. new 연산자가 객체의 생성자를 이용하여 객체를 생성해줍니다.

생성자의 특징은 다음과 같습니다.

- 생성자명은 클래스명하고 똑같습니다.
- 메서드이지만 반환형이 없는 형태입니다.

그리고 클래스를 정의할 때 생성자를 기술하지 않으면 매개변수가 없는 생성자가 자동으로 만들어집니다. 이것을 디폴트 생성자라고 합니다.

디폴트는 생성자는 다음과 같은 특성을 가집니다.

- 생성자명이 클래스명하고 똑같습니다.
- 메서드이지만 반환형이 없습니다.
- 매개변수가 없습니다.

3 메서드명과 매개변수를 합쳐서 시그너처(signature)라고 합니다.

- 특별히 수행하는 기능도 없습니다.

▼ Book 클래스의 디폴트 생성자

```
class Book
{
    // 디폴트 생성자
    Book()
    {              ← 자동으로 만들어짐

    }

    // 필드, 메서드
}
```

디폴트 생성자는 이와 같은 특성 때문에 프로그래머가 굳이 정의하지 않아도 컴파일러가 클래스명만 보고 자동으로 만들어줄 수 있습니다. 그래서 디폴트 생성자는 보통 생략하고 만드는 경우가 많습니다.

그런데 앞에서 배웠던 오버로딩의 대표적인 예가 생성자입니다. 생성자의 오버로딩을 이용하면 클래스의 객체 변수가 만들어질 때 다양한 방식으로 변숫값을 초기화할 수 있습니다.

다음 예제의 코드를 보겠습니다.

Chapter09_3 / ConstructorUse.java

```
class Book
{
    String title;
    int price;
    int num = 0;

    // ❶ 디폴트 생성자에 기능 부여
    Book()
    {
        title = "자바 프로그래밍";
        price = 30000;
    }

    // ❷ 생성자의 오버로딩
    Book(String t, int p)
    {
```

```java
        title = t; // ❸
        price = p;
    }

    void print()   // ❹
    {
        System.out.println("제    목 : " + title);
        System.out.println("가    격 : " + price);
        System.out.println("주문수량 : " + num);
        System.out.println("합계금액 : " + price * num);
    }
}

public class ConstructorUse
{
    public static void main(String[] args)
    {
        Book book1 = new Book(); // ❺ 디폴트 생성자 사용
        book1.print();

        Book book2 = new Book("자바 디자인패턴", 35000); // ❻ 오버로딩된 생성자 사용
        book2.num = 10; // ❼
        book2.print();  // ❽
    }
}
```

▼ 실행 결과

```
Console ☒
<terminated> ConstructorUse [Java Application] C:₩Dev₩jdk-11.0.8₩bin₩javaw.exe
제    목 : 자바 프로그래밍
가    격 : 30000
주문수량 : 0
합계금액 : 0
제    목 : 자바 디자인패턴
가    격 : 35000
주문수량 : 10
합계금액 : 350000
```

❶ 자동으로 생기는 생성자에는 아무런 기능이 없으므로 직접 만들고 코드처럼 객체가 생성될 때 변수에 값을 대입하여 초기화해줍니다.

❷ 생성자를 오버로딩해서 매개변수가 있는 생성자를 만듭니다. ❸ 매개변수로 값을 받아 멤버 변수의 값을 초기화해줍니다.

❹ 멤버 변수의 값을 출력해줍니다.

❺ 디폴트 생성자와 new 연산자를 이용하여 객체를 만듭니다. ❻ 오버로딩된 생성자와 new 연산

자를 이용하여 객체를 만듭니다. 이때 생성자의 매개변수로 값을 넘겨 생성되는 객체의 멤버 변수의 값을 초기화할 수 있습니다. ❼ 객체의 멤버 변수에 직접 값을 대입합니다. ❽ 객체의 메서드를 호출합니다.

주의할 점이 있습니다. 매개변수가 있는 생성자를 오버로딩해서 만들면 디폴트 생성자가 자동으로 만들어지지 않습니다. 생성자를 오버로딩해서 만들고, 디폴트 생성자는 만들지 않았을 때 다음과 같이 객체를 생성하면 에러가 발생합니다.

```
Book book1 = new Book();
```

이럴 때는 디폴트 생성자에 아무 기능이 없더라도 디폴트 생성자도 꼭 명시적으로 만들어주어야 합니다.

9.6 접근 제한자

앞의 예제에서 ConstructorUse 클래스에서 Book 클래스의 멤버 변수나 메서드에 대해서 별다른 제한 없이 .을 이용해 접근해서 사용했습니다.

```
public class ConstructorUse
{
    public static void main(String[] args)
    {
        ...
        Book book2 = new Book("자바 디자인패턴", 35000);
        book2.num = 10;
        book2.print();
    }
}
```

그러나 변수나 메서드에 접근 제한자를 지정하면 이런 접근을 제한할 수 있습니다. 자바에서 사용하는 접근 제한자를 정리하면 다음과 같습니다.

▼ 접근 제한자

접근 제한자	설명
public	퍼블릭. 외부 클래스 어디에서나 접근 가능합니다.
protected	프로텍티드. 같은 패키지※ 내부와 상속 관계의 클래스에서만 접근 가능합니다.
(아무것도 표시 안 함)	디폴트. 같은 패키지 내부에서만 접근 가능합니다.
private	프라이빗. 같은 클래스 내부에서만 접근 가능합니다.

※ 여기서 패키지는 클래스가 위치한 폴더라고 해석해도 됩니다(같은 패키지 = 같은 폴더).

이렇게 private을 적용하면 클래스 외부에서 클래스 내부로의 변수와 메서드에 대한 접근을 제한할 수 있습니다. 이러한 것을 객체지향 프로그래밍에서 정보 은닉화[information hiding]라고 부릅니다.

그런데 private으로 멤버 변수 접근 제한을 했더라도 해당 멤버 변수를 사용할 수 있는 메서드를 제공해서 프로그램 의도에 맞게 멤버 변수의 값을 사용하도록 유도할 수도 있습니다. private 멤버 변수에 값을 대입하는 메서드를 세터[setter], 값을 가져오는 메서드를 게터[getter]라 부릅니다.

접근 제한자를 이용한 정보 은닉, 그리고 게터, 세터를 이용한 올바른 값의 전달을 코드로 살펴보겠습니다.

Chapter09_4 / PrivateUse.java

```
class Student1    // ❶
{
    String name;
    int age;
}

class Student2    // ❷
{
    public String name;
    private int age;         // ❸ private 멤버 변수

    public Student2(String name, int age)
    {
        this.name = name;
        this.age = age;
    }

    public int getAge()              // ❹ 게터
```

```
    {
        return age;
    }

    public void setAge(int age)     // ❺ 세터
    {
        if (age < 0 || age > 150)   // ❻ 유효성 검사
        {
            System.out.println("나이가 부적절합니다.");
            this.age = 0;
            return;
        }
        this.age = age;
    }
}

public class PrivateUse
{
    public static void main(String[] args)
    {
        Student1 student1 = new Student1(); // ❼
        student1.name = "홍길동";           // ❽ 멤버 변수에 직접 접근
        student1.age = -20;                 // ❾ 멤버 변수에 직접 접근
        System.out.printf("%s의 나이는 %d살입니다.\n",
                          student1.name, student1.age);

        Student2 student2 = new Student2("전우치", 20);
        student2.name = "손오공";   // ❿ 멤버 변수에 직접 접근
        //student2.age = -10;       // ⓫ 에러 발생
        student2.setAge(-10);       // ⓬ 세터를 사용한 접근
        int age = student2.getAge();
        System.out.printf("%s의 나이는 %d살입니다.\n",
                          student2.name, age);    // ⓭ 출력
    }
}
```

▼ 실행 결과

```
Console
<terminated> PrivateUse [Java Application] C:\Dev\jdk-11.0.8\bin\javaw.exe
홍길동의 나이는 -20살입니다.
나이가 부적절합니다.
손오공의 나이는 0살입니다.
```

❶ Student1 클래스의 멤버 변수는 접근 제한자가 따로 지정되지 않았기 때문에 접근 제한 상태는 default 상태입니다. 같은 패키지(폴더) 안의 클래스에서 언제든지 변수에 접근하여 사용할 수 있습니다.

❷ Student2 클래스의 name 변수는 public으로, age 변수는 private으로 접근 제한자를 지정했습니다. ❸ age 변수는 다른 클래스에서 접근할 수 없기 때문에 변수의 값을 다른 클래스에서 가져갈 수 있게 ❹에서 게터로 getAge() 메서드를 제공해주고 있습니다.

❺에서 값을 대입하는 setAge() 메서드를 제공합니다.

이렇게 게터, 세터를 지정하여 변수에 접근하는 이유는 값 대입 시 부적절한 값의 대입을 막기 위함입니다. 이 예제의 코드에서도 ❻에서 부적절한 나이를 대입하지 못하게 체크합니다. 게터도 필요 시 변수의 값을 바로 전달하지 않고 가공하여 전달할 수 있는 장점이 있습니다.

Student2 클래스에서는 생성자나 게터, 세터 등의 메서드에서 this를 사용합니다.

▼ this의 사용

```
7  class Student2
8  {
9      public String name;
10     private int age;
11
12     public Student2(String name, int age)
13     {
14         this.name = name;
15         this.age = age;
16     }
17
```

멤버 변수와 매개변수명이 겹침

앞서의 오버로딩에서 메서드명을 지을 때도 보았지만, 유사한 의미로 사용되는 변수마다 이름을 각각 정의하는 것은 생각보다 쉽지 않습니다. 그래서 보통은 같은 이름을 사용하는데 멤버 변수임을 구분해주기 위해 this를 사용합니다. 이클립스에서는 코드의 색으로도 클래스 멤버 변수와 매개변수를 구분해줍니다.

위 코드에서 보면 12라인 생성자의 매개변수와 클래스의 멤버 변수명이 같습니다. 생성자 안에서 이름이 서로 겹칩니다. 그래서 this 지시어를 붙여 클래스의 멤버 변수임을 표시해 구분했습니다.

❼에서 생성한 student1 객체 변수의 멤버 변수는 접근 제한자가 특별히 지정되지 않았기 때문에 default 상태라 접근이 가능합니다. 그래서 ❽과 ❾에서 . 연산자를 통해서 직접 접근해 값을 대입

합니다. 이렇게 멤버 변수로의 직접 접근을 허용하면 ❾에서처럼 부적절한 값이 대입될 수 있습니다. 하지만 컴파일 과정에서 에러는 발생하지 않습니다. 논리적으로 부적절한 값이지 int형 변수에 정수를 대입한 것이 잘못은 아니기 때문입니다.

따라서 직접 접근을 허용하지 않도록 클래스를 설계할 필요가 있습니다. 모든 변수를 private으로 선언해야 하는 것은 아니지만, 필요한 경우에는 private으로 선언하고 게터, 세터를 활용해 오류를 막을 수 있습니다. 이러한 클래스 설계를 가리켜 '정보 은닉'이라 합니다.

❿에서 멤버 변수에 값을 직접 대입하고 있습니다. name은 public으로 지정되어 있기 때문에 가능합니다. ⓫에서는 직접 대입하면 에러가 발생합니다. age는 private으로 지정되어 있기 때문입니다. 그래서 ⓬처럼 세터를 사용해서 값을 대입합니다. 그런데 부적절한 값이라 ❻에서 걸러집니다. 메시지를 출력하고 0으로 강제 대입됩니다. 그래서 ⓭ 실수로 -10을 대입하면 에러를 발생시키지 않고 0을 출력합니다.

학습 마무리

여기까지 클래스의 기초를 알아보았습니다.

핵심 요약

1 클래스란 프로그래밍에서 객체와 관련된 데이터와 처리 동작을 한데 모은 코드 뭉치입니다.

2 실체화된 클래스를 객체(오브젝트)라고 하며, 실체화하는 작업을 '객체(오브젝트)를 생성한다' 또는 '인스턴스화한다'고 말합니다.

3 추상화란 실제 객체로부터 특징적인 데이터와 처리 동작을 추려내는 과정입니다.

4 오버로딩이란 하나의 클래스 내에 매개변수 개수나 자료형은 다르지만 메서드명은 같은 메서드를 여러 개 정의하는 것을 말합니다.

5 클래스에서 접근 제한자는 변수나 메서드에 접근을 제한합니다.

6 private 접근 제한자를 적용하면 클래스 외부에서 클래스 내부로의 변수와 메서드에 대한 접근을 제한할 수 있습니다. 이러한 것을 객체지향 프로그래밍에서 정보 은닉화라고 합니다.

Chapter

10

자바의 메모리 모델

#MUSTHAVE

학습 목표	자바에서 사용하는 메모리 모델의 구조를 이해하면 자바 프로그래밍에 큰 도움이 됩니다. 그러나 모든 것을 자세히 알 필요는 없습니다. 우리가 공부한 것과 연관해서 필요한 개념만 조금 이해하면 됩니다. 자바에서 사용하는 메모리 모델의 구조를 알아봅니다.
학습 순서	**1** 자바 메모리 모델 **2** 디버깅하며 배우는 스택 영역 원리 **3** 디버깅하며 배우는 힙 영역 원리 **4** 디버깅하며 배우는 힙 영역 객체 참조

10.1 자바의 메모리 모델

java.exe가 실행되면서 자바 가상 머신이 만들어집니다. 이때 자바는 메모리 공간 활용의 효율성을 높이기 위해 메모리 공간을 여러 영역으로 나누게 됩니다. 자세한 내용은 자바 기술 문서에서 참고할 수 있습니다.[1] 너무 자세한 범위까지 알 필요는 없으므로 우리에게 꼭 필요한 개념까지만 알아보겠습니다.[2]

▼ 자바 기술 문서

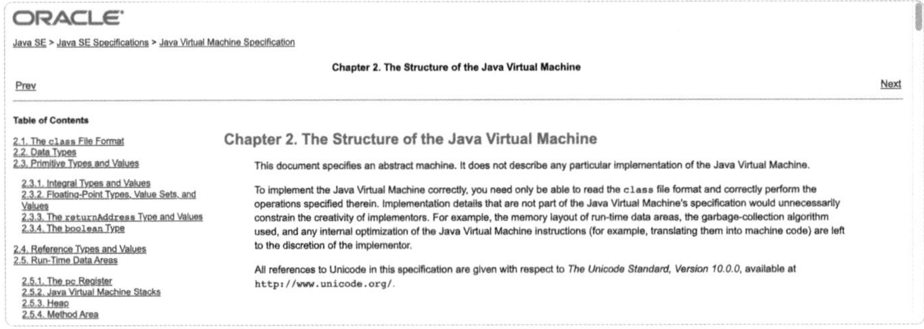
ORACLE

Java SE > Java SE Specifications > Java Virtual Machine Specification

Chapter 2. The Structure of the Java Virtual Machine

Prev Next

Table of Contents

2.1. The class File Format
2.2. Data Types
2.3. Primitive Types and Values
2.3.1. Integral Types and Values
2.3.2. Floating-Point Types, Value Sets, and Values
2.3.3. The returnAddress Type and Values
2.3.4. The boolean Type
2.4. Reference Types and Values
2.5. Run-Time Data Areas
2.5.1. The pc Register
2.5.2. Java Virtual Machine Stacks
2.5.3. Heap
2.5.4. Method Area

Chapter 2. The Structure of the Java Virtual Machine

This document specifies an abstract machine. It does not describe any particular implementation of the Java Virtual Machine.

To implement the Java Virtual Machine correctly, you need only be able to read the class file format and correctly perform the operations specified therein. Implementation details that are not part of the Java Virtual Machine's specification would unnecessarily constrain the creativity of implementors. For example, the memory layout of run-time data areas, the garbage-collection algorithm used, and any internal optimization of the Java Virtual Machine instructions (for example, translating them into machine code) are left to the discretion of the implementor.

All references to Unicode in this specification are given with respect to *The Unicode Standard, Version 10.0.0*, available at http://www.unicode.org/.

1 bit.ly/36UpWGL

2 JAVA 11 기준

자바 프로그램은 실행되면서 확보한 메모리 영역을 크게 메서드 영역, 스택 영역, 힙 영역으로 구분하여 사용합니다.

▼ 런타임 데이터 영역들

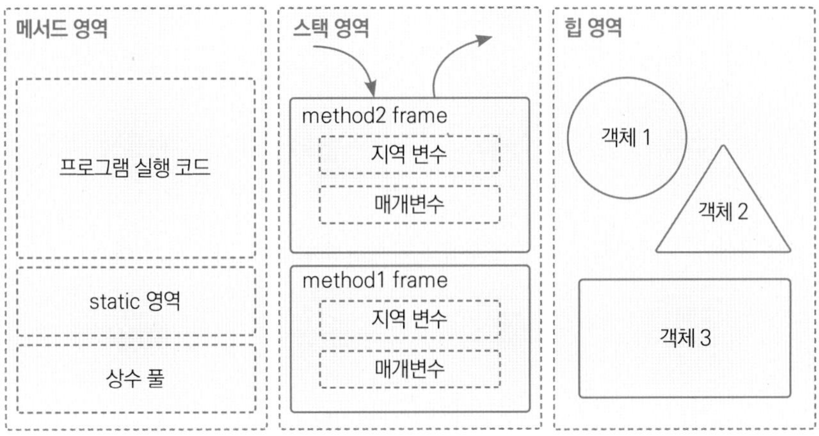

메서드 영역

프로그램 실행에 대한 코드, 스태틱static 변수 및 메서드, 런타임 상수 풀이 메서드 영역method area에 생성됩니다. 이 영역에 저장된 내용은 프로그램 시작 전에 로드되고 프로그램 종료 시 소멸됩니다. 런타임 상수 풀runtime constant pool에는 컴파일 타임에 알려진 숫자 리터럴부터 런타임에 확인되어야 하는 메서드 및 필드 참조에 이르기까지 여러 종류의 상수가 포함됩니다.

스택 영역

메서드가 호출되면 지역 변수, 매개변수가 프레임 형태로 생성되어 스택 영역stack area으로 쌓였다가 사라집니다. 이때 프레임 형태를 불투명한 빈 박스box 형태로 이해하면 됩니다. 하나의 박스 안에서는 다른 박스 안의 내용을 알 수 없습니다. 그러므로 프레임 영역을 벗어난 다른 메서드의 변수들은 서로 참조할 수 없습니다. 앞서 변수의 사용 가능 범위에서 배운 내용이 프레임 형태로 적용됩니다.

힙 영역

클래스의 객체(인스턴스), 배열이 new 연산자에 의해 힙 영역heap area에 동적으로 생성됩니다.

그리고 생성된 객체는 자동 저장소 관리 시스템인 가비지 컬렉터garbage collector에 의해 사용이 없음이 확인되면 자동으로 제거됩니다. C/C++와 달리 자바에서는 이렇게 자동으로 메모리 관리를 해줍니다.

10.2 디버깅하며 배우는 스택 영역 원리

매개변수와 지역 변수가 스택 영역에서 어떻게 처리되는지를 예제로 알아보겠습니다.

To Do 01 먼저 프로젝트를 다음과 같이 만들고 클래스 파일도 만들어줍니다.

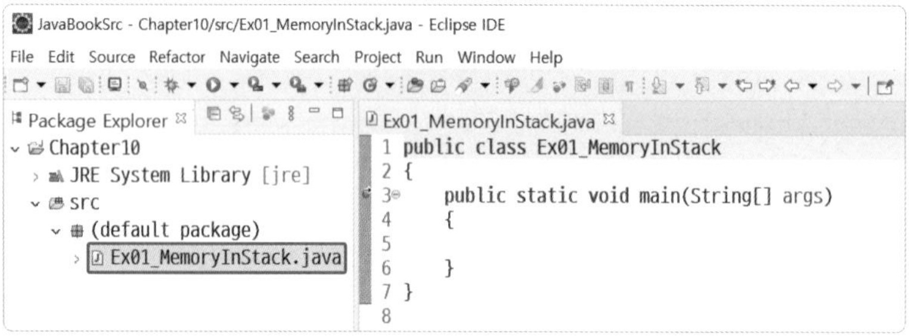

JavaBookSrc - Chapter10/src/Ex01_MemoryInStack.java - Eclipse IDE

File Edit Source Refactor Navigate Search Project Run Window Help

Package Explorer

Chapter10
JRE System Library [jre]
src
(default package)
Ex01_MemoryInStack.java

Ex01_MemoryInStack.java

```
1 public class Ex01_MemoryInStack
2 {
3     public static void main(String[] args)
4     {
5
6     }
7 }
8
```

02 코드를 다음과 같이 Ex01_MemoryInStack.java에 작성합니다.

Chapter10 / Ex01_MemoryInStack.java

```
public class Ex01_MemoryInStack
{
    public static void main(String[] args)
    {
        int num1 = 10;
        int num2 = 20;
        adder(num1, num2);
        System.out.println("-------------------");
    }

    public static int adder(int n1, int n2)
    {
        int result = n1 + n2;
        return result;
    }
}
```

스택 영역에서 변수가 어떻게 처리되는지 확인하려면 디버깅 모드로 들어가야 합니다. 디버깅 모드에서 정지를 하려면 브레이크포인트가 필요합니다. 브레이크포인트를 설정해봅시다.

03 이클립스에서 ❶ 코드의 3번 라인 왼쪽 부분을 우클릭합니다. 그리고 ❷ 팝업 메뉴가 뜨면 [Toggle Breakpoint]를 선택합니다.

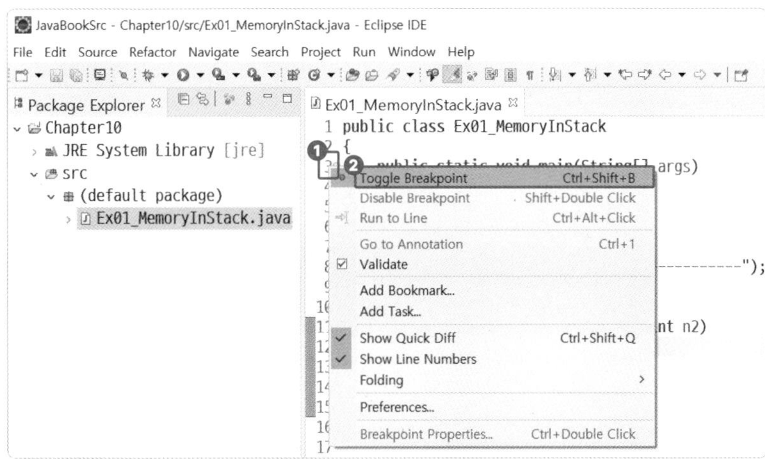

Tip Ex01_MemoryInStack.java 편집기창에서 main() 메서드가 아니고 adder() 메서드에 커서를 미리 위치시켜놓으면 라인 번호 앞의 파란색 부분이 아래쪽에 표시되므로 이 위치에 브레이크포인트 표시가 추가될 때 좀 더 쉽게 확인이 됩니다.

제대로 선택이 되었다면 다음 그림과 같이 파란색 점 표시가 보이게 됩니다.

```
1 public class Ex01_MemoryInStack
2 {
3     public static void main(String[] args)
4     {
5         int num1 = 10;
6         int num2 = 20;
7         adder(num1, num2);
8         System.out.println("-------------------");
9     }
```

브레이크포인트가 잘 지정되었으니 디버그 모드로 실행을 해서 스택 영역에서 변수가 어떻게 처리되는지를 확인하겠습니다.

04 디버그 모드로 프로그램을 실행하기 위해 다음 순서로 진행합니다. ❶ Ex01_MemoryInStack.java 선택 → 메뉴에서 ❷ [Run] → ❸ [Debug As] → ❹ [Java

Application] 선택.

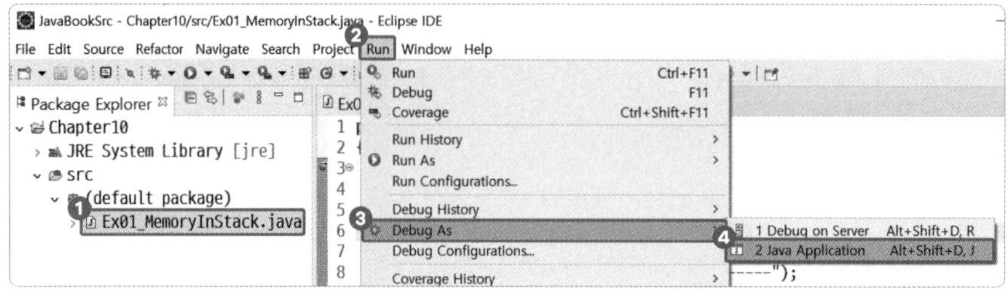

05 다음과 같은 창이 뜨면 [액세스 허용 (A)]을 클릭해줍니다(안 뜰 수도 있습니다).

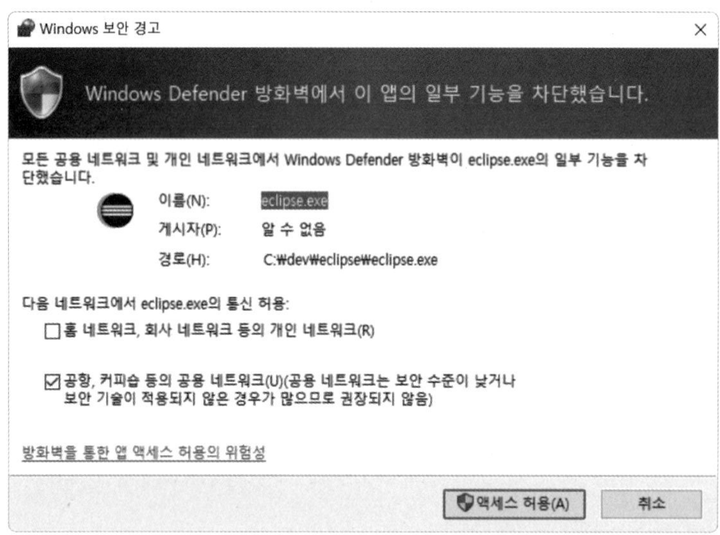

06 현재 이클립스의 퍼스펙티브가 자바 모드인데 디버그 모드로 바꾸겠냐고 물어봅니다. [Switch] 버튼을 클릭해 퍼스펙티브를 디버그 모드로 변경해줍니다.

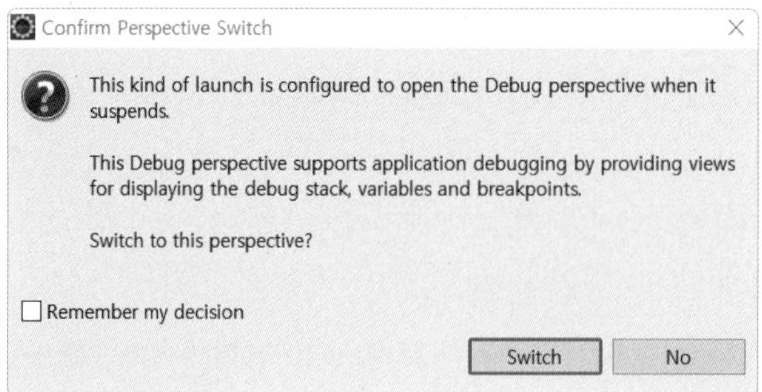

이클립스의 창 구성이 다음과 같이 변하면서 디버그 모드로 변환됩니다.

프로그램은 우리가 브레이크포인트를 설정한 3번 라인까지 실행되고 5번 라인에서 멈춰 있습니다. 아직 5번 라인이 실행된 것이 아닙니다.

왼쪽 [Debug] 탭을 보면 ❶ Ex01_MemoryInStack.main() 메서드가 호출되면서 main() 메서드에 관한 프레임이 스택 영역에 생성되었습니다. 우측 창의 ❷ [Variables] 탭은 이 프레임만의 스택 영역 상황을 표시해줍니다(여기서 하나의 프레임은 그냥 하나의 빈 박스 정도로 이해하면 됩니다).

정리하면 main() 메서드가 실행되면서 main() 메서드에서 사용될 매개변수와 지역 변수를 처리할 프레임이 스택 영역에 생성되고 ❸ 매개변수 args가 프레임 안에 생성된 겁니다.

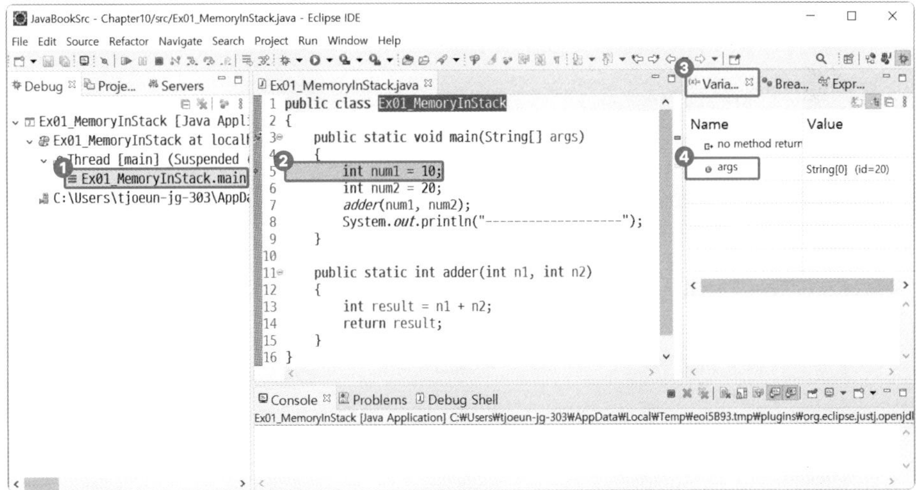

프로그램의 진행은 다음 메뉴 아이콘이나 기능키 F5, F6을 눌러서 할 수 있습니다.

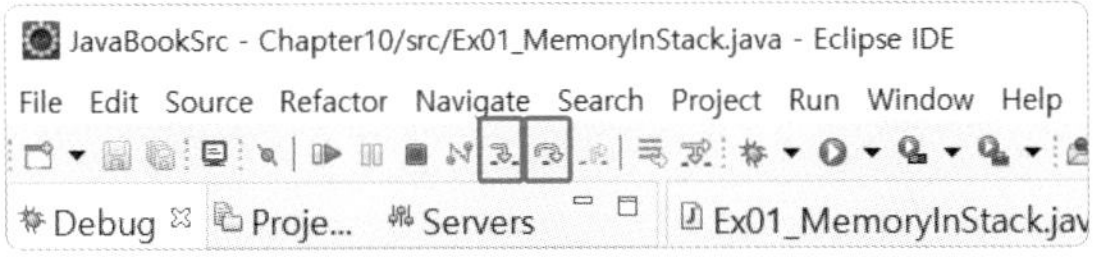

F5, F6 명령은 일반적인 코드 진행은 똑같고 메서드를 만났을 때 처리가 다릅니다.

- [F5] Step Into : 메서드가 있으면 그 메서드 내부 코드로 진입합니다.
- [F6] Step Over : 메서드를 만나면 메서드 내부 코드로 진입하지 않고 결과만 반환받아 실행한 뒤 다음 줄로 넘어갑니다.

07 우리는 F6 키를 한 번 누릅니다. 5번 라인이 실행되면서 num1 변수가 int형으로 만들어지고 10을 대입받습니다. 오른쪽 [Variables] 탭을 보면 num1 변수가 스택 영역에 생성되고 정수 10이 대입되어 있습니다.

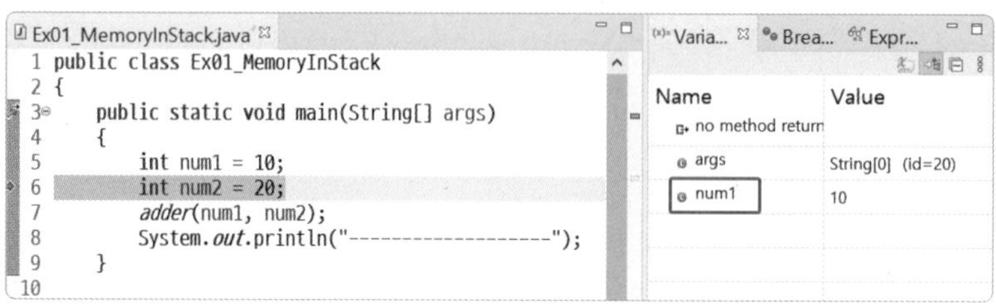

08 F6 키를 또 한 번 누릅니다. 6번 라인이 실행되면서 num2 변수가 int형으로 만들어지고 20을 대입받습니다. 오른쪽 [Variables] 탭을 보면 num2 변수가 스택 영역에 생성되고 정수 20이 대입되어 있습니다.

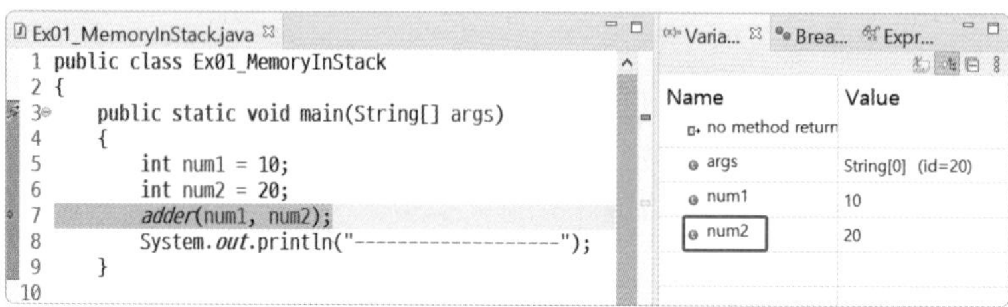

09 여기서는 F5 키를 누릅니다. 메서드 안으로 들어가 실행해봐야 하기 때문입니다. 11번 라인이 실행되면서 좌측 [Debug] 탭을 보면 ❶ adder() 메서드에 대한 프레임이 스택에 쌓이게 됩니다. 그리고 ❷ 13번 라인을 실행하고자 대기합니다. 11번 라인이 실행되면서 ❸ 매개변수 n1과 n2가 스택 영역에 생성됩니다(오른쪽 스택을 보여주는 [Variables] 탭에서 확인할 수 있습니다).

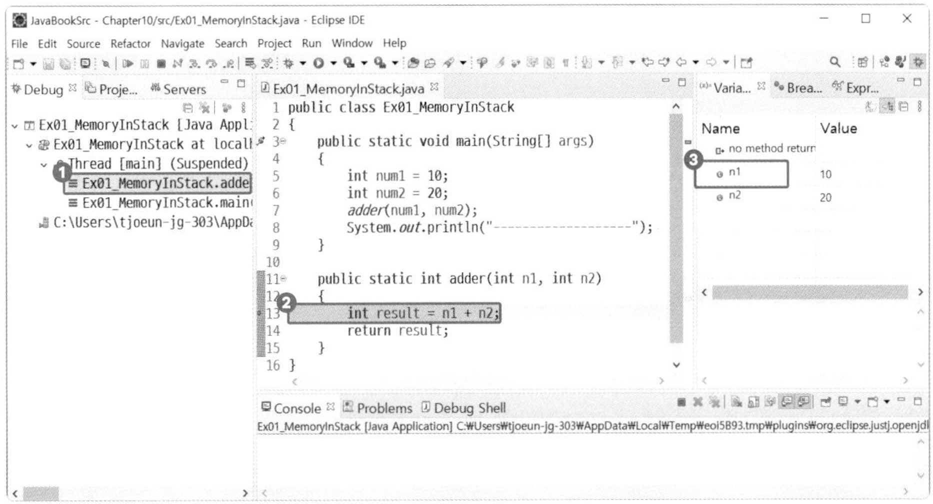

이전 스택의 내용이 스택에서 없어진 것은 아닙니다. 이클립스의 디버그 모드는 현재 프레임의 스택 내용만을 보여주기 때문에 앞서 스택에 쌓여 있는 프레임 내용은 보이지 않는 것뿐입니다. [Debug] 탭에서 선택해서 볼 수 있습니다.

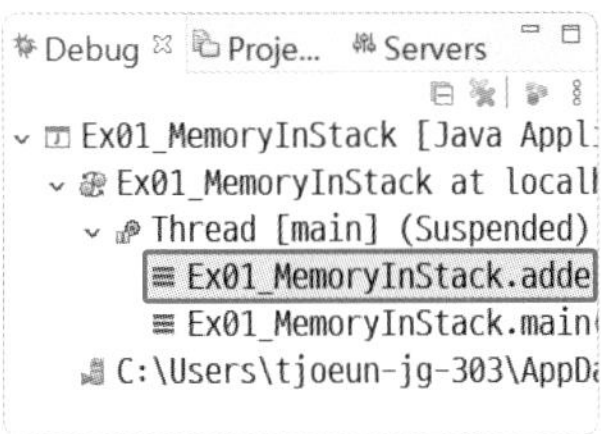

10 계속 진행을 위해 F6 키를 한 번 누릅니다. 13번 라인이 실행되면서 result 변수가 int형으로 만들어지고 더하기 연산의 결과 30을 대입받습니다. 오른쪽 [Variables] 탭을 보면 result 변수가 스택 영역에 생성되고 정수 30이 대입되어 있습니다.

Ex01_MemoryInStack.java

```java
public class Ex01_MemoryInStack
{
    public static void main(String[] args)
    {
        int num1 = 10;
        int num2 = 20;
        adder(num1, num2);
        System.out.println("-------------------");
    }

    public static int adder(int n1, int n2)
    {
        int result = n1 + n2;
        return result;
    }
}
```

Name	Value
no method return	
n1	10
n2	20
result	30

11 F6 키를 한 번 누릅니다. return에 의해 adder() 메서드의 진행이 끝났기 때문에 ❶ adder() 메서드를 호출한 곳으로 실행 포인트가 다시 돌아와 있습니다. 그리고 ❷ 좌측 [Debug] 탭을 보면 Ex01_MemoryInStack.adder 프레임이 스택 영역에서 사라진 것을 볼 수 있습니다. 그리고 ❸ 우측 [Variables] 탭에서는 Ex01_MemoryInStack.main 프레임의 여태까지의 스택 상황을 다시 보여주고 있습니다.

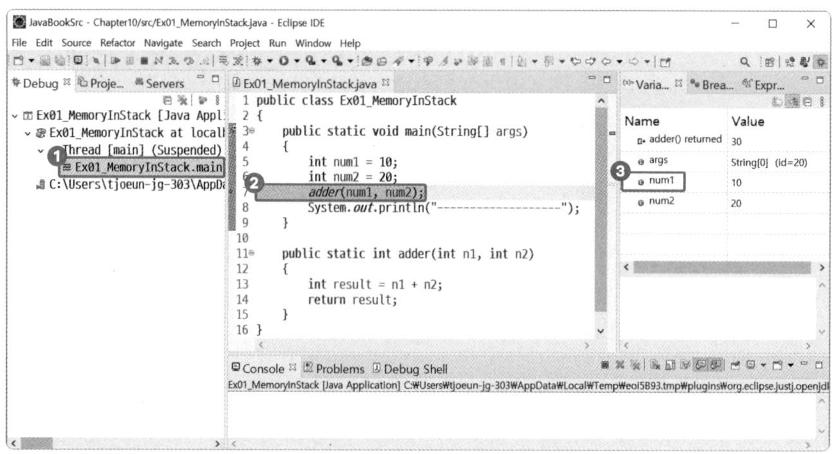

12 F6 키를 한 번 누릅니다. 실행 포인트가 다음 줄로 이동합니다.

Ex01_MemoryInStack.java

```java
public class Ex01_MemoryInStack
{
    public static void main(String[] args)
    {
        int num1 = 10;
        int num2 = 20;
        adder(num1, num2);
        System.out.println("-------------------");
    }
```

13 F6 키를 한 번 누릅니다. 내용을 출력하고 더 실행시킬 내용이 없기 때문에 실행 포인트가 main() 메서드의 마지막 중괄호까지 이동합니다.

Ex01_MemoryInStack.java

```
public class Ex01_MemoryInStack
{
    public static void main(String[] args)
    {
        int num1 = 10;
        int num2 = 20;
        adder(num1, num2);
        System.out.println("------------------");
    }

```

14 F6 키를 한 번 누릅니다. main의 중괄호까지 실행이 끝났기 때문에 Ex01_MemoryInStack.main 프레임이 스택 영역에서 제거됩니다. 이렇게 스택 영역에 아무것도 남아 있지 않게 되면 프로그램은 종료됩니다.

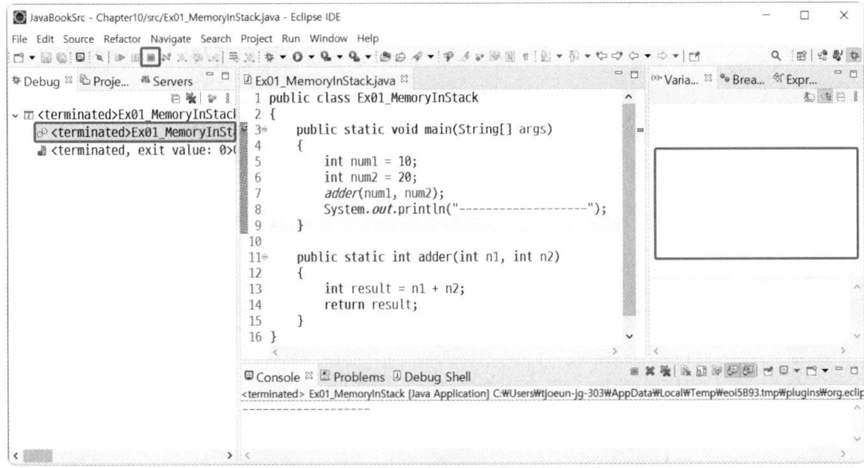

지금까지의 과정을 그림으로 그려 보면 다음과 같습니다.

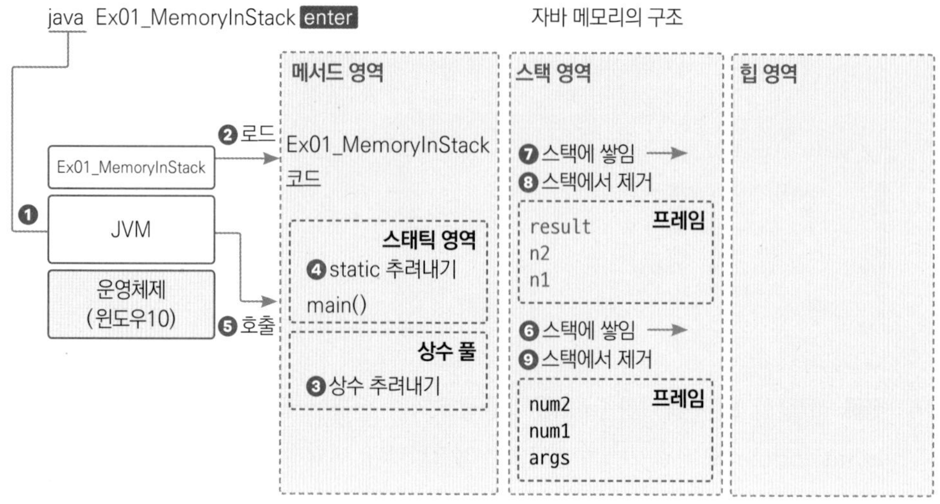

앞에서 메서드 영역을 설명할 때 스태틱static 변수 및 스태틱static 메서드가 메서드 영역에 저장되며, 프로그램 시작 전에 로드되고 프로그램 종료 시 소멸된다고 했습니다. 이 말을 상기하면서 그림을 살펴봐주세요. 코드가 메서드 영역에 다 로딩이 되면 그중에서 스태틱으로 지정된 변수와 메서드를 찾아 메서드 영역 내 스태틱 영역으로 옮겨줍니다. 그래서 main() 메서드는 static 지시자가 붙어 있기 때문에 스태틱 영역에 위치하게 됩니다. 이때 스태틱 변수가 있다면 값이 여기서 대입됩니다. 아직 프로그램이 시작하기 전입니다.

그리고 JVM은 무조건 메서드 영역 내 스태틱 영역에서 main() 메서드를 첫 메서드로 실행시킵니다. 만약 스태틱 영역에 옮겨진 main()이 없다면 프로그램은 실행되지 않습니다. 그래서 여러분이 실행시키려고 ❶ JVM에 전달한 클래스에는 main() 메서드가 반드시 있어야 하고 public으로 접근 가능해야 합니다. 그래야 자바 프로그램이 실행됩니다.

▼ 생성된 클래스의 코드 관찰

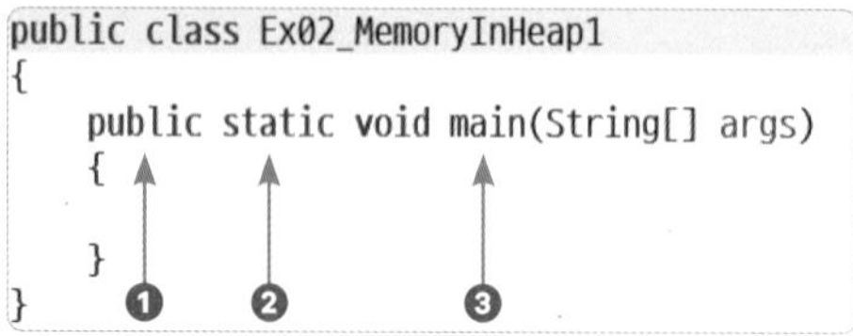

```
public class Ex02_MemoryInHeap1
{
    public static void main(String[] args)
    {
    
    }
}
```


왜 모든 프로그램에서 저 부분에 ❷ static 지시자가 쓰였는지, 왜 메서드 이름이 ❸ main인지, 앞에 ❶ public은 왜 붙어 있는지 이제 이해되시겠죠?

스태틱static은 별것 없습니다. 자바의 메모리 모델 구조가 이렇게 만들어졌기에 단지 먼저 추려내져야 하는 변수와 메서드가 있다면 static 지시자 표시를 하여 메모리의 특정 영역에 따로, 그리고 미리 로딩시켜놓은 것뿐입니다. 그리고 이 영역의 변수 및 메서드는 어떤 객체에서도 접근해서 사용할 수 있습니다. 그렇기에 스태틱 변수를 전역 변수라고 부르기도 합니다. 스태틱의 동작 원리에 대해서는 이후에 예제를 살펴보며 더 자세히 알아보겠습니다.

여기서는 프로그램이 진행됨에 따라 스택 영역에 메서드의 프레임이 쌓이고 그 프레임 안에서 지역 변수들이 생겨났다 사라졌다를 하다가 모든 메서드의 프레임이 스택 영역에서 사라지면 프로그램이 종료된다는 것만 이해하면 됩니다.

15 퍼스펙티브 창에서 자바를 선택하거나 다음 그림처럼 자바 퍼스펙티브 아이콘을 선택해서 이클립스를 디버그 모드에서 다시 자바 모드로 바꾸어줍니다.

▼ 퍼스펙티브 모드 변경

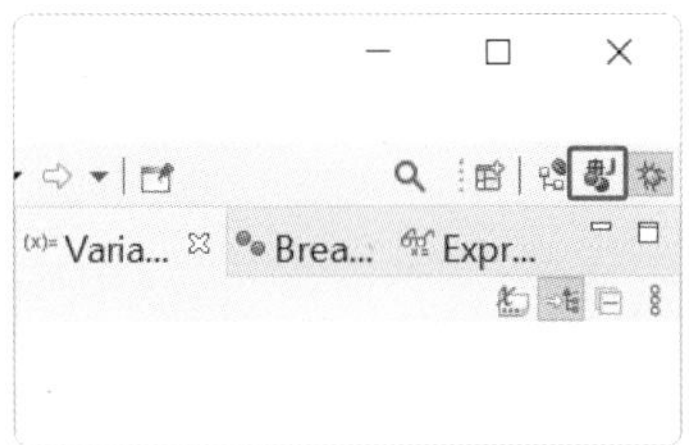

10.3 디버깅하며 배우는 힙 영역 원리

이번에는 객체 변수가 스택 영역과 힙 영역에서 어떻게 처리되는지를 알아보겠습니다.

To Do 01 먼저 프로젝트에 다음과 같이 Book.java와 Ex02_MemoryInHeap1.java 클래스 파일을 추가해줍니다.

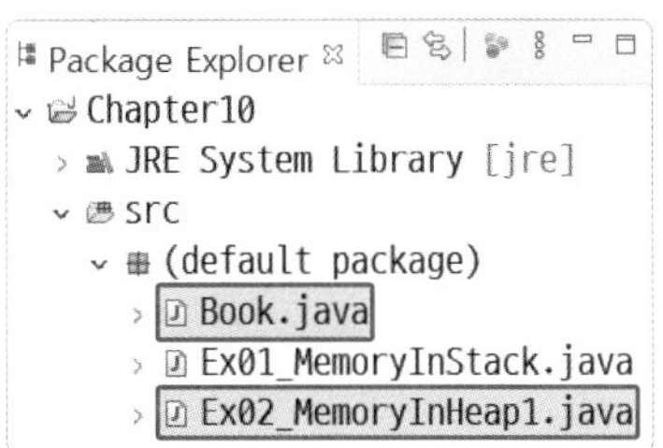

이때 이클립스에서 클래스를 만들 때는 Book 클래스는 main()을 만들어주는 옵션의 체크를 해지하고, Ex02_MemoryInHeap1 클래스는 main을 만들어주는 옵션을 체크(선택)합니다.

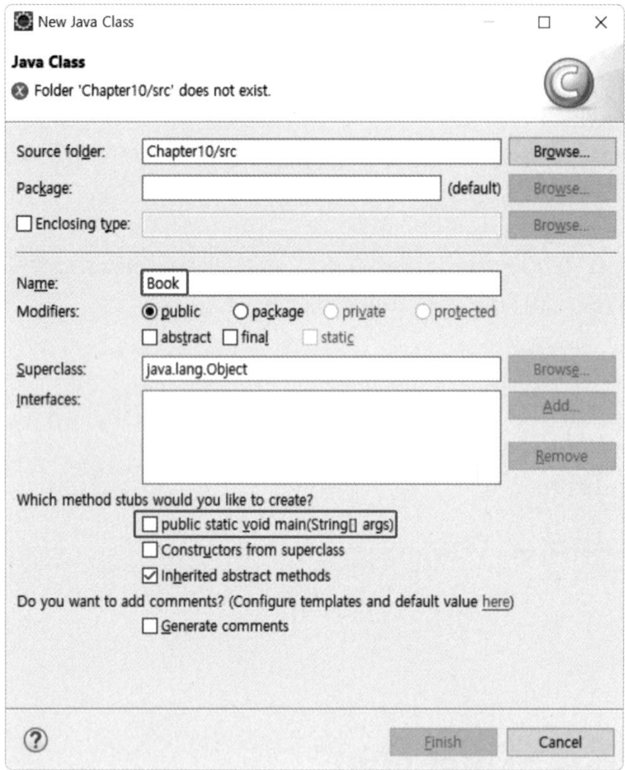

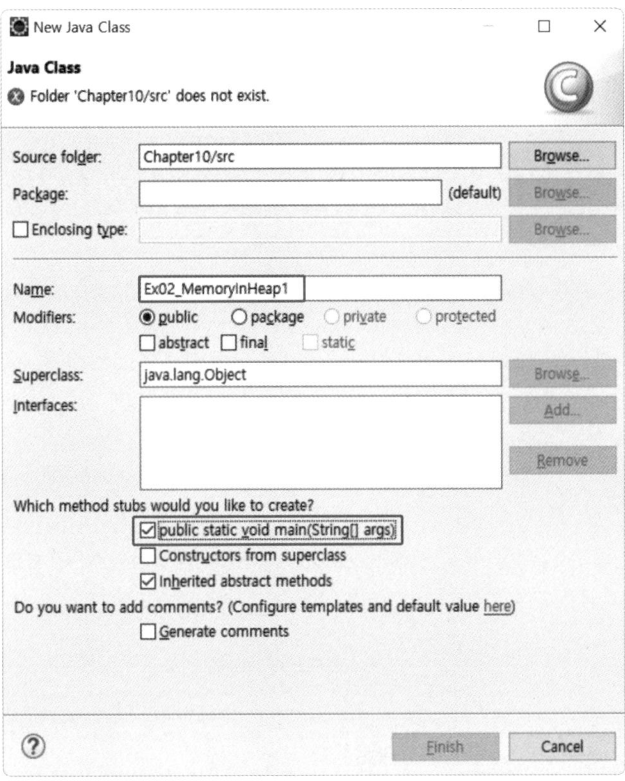

02 클래스 코드를 각각 다음과 같이 작성해주세요.

Chapter10 / Book.java

```
public class Book
{
    int num;
}
```

Chapter10 / Ex02_MemoryInHeap1.java

```
public class Ex02_MemoryInHeap1
{
    public static void main(String[] args)
    {
        Book book1 = new Book();
        Book book2 = new Book();

        book1.num = 10;
        book2.num = 20;
```

```
10
11         System.out.println(book1.num);
12         System.out.println(book2.num);
13
14         book1 = null;
15         book2 = null;
16     }
17 }
```

이전에는 .java 파일 하나에 여러 클래스를 만들었는데, 이번 예제에서는 각각의 .java 파일로 클래스를 만들었습니다.

03 이제 디버그 모드로 실행해봐야 하니 이클립스에서 Ex02_MemoryInHeap1.java 코드의 ❶ 3번 라인 왼쪽 부분을 우클릭합니다. ❷ 팝업 메뉴가 뜨면 [Toggle Breakpoint]를 선택합니다. 그러면 ❸ 파란색 점이 나타납니다. 실행을 하다 이 표시를 만나면 여기서 멈추고 기다리란 의미입니다.

▼ 브레이크포인트 설정 전

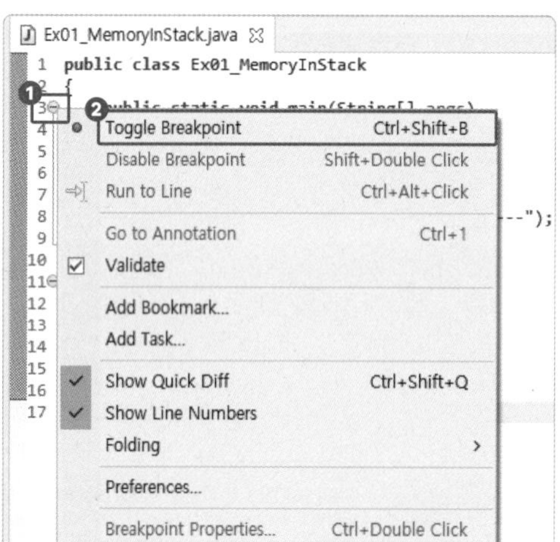

▼ 브레이크포인트 설정 완료

Ex02_MemoryInHeap1.java

```
1  public class Ex02_MemoryInHeap1
2  {
3      public static void main(String[] args)
4      {
5          Book book1 = new Book();
6          Book book2 = new Book();
7
8          book1.num = 10;
9          book2.num = 20;
10
11         System.out.println(book1.num);
12         System.out.println(book2.num);
13
14         book1 = null;
15         book2 = null;
16     }
17 }
18
```

04 디버그 모드로 프로그램을 실행하려면 메뉴에서 다음을 선택합니다. ❶ Ex02_MemoryInHeap1.java 선택 → 메뉴에서 ❷ [Run] → ❸ [Debug As] → ❹ [Java Application] 선택.

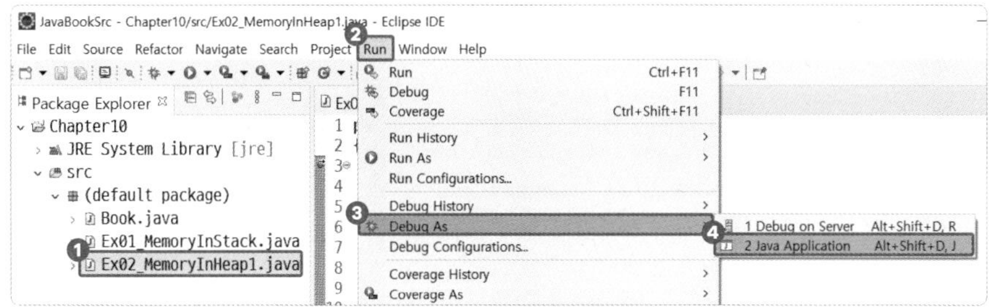

05 현재 이클립스의 퍼스펙티브가 자바 모드인데 디버그 모드로 바꾸겠냐고 물어봅니다. [Switch] 버튼을 클릭해 퍼스펙티브 모드를 디버그 모드로 변경해줍니다.

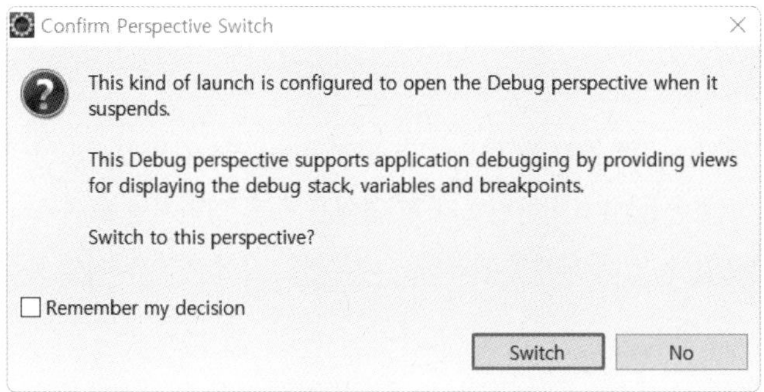

이클립스의 창 구성이 디버그 모드로 변환됩니다. 프로그램은 우리가 브레이크포인트를 설정한 3번 라인까지 실행되고 5번 라인에서 멈춰 있습니다. 아직 5번 라인이 실행된 것이 아닙니다.

왼쪽 [Debug] 탭을 보면 ❶ Ex02_MemoryInHeap1.main() 메서드가 호출되면서 main() 메서드의 프레임이 스택 영역에 생성되었습니다. 우측 창의 ❷ [Variables] 탭은 이 프레임만의 스택 영역 상황을 표시해줍니다. 그래서 지금 보면 main() 메서드의 ❸ 매개변수 args가 프레임 안에 생성된 것을 볼 수 있습니다.

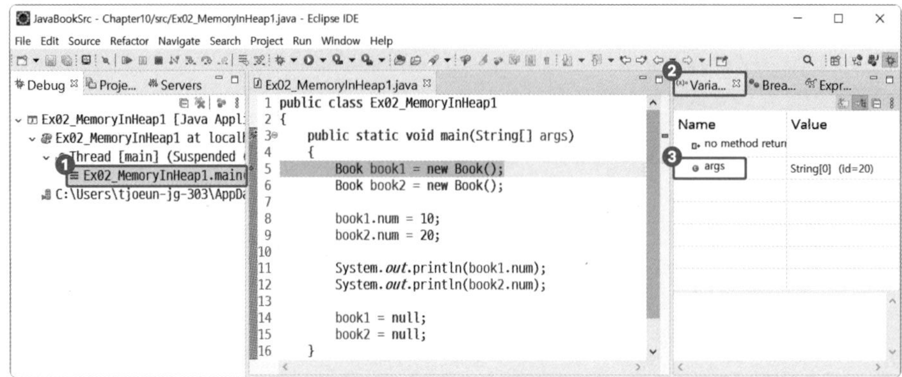

06 여기서 F6 키를 한 번 누릅니다. 코드에서는 객체를 만들어 Book 클래스형 book1 변수에 대입해주고 있습니다. 실제로는 어떻게 되는지 확인해보겠습니다.

5번 라인이 실행되면서 수행되는 동작들이 꽤 많습니다. 먼저 new 연산자와 Book() 생성자를 이용하여 객체를 힙 영역에 만듭니다(이클립스가 힙 영역을 스택 영역처럼 보여주지는 않습니다). 그리고 객체를 참조할 수 있게 객체를 관리하는 내부적인 표에 자기 위치를 등록시켜 줍니다.

예를 들면 다음과 같습니다.

id	class	힙 위치
20	String[0]	0x ~~~~~~~ (메모리 주소)
27	Book	0x ~~~~~~~ (메모리 주소)

생성되는 객체 크기는 클래스마다 천차만별이라 힙 영역에 동적으로 만들어 저장합니다. 스택 영역에는 기본 자료형처럼 정해진 크기의 값들만 저장하게 됩니다.

자, 객체는 만들어졌고 book1 변수는 스택 영역에 만들어집니다. 그리고 값으로는 크기가 천차만별인 객체를 직접 대입받지 않고 그 객체를 참조할 수 있는 id값을 대입받습니다(그래서 참조 변수라고도 부릅니다). id값은 정해진 크기의 값이기 때문에 스택 영역에 변수의 값으로 대입할 수 있습니다.

07 [Variables] 탭에서 book1을 클릭하여 펼치면 객체 안의 클래스 멤버 변수인 num은 따로 값을 넣지 않았지만 0으로 초기화되어 있습니다.

Ex02_MemoryInHeap1.java

```
1  public class Ex02_MemoryInHeap1
2  {
3      public static void main(String[] args)
4      {
5          Book book1 = new Book();
6          Book book2 = new Book();
7
8          book1.num = 10;
9          book2.num = 20;
10
11         System.out.println(book1.num);
12         System.out.println(book2.num);
13
14         book1 = null;
15         book2 = null;
16     }
```

Varia... / Brea... / Expr...

Name	Value
<init>() returned	(No explicit return va...
args	String[0] (id=20)
book1	Book (id=27)
num	0

08 F6 키를 다시 한번 누릅니다. 같은 방식으로 Book 클래스형의 객체가 힙 영역에 만들어지고 스택 영역에 만들어진 변수 book2가 참조할 수 있도록 참조 값을 대입시켜줍니다.

09 [Variables] 탭에서 book2를 클릭하여 펼치면 객체 안의 클래스 멤버 변수인 num은 따로 값을 넣지 않았지만 0으로 초기화되어 있습니다.

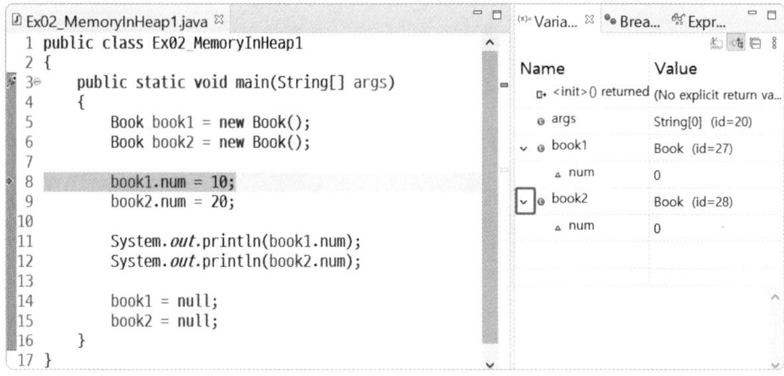

여기서 스택 영역의 main 프레임 안에 생성된 변수들을 확인하면 book1과 book2가 참조하는 id값이 다릅니다. 이를 통해 힙 영역의 서로 다른 객체를 참조하고 있다는 것을 확인할 수 있습니다.

10 F6 키를 다시 한번 누릅니다. 8라인이 실행되면서 book1의 멤버 변수에 값이 대입됩니다.

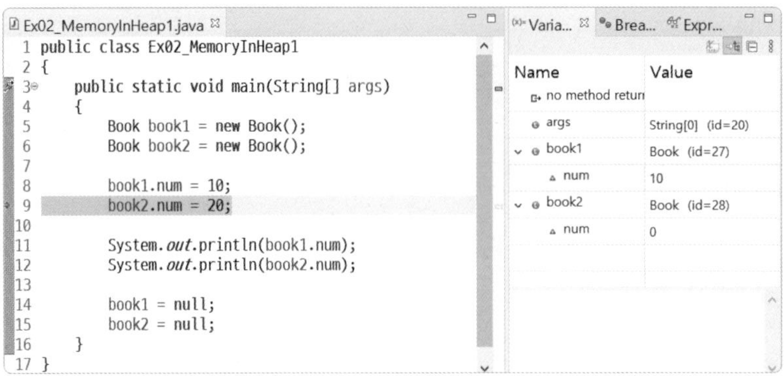

Ex02_MemoryInHeap1.java
public class Ex02_MemoryInHeap1
{
public static void main(String[] args)
{
Book book1 = new Book();
Book book2 = new Book();
book1.num = 10;
book2.num = 20;
System.out.println(book1.num);
System.out.println(book2.num);
book1 = null;
book2 = null;
}
}
Varia...
Brea...
Expr...
Name
Value
no method retur
args
String[0] (id=20)
book1
Book (id=27)
num
10
book2
Book (id=28)
num
0

11 F6 키를 다시 한번 누릅니다. 9라인이 실행되면서 book2의 멤버 변수에 값이 대입되고 있습니다.

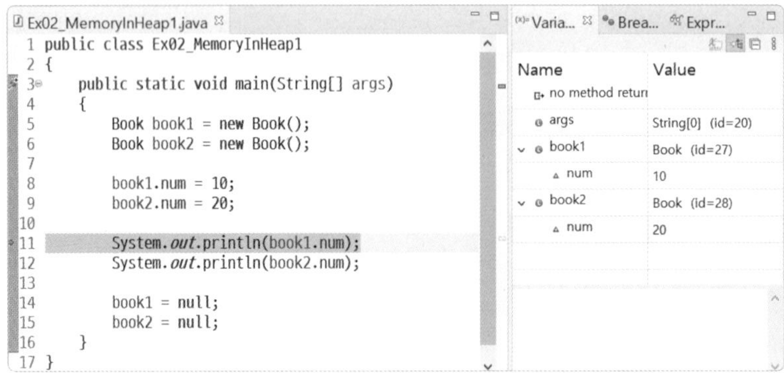

Ex02_MemoryInHeap1.java
public class Ex02_MemoryInHeap1
{
public static void main(String[] args)
{
Book book1 = new Book();
Book book2 = new Book();
book1.num = 10;
book2.num = 20;
System.out.println(book1.num);
System.out.println(book2.num);
book1 = null;
book2 = null;
}
}
Varia...
Brea...
Expr...
Name
Value
no method retur
args
String[0] (id=20)
book1
Book (id=27)
num
10
book2
Book (id=28)
num
20

12 F6 키를 다시 한번 누릅니다. 11라인이 실행되면서 book1의 멤버 변수의 값을 출력합니다. 힙 영역에 만들어져 있는 객체의 멤버 변수에 값을 잘 대입하고 잘 가져오네요.

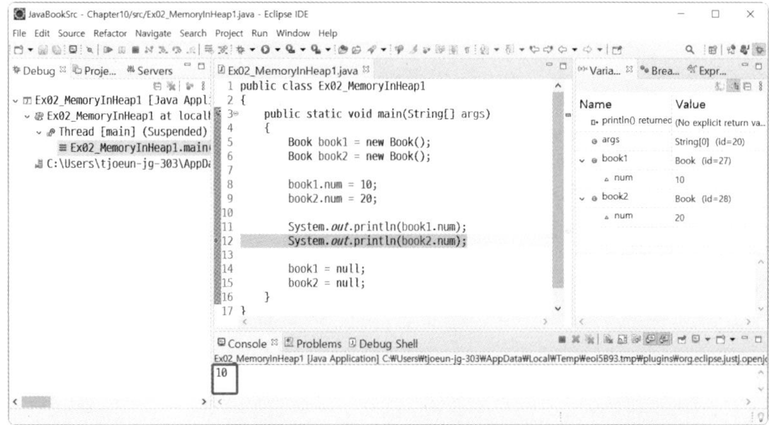

13 F6 키를 다시 한번 누릅니다. 12라인이 실행되면서 book2의 멤버 변수의 값을 출력합니다. 힙 영역에 만들어져 있는 객체의 멤버 변수에 값을 잘 대입하고 잘 가져옵니다.

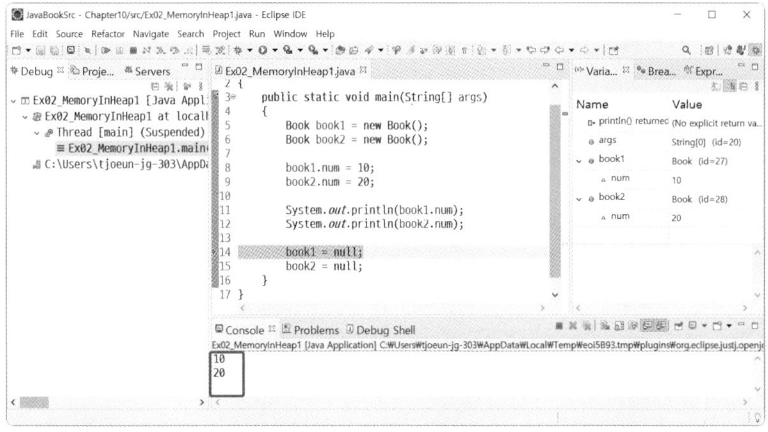

14 F6 키를 다시 한번 누릅니다. 14라인이 실행되면서 book1에 null을 대입합니다. 이렇게 null을 대입하는 것을 참조를 끊는다라고 표현합니다. 스택 영역의 변수와 힙 영역의 객체 간에 참조 관계를 끊는 겁니다.

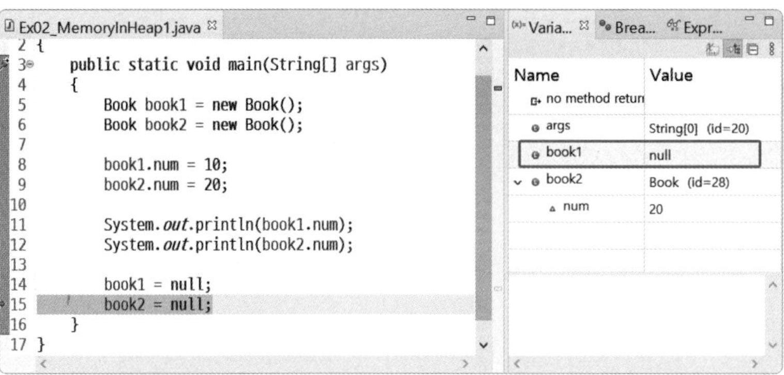

15 F6 키를 다시 한번 누릅니다. 15라인이 실행되면서 book2에 null을 대입하고 참조 관계를 끊습니다.

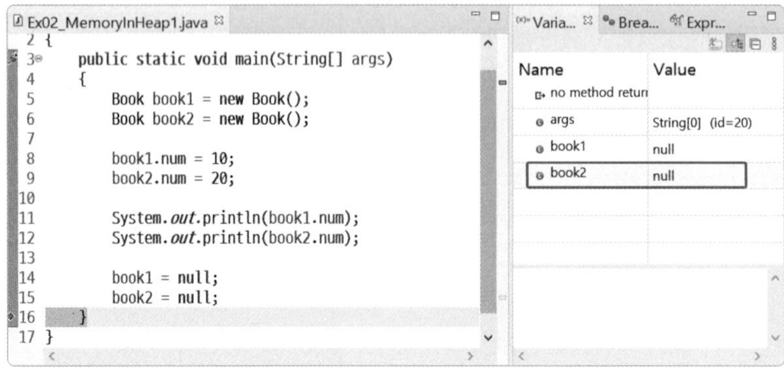

이렇게 참조를 끊을 때 힙 영역의 객체가 바로 사라지는 것은 아닙니다. 스택 영역에 있는 변수에 더는 힙 영역의 객체를 참조하지 않는다고 표시만 한 겁니다.

가비지 컬렉터가 메모리 관리를 위해 수행될 때 힙의 객체를 발견하고 이 객체를 사용하는 스택 영역의 변수를 찾아보고 아무것도 참조하는 것이 없다고 결론이 나면 그때 자동으로 제거를 하기 위해 제거 표시를 해줍니다(제거가 아니고 제거 표시).[3]

3 개념상 동작입니다. 실제로는 반대로 Mark and Sweep 동작을 합니다.

가비지 컬렉션

가비지 컬렉션garbage collection이 수행되는 동안에는 모든 스레드가 멈추게 됩니다. 그래서 가비지 컬렉션의 실행 타이밍은 시스템의 성능에 영향을 미치지 않도록 별도의 알고리즘으로 계산되어 실행됩니다. 그러므로 가비지 컬렉션은 한 번도 발생하지 않을 수 있습니다. 가비지 컬렉션을 강제로 발생시키는 데 다음 코드를 사용합니다.

```
System.gc()
```

가비지 컬렉션이 발생하면, 소멸 대상이 되는 인스턴스는 결정되지만 곧바로 실제 소멸로 이어지지는 않습니다. 그리고 인스턴스의 실제 소멸로 이어지지 않은 상태에서도 프로그램이 종료될 수 있습니다. 종료가 되면 어차피 객체는 운영체제에 의해 소멸됩니다.

따라서 반드시 객체의 소멸을 이끄는 finalize() 메서드가 반드시 호출되기 원한다면 아래에서 보이는 코드를 추가로 삽입해야 합니다.

```
System.runFinalization();
```

가비지 컬렉션의 단점으로는 프로그래머가 객체가 필요 없어지는 시점을 알더라도 메모리에서 직접 해제할 수 없고, 가비지 컬렉션의 알고리즘이 메모리 해제 시점을 계속 추적하고 판단하게 되므로 추가적인 시스템 비용이 발생하게 된다는 겁니다.

가비지 컬렉션이 실행되는 시각이나 수행 시간을 알 수 없습니다. 이런 점은 실시간 시스템에서 프로그램이 예측 불가능하게 잠시라도 정지할 수 있어 매우 위험합니다.

그래서 위의 메서드들은 가급적 호출하지 않는 프로그램을 작성해야 합니다.

16 F6 키를 다시 한번 누릅니다. main() 메서드의 중괄호까지 다 실행하고 스택 영역의 모든 프레임이 사라지면서 프로그램이 종료됩니다. 그러면 이 프로그램에서 만든 힙 영역의 모든 객체는 가비지 컬렉터가 제거하지 않아도 자동으로 제거됩니다.

JavaBookSrc - Chapter10/src/Ex02_MemoryInHeap1.java - Eclipse IDE

```
{
    public static void main(String[] args)
    {
        Book book1 = new Book();
        Book book2 = new Book();

        book1.num = 10;
        book2.num = 20;

        System.out.println(book1.num);
        System.out.println(book2.num);

        book1 = null;
        book2 = null;
    }
}
```

```
<terminated> Ex02_MemoryInHeap1 [Java Application]
10
20
```

프로그램이 수행 중일 때는 가비지 컬렉터에 의해 메모리 관리가 되지만 이처럼 종료가 되면 운영체제 차원에서 힙 영역의 모든 객체를 제거하고 메모리를 회수합니다.

17 퍼스펙티브 창에서 자바를 선택하거나 다음 그림처럼 자바 퍼스펙티브 아이콘을 선택해서 이클립스를 디버그 모드에서 다시 자바 모드로 바꾸어줍니다.

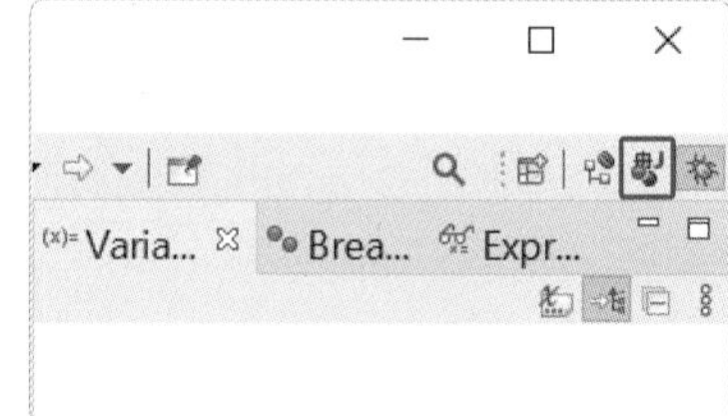

10.4 디버깅하며 배우는 힙 영역 객체 참조

이번에는 힙 영역에 생성된 객체가 어떻게 참조되는지를 알아보겠습니다.

To Do 01 프로젝트에 Ex03_MemoryInHeap2.java 클래스 파일을 추가해줍니다.

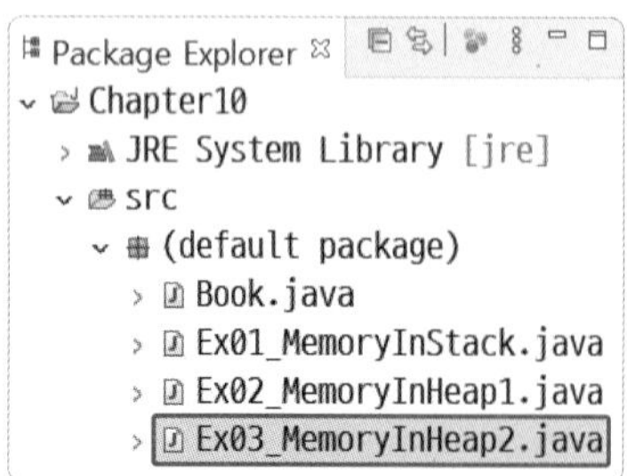

02 코드를 다음과 같이 작성해줍니다.

Chapter10 / Ex03_MemoryInHeap2.java

```
public class Ex03_MemoryInHeap2
{
    public static void main(String[] args)
    {
        Book book1 = new Book(); // ❶ 객체 생성
        book1.num = 10;

        Book book2 = book1;      // ❷ 객체에 객체 대입

        System.out.println("book1.num : " + book1.num);
        System.out.println("book2.num : " + book2.num);
        System.out.println("-----------------------------");

        book2.num = 20;

        System.out.println("book1.num : " + book1.num);
        System.out.println("book2.num : " + book2.num);
    }
}
```

앞서 만들어놓은 Book 클래스는 이번에도 사용합니다.

❶ 객체를 생성해서 book1 변수에 대입해주었습니다. ❷ 그리고 그 변수를 이용해서 새로운 참조 변수 book2에 대입해주었습니다. 이럴 경우 객체가 새로 만들어지는지, 기존 객체를 다시 사용하는지 디버그 모드를 실행해서 살펴보겠습니다.

03 이번에도 main() 메서드가 시작하는 위치에 브레이크포인트를 만들어줍니다.

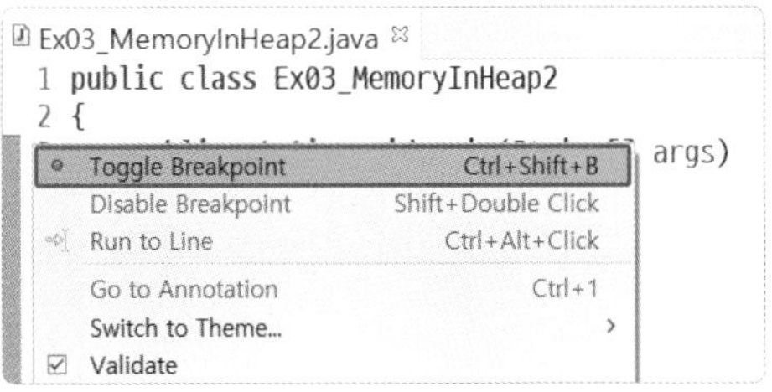

04 디버그 모드로 프로그램을 실행하기 위해 다음과 같이 선택합니다. ❶ Ex03_MemoryInHeap2.java 선택 → 메뉴에서 ❷ [Run] → ❸ [Debug As] → ❹ [Java

Application] 선택.

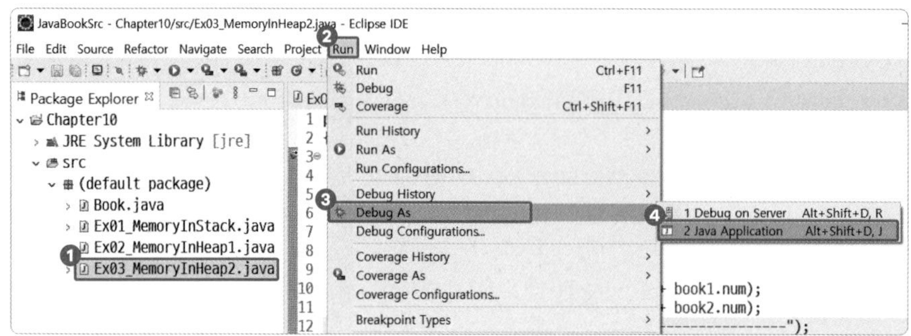

05 현재 이클립스의 퍼스펙티브가 자바 모드인데 디버그 모드로 바꾸겠냐고 물어봅니다. [Switch] 버튼을 클릭해 퍼스펙티브를 디버그 모드로 변경해줍니다.

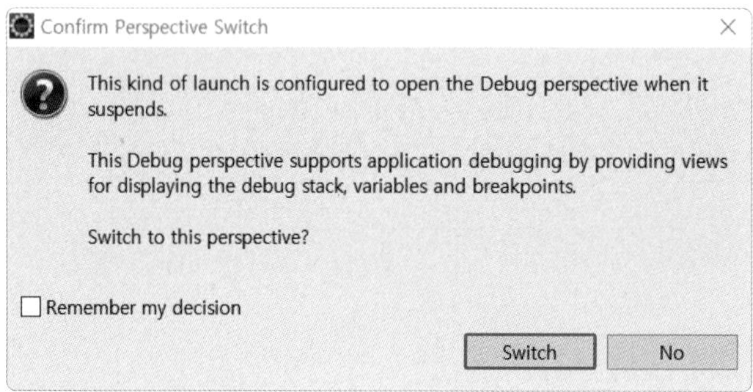

이클립스의 창 구성이 디버그 모드로 변환됩니다.

프로그램은 우리가 브레이크포인트를 설정한 3번 라인까지 실행되고 5번 라인에서 멈춰 있습니다. 아직 5번 라인이 실행된 것이 아닙니다.

왼쪽 [Debug] 탭을 보면 ❶ Ex03_MemoryInHeap2.main() 메서드가 호출되면서 main() 메서드의 프레임이 스택 영역에 생성되었습니다. 우측 창의 ❷ [Variables] 탭에는 main() 메서드의 ❸ 매개변수 args가 프레임 안에 생성된 것을 볼 수 있습니다.

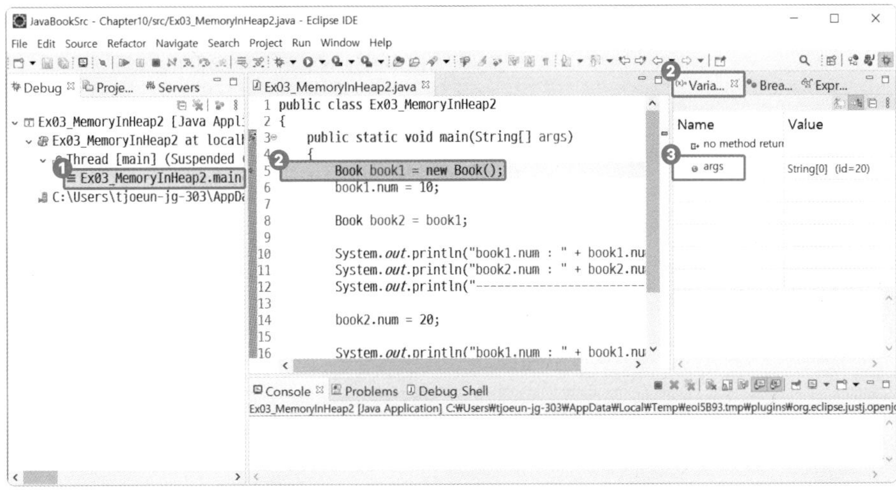

06 여기서 **F6** 키를 한 번 누릅니다. 5번 라인이 실행되면 new 연산자와 Book() 생성자를 이용하여 객체를 힙 영역에 만들고, 객체를 참조할 수 있게 객체를 관리하는 id값을 Book 클래스형의 book1 변수에 대입해줍니다.

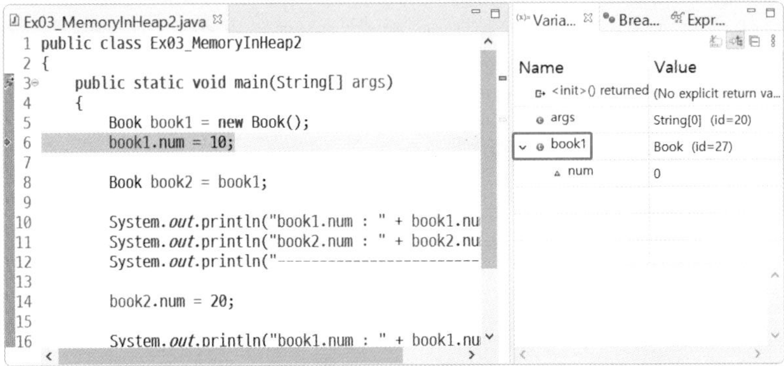

07 **F6** 키를 다시 한번 누릅니다. 6라인이 실행되면서 book1의 멤버 변수에 값이 대입되고 있습니다.

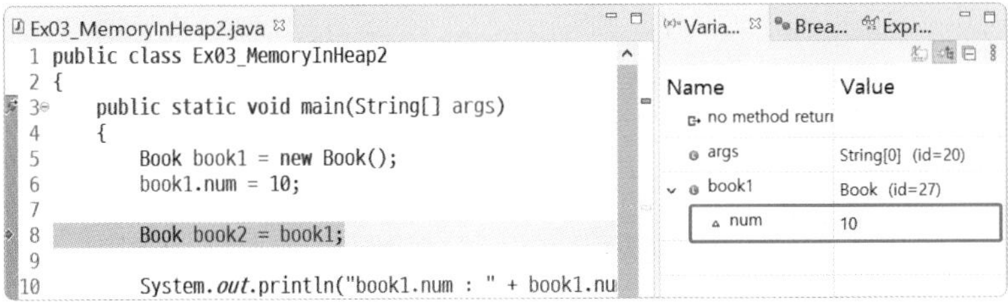

08 F6 키를 다시 한번 누릅니다. 8라인이 실행되면서 Book 클래스형의 book2 변수를 만들고 기존 book1의 값을 대입합니다. book1의 id값은 힙 영역에 만들어진 객체가 메모리의 어느 위치에 있다를 가리키고 있는 참조 값입니다.

book2에 book1을 대입한 결과를 스택에서 살펴보면 book2에도 book1이 참조하고 있던 기존 객체의 id값이 똑같이 들어와 있습니다.

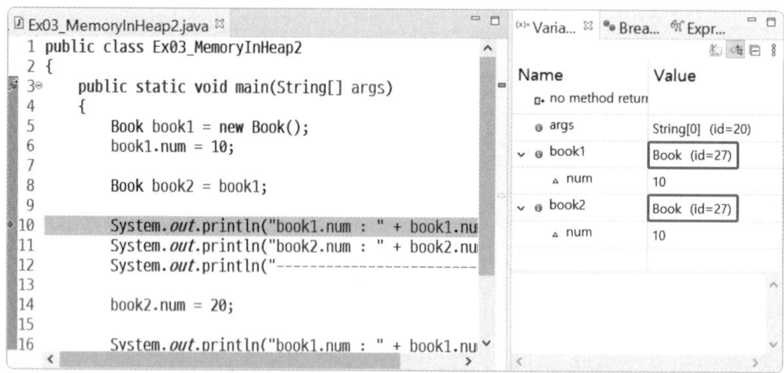

즉 대입 연산은 연산의 결과, 상수 또는 기존 변수의 값을 새로운 변수의 값으로 넣어주는 것이므로, 지금도 book2 변수에 book1 변수의 값이 대입이 되고 그 값은 기존 객체를 참조할 수 있는 id값입니다.

결과적으로 힙 영역에 객체를 새로 만드는 것이 아니고, 기존 객체를 가리키는 변수만 하나 더 늘어난 겁니다.

▼ 자바 메모리의 구조

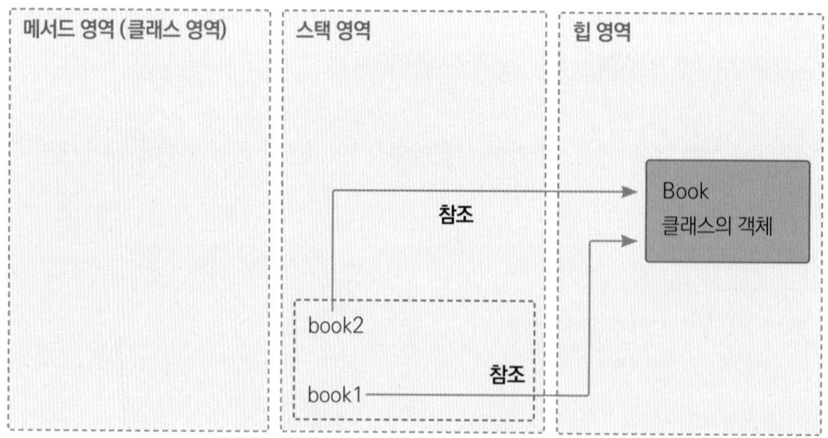

Tip 이렇게 하나의 객체를 여러 변수가 참조할 수 있습니다. 가비지 컬렉터는 이런 참조가 하나도 없는 힙 영역의 객체를 제거 대상으로 삼습니다.

09 F6 키를 눌러 10라인과 11라인을 진행하면 변수명은 다르지만 실제 같은 객체를 가리키고 있으므로 객체 안의 num 멤버 변수의 값을 출력한 결과는 같습니다.

```
10         System.out.println("book1.num : " + book1.num);
11         System.out.println("book2.num : " + book2.num);
12         System.out.println("----------------------------
13
14         book2.num = 20;
15
16         System.out.println("book1.num : " + book1.num);
```

```
Console ⌧ Problems Debug Shell
Ex03_MemoryInHeap2 [Java Application] C:\Users\tjoeun-jg-303\AppData\Local\Temp\
book1.num : 10
book2.num : 10
------------------------------
```

10 F6 키를 다시 한번 누릅니다. 14라인이 실행되면서 book2의 멤버 변수 num의 값을 새로운 값으로 대입합니다.

스택창에서 확인할 수 있듯이 book1, book2 두 변수가 가리키는 객체의 멤버 변수 num의 값이 동시에 변경되고 있습니다. 같은 객체를 가리키고 있기 때문입니다.

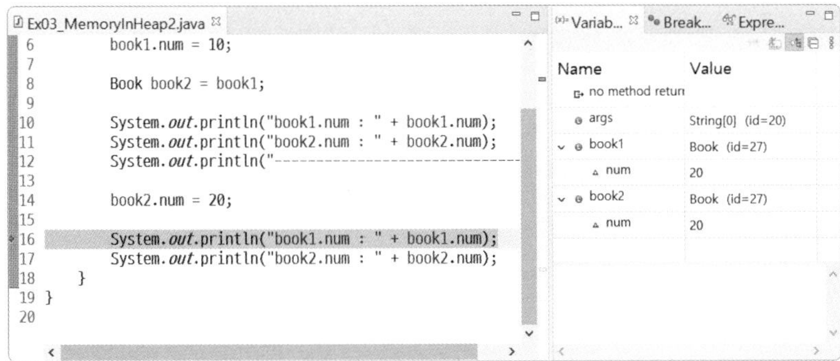

11 F6 키를 계속 눌러 출력해보면 변경된 값이 같게 출력되는 것을 확인할 수 있습니다. 중괄호 끝까지 진행해서 프로그램을 종료시킵니다.

12 퍼스펙티브 창에서 자바를 선택하거나 다음 그림처럼 자바 퍼스펙티브 아이콘을 선택해서 이클립스를 디버그 모드에서 다시 자바 모드로 바꾸어줍니다.

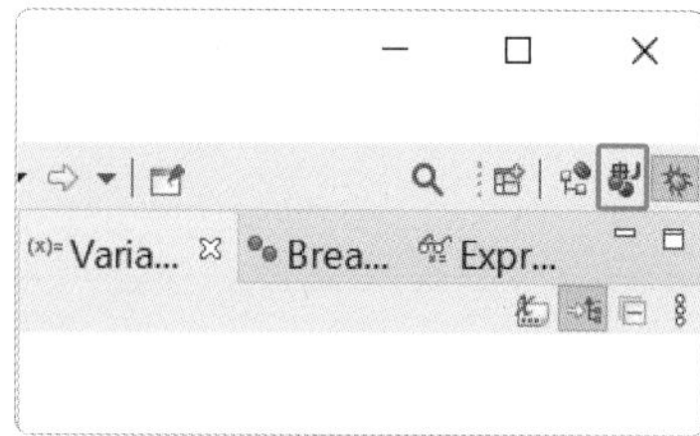

이 예제를 통해 참조 변수가 객체를 어떻게 참조하는지 이해를 할 수 있을 겁니다.

학습 마무리

여기까지 자바 프로그래밍에서 사용하는 메모리 모델의 구조를 알아보았습니다.

핵심 요약

1 자바 프로그램이 실행되면서 확보한 메모리 영역을 크게 메서드 영역, 스택 영역, 힙 영역으로 구분하여 사용합니다.

2 메서드 영역에는 프로그램 실행에 대한 코드, 스태틱 변수 및 메서드, 런타임 상수 풀이 생성됩니다.

3 런타임 상수 풀에는 컴파일 타임에 알려진 숫자 리터럴부터 런타임에 확인되어야 하는 메서드 및 필드 참조에 이르기까지 여러 종류의 상수가 포함됩니다.

4 메서드가 호출되면 지역 변수, 매개변수가 프레임 형태로 생성되어 스택 영역으로 쌓였다가 사라집니다.

5 클래스의 객체(인스턴스), 배열이 new 연산자에 의해 힙 영역에 동적으로 생성됩니다.

6 생성된 객체는 자동 저장소 관리 시스템인 가비지 컬렉터에 의해 사용이 없음이 확인되면 자동으로 제거됩니다.

Chapter

11

스태틱의 이해

#MUSTHAVE

☐ 학습 목표	스태틱 예약어 static은 변수 및 메서드, 그리고 지정한 영역에 붙일 수 있습니다. 자바 프로그래밍에서 스태틱 예약어를 붙이면 어떻게 동작하는지 직접 보면서 확인하고 이해합시다. 스태틱의 다양한 사용 방법도 알아봅니다.
☐ 학습 순서	
	1 스태틱
	2 전역 변수로 사용
	3 main()보다 먼저 실행
	4 유틸 메서드로 사용

11.1 스태틱

10장에서 메서드 영역을 설명할 때 스태틱static 변수 및 스태틱static 메서드는 메서드 영역에 저장되며, 프로그램 시작 전에 로드되고 프로그램 종료 시 소멸된다라고 이미 설명을 했습니다.

❶ 코드가 메서드 영역에 다 로딩되면 ❷ 그중에서 스태틱으로 지정된 변수와 메서드는 메서드 영역 내 스태틱 영역으로 옮겨집니다.

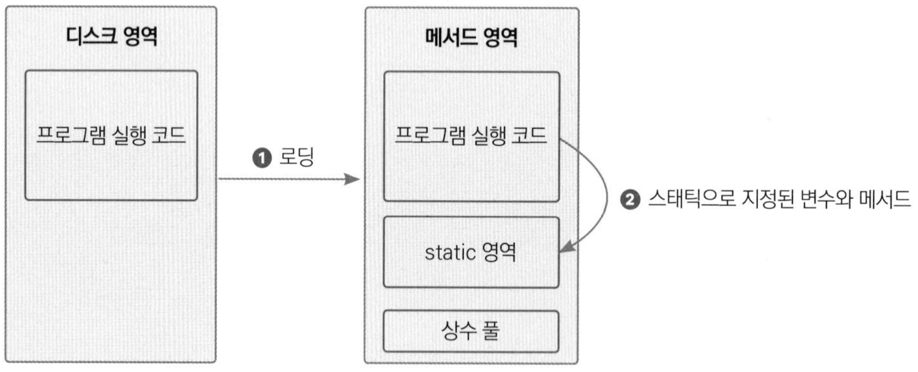

먼저 추려내져야 하는 변수와 메서드가 있다면 static 예약어 표시를 하여 메모리의 특정 영역에 따로, 그리고 미리 로딩시켜놓은 것뿐입니다. 이때 스태틱 변수(정적 변수)는 값이 메모리에 로딩될 때 대입되고 블록이 있다면 메모리에 로딩될 때 실행됩니다. 메서드는 누가 호출해줘야 실행이 되는 것이기 때문에 로딩만 됩니다.

11.2 전역 변수로 사용

메서드 영역 내 스태틱 영역의 변수 및 메서드는 어떤 객체에서도 접근해서 사용할 수 있습니다. 그렇기에 스태틱 변수를 전역 변수라고 부르기도 합니다.

스태틱 변수를 전역 변수로 어떻게 사용할 수 있는지 예제를 통해 알아보겠습니다.

먼저 프로젝트를 만들고 클래스 파일을 추가해 다음 코드를 작성해줍니다. 이번에는 .java 파일 하나에 클래스 두 개를 작성합니다. 스태틱 변수를 갖는 클래스의 객체 두 개를 만들어볼 겁니다. 그 안에 들어 있는 스태틱 변수가 각자 생기는지 하나인지 확인해보겠습니다.

Chapter11 / Ex01_GlobalVariable.java

```
class Cat {
    static int a = 5;  // ❶ static 변수
    int num = 3;

    void printValue(int num) {
        this.num = num;
        System.out.println("num:"+this.num);
        System.out.println("a:"+a);
    }
}

public class Ex01_GlobalVariable
{
    public static void main(String[] args) // ❷ 프로그램 시작 지점
    {
        int num1 = 5; ─┐
        int num2 = 2; ─┘─// ❸
        System.out.println(num1 + ", " + num2);

        Cat cat1 = new Cat();         // ❹ 스택 영역에 생성
        cat1.num = 1;                 // ❺
        cat1.a = 10;                  // ❻ static 변수에 직접 접근
        cat1.printValue(20);          // ❼ 함수 호출
        System.out.println(cat1.num);  // ❽
```

```
        System.out.println(cat1.a);    // ❾

        Cat cat2 = new Cat();        // ❿ 스택 영역에 생성
        cat2.num = 2;                // ⓫
        cat2.a = 11;                 // ⓬ static 변수에 직접 접근
        cat2.printValue(10);         // ⓭ 함수 호출
        System.out.println(cat2.num);  // ⓮
        System.out.println(cat2.a);  // ⓯
        System.out.println(cat1.a);  // ⓰
    }
}
```

▼ 실행 결과

```
Console
<terminated> Ex01_GlobalVariable [Java
5, 2
num:20
a:10
20
10
num:10
a:11
10
11
11
```

❶ Cat 클래스의 int형 변수 a에 static 예약어가 붙어 있습니다. 이 변수 a는 프로그램이 시작하기도 전에 메서드 영역 내 스태틱 영역에 생성되어 있을 겁니다. 그리고 누구나 접근하여 사용할 수 있게 됩니다.

프로그램이 실행되면 ❷부터 실행이 됩니다. ❸에서 main의 지역 변수 num1 , num2 변수가 선언되고 값을 대입받습니다.

❹에서 Cat 클래스형의 cat1 변수를 스택 영역에 생성합니다. Cat 클래스형의 객체를 힙 영역에 생성합니다. cat1 변수에 생성된 객체를 참조할 수 있는 id값을 대입합니다.

이때 멤버 변수 a는 static 예약어가 붙어 있으므로 여기서 만들지 않습니다. 프로그램 실행 전에 미리 만들어져 있을 겁니다.

❺ cat1의 인스턴스instance 변수[1] num에 값을 대입합니다. num은 힙 영역에 생성된 객체 안에 있습니다. ❻ cat1의 스태틱static 변수[2] a에 값을 대입합니다. a는 메서드 영역 내 스태틱 영역에 생성되어 있던 겁니다. ❼ cat1의 메서드를 통해 멤버 변수의 값을 출력합니다. ❽ cat1의 인스턴스

1 생성된 객체(인스턴스) 안에 만들어진다는 의미로 이렇게 부르기도 합니다.

2 메서드 영역 내 스태틱 영역에 만들어진다는 의미로 이렇게 부르기도 합니다.

instance 변수 num에, ❾ cat1의 스태틱 변수 a에 직접 접근해서 값을 가져와 출력합니다.

❿ Cat 클래스형의 cat2 변수를 스택 영역에 생성합니다. Cat 클래스형의 객체를 힙 영역에 생성합니다. cat2 변수에 생성된 객체를 참조할 수 있는 id값을 대입합니다. 이때 멤버 변수 a는 static 예약어가 붙어 있으므로 여기서 만들지 않습니다. 프로그램 실행 전에 미리 만들어져 있을 겁니다.

⓫ cat2의 인스턴스 변수 num에 값을 대입합니다. num은 힙 영역에 생성된 객체 안에 생성되어 있습니다. ⓬ cat2의 스태틱 변수 a에 값을 대입합니다. a는 메서드 영역 내 스태틱 영역에 생성되어 있던 겁니다. ⓭ cat2의 메서드를 통해 멤버 변수의 값을 출력합니다.

⓮ cat2의 인스턴스 변수 num에, ⓯ cat2의 스태틱 변수 a에, ⓰ cat1의 스태틱 변수 a에 직접 접근해서 값을 가져와 출력합니다.

cat2.a값을 바꾸었는데 cat1.a값도 바뀌었습니다. a는 스태틱 변수라서 cat2.a과 cat1.a 둘 다 같은 a를 가리키고 있기 때문입니다. 이로서 스태틱 변수의 특성을 더 알게 되었으리라 생각합니다.

이 과정을 자바의 메모리 모델에 그림으로 표현하면 다음과 같습니다.

생성된 위치 때문에 a는 스태틱 변수, num은 인스턴스 변수라고도 부릅니다. 그리고 스태틱 변수는 예제에서 본 것처럼 모든 클래스에서 다 접근해서 사용할 수 있기 때문에 전역global 변수라고도 부릅니다.

스태틱에 관련해서는 그림에서 ❸ 코드가 로드되고 프로그램이 실행되기 전에 미리 로딩되어 있다만 이해하면 쉽게 사용할 수 있을 겁니다.

11.3 main()보다 먼저 실행

프로그램 실행 전에 스태틱 예약어가 붙은 변수에 값의 대입이 끝나 있는지 예제를 통해서 확인해보겠습니다.

스태틱 예약어는 변수, 영역, 메서드에 붙일 수 있습니다. 메서드는 호출을 해야 실행이 되는 것이므로 스태틱 예약어로 지정한 영역이 프로그램 실행 전 메모리에 먼저 로드가 되고 실행이 되는지 확인해보면 됩니다.

코드를 다음과 같이 작성합니다.

Chapter11 / Ex02_Preload.java

```
// 인스턴스 생성과 관계 없이 static 변수가 메모리
// 공간에 할당될 때 실행이 된다.

import java.util.Random; // ❶ 임포트

public class Ex02_Preload
{
    static int num;       // ❷ 스태틱 멤버 변수

    // ❸ static 초기화 블록
    static {
        Random rand = new Random(); // ❹
        // main() 실행 전에 이미 난숫값이 대입이 된다.      —// ❻
        num = rand.nextInt(100);    // ❺
    }

    public static void main(String[] args) // ❼
    {
        System.out.println(num);    // ❽
    }
}
```

다음은 실행 결과입니다. 실행할 때마다 다른 수가 출력됩니다.

▼ 실행 결과

```
Console ☒
<terminated> Ex02_Preload [Java Application] C:\Dev\jdk-11.0.8\bin\javaw.exe
93
```

이번 예제에서는 임의의 수를 만들어낼 겁니다. 임의의 수를 만드는 기능이 자바에서는 Random 클래스에 이미 만들어져 있기에, 우리 프로그램에 임포트해서 사용하겠습니다. 이전에 입력 처리를 하면서 Scanner 클래스를 사용한 것처럼 말이죠.

❶ 랜덤 클래스를 임포트합니다.

❷ 스태틱 변수를 멤버 변수로 선언합니다.

❸ 스태틱 영역을 지정하고 안에 코드를 작성합니다. ❹ 임의의 숫자를 얻기 위해 Random 클래스를 이용하여 객체를 만듭니다. ❺ 만들어진 객체에서 nextInt() 메서드를 호출합니다. 정수로 100을 매개변수로 넣어주면 0에서 99 사이에서 임의의 숫자를 반환합니다.

❼ 프로그램이 시작합니다. ❽ 멤버 변수 num의 값을 출력합니다.

멤버 변수 num은 스태틱 변수이기도 하기 때문에 프로그램 시작 전 메서드 영역의 스태틱 영역에 로드되면서 값이 대입되어 있을 겁니다. 기본 자료형은 기본값으로 0이 대입됩니다.

그리고 ❻도 스태틱으로 지정한 영역이기 때문에 프로그램 실행 전 미리 로드가 될 것이고 메서드가 아니기 때문에 실행이 되어버립니다. 이때 랜덤 객체를 만들고 그 객체로부터 임의의 수를 반환받아 스태틱 변수 num에 대입시켜줍니다. 프로그램이 시작하고 ❽에서 스태틱 변수의 값을 출력하면 main()에서 별다른 값을 변수에 대입하지 않았음에도 임의의 수가 이미 값으로 들어가 있는 것은 이런 이유입니다.

이렇게 결과로 확인해보아도 되고, 8라인에 브레이크포인트를 걸고 앞서의 방법대로 디버그 모드로 확인해보아도 됩니다. 디버그 모드에서는 다음과 같은 순서로 실행됩니다.

▼ 실행 1단계 : 스태틱 영역 실행

Debug Project... Servers | Ex02_Preload.java Ex01_GlobalVariable.java

Ex02_Preload [Java Application]
Ex02_Preload at localhost:62
Thread [main] (Suspended (
Ex02_Preload.<clinit>()
C:\Users\tjoeun-jg-303\AppDa

```
    // static 초기화 블록
    static {
        Random rand = new Random();
        // main 실행 전에 이미 난수값이 대입이 된다.
        num = rand.nextInt(100);
    }

    public static void main(String[] args)
    {
        System.out.println(num);
    }
}
```

▼ 실행 2단계 : main() 실행

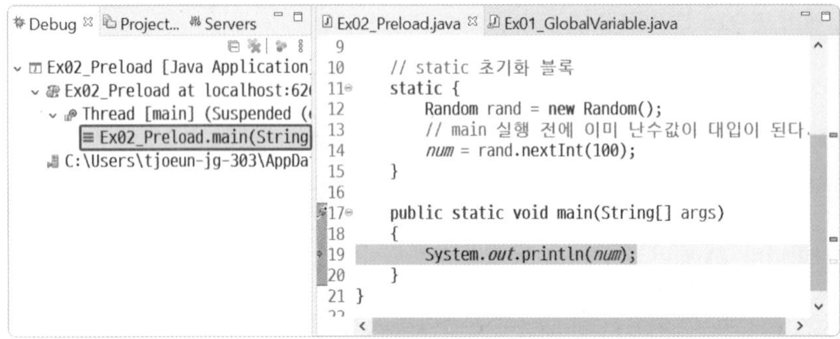

이처럼 스태틱 영역은 프로그램 시작 전에 로드되는 것을 확인할 수 있습니다.

그런데 모든 클래스에서 변수의 값을 공유할 수 있다고 스태틱 변수를 남발하여 사용하는 일은 지양해야 합니다. 다음과 같은 단점이 있습니다.

- 사용하는 메모리의 정확한 크기 계산을 하지 않더라도 힙 영역을 사용하지 않고 메서드 영역의 일부분만 사용하므로 메모리 사용이 비효율적입니다.
- 한 객체가 가지고 있는 데이터들은 외부에서 함부로 접근하여 수정할 수 없도록 해야 한다는 객체지향 프로그래밍 원칙[3]에 위배됩니다.

그러므로 스태틱 변수는 꼭 필요한 경우에만 심사숙고해서 사용하기 바랍니다.

3 캡슐화, 정보 은닉

11.4 유틸 메서드로 사용

스태틱 변수는 가급적 사용을 지양하라고 했지만, 스태틱 메서드는 유틸리티 성격의 프로그램에서 많이 사용합니다. 특정 기능이 필요한데 자주 사용된다면 많은 클래스에서 중복되어 만들어지지 않게 하려는 의도에서입니다.

메서드에 스태틱 예약어를 붙여 만들어놓으면 스태틱 영역에 만들어지기 때문에 서로 다른 클래스에서 얼마를 사용하든 간에 메모리에는 딱 한 번만 올라와 있게 됩니다. 예제를 만들어 확인해보겠습니다.

다음과 같이 계산기 프로그램을 클래스로 만듭니다. 비록 보이기는 매우 어설퍼 보이지만 매우 훌륭한 계산기라고 가정하겠습니다. 앞으로 만들 프로그램에서 계속 이 클래스의 기능을 사용할 예정입니다. 그래서 모든 클래스에서 가져다 쓰기 편하라고 adder() 메서드에 static 예약어를 붙여줍니다.

Chapter11 / MyCalculator.java

```
public class MyCalculator
{
    public static int adder(int n1, int n2)
    {
        return n1 + n2;
    }
}
```

그리고 다음과 같이 main() 코드를 작성하여, 계산기 클래스의 기능을 사용합니다.

Chapter11 / Ex03_UtilMethod.java

```
public class Ex03_UtilMethod
{
    public static void main(String[] args)
    {
        MyCalculator calc1 = new MyCalculator();  // ❶ 객체 생성 후 사용
        int num1 = calc1.adder(1, 2);
        System.out.println(num1);

        int num2 = MyCalculator.adder(2, 3); // ❷ 새로 객체를 생성하지 않고 사용
        System.out.println(num2);
    }
}
```

▼ 실행 결과

```
Console ⊠
<terminated> Ex03_UtilMethod [Java Application] C:₩Dev₩jdk-11.0.8₩bin₩javaw.exe
3
5
```

❶ 객체를 생성하여 변수에 대입한 후 사용합니다. 우리가 기존에 사용하던 방식입니다. 객체가 만들어지기는 했지만 스태틱의 성격상 프로그램이 실행되기 이전에 이미 메서드 영역 내 스태틱 영역에 로드가 되어 있었을 겁니다. 따라서 5번 라인에서 계산기 객체가 만들어지면서 수행한 작업은 껍데기만 있는 객체를 만든 겁니다. 낭비적인 작업입니다.

이럴 때는 ❷처럼 클래스명으로 바로 메서드를 호출해줄 수 있습니다. 스태틱을 메서드에 붙여주면 이렇게 객체 생성 없이 **클래스명.메서드명** 형식으로 유틸 메서드를 사용할 수 있습니다.

Tip 이런 이유로 static이 붙은 변수를 클래스 변수, 메서드를 클래스 메서드라고도 부릅니다.

만약 계산기 클래스가 다른 패키지, 즉 다른 폴더에 있었다면 import 기능을 사용해야 사용할 수 있습니다. 그러나 같은 패키지, 즉 같은 폴더에 있기 때문에 import를 사용하지 않아도 계산기 클래스를 사용할 수 있습니다.

자, 여기까지 배운 것을 종합하면, System.out.println(...)에 대해서 조금 더 말할 수 있게 되었습니다.

System은 대문자로 시작합니다.

- 우리가 그동안 배운 네이밍 룰에 의하면 첫 글자가 대문자로 시작하므로 클래스입니다.

그리고 점 . 연산자를 이용하여 System.out이라고 사용하고 있습니다.

- 객체를 만들지 않고 바로 클래스명으로 접근해 사용했으므로 out에는 static이 붙어 있다라는 것을 알 수 있습니다.

그런데 out에는 메서드의 특징인 소괄호가 없습니다.

- out은 우리 예제처럼 메서드가 아니고 멤버 변수입니다.

그리고 System.out.println(...)이라고 . 연산자를 이용하여 println() 메서드를 호출하고 있습니다.

- 메서드를 호출하고 있으므로 일반 자료형의 변수가 아니고 객체형의 변수입니다.

여기까지 종합하면 System 클래스의 멤버 변수 out은 객체를 참조하고 있고, 그 참조한 객체의 println() 메서드를 이용해 출력 기능을 제공하고 있던 겁니다.

Tip 그런데 우리 패키지, 즉 같은 폴더에 System이라는 클래스가 없는데요? 이 클래스는 자바로 개발을 하는 개발자라면 다 사용해야 하는 기능이므로 자바 컴파일러가 자동으로 import시켜 주고 있습니다.

```
import java.lang.System; // 자동 삽입
```

반면에 입력을 받을 때는 수작업으로 임포트를 했습니다.

```
import java.util.Scanner;
```

앞에 붙어 있는 java.lang, java.util은 패키지명입니다. 13장 '패키지와 클래스 패스'에서 배웁니다.

학습 마무리

여기까지 자바 프로그래밍에서 사용하는 스태틱의 동작 원리를 알아보았습니다.

핵심 요약

1. 스태틱 변수 및 스태틱 메서드는 메서드 영역에 저장되며, 프로그램 시작 전에 로드되고 프로그램 종료 시 소멸됩니다.
2. 메서드 영역 내 스태틱 영역의 변수 및 메서드는 어떤 객체에서도 접근해서 사용할 수 있습니다. 그렇기에 스태틱 변수를 전역 변수라고 부르기도 합니다.
3. 스태틱 영역은 프로그램 시작 전에 (즉 main()보다 먼저) 로드됩니다.
4. 메서드에 스태틱 예약어를 붙여 만들어놓으면 스태틱 영역에 만들어지기 때문에 서로 다른 클래스에서 얼마를 사용하든 간에 메모리에는 딱 한 번만 올라와 있게 됩니다.

Chapter

12

클래스의 상속

#MUSTHAVE

학습 목표	자바 클래스의 상속을 알아보고, 상속과 관련된 오버라이딩, 추상 클래스, 인터페이스, 다형성을 알아봅니다.
학습 순서	**1** 상속 **2** 오버라이딩 **3** 상속을 제한하는 final **4** 추상 클래스 **5** 인터페이스 **6** 다형성 **7** instanceof 연산자
클래스 상속 소개	클래스 상속inheritance은 기존 클래스가 가지고 있는 필드와 메서드를 그대로 물려받아 새로운 클래스를 만드는 것을 말합니다.

12.1 상속

자바는 객체지향 언어입니다. 그리고 객체 지향 언어의 가장 큰 특징 중 하나가 바로 상속입니다.

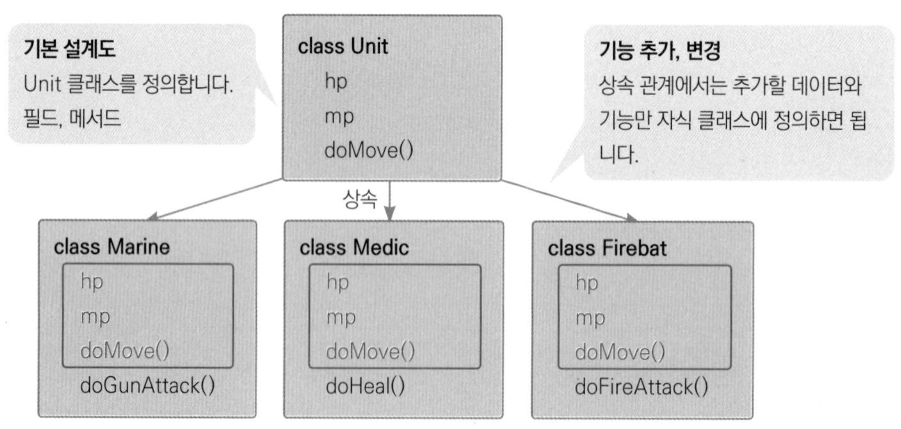

상속이란 클래스가 가지고 있는 멤버를 다른 클래스에게 계승시키는 겁니다. 현실 세계에서의 상속과 같습니다. 현실 세계에서의 상속의 개념을 클래스에 적용하면 됩니다. 상속한 멤버는 자식 클래스에서 정의하지 않아도 사용할 수가 있으며, 자식 클래스 내에서 멤버를 추가로 정의해서도 사용할 수 있습니다. 게임 속 유닛 상속 관계를 그려보면 앞의 그림과 같습니다.

상속을 받으면 똑같은 기능을 매번 만들지 않아도 됩니다. 처음부터 모두 새로 준비하는 것보다는 훨씬 간단하고 편리합니다. 이것이 상속이 가지는 편리함입니다.

상속은 다음과 같은 장점을 제공합니다.

- 클래스 간의 전체 계층 구조를 파악하기 쉽습니다.
- 재사용성 증대 : 기존 클래스에 있는 것을 재사용할 수 있습니다.
- 확장 용이 : 새로운 클래스, 데이터, 메서드를 추가하기가 쉽습니다.
    - 예) 고스트, SCV 등 추가할 유닛이 생기면 쉽게 추가할 수 있습니다.
- 유지보수 용이 : 데이터와 메서드를 변경할 때 상위에 있는 것만 수정하여 전체적으로 일관성을 유지할 수 있습니다.
    - 예) 종족 간 밸런스를 맞추고자 테란 유닛의 기본 hp를 일괄 변경할 수 있습니다.

이때 상속 대상 클래스와 상속을 받은 클래스를 다음과 같이 다양한 이름으로 부를 수 있습니다(이 책에서는 상황에 맞게 부릅니다).

▼ 상속 관련 다양한 호칭

상속 대상 클래스 호칭		상속을 받은 클래스 호칭
슈퍼 클래스(Super Class)	↔	서브 클래스(Sub Class)
부모 클래스(Parent Class)	↔	자식 클래스(Child Class)
기반 클래스	↔	파생 클래스
조상 클래스	↔	자손 클래스
상위 클래스	↔	하위 클래스

그런데 모든 것을 상속받게 될까요? private으로 접근 제한이 되어 있는 멤버들은 서브 클래스로 상속되지 않습니다. 이것도 현실의 상속과 똑같습니다.

자바에서 이런 자식 클래스를 코드로 구현할 때 다음과 같이 extends 예약어를 사용합니다.

자식 클래스 부모 클래스

```
class Marine extends Unit
{

}
```

프로그램에서 어떻게 활용하는지 살펴보겠습니다.

Chapter12 / MyTerran.java

```
class Unit // ❶ 부모 클래스
{
    String name;
    int hp;

    void printUnit()
    {
        System.out.println("이름 : " + name);
        System.out.println("HP : " + hp);
    }
}

class Marine extends Unit // ❷ 자식 클래스
{
    int attack;

    void printMarine()    // ❸
    {
        printUnit();
        System.out.println("공격력 : " + attack); // ❹
    }
}

class Medic extends Unit  // ❺ 자식 클래스
{
    int heal;             // ❻ 멤버 변수

    void printMedic()     // ❼
    {
        printUnit();
```

```
        System.out.println("치유량 : " + heal);
    }
}

public class MyTerran
{
    public static void main(String[] args)
    {
        Marine unit1 = new Marine(); // ❽ 객체 생성
        unit1.name = "마린";         // ❾
        unit1.hp = 100;              // ❿
        unit1.attack = 20;

        Medic unit2 = new Medic();
        unit2.name = "메딕";
        unit2.hp = 120;
        unit2.heal = 10;

        unit1.printMarine();
        System.out.println();
        unit2.printMedic();
    }
}
```

▼ 실행 결과

```
Console
<terminated> MyTerran [Java Application] C:₩Dev₩jdk-11.0.8₩bin₩javaw.exe
이름 : 마린
HP : 100
공격력 : 20

이름 : 메딕
HP : 120
치유량 : 10
```

Unit 클래스를 부모 클래스로 삼아 Marine과 Medic 클래스를 정의해 사용하는 예제입니다.

❶ 먼저 Unit 클래스를 정의합니다. 멤버 변수 2개와 메서드 하나를 정의했습니다.

❷ Unit을 상속하여 Marine 클래스를 정의합니다. 상속을 통해 부모 클래스의 멤버를 그대로 계승했기에 Marine은 멤버 변수로 name, hp, attack 세 개를 사용할 수 있고, 메서드로 printUnit()과 printMarine()을 사용할 수 있습니다. ❸ printMarine() 메서드가 호출되면

❹ printUnit() 메서드를 호출하고 추가적으로 공격력 정보까지 출력해줍니다. Marine 클래스에 printUnit() 메서드가 직접적으로 보이진 않지만 상속받은 기능이기에 이렇게 사용할 수 있는 겁니다.

❺ Medic 클래스를 Unit 클래스를 상속받아 정의합니다. ❻ Medic 클래스에서 사용할 멤버 변수와 ❼ Medic 클래스에서 사용할 메서드를 추가합니다.

❽ Marine 클래스의 객체를 만듭니다. ❾ name과 ❿ hp는 Marine 클래스에서는 볼 수 없지만 상속받은 Unit 클래스에 정의된 멤버 변수이기 때문에 Marine 클래스의 객체에서도 이와 같이 사용할 수 있습니다.

상속을 받으면 이렇게 부모 클래스의 기능을 구현하지 않고 바로 사용할 수 있어 편리합니다.

자바와 다중 상속

자바는 여러 클래스를 동시에 상속하는 다중 상속을 지원하지 않습니다. 예를 들어 두 개 이상의 상위 클래스에 같은 이름의 메서드가 정의되어 있다면, 다중 상속을 받는 하위 클래스는 어떤 클래스의 메서드를 상속받아 사용해야 할지 헷갈리게 됩니다. 다중 상속을 지원하는 C++ 같은 언어는 이것을 문법적으로 구분해서 사용하지만, 자바는 이런 모호함 자체를 없애기 위해 다중 상속 대신 단계별 상속을 사용합니다.

12.2 오버라이딩

어떤 메서드명을 만들고 싶은데 이미 부모 클래스에서 사용되었기에 사용할 수 없다고 한다면 메서드명을 짓기가 매우 힘들어질 겁니다. 상속이 부모와 자식 관계뿐 아니라 계속 상속이 일어나서 조상과 후손의 관계까지 된다면 메서드명을 겹치지 않게 만들기가 더욱 힘들게 됩니다.[1]

오버라이딩overriding이란 상속된 메서드와 동일한 이름, 동일한 매개변수를 가지는 메서드를 정의하여 메서드를 덮어쓰는 겁니다. 반환값의 형도 같아야만 합니다.

1 메서드의 오버로딩, 클래스의 멤버 변수와 매개변수를 구분하기 위한 this를 사용할 때도 같은 이야기를 했습니다.

오버라이딩은 다음과 같이 두 가지 목적으로 사용합니다.

- 상속받은 부모 클래스 메서드의 기능 변경
- 상속받은 부모 클래스 메서드에 기능 추가

예제를 통해서 살펴보겠습니다.

Chapter12_2 / MyTerran.java

```
class Unit                    // 부모 클래스
{
    String name;
    int hp;

    void doMove()             // ❶ 메서드 정의
    {
        System.out.println("이동속도 10으로 이동");
    }
}

class Marine extends Unit     // 자식 클래스
{
    int attack;

    void doMove()             // ❷ 부모 메서드와 같은 이름의 자식 메서드
    {
        super.doMove();       // ❸ 부모 메서드 호출
        System.out.println(attack + " 공격"); // ❹
    }
}

class Medic extends Unit      // 자식 클래스
{
    int heal;

    void doMove()      // ❺ 부모 메서드와 같은 이름의 자식 메서드
    {
        System.out.println("이동속도 8으로 이동");
        System.out.println(heal + " 치유");
    }
}

```

```java
public class MyTerran
{
    public static void main(String[] args)
    {
        Marine unit1 = new Marine();
        unit1.name = "마린";
        unit1.hp = 100;
        unit1.attack = 20;

        Medic unit2 = new Medic();
        unit2.name = "메딕";
        unit2.hp = 120;
        unit2.heal = 10;

        unit1.doMove();
        System.out.println();
        unit2.doMove();
    }
}
```

▼ 실행 결과

```
Console ⊠
<terminated> MyTerran (1) [Java Application] C:₩Dev₩jdk-11.0.8₩bin₩javaw.exe
이동속도 10으로 이동
20 공격

이동속도 8으로 이동
10 치유
```

❶ Unit 클래스에 doMove() 메서드를 정의했습니다. 그런데 Marine 클래스도 메서드 이름을 doMoveMarine()보다는 doMove()로 사용하고 싶은 겁니다. 그래서 ❷처럼 메서드명을 사용했습니다. 이렇게 되면 부모 클래스의 doMove() 메서드와 자식 클래스의 doMove() 메서드가 헷갈리게 됩니다. 그래서 부모에서 상속받은 메서드에는 super 예약어를 이용하여 구분해서 불러줄 수 있게 합니다. Marine 클래스의 doMove() 메서드는 ❸ 부모의 doMove() 메서드를 호출하고 ❹ 자체 기능을 추가했습니다.

그에 반해서 Medic 클래스는 ❺ 같은 이름으로 doMove() 메서드를 정의했습니다. 그러나 부모의 doMove() 메서드는 따로 호출해주지 않았기 때문에 부모의 기능은 사용하지 않고 자체 구현한 기능만을 사용하게 됩니다.

이처럼 오버라이딩으로 구현한 메서드는 Marine 클래스처럼 기능을 추가하거나, Medic 클래스처럼 기능을 대체하게 됩니다.

12.3 상속이 제한되는 final

final은 필드나 메서드, 클래스에 붙이는 예약어입니다.

```
final int MAX_NUM = 100;

final class Marine
{

}
```

final을 붙였을 때를 정리하면 다음과 같습니다.

▼ final 위치별 의미

사용 위치	설명
변수	final 변수는 상수를 의미합니다.
메서드	final 메서드는 하위 클래스에서 오버라이딩을 할 수 없습니다.
클래스	final 클래스는 상속을 할 수 없습니다.

final 상수 때처럼 클래스도 "이 클래스가 마지막이야! 더 이상 상속하면 안 돼!"라는 의미로 final을 클래스 앞에 붙여준 것이라고 생각하면 됩니다.

Tip 클래스의 일부 메서드를 상속 제한하려면 메서드에 접근 제한자 private을 사용합니다.

12.4 추상 클래스

여태까지 우리가 만든 메서드들은 구체적인 기능을 가지고 있었습니다. 이런 점에 초점을 맞춰서 메서드를 표현할 때 구상concrete 메서드라고 합니다. 반면에 추상abstract 메서드라는 것이 있습니다.

구체적인 처리 내용을 기술하지 않고, 호출하는 방법만을 정의한 메서드를 추상 메서드라고 합니다.

Tip 미술의 추상화를 생각하면 됩니다. 구체적으로 그려지지 않았죠? 반면에 구상화는 사진처럼 구체적인 그림이라고 생각하면 됩니다.

```
// 구상 메서드
public int adder (int n1, n2)
{
    return n1 + n2;
}

// 추상 메서드
abstract public int adder (int n1, n2);
```

그리고 이런 추상 메서드를 가진 클래스를 추상 클래스라고 합니다. 클래스의 코드 길이가 매우 길 때 중간에 추상 메서드가 하나 있다면 추상 메서드가 있는지 파악이 힘들 수 있습니다. 그래서 abstract 표시를 클래스 앞에 붙여 추상 메서드를 가진 클래스라고 표시해줍니다.

```
abstract class Unit
{   ← 추상 메서드를 가지고 있으면 표시
    String name;
    int hp;

    abstract void doMove();
}   ← 기능이 구현되지 않고 호출 방법만 있는 메서드에 표시
```

만약에 이런 추상 클래스로 객체를 직접 만들게 되면 추상 메서드를 어떻게 동작시켜야 할지 알 수 없기 때문에 추상 클래스로는 객체를 생성할 수 없습니다.

그럼 이런 추상 클래스를 왜 사용하는 것일까요? 상속받은 클래스의 기능을 미리 지정하기 위해서입니다. 이 클래스를 상속받은 클래스는 이런 기능은 반드시 있어야 한다는 겁니다. 그런데 앞으로 어떤 클래스가 상속받을지 모르므로 그 기능을 구체적으로 미리 만들어놓을 수 없을 때 사용합니다.

앞에서 사용한 Unit 클래스는 유닛의 기본 설계도이므로 테란의 Marine, 프로토스의 Zealot, 저그의 Zergling 클래스는 이 Unit 클래스를 상속해 만들어야 합니다. 셋 다 이동은 해야 하니까

유닛에 doMove() 메서드를 만들어놓습니다. 이러면 상속받은 클래스들은 다 이동에 관련한 기능을 수행할 수 있습니다.

그런데 세 종족의 이동 방법이 다 다릅니다. 이동 방법이 다 다르기 때문에 미리 기능을 만들어놓아도 오버라이딩해서 기능을 다 수정해야 합니다. 그러므로 미리 이동 기능을 만들어놓는 것은 의미가 없습니다. 다만 혹시라도 까먹고 doMove() 메서드를 구현하지 않을까봐 추상 메서드로 지정해놓습니다. 이러면 상속받은 클래스에서는 추상 메서드를 구상 메서드로 만들지 않으면 객체를 생성할 때 에러가 발생하게 되므로 까먹지 않고 구현하게 됩니다.

일년이 지나고 나서 다시 유닛이 하나 추가되더라도 상속을 받아 만들게 되면, 추상 메서드의 특성상 이동 기능을 혹시라도 잊고 안 만들면 에러가 나므로 추상 메서드를 구상 메서드로 구현해주게 됩니다. 이렇게 비슷한 객체를 추가할 때 설계 원칙이 유지되는 겁니다.

예제를 통해 확인해보겠습니다.

Chapter12_3 / MyStarcraft.java

```
abstract class Unit  // 부모 클래스
{
    abstract void doMove();  // ❶ 추상 클래스
}

class Marine extends Unit  // 자식 클래스
{
    void doMove()   // ❷ 추상 클래스 구현
    {
        System.out.println("마린은 두 발로 이동합니다.");
    }
}

class Zergling extends Unit  // 자식 클래스
{
    void doMove()   // ❸ 추상 클래스 구현
    {
        System.out.println("저글링은 네 발로 이동합니다.");
    }
}

public class MyStarcraft
{
```

```java
24      public static void main(String[] args)
25      {
26          Marine unit1 = new Marine();      // ❹
27          unit1.doMove();   // ❺
28
29          Zergling unit2 = new Zergling(); // ❻
30          unit2.doMove();   // ❼
31      }
32  }
```

▼ 실행 결과

```
Console ☒
<terminated> MyStarcraft [Java Application] C:₩Dev₩jdk-11.0.8₩bin₩javaw.exe
마린은 두 발로 이동합니다.
저글링은 네 발로 이동합니다.
```

Unit 클래스는 ❶ 3번 라인에서 추상 메서드를 가지고 있으므로 추상 클래스입니다. 그래서 abstract 예약어가 붙어 있습니다.

이 Unit 클래스를 상속한 ❷ Marine 클래스는 doMove( ) 메서드의 구체적인 기능을 구현하고 있습니다. 이 Unit 클래스를 상속한 ❸ Zergling 클래스는 doMove( ) 메서드의 구체적인 기능을 구현하고 있습니다.

❹ 객체를 생성하고 ❺ 객체의 메서드를 호출합니다.

❻ 객체를 생성하고 ❼ 객체의 메서드를 호출합니다.

각 클래스에서 추상 메서드를 구상 메서드로 구현한 내용이 출력됩니다.

12.5 인터페이스

인터페이스란 상속 관계가 아닌 클래스에 기능을 제공하는 구조입니다. 추상 클래스처럼 추상 메서드로 기능을 제공합니다.

자바 7까지 인터페이스는 정의와 추상 메서드만을 제공했지만 자바 8부터는 디폴트 메서드, 스태틱 메서드까지 인터페이스 멤버가 될 수 있게 되어 활용성이 높아졌습니다. 인터페이스를 알아보면서 추상 클래스와의 관계도 함께 알아보겠습니다.

12.5.1 인터페이스 구현

인터페이스의 구성을 추상 클래스의 구성과 비교하면 다음과 같습니다.

▼ 추상 클래스

```
abstract class Unit
{
    String name;  ◀──── 멤버 변수
    int hp;

    void printUnit()  ◀──── 구상 메서드
    {
        System.out.println("이름 : " + name);
        System.out.println("HP : " + hp);
    }
    abstract void doMove();  ◀── 추상 메서드
}
```

▼ 인터페이스

```
interface A
{
    public static final int a = 2; ◀──── 스태틱 상수 정의
    public abstract void say();  ◀──── 추상 메서드
    public default void desc()  ◀──── 디폴트 메서드
    {
        System.out.println("기능이 구현된 메서드입니다.");
    }
}
```

줄여서 다음과 같이 작성합니다. 디폴트 메서드는 뒤에서 따로 다루겠습니다.

```
interface A
{
      public static final int a = 2;
      public abstract void say();
}
```

→

```
interface A
{
      int a = 2;
      void say();
}
```

인터페이스끼리 상속도 가능합니다. 인터페이스가 일반 클래스를 상속할 수는 없습니다.

```
interface A
{
	int a = 2;
	void greet();
}                         인터페이스 상속

interface B extends A
{
	void bye();
}
```

그리고 인터페이스에 한해서 다중 상속도 됩니다.

```
interface A extends X, Y, Z
{
	...           인터페이스 다중 상속
}
```

인터페이스는 다음과 같이 implements 예약어를 이용해서 코드를 작성합니다. 이후는 추상 클래스의 사용 방법과 동일합니다. 인터페이스의 메서드는 추상 메서드이므로 implements 예약어를 사용했다면 반드시 추상 메서드를 구상 메서드로 오버라이딩해서 구현해주어야 합니다. 이렇게 클래스에서 인터페이스를 이용하도록 하는 것을 '인터페이스 구현'이라고 합니다.

```
class B implements A
{
	public void say() ← 인터페이스 A의 추상 메서드를 구상 메서드로 구현
	{

	}
}
```

- 클래스의 상속은 extends 예약어 이용
- 인터페이스의 구현은 implements 예약어 이용

이런 인터페이스는 한 번에 여러 개를 구현할 수도 있습니다. 상속은 다중 상속이 불가능했지만 인터페이스는 다중 구현이 가능합니다.

```
class B implements X, Y, Z  ← 다중 인터페이스 구현
{
    …
}
```

상속과 인터페이스를 동시에 사용한다면 다음 순서를 따릅니다. 앞에서 먼저 상속 표시를 해주고, 뒤에서 인터페이스를 필요한 만큼 표시해줍니다.

```
class B extends A implements X, Y, Z
{
    …
}
```

인터페이스를 사용하는 간단한 예제를 먼저 만들어보겠습니다.

Chapter12_4 / Ex01_Meet.java

```
interface Greet // ❶ 인터페이스
{
    void greet();
}

interface Talk // ❷ 인터페이스
{
    void talk();
}

class Morning implements Greet, Talk // ❸ 인터페이스 구현
{
    public void greet()
    {
        System.out.println("안녕하세요!");
    }

    public void talk()
    {
        System.out.println("날씨 좋네요.");
    }
}

public class Ex01_Meet
```

```
{
    public static void main(String[] args) // ❹
    {
        Morning morning = new Morning();    // ❺
        morning.greet();                    // ❻
        morning.talk();                     // ❼
    }
}
```

▼ 실행 결과

```
Console ☒
<terminated> Ex01_Meet [Java Application] C:₩Dev₩jdk-11.0.8₩bin₩javaw.exe
안녕하세요!
날씨 좋네요.
```

❶ 추상 메서드 greet()가 있는 인터페이스를 만듭니다. ❷ 추상 메서드 talk()이 있는 인터페이스를 만듭니다. ❸ 아침에 관련한 클래스를 Morning 클래스로 만듭니다. 인사와 인사말을 기능으로 추가합니다.

❹ 프로그램이 여기서 시작합니다. ❺ Morning 클래스를 이용하여 객체를 만듭니다. ❻ 참조 변수를 이용하여 인터페이스의 추상 메서드를 구현한 greet() 메서드를 호출합니다.

❼ 참조 변수를 이용하여 인터페이스의 추상 메서드를 구현한 talk() 메서드를 호출합니다.

아침에 반드시 인사와 인사말을 나눠야 하는 것은 아닐 겁니다. 클래스 Morning의 본질은 아니라는 이야기입니다. 그냥 Morning 클래스에 단순한 기능을 추가하는 것이므로 기능은 인터페이스로 만들고 그 인터페이스를 구현한 겁니다.

12.5.2 인터페이스와 추상 클래스의 차이

인터페이스와 추상 클래스는 둘 다 추상 메서드를 사용한다는 점에서 똑같은 것 같은데 왜 따로 존재하는 걸까요?

테란의 배럭스[Barracks], 팩토리[Factory], 벙커[Bunker]는 모두 다 건물입니다. 그러므로 모든 건물의 공통 기능은 상속을 받아 중복으로 만들지 않게 합니다. 이렇게 상속을 통해 코드의 중복을 막고 코드의 재사용성을 높입니다.

이제 테란 건물의 특수 기능인 건물을 상공으로 띄워서 이동하고 다시 땅으로 착지하는 기능을 추가하려고 합니다. 이때 상위 클래스인 Building에 이런 기능을 수행하는 메서드를 추가하면 Bunker 클래스를 통해 생성되는 건물은 원래 이동이 불가능해야 하는데 하늘을 날아서 이동하는 기능을 갖게 되므로 문제가 발생합니다. 이 경우 기능이 필요 없는 건물에서 기능을 오버라이딩해서 기능이 없는 것처럼 만들어도 되지만, 상속받는 모든 건물에 그렇게 처리를 하는 방식은 비효율적입니다. 이때 인터페이스를 사용해서 이동이 필요한 건물에만 기능을 구현하면 됩니다.

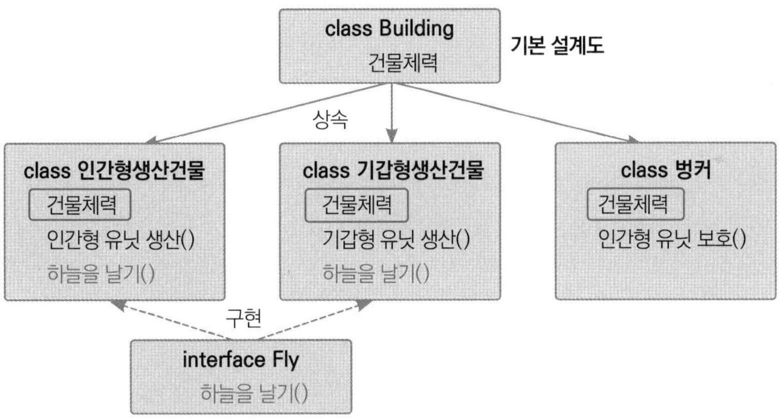

이처럼 클래스 간의 상속 관계를 통해 건물이라는 본질을 유지하게 하려면 추상 클래스를 통한 상속 기능을 사용하고, 단지 기능만을 구현하려면 인터페이스를 사용하면 됩니다.

이제 앞에서 예를 들었던 스타크래프트 건물을 구현해보겠습니다. 해당 게임을 잘 알면 더 이해가 빠를 수 있겠지만 그렇지 않더라도 인터페이스에 대한 이해가 생겼다면 코드를 이해하는 데 문제가 없을 겁니다.

이번 예제는 코드가 약간 깁니다. 주의 깊게 입력을 하시기 바랍니다.

Chapter12_4 / Ex02_Starcraft.java

```
// 건물의 기본 설계도
abstract class Building // ❶
{
    int health;
    abstract void doBuild(); // ❷
}

// 건물이 날 수 있는 기능 구현. 건물의 일반적인 기능은 아님
interface Fly  // ❸
{
```

```
    void flyBuilding();
}

// 인간형 유닛을 생산하는 건물. 여차하면 날아서 이동 가능
class Barracks extends Building implements Fly
{
    void doBuild()
    {
        System.out.println("인간형 유닛 생산 건물을 짓습니다.");
    }

    void doMakeMarine()
    {
        System.out.println("총쏘는 유닛을 생산합니다.");
    }

    // 모든 건물이 날면 안 되므로 인터페이스로 나는 기능 제공
    public void flyBuilding()
    {
        System.out.println("건물이 날아서 이동하게 합니다.");
    }
}

// 기갑형 유닛을 생산하는 건물. 여차하면 날아서 이동 가능
class Factory extends Building implements Fly
{
    void doBuild()
    {
        System.out.println("기갑형 유닛 생산 건물을 짓습니다.");
    }

    void doMakeTank()
    {
        System.out.println("탱크 유닛을 생산합니다.");
    }

    // 모든 건물이 날면 안 되므로 인터페이스로 나는 기능 제공
    public void flyBuilding()
    {
        System.out.println("건물이 날아서 이동하게 합니다.");
```

```
    }
}

// 인간형 유닛을 숨겨서 보호하는 건물. 날면 안 됨
class Bunker extends Building
{
    void doBuild()
    {
        System.out.println("인간형 유닛이 숨을 건물을 짓습니다.");
    }

    void doDefense()
    {
        System.out.println("숨은 유닛을 적의 공격으로부터 보호합니다.");
    }
}

public class Ex02_Starcraft
{
    public static void main(String[] args)
    {
        Barracks barracks = new Barracks();
        barracks.doBuild();
        barracks.doMakeMarine();
        barracks.flyBuilding();

        Factory factory = new Factory();
        factory.doBuild();
        factory.doMakeTank();
        factory.flyBuilding();

        Bunker bunker = new Bunker();
        bunker.doBuild();
        bunker.doDefense();
    }
}
```

▼ 실행 결과

```
Console ☒
<terminated> Ex02_Starcraft [Java Application] C:₩Dev₩jdk-11.0.8₩bin₩javaw.exe
인간형 유닛 생산 건물을 짓습니다.
총쏘는 유닛을 생산합니다.
건물이 날아서 이동하게 합니다.
기갑형 유닛 생산 건물을 짓습니다.
탱크 유닛을 생산합니다.
건물이 날아서 이동하게 합니다.
인간형 유닛이 숨을 건물을 짓습니다.
숨은 유닛을 적의 공격으로부터 보호합니다.
```

모든 건물은 ❶ 상위 추상 클래스 Building을 상속받아 ❷ doBuild() 메서드를 구현하고 있습니다. 추상 클래스 Building을 상속받았다면 혹시라도 건물의 기능을 빼먹고 안 만드는 실수를 하지 않게 될 겁니다. 건물이라면 반드시 만들어야 할 기능이 추상 메서드로 강제되어 있기 때문입니다.

그리고 날아서 이동을 해야 하는 건물에만 ❸ 인터페이스 Fly를 구현하고 있습니다.

12.5.3 디폴트 메서드

자바 8에 디폴트 메서드가 제공되어 하위 호환성을 유지하면서 기존 인터페이스에 새로운 기능을 추가할 수 있게 되었습니다.

어떤 인터페이스를 구현한 클래스가 이미 사용되고 있는 상태에서 새로운 클래스가 그 인터페이스를 구현하면서 기능이 부족해서 기능을 추가하고자 합니다. 그러면 기존에 그 인터페이스를 사용하던 모든 클래스에 추가된 기능을 구현해야 하는 불편함이 생깁니다. 이렇게 기존에 한 번 만들어진 인터페이스에는 기능을 추가하기가 어려웠습니다.

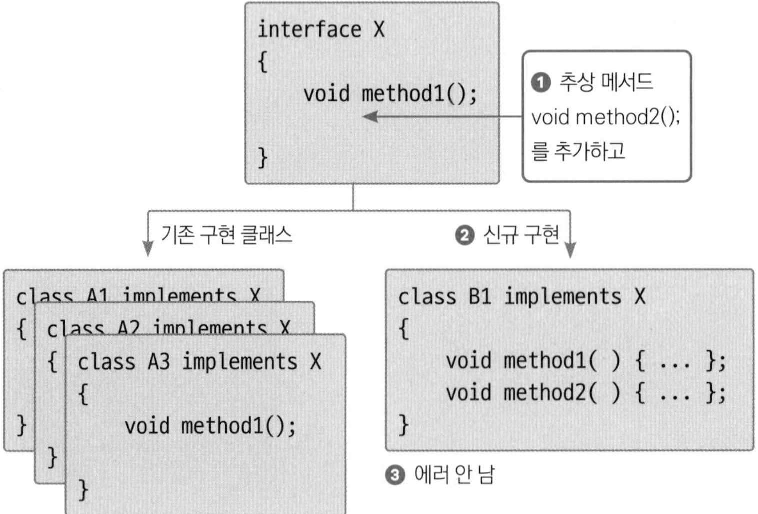

물론 상속을 사용하면 해결할 수는 있습니다만 같은 이름으로 사용하고, 관리하고 싶은 겁니다. 앞에도 여러 번 나왔지만 네이밍이 항상 문제입니다. 이런 문제점을 디폴트 메서드를 사용하면 해결할 수 있습니다.

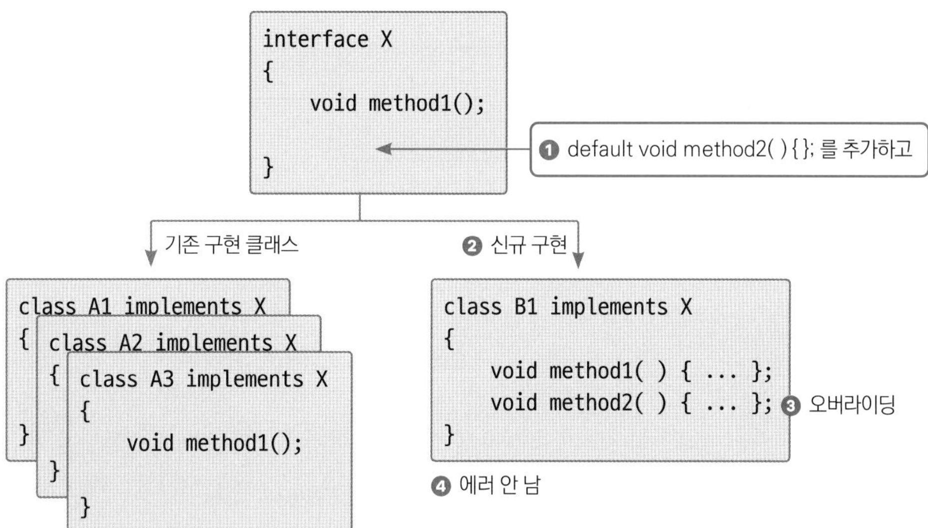

Tip 디폴트 메서드는 3번에서 오버라이딩으로 다시 구현할 것이므로 1번에서 구체적인 기능 구현 없이 중괄호만 사용해도 됩니다.

기존 클래스와의 호환성을 위해서는 이와 같은 방법으로 사용할 수도 있고, 새로 생성되는 클래스를 위한 공통 기능을 제공하는 용도로도 사용될 수 있습니다.

12.6 다형성

상속한 클래스의 객체는 슈퍼 클래스로도 서브 클래스로도 다룰 수 있습니다. 이렇게 하나의 객체와 메서드가 많은 형태를 가지고 있는 것을 다형성polymorphism이라고 합니다.

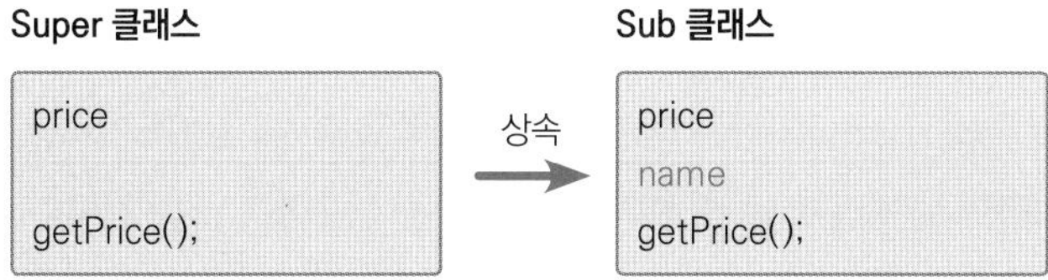

위 그림과 같이 Super 클래스를 상속받은 Sub 클래스가 있다고 합시다. 이럴 경우 하위 클래스 객체를 상위 클래스형의 변수에 대입하여 사용할 수 있습니다. 메모리에 객체가 만들어진 모습을 보면 왜 가능한지를 알 수 있습니다.

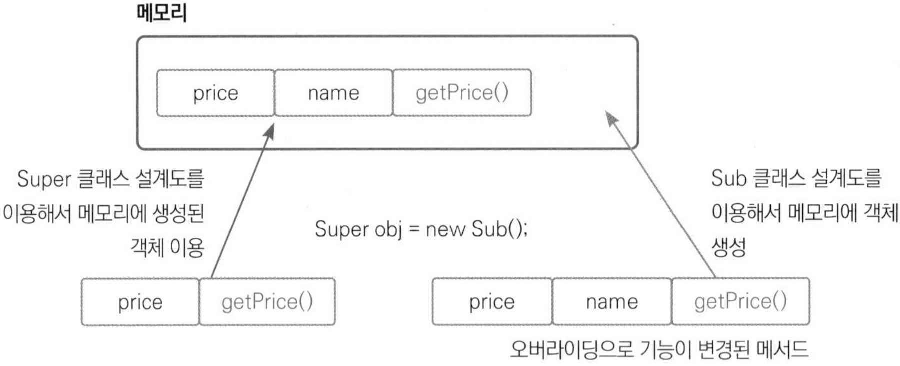

이 경우 실제 객체는 Sub 클래스의 설계도를 이용해 힙에 만들어져 있지만 스택에 만들어진 변수는 Super의 설계도를 이용합니다. 그러므로 obj 변수는 설계도상 name은 몰라서 못 쓰겠지만 나머지 price나 getPrice( ) 메서드를 사용할 수는 있습니다.

하지만 상위 클래스의 객체를 하위 클래스형의 변수로 대입할 수는 없습니다. 역시 메모리에 객체가 만들어진 모습을 보면 왜 불가능한지를 알 수 있습니다.

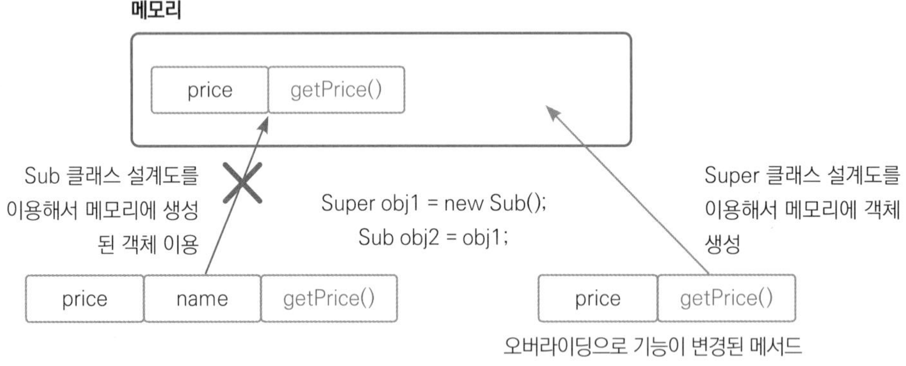

실제 객체는 Super 클래스의 설계도를 이용해 힙에 만들어져 있습니다. 그런데 스택에 만들어진 변수가 Sub의 설계도를 이용하게 된다면, name이라는 변수에 접근하려고 할 때 100% 에러가 발생하게 됩니다. 자바 컴파일러의 입장에서 에러가 날 게 뻔한 이런 상황을 허용하지 않는 겁니다.

자, '자식 클래스의 객체는 부모 클래스형의 변수에 대입할 수 있다'만 기억하면 됩니다.

예제를 통해서 실제 코드에서는 어떻게 사용되나 살펴보겠습니다.

Chapter12_5 / Ex01_Polymorphism1.java

```
abstract class Calc // ❶ 추상 클래스 정의
{
    int a = 5;
    int b = 6;

    abstract void plus();
}

class MyCalc extends Calc // ❷ 추상 클래스를 상속한 클래스 정의
{
    void plus()  { System.out.println(a + b); }
    void minus() { System.out.println(a - b); }
}

public class Ex01_Polymorphism1
{
    public static void main(String[] args) // ❸
    {
        MyCalc myCalc1 = new MyCalc();
        myCalc1.plus();
        myCalc1.minus();

        // ❹ 하위 클래스 객체를 상위 클래스 객체에 대입
        Calc myCalc2 = new MyCalc();
        myCalc2.plus();
        // ❺ 다음 메서드는 설계도에 없다. 사용할 수 없다.
        //myCalc2.minus();
    }
}
```

▼ 실행 결과

```
Console ☒
<terminated> Ex01_Polymorphism1 [Java Application] C:₩Dev₩jdk-11.0.8₩bin₩javaw.exe
11
-1
11
```

❶ 추상 클래스를 정의합니다. 이 클래스를 상속하는 클래스는 plus() 메서드는 반드시 구현하라

는 의미로 추상 메서드로 지정해두었습니다.

❷ 추상 클래스 Calc를 상속한 MyCalc 클래스를 만들고 정의합니다.

❸ 객체를 만들고 객체를 나타내는 클래스형 변수에 참조 값을 대입해줍니다(우리가 평소에 사용하던 방법입니다).

그런데 다형성을 이용하여 ❹ 객체를 만들고 변수에 참조 값을 대입시켜줄 수도 있습니다.

다만, 이 경우는 앞의 설명처럼 상위 클래스의 설계도로는 하위 클래스의 모든 것을 알 수 없기에 ❺ 사용 불가능한 멤버가 생기게 됩니다.

단순히 하위 클래스 객체를 상위 클래스형의 변수에 대입하여 사용할 수 있다는 것을 확인하기 위한 예제입니다.

그럼 이 다형성을 왜 사용하는지 다음 예제를 통해서 알아보겠습니다.

Chapter12_5 / Ex02_Polymorphism2.java

```
abstract class Human
{
    abstract void print();
}

class Man extends Human
{
    void print()
    {
        System.out.println("남자 생성");
    }
}

class Woman extends Human
{
    void print()
    {
        System.out.println("여자 생성");
    }
}

public class Ex02_Polymorphism2
{
```

```java
24     public static Human humanCreate(int kind)
25     {
26         if (kind == 1) {
27             //Human m = new Man(); // ❷
28             //return m;
29             return new Man();       // ❸
30         } else {                                    // ❶
31             //Human w = new Woman();
32             //return w;
33             return new Woman();
34         }
35     }
36 
37     public static void main(String[] args)
38     {
39         // 생성된 객체가 남자인지 여자인지 중요하지 않고
40         // 난 생성된 객체의 프린트 기능만 쓸 것이다.
41         // 남자이면 남자애가 가진 기능을 할 것이고,
42         // 여자이면 여자애가 가진 기능을 할 것이다.
43 
44         Human h1 = humanCreate(1);
45         h1.print();
46 
47         Human h2 = humanCreate(2);
48         h2.print();
49     }
50 }
```

▼ 실행 결과

```
Console ☒
<terminated> Ex02_Polymorphism2 [Java Application] C:₩Dev₩jdk-11.0.8₩bin₩javaw.exe
남자 생성
여자 생성
```

이 예제의 핵심은 ❶ 코드 영역입니다.

humanCreate( ) 메서드는 입력되는 매개변수에 따라 두 가지 타입의 객체를 만드는데 메서드의 반환값은 하나밖에 지정을 못합니다. 이럴 때는 ❷ 객체를 만들고 상위 클래스형의 변수에 넣어서 반환해줄 수 있습니다. 27, 28라인을 주석 처리하고 ❸에서처럼 사용하면 자동 형변환됩니다.

이렇게 클래스도 자동 형변환이 이루어집니다.

12.7 instanceof 연산자

instanceof는 객체가 지정한 클래스형의 객체인지를 조사하는 연산자입니다.

```
boolean bCheck = obj instanceof MyClass;
```

클래스형 변수 클래스명

instanceof는 지정한 인터페이스를 오브젝트가 구현하고 있는지를 조사할 수도 있습니다.

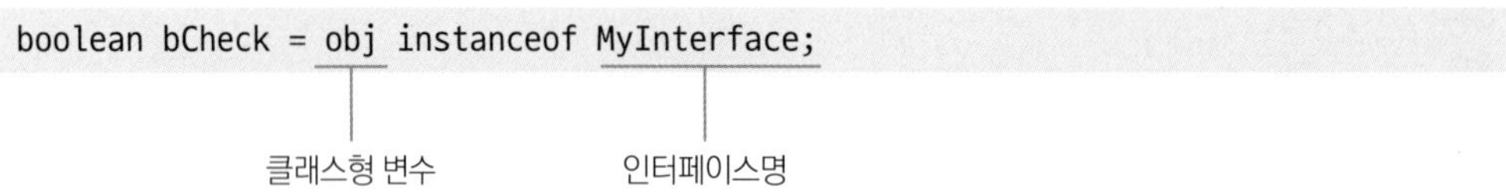

예제를 만들고 어떻게 사용하는지 알아보겠습니다

Chapter12_5 / Ex03_instanceof.java

```
interface Cry
{
    void cry();
}

class Cat implements Cry
{
    public void cry()
    {
        System.out.println("야옹~");
    }
}

class Dog implements Cry
{
    public void cry()
    {
        System.out.println("멍멍!");
    }
}

public class Ex03_instanceof
{
```

```
    public static void main(String[] args)
    {
        Cry test1 = new Cat(); // ❶
//          Cry test1 = new Dog();

        if (test1 instanceof Cat) // ❷
        {
            test1.cry();
        }
        else if (test1 instanceof Dog)
        {
            System.out.println("고양이가 아닙니다.");
        }
    }
}
```

▼ 실행 결과

```
Console
<terminated> Ex03_instanceof [Java Application] C:₩Dev₩jdk-11.0.8₩bin₩javaw.exe
야옹~
```

❶ Cat 클래스를 이용하여 객체를 만들고 상위 클래스형의 변수 test1에 참조 값을 대입했습니다. 그런데 Cat도 Dog도 다 이런 식으로 다형성을 이용한 코드 작성이 가능하기 때문에 실제 어떤 객체의 참조 값이 들어와 있는지 검사해서 사용하고 싶은 겁니다.

❷ test1에 있는 참조 값이 Cat의 객체를 가리키는지 Dog의 객체를 가리키는지 조사하여 그에 따른 코드를 진행합니다.

instanceof 연산자는 결국 다형성을 잘 사용하려고 사용하는 연산자입니다.

instanceof와 다형성을 사용하는 예제를 하나 더 만들어보겠습니다.

Chapter12_5 / Ex04_Polymorphism3.java

```
abstract class Animal
{
    abstract void doMove();
}

class Tiger extends Animal
{
```

```
    void doMove()
    {
        System.out.println("호랑이는 산을 달립니다.");
    }
}

class Lion extends Animal
{
    void doMove()
    {
        System.out.println("사자는 평원을 달립니다.");
    }
}

public class Ex04_Polymorphism3
{
    public static void animalChoose(Animal obj)  // ❶
    {
        if (obj instanceof Tiger) {
            Tiger tiger = (Tiger)obj;  // ❷
            tiger.doMove();
        } else {
            Lion lion = (Lion)obj;     // ❸
            lion.doMove();
        }
    }

    public static void main(String[] args)
    {
        Tiger tiger = new Tiger();
        animalChoose(tiger);

        Lion lion = new Lion();
        animalChoose(lion);
    }
}
```

▼ 실행 결과

```
Console ☒
<terminated> Ex04_Polymorphism3 [Java Application] C:\Dev\jdk-11.0.8\bin\javaw.exe
호랑이는 산을 달립니다.
사자는 평원을 달립니다.
```

이번 예제의 핵심은 ❶ 입니다. 매개변수로 어떤 형태의 객체를 참조하는 변수가 들어올지 알 수 없기 때문에 아예 상위 클래스로 지정해두는 겁니다. 이러면 하위 클래스를 매개변수로 넘겨도 자동으로 형변환되서 매개변수로 들어오게 됩니다.

이후 ❷, ❸에서처럼 원래의 형태로 다시 형변환해서 사용하는 겁니다.

Tip 이런 형태의 사용법을 숙지하고 익숙해져야 합니다. 자바 기초에서 벗어나게 되면 모든 곳에서 이런 패턴으로 코드를 구현하게 됩니다. 다형성은 그냥 이론만 배우고 지나가는 것이 아니고 자바 프로그래밍 전반에서 사용됩니다.

학습 마무리

여기까지 자바 프로그래밍에서 사용하는 상속, 추상 클래스, 인터페이스, 다형성을 알아보았습니다.

핵심 요약

1 상속이란 클래스가 가지고 있는 멤버를 다른 클래스에게 계승시키는 겁니다.

2 오버라이딩이란 상속된 메서드와 동일한 이름, 동일한 인수를 가지는 메서드를 정의하여 메서드를 덮어쓰는 겁니다. 반환값의 형도 같아야만 합니다.

3 final 상수 때처럼 클래스도 "이 클래스가 마지막이야! 더 이상 상속하면 안 돼!"라는 의미로 final을 클래스 앞에 붙여준 것이라고 생각하면 됩니다.

4 구체적인 처리 내용을 기술하지 않고, 호출하는 방법만을 정의한 메서드를 추상 메서드라고 합니다.

5 인터페이스란 상속 관계가 아닌 클래스에 기능을 제공하는 구조입니다. 추상 클래스처럼 추상 메서드로 기능을 제공합니다.

6 상속한 클래스의 객체는 슈퍼 클래스로도 서브 클래스로도 다룰 수 있습니다. 이렇게 하나의 객체와 메서드가 많은 형태를 가지고 있는 것을 다형성이라고 합니다.

7 instanceof는 객체가 지정한 클래스형의 객체인지를 조사하는 연산자입니다.

Chapter

13

패키지와 클래스 패스

#MUSTHAVE

□ 학습 목표	클래스의 경로를 지정하는 데 사용하는 클래스 패스와 패키지를 알아봅니다.
□ 학습 순서	1 클래스 패스 2 패키지 3 패키지로 문제 해결 4 임포트 5 자바에서 제공하는 패키지와 클래스
□ 클래스 패스 소개	클래스 패스는 자바 가상 머신이 클래스를 찾기 위한 탐색 경로입니다.
□ 패키지 소개	관련이 있는 클래스와 패키지를 묶어 놓은 것을 패키지라고 합니다.

13.1 클래스 패스

자바 프로그램을 실행하려고 우리가 선수 수업 때 했던 방법을 생각해봅시다.

```
java Exam01
```

이런 식으로 클래스를 실행시켰습니다. java가 실행되면서 자바 가상 머신이 만들어지고, Exam01 클래스 파일을 찾아서 실행시켜주는 것인데 이때 Exam01.class가 같은 폴더에 있었습니다.

이렇게 .class 파일이 실행시키는 폴더와 같은 폴더에 있을 때는 자바 가상 머신이 클래스를 찾아서 실행을 할 때 별 어려움이 없습니다. 그런데 실행시키는 폴더와 클래스 파일이 다른 폴더에 있다면 어떻게 실행시켜야 할까요?

자바 가상 머신이 클래스를 실행시키는 방법은 다음과 같습니다.

1 같은 폴더에서 클래스 파일을 찾아서 실행해줍니다.
2 경로를 지정했다면 그 경로에 있는 클래스 파일을 찾아서 실행해줍니다.

    - 경로 지정은 클래스 패스를 이용할 수 있습니다.
    - 경로 지정은 패키지를 이용할 수 있습니다.

3. 같은 폴더나 지정된 경로에서 클래스 파일을 찾지 못했다면 클래스 패스에 지정된 폴더에서 찾아서 실행해줍니다.

이번 예제에서는 이클립스에서 코드 작성을 하고, '명령 프롬프트'에서 실행을 해보겠습니다.

To Do 01 Chapter13 프로젝트에 Apple.java와 Ex01_ClassPath.java를 다음과 같이 생성합니다.

```
⌄ Chapter13
  > JRE System Library [jdk-11.0.8]
  ⌄ src
    ⌄ (default package)
      > Apple.java
      > Ex01_ClassPath.java
```

Chapter13 / Apple.java

```java
public class Apple
{
    public void showName()
    {
        System.out.println("My name is apple.");
    }
}
```

Chapter13 / Ex01_ClassPath.java

```java
public class Ex01_ClassPath
{
    public static void main(String[] args)
    {
        Apple apple = new Apple(); // ❶
        apple.showName();          // ❷
    }
}
```

Ex01_ClassPath 클래스에서 ❶ Apple 클래스를 이용해 객체를 생성하고 ❷에서 메서드를 호출합니다. 두 클래스가 같은 폴더에 있기 때문에 Ex01_ClassPath 클래스에서 Apple 클래스를 사용할 수 있는 겁니다.

이클립스에서는 효율적인 프로젝트 관리를 위해 .java 파일과 .class 파일의 폴더를 분리해서 관리하고 있습니다. 선수 수업 때와 같은 환경으로 실행해보기 위해 명령 프롬프트로 가서 직접 실행해보겠습니다.

02 ❶ 윈도우 검색창에서 'cmd'를 입력하고 ❷ 명령 프롬프트를 실행합니다.

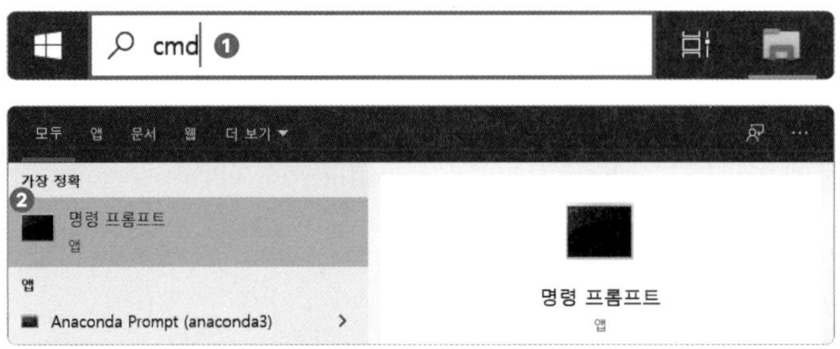

Tip C 드라이브에서 예제를 만들고 있다면 바로 이동하면 되고 D 드라이브에서 예제를 만들고 있다면 명령 프롬프트에서 먼저 디렉터리를 이동하는 다음 명령을 칩니다.

```
D:    Enter
```

03 ❶ cd를 입력하고 ❷ 탐색기창에서 우리가 작업하고 있던 폴더를 드래그 앤 드롭을 하면 명령 프롬프트창에 폴더명이 자동으로 입력됩니다.

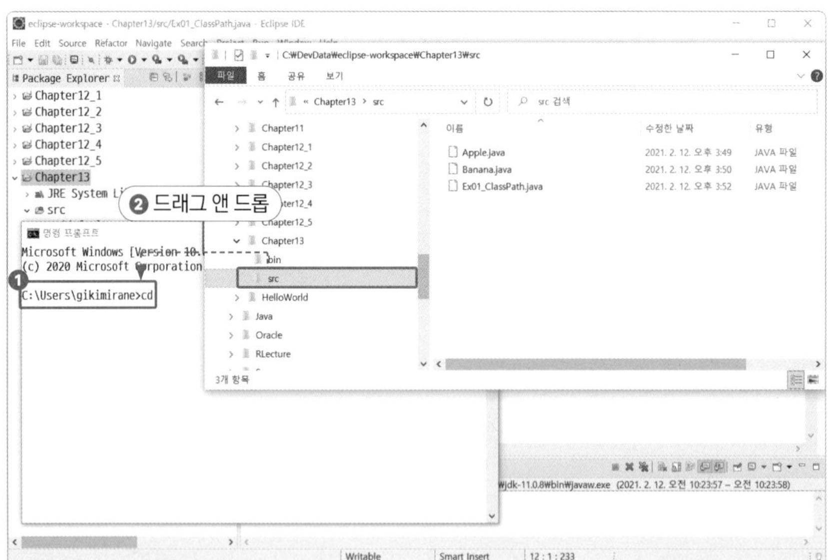

04 dir이라고 입력하고 Enter 를 입력하면 현재 폴더의 리스트를 보여줍니다.[1]

폴더명은 저와 다를 수 있습니다. 현재 우리가 만들고 있는 예제의 소스 폴더로 이동하면 됩니다.

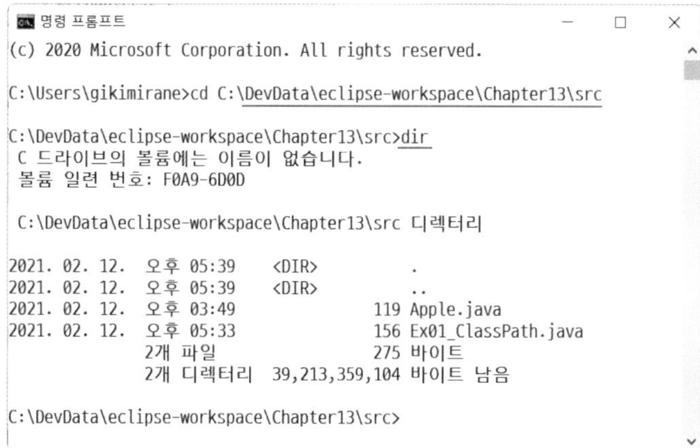

05 이제 컴파일을 합니다.

```
javac Ex01_ClassPath.java
```

에러 없이 프롬프트가 뜨면 dir로 파일 리스트를 다시 확인합니다. .java 파일 하나만 컴파일 했지만 코드 안에 관련 클래스 파일들이 같이 컴파일된 것을 확인할 수 있습니다.

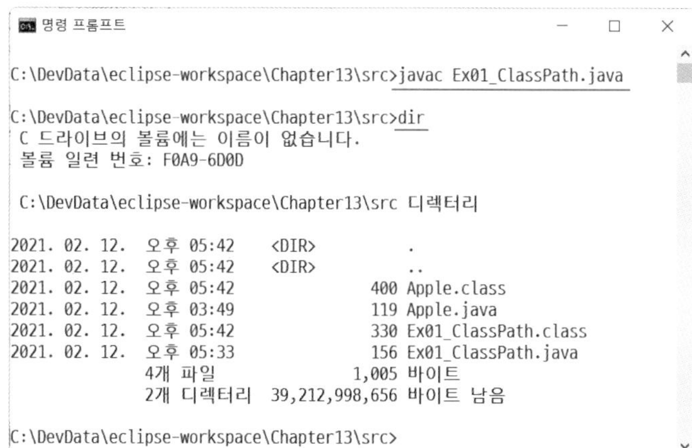

1 선수 수업 때처럼 리눅스 환경에서는 ls, 지금처럼 윈도우 환경일 때는 dir로 폴더의 파일 리스트를 확인합니다.

06 이제 실행해봅니다.

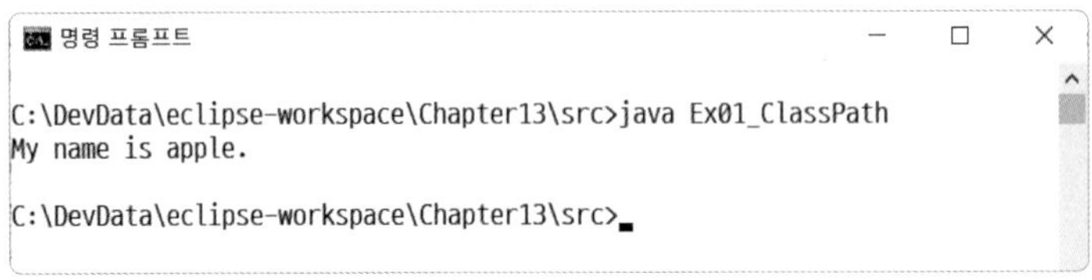

이렇게 같은 폴더에 있는 클래스들은 접근 제어자가 public이나 default라면 다른 클래스에서 별다른 설정 없이 접근해서 사용 가능합니다.

07 그런데 다음과 같이 ❶ sub 폴더를 만들고 ❷ Apple.class 파일을 이동시켜보겠습니다.

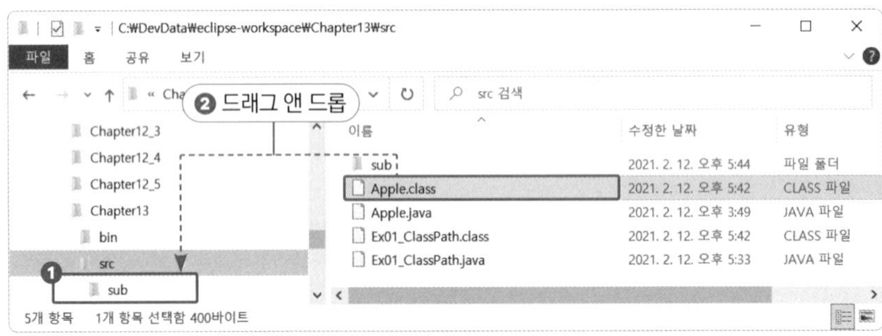

08 다시 Ex01_classPath를 실행시켜봅니다.

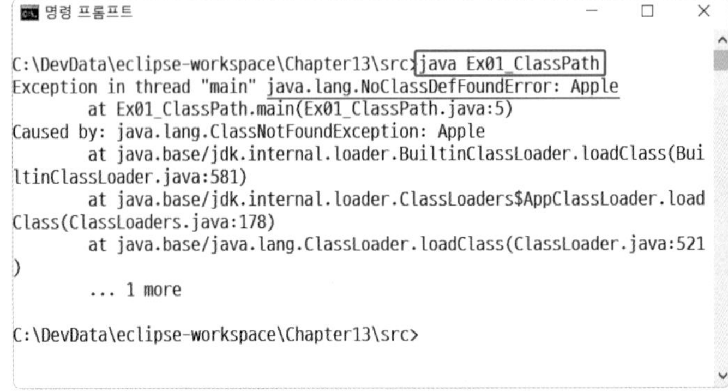

NoClassDefFoundError: Apple 에러가 납니다. 객체를 new하려고 하는데 해당 클래스 파일을 찾을 수 없다는 에러입니다. 이때 클래스 패스를 사용하게 됩니다. java를 실행할 때 옵션으로 클래스 패스를 지정해 클래스 패스에 지정된 폴더에서도 클래스를 찾아달라고 지정하고 실행합니다.

09 다음과 같이 경로까지 입력하고 실행하면 에러 없이 정상적으로 잘 실행됩니다.

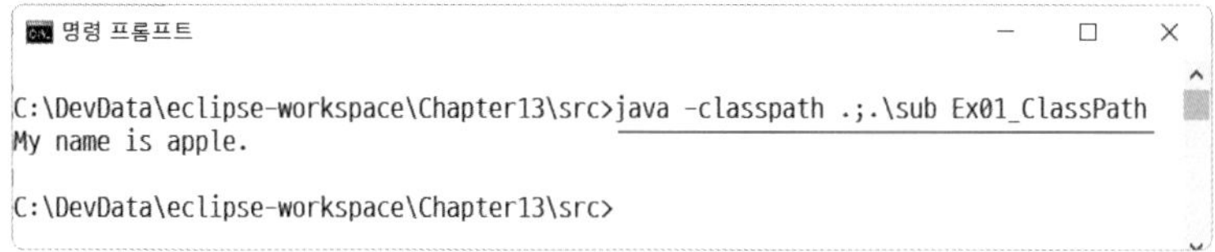

- 앞의 .은 현재 폴더를 클래스 패스에 포함시키라는 뜻입니다.
- 여기에선 현재 폴더와 현재 폴더의 하위 sub 폴더까지 클래스 패스에 추가됩니다.
- 폴더들의 구분은 세미콜론으로 해줍니다.
- 경로는 지금처럼 상대 경로로 지정해줄 수도 있고 절대 경로로 지정해줘도 됩니다.

아까는 클래스 파일들이 같은 폴더에 없어서 에러가 났지만, 지금은 클래스들이 같은 폴더에 있지는 않아도 클래스 패스에 있는 폴더에서 찾을 수 있기 때문에 에러가 발생하지 않습니다. 이렇게 옵션으로 클래스 패스를 매번 지정하여 실행하는 방법은 불편하기 때문에 패키지를 사용하게 됩니다.

환경 변수로 클래스 패스 지정하기

클래스 패스를 옵션으로 지정하여 실행하는 것은 불편하기 때문에 영구적으로 패스를 지정할 수도 있습니다. java를 실행하기 위해 환경 변수에 PATH를 설정한 기억이 있을 겁니다. 자바 클래스 패스 지정 역시 '시스템 환경 변수 편집'에서 CLASSPATH 변수를 만들어 클래스 패스로 사용할 폴더들을 등록해주면 됩니다.

하지만 다음과 같은 문제가 있습니다.

대규모 개발 프로젝트는 혼자서 진행이 힘들기 때문에 팀을 구성하여 작업을 진행하게 되고, 그러면 공동 작업자가 많아집니다. 더구나 한 폴더에서 작업을 하게 되면 클래스가 많아지게 되고 관리가 힘들게 됩니다. 공동 작업자가 많으면 폴더에서 클래스 파일의 이름이 중복될 수도 있습니다. 여기서도 네이밍의 문제가 나옵니다. 그래서 폴더를 나눠서 관리를 하게 되는데 불편하다고 클래스 패스를 너도 나도 등록하면 결국 클래스명이 또 다시 겹치게 됩니다.

13.2 패키지

많은 클래스를 다루는 대규모 프로그램을 작성하는 경우, 이름이 같은 클래스들을 사용해야 하는 상황이 발생할 수 있습니다. 한 폴더에서 클래스 파일이 많아지면 클래스명이 충돌할 수 있는데, 충돌을 방지하는 가장 효과적인 방법은 폴더를 나누어 관리하는 겁니다.

자바에서 패키지package는 관련이 있는 클래스를 묶어 폴더로 구분하여 관리하는 기법인데, 패키지를 사용하면 클래스명이 충돌하는 것도 방지할 수 있습니다.

```
package com.study;        // 패키지명

public class Banana       // 클래스를 다른 패키지에서 이용할 수 있도록 지정
{
    public void showName()
    {
        System.out.println("My name is banana.");
    }
}
```

- src ← 현재 폴더
  - com ← 패키지명
    - study

패키지를 이용하는 파일은 현재 src 폴더에 있습니다. 여기서 java가 실행됩니다. 패키지명은 클래스가 있는 폴더명을 단계대로 차례 차례 가리킨다고 보면 됩니다. 그래서 Banana.class는 현재 폴더 아래 com 폴더 아래 study 폴더 아래 위치하게 됩니다. 패키지를 이용하는 파일이 있는 현재 폴더와 클래스가 있는 폴더가 서로 다르기 때문에 현재 폴더에서 Banana 클래스를 이용하려면 public으로 접근 제한자가 지정되어 있어야 합니다.

To Do **01** 자, 이클립스에서 다음과 같이 만들면 한 번에 패키지와 클래스를 만들 수 있습니다.

프로젝트 탐색기창에서 ❶ [src]를 선택하고 ❷ 우클릭한 후 ❸ [New] → ❹ [Class]를 선택합니다.

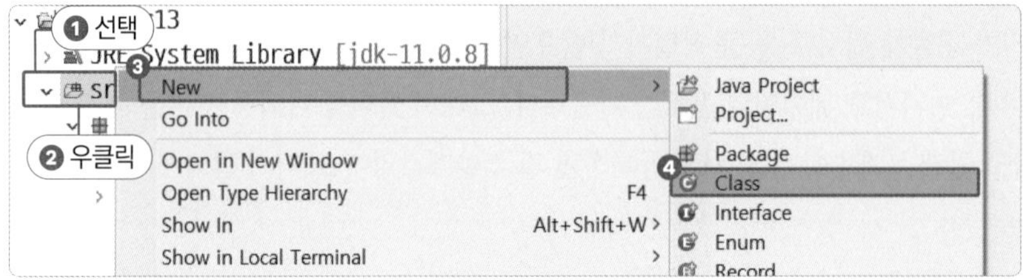

02 클래스를 만드는 창이 뜨면 다음과 같이 입력합니다. 이전과는 다르게 ❶ Package에 com.study를, ❷ Name에 Banana를 입력하고 ❸ [Finish] 버튼을 눌러줍니다. 이렇게 입력하면 현재 src 폴더 아래 com 폴더를 만들고 그 폴더 아래 다시 study 폴더를 만들어줍니다. 그리고 그 폴더에 Banana.java 파일을 만들어줍니다.

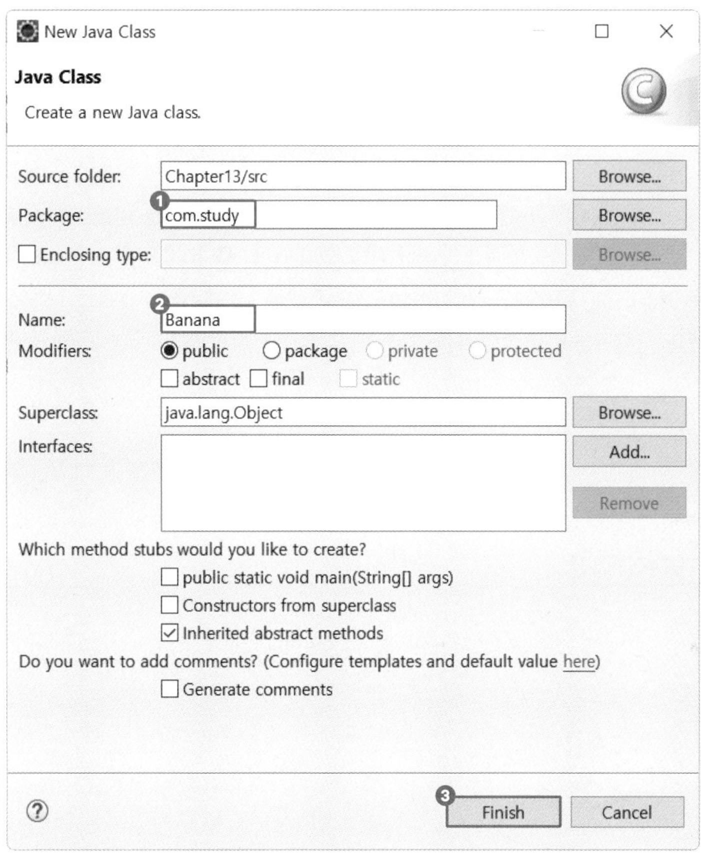

다음과 같이 만들어집니다. 이클립스는 폴더 단계를 윈도우의 파일 탐색기와는 달리 com.study처럼 붙여서 간단히 보여줍니다.

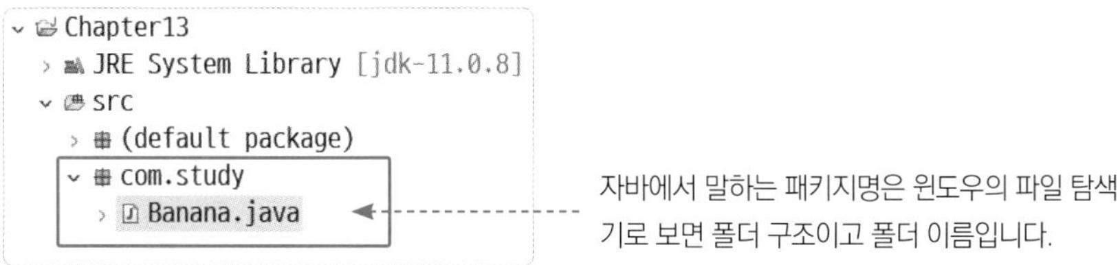

03 코드를 다음과 같이 입력해줍니다.

Chapter13 / Banana.java

```
package com.study;

public class Banana
{
    public void showName()
    {
        System.out.println("My name is banana.");
    }
}
```

04 이제 Banana 클래스를 사용하는 클래스를 만들어보겠습니다. ❶ Ex02_PackageUse 클래스를 만들어 추가해줍니다. 이번에는 패키지명이 들어가면 안 됩니다. 제대로 만들어지면 다음과 같은 구조가 됩니다.

```
⌄ Chapter13
  > JRE System Library [jdk-11.0.8]
  ⌄ src
    ⌄ (default package)
      > Apple.java
      > Ex01_ClassPath.java
    ❶ > Ex02_PackageUse.java
    ⌄ com.study
      > Banana.java
      sub
```

05 ❷ 다음과 같이 코드를 작성해줍니다.

Chapter13 / Ex02_PackageUse.java

```
public class Ex02_PackageUse
{
    public static void main(String[] args)
    {
        Apple apple = new Apple(); // ❶
        apple.showName();

        //Banana banana = new Banana(); // ❷
        com.study.Banana banana = new com.study.Banana(); // ❸
        banana.showName(); // ❹
    }
}
```

▼ 실행 결과

```
Console
<terminated> Ex02_PackageUse [Java Application] C:₩Dev₩jdk-11.0.8₩bin₩javaw.exe
My name is apple.
My name is banana.
```

❶ Apple 클래스는 같은 폴더에 있으므로 이전과 동일한 방법으로 사용하면 됩니다.

❷ Banana 클래스는 다른 폴더에 있으므로 클래스명만 사용하면 찾을 수 없기 때문에 에러가 발생합니다.

❸ Banana 클래스는 패키지명까지 함께 com.study.Banana라고 적어주어야 합니다. 이러면 현재 폴더 아래 com 폴더, 그리고 com 폴더 아래 study 폴더에서 Banana 클래스를 찾아옵니다.

❹ 객체가 정상적으로 만들어지기 때문에 메서드를 호출할 수 있습니다.

Tip 패키지명은 보통 삼 단계 이상으로 만듭니다. 일 단계로는 아직도 이름의 중복이 많이 발생할 수 있기 때문입니다. 그리고 패키지명은 다 소문자로 만듭니다. 그래야 클래스명과 구분할 수 있기 때문입니다. 임포트할 때 보면 소문자로 쓰여 있는 곳까지가 패키지명이 되고 마지막의 대문자로 시작하는 한 단어가 클래스명이 됩니다.

13.3 패키지로 문제 해결

이제 이름이 겹치는 상황을 가정하여 어떻게 구분하여 사용하는지 예제로 만들어보겠습니다.

우리 회사에 원의 넓이와 둘레를 구해달라는 개발 의뢰가 들어왔습니다. 마침 여유가 있는 부서가 두 군데 있어서 area 부서는 원의 넓이를 구하게 하고 circumference 부서는 원의 둘레를 구하게 했습니다. 이제 두 부서에서 클래스를 만들어오면 클래스를 이용하여 원의 넓이와 둘레를 구하기만 하면 될 것 같습니다. 그런데 문명의 혜택도 비슷하게 받았고, 공부도 비슷하게 한 사람들이기 때문에 작명 실력도 비슷한 것 같습니다.

두 부서 모두 클래스명을 Circle로 만들어온 겁니다. 그런데 두 부서에서 만들어온 클래스 코드가 다 길어서 어느 한쪽을 수정하라고 하기에는 무리가 있어 보입니다. 이럴 때 패키지를 적용할 필요가 생기게 되는 겁니다.

우리 회사는 기본적으로 패키지명을 다음과 같이 사용하고 있습니다.

- com.company

이제 여기에 각각의 부서를 붙여서 패키지명을 만듭니다. 원의 넓이를 구한 부서의 이름은 area이고 원의 둘레를 구한 부서의 이름은 length입니다.

- area 부서 : com.company.area 패키지명 사용
- length 부서 : com.company.circumference 패키지명 사용

이제 최종적으로 클래스명을 다음과 같이 만듭니다.

- area 부서에서 만든 클래스 : com.company.area.Circle
- length 부서에서 만든 클래스 : com.company.circumference.Circle

이렇게 클래스에 패키지를 선언하고 폴더를 구성하고 사용하면 충돌이 일어나지 않게 됩니다.

직접 예제를 만들어보겠습니다. 다음과 같이 클래스를 추가합니다.

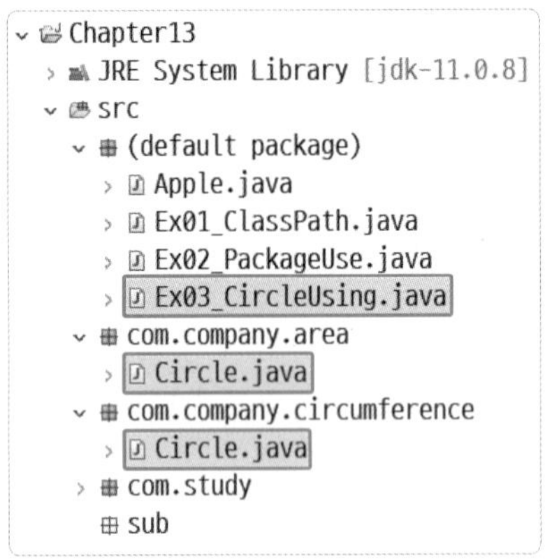

다음과 같이 각각의 코드를 작성해줍니다.

Chapter13 / com.company.area.Circle.java

```java
package com.company.area;

public class Circle
{
    double rad;
    final double PI;

```

```java
    public Circle(double r) {
        rad = r;
        PI = 3.14;
    }

    // 원의 넓이 반환
    public double getArea() {
        return (rad * rad) * PI;
    }
}
```

Chapter13 / com.company.circumference.Circle.java

```java
package com.company.circumference;

public class Circle
{
    double rad;
    final double PI;

    public Circle(double r) {
        rad = r;
        PI = 3.14;
    }

    // 원의 둘레 길이 반환
    public double getCircumference() {
        return (rad * 2) * PI;
    }
}
```

Chapter13 / Ex03_CircleUsing.java

```java
public class Ex03_CircleUsing
{
    public static void main(String[] args)
    {
        com.company.area.Circle c1 = new com.company.area.Circle(3.5); // ❶
        System.out.println("반지름 3.5 원 넓이: " + c1.getArea());

        com.company.circumference.Circle c2 = new com.company.circumference.Circle(3.5); // ❷
        System.out.println("반지름 3.5 원 둘레: " + c2.getCircumference());
```

```
    }
}
```

▼ 실행 결과

```
Console ⊠
<terminated> Ex02_PackageUse [Java Ap
My name is apple.
My name is banana.
```

❶ 넓이를 구하는 Circle 클래스는 패키지명까지 함께 com.company.area.Circle이라고 적어주어야 합니다.

❷ 둘레를 구하는 Circle 클래스는 패키지명까지 함께 com.company.circumference.Circle이라고 적어주어야 합니다.

처음에는 클래스명이 Circle로 같아 같은 폴더에서는 에러가 발생하겠지만, 이렇게 패키지를 이용하여 물리적인 폴더를 구분하여 저장하고 사용하면 서로 충돌이 발생하지 않게 됩니다. 대신 **패키지명.클래스명**으로 코드가 길어지는 사소한 단점이 있습니다.

13.4 임포트

그런데 이렇게 매번 패키지명을 붙여서 사용하게 되면 불편합니다. 클래스명이 같아서 충돌이 일어나는 경우가 아니라면 이번 예제처럼 임포트를 해서 사용하게 됩니다. 이번에도 패키지명을 입력하지 말고 클래스명만 입력하여 Ex04_ImportUse 클래스를 추가합니다. 코드를 다음과 같이 작성합니다.

Chapter13 / Ex04_ImportUse.java

```
import com.study.Banana; // ❶

public class Ex04_ImportUse
{
    public static void main(String[] args)
    {
        Banana banana = new Banana(); // ❷
        banana.showName();
    }
}
```

▼ 실행 결과

```
Console ⊠
<terminated> Ex04_ImportUse [Java Ap
My name is banana.
```

❶ 사용하고자 하는 클래스를 패키지명하고 같이 써서 임포트를 합니다. ❷ 이렇게 임포트한 클래스는 패키지명 없이 사용할 수 있습니다.

임포트할 클래스가 많을 때는 이렇게 하나씩 임포트하는 것은 또한 불편합니다. 그래서 여러 클래스를 한꺼번에 임포트해야 할 필요가 있습니다. 다음과 같이 작성하면 같은 패키지에 있는 클래스를 한 번에 임포트할 수 있습니다.

```
import com.study.*;
```

다행인 것은 컴파일 과정을 거치면서 실제로 사용되는 것만 임포트된다는 겁니다.

13.5 자바에서 기본 제공하는 패키지와 클래스

자바에서 기본으로 제공해주는 많은 패키지와 클래스는 다음과 같이 여러 가지가 있습니다.

이미 몇 가지는 사용해보았습니다.

- java.util.Scanner
- java.util.Random
- java.lang.System

java.lang.System은 System.out.println(...) 메서드를 사용할 때 사용한 클래스입니다. 앞에서도 잠깐 언급했는데, java.lang 패키지만 예외적으로 임포트가 필요 없습니다. 클래스명만 적어서 사용할 수 있습니다. 그 덕분에 이 패키지에 포함된 String 클래스도 별도의 임포트 작업 없이 여태 사용할 수 있었습니다.

이런 패키지가 없었다면 화면 출력이나 키보드 입력 등 자주 사용하는 기능조차도 개발자가 직접 구현해야 합니다. 자바가 제공하는 기본 패키지는 java로 시작하며, 확장 패키지는 javax로 시작합니다.

▼ 자주 사용하는 자바의 기본 패키지

패키지명	패키지에 포함된 클래스
java.lang	기본적인 클래스
java.io	입출력 관련 클래스
java.net	네트워크 관련 클래스

java.util	유틸리티 관련 클래스
java.math	수치 연산 관련 클래스
java.text	텍스트, 숫자, 날짜 등의 국제화 관련 클래스
java.time	자바 8이 지원하는 날짜 및 시간을 처리하는 클래스

JDK 설치 폴더 아래 lib 폴더에 있는 src.zip 파일의 압축을 해제해보면 개발자가 사용할 수 있는 자바 API의 소스를 확인할 수 있습니다.

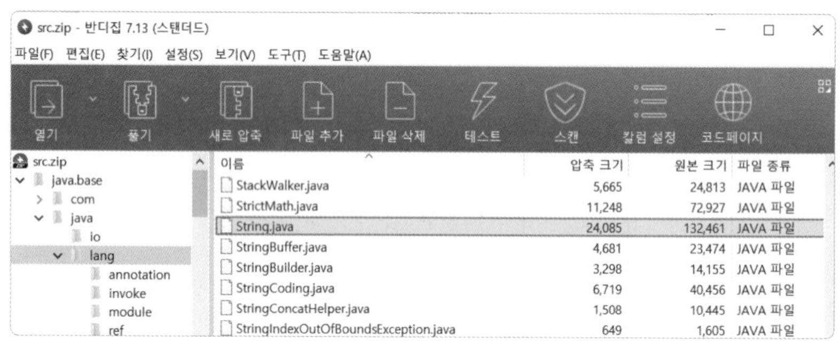

학습 마무리

여기까지 자바 프로그래밍에서 사용하는 클래스 패스와 패키지를 알아보았습니다.

핵심 요약

1 클래스 패스는 자바 가상 머신이 클래스를 찾는 탐색 경로입니다.

2 패키지는 관련이 있는 클래스를 묶어 폴더로 구분하여 관리하는 기법인데, 패키지를 사용하면 클래스명이 충돌하는 것도 방지할 수 있습니다.

3 매번 패키지명을 붙여서 사용하게 되면 불편합니다. 클래스명이 같아서 충돌이 일어나는 경우가 아니라면 임포트를 해서 사용하면 편리합니다.

Chapter

14

String 클래스

#MUSTHAVE

☐ **학습 목표**	자바 String 클래스에서 다루는 다양한 메서드를 알아봅니다.
☐ **학습 순서**	**1** String을 선언하는 두 가지 방법 **2** 문자열형 변수 참조 비교 **3** 문자열형 변수 내용 비교 **4** String 클래스의 메서드 **5** 문자열 대상 연산 **6** 문자열 결합 **7** 문자열 분할
☐ **String 클래스 소개**	String은 문자열을 처리하는 클래스입니다. 우리가 여태 사용한 "Hello", "홍길동" 등은 String 클래스로 생성한 문자열 객체입니다.

14.1 String을 선언하는 두 가지 방법

자바는 문자열을 사용할 때 String 클래스를 사용합니다. 문자열은 자바 코드에서 글자들을 큰따옴표로 묶은 값입니다.

▼ 문자와 문자열

구분	자료형	기호	예시
문자	char	작은따옴표 사용	'A', '가', '0' …
문자열	String	큰따옴표 사용	"A", "가", "0", "홍길동", "안녕하세요?" ...

자바에서 문자열을 생성하는 방법은 다음과 같이 두 가지입니다.

```
String str1 = new String("홍길동");
String str2 = "전우치";
```

단지 생성하는 방법에만 차이만 있는 것이 아닙니다. 자바 내부에서 이 두 문자열을 생성하고 처리하는 방법도 차이가 많이 납니다. 여태까지 배운 것을 잘 기억한다면 둘의 처리 방식의 차이점을 알 수 있습니다.

첫 번째는 new 연산자와 문자열 리터럴 매개변수가 있는 생성자를 이용하여 객체를 힙에 만들고 그 참조 값을 변수에 대입하고 있습니다. 이때 객체를 무조건 새로 만듭니다.

두 번째는 문자열 리터럴을 직접 대입하고 있습니다. 상수를 직접 대입할 수 없기 때문에 내부적으로 new String()을 호출하여 객체를 힙에 생성하고 그 참조 값을 변수에 대입해줍니다. 이때 매번 새로 만드는 것이 아니고 똑같은 문자열 리터럴로 이미 만들어져 있는 객체가 있다면 그 객체의 참조 값을 변수에 대입해줍니다.

정말로 그런지 예제를 만들어 코드로 확인해보겠습니다.

Chapter14 / Ex01_StringUse.java

```
public class Ex01_StringUse
{
    public static void main(String[] args)
    {
        String str1 = new String("자바프로그래밍");
        String str2 = new String("자바프로그래밍");
        String str3 = "자바프로그래밍"; // ❶
        String str4 = "자바프로그래밍";

        System.out.println(str1);
        System.out.println(str2);
        System.out.println(str3);
        System.out.println(str4);
    }
}
```

▼ 실행 결과

```
Console
<terminated> Ex01_StringUse [Java Application] C:\Dev\jdk-11.0.8\bin\javaw.exe
자바프로그래밍
자바프로그래밍
자바프로그래밍
자바프로그래밍
```

디버그 모드로 살펴보겠습니다.

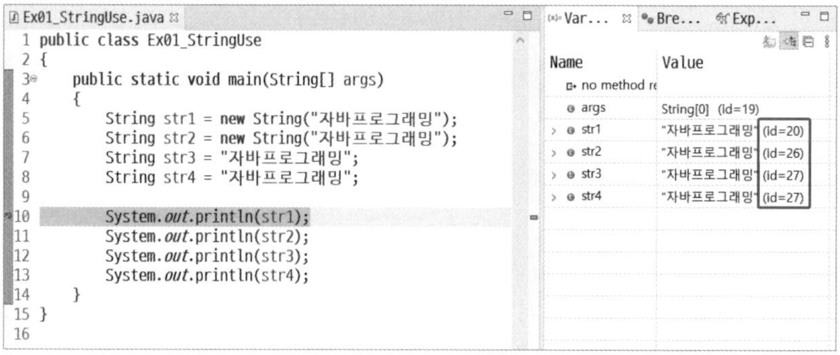

Ex01_StringUse.java

```java
public class Ex01_StringUse
{
    public static void main(String[] args)
    {
        String str1 = new String("자바프로그래밍");
        String str2 = new String("자바프로그래밍");
        String str3 = "자바프로그래밍";
        String str4 = "자바프로그래밍";

        System.out.println(str1);
        System.out.println(str2);
        System.out.println(str3);
        System.out.println(str4);
    }
}
```

Name	Value
no method re	
args	String[0] (id=19)
str1	"자바프로그래밍" (id=20)
str2	"자바프로그래밍" (id=26)
str3	"자바프로그래밍" (id=27)
str4	"자바프로그래밍" (id=27)

변수 str1과 변수 str2에 담긴 객체의 참조 값은 서로 다를 것이 확실합니다. new를 이용하여 생성된 객체는 무조건 새로 만드는 것이기 때문입니다. 우측에서 id값을 확인하니 서로 다릅니다.

그리고 문자열 리터럴을 직접 대입받은 ❶ str3도 처음에는 객체를 내부적으로 new를 이용하여 만들게 되므로 우측에서 보듯이 참조 값이 27로 생성되어 있습니다.

그리고 그 후 새로 만들어진 변수 str4에도 문자열 리터럴이 직접 대입됩니다. 이처럼 문자열 리터럴을 이용해 객체를 만들려고 할 때 이미 같은 문자열 리터럴을 사용하는 객체가 있으므로 그 객체의 참조 값 27을 str4에 대입시켜줍니다.

이렇게 문자열 리터럴이 직접 대입되는 경우는 새로 만들지 않고 기존 객체를 재사용하게 됩니다.

Tip 자바는 문자열 리터럴을 직접 대입하여 만들어지는 객체를 힙의 String Constant Pool이라는 곳에서 일반 객체와 분리하여 따로 관리합니다.

14.2 문자열형 변수의 참조 비교

문자열의 내용을 비교하려면 어떻게 해야 할까요? 일단 생각나는 것이 비교 연산자입니다. 예를 들면 if (num == 3)이라는 코드를 사용하듯 문자열도 if (str1 == str2)로 비교할 수 있을까요? 아쉽게도 이 방법으로는 문자열의 내용을 비교할 수 없습니다.

조금 전까지 우리가 공부한 내용을 상기하면 문자열형의 변수에는 문자열이 아닌 문자열 객체를 참조하는 id값이 들어 있습니다. 그러므로 저 비교 연산은 변수의 값을 비교하게 되고, 그러면 참조하고 있는 id값들을 비교하게 됩니다. 우리가 원하는 객체가 가진 문자열의 내용을 비교하는 것이 아닙니다. 같은 객체인지 아닌지를 비교하게 되는 겁니다.

예제를 만들고 코드에서 살펴보겠습니다.

Chapter14 / Ex02_RefCompare.java

```
public class Ex02_RefCompare
{
    public static void main(String[] args)
    {
        String str1 = new String("자바프로그래밍");
        String str2 = new String("자바프로그래밍");
        String str3 = "자바프로그래밍";
        String str4 = "자바프로그래밍";

        if (str1 == str2) // ❶
            System.out.println("str1과 str2는 동일 객체 참조");
        else
            System.out.println("str1과 str2는 다른 객체 참조");  // ❷

        if (str3 == str4)  // ❸
            System.out.println("str3과 str4는 동일 객체 참조");  // ❹
        else
            System.out.println("str3과 str4는 다른 객체 참조");

    }
}
```

▼ 실행 결과

```
Console ☒
<terminated> Ex02_RefCompare [Java Application] C:₩Dev₩jdk-11.0.8₩bin₩javaw.exe
str1과 str2는 다른 객체 참조
str3과 str4는 동일 객체 참조
```

변수의 생성은 앞의 내용과 같고 단지 비교 연산자를 이용해서 비교하는 부분이 추가되었습니다.

❶에서의 비교 연산은 변수 str1과 변수 str2의 값을 비교합니다. 그리고 그 값은 서로 다른 객체의 id값을 가지고 있으므로 ❷가 출력됩니다.

변수 str3과 변수 str4에는 같은 객체의 참조 id가 들어 있고 ❸에서 그 값을 비교하면 비교 연산의 결과로 ❹가 출력됩니다.

14.3 문자열형 변수의 내용 비교

비교 연산자로는 내용을 비교할 수 없다는 것을 알았습니다. 그러면 문자열의 내용을 비교하려면 어떻게 해야 할까요? String 클래스는 많은 메서드를 제공하는데 그중 내용을 비교하는 메서드도 있습니다.

내용이 단순히 같다를 비교할 때는 String 클래스의 equals() 메서드를 사용합니다. 그리고 내용이 비교되는 대상보다 크다, 같다, 작다를 비교할 때는 compareTo() 메서드를 사용합니다.

예제를 통해서 사용법을 알아보겠습니다.

Chapter14 / Ex03_ContentsCompare.java

```
public class Ex03_ContentsCompare
{
    public static void main(String[] args)
    {
        String str1 = new String("Apple");  // ❶
        String str2 = new String("apple");  // ❷
        String str3 = new String("Banana"); // ❸
        int cmp;

        // 인스턴스 내용 비교
        if(str1.equals(str3)) // ❹ 문자열이 같은지 비교
            System.out.println("두 문자열은 같습니다.");
        else
            System.out.println("두 문자열은 다릅니다."); // ❺

        cmp = str1.compareTo(str2); // ❻ 대소문자 구분해 사전순 비교

        if(cmp == 0)
            System.out.println("두 문자열은 일치합니다.");
        else if (cmp < 0)
            System.out.println("사전의 앞에 위치하는 문자: " + str1); // ❼
        else
            System.out.println("사전의 앞에 위치하는 문자: " + str2);


        if(str1.compareToIgnoreCase(str2) == 0)  // ❽ 대소문자 구분 없이 사전순 비교
            System.out.println("두 문자열은 같습니다.");  // ❾
        else
```

```java
            System.out.println("두 문자열은 다릅니다.");
    }
}
```

▼ 실행 결과

```
Console ☒
<terminated> Ex03_ContentsCompare [Java Application] C:\Dev\jdk-11.0.8\bin\javaw.
두 문자열은 다릅니다.
사전의 앞에 위치하는 문자: Apple
두 문자열은 같습니다.
```

❶, ❷, ❸에서 생성된 객체는 문자열 리터럴이 다르기 때문이 아니고 new에 의해서 만들어졌기 때문에 서로 다른 객체입니다.

String 클래스의 equals 메서드에 의해서 비교되면 객체의 참조 id를 비교하는 것이 아니라 객체 안에 들어 있는 문자열의 내용을 비교해줍니다. 그래서 ❹ 메서드 호출의 결과는 문자열의 내용이 다르므로 ❺가 실행됩니다.

❻ A.compareTo(B)는 사전순으로 비교합니다. 어떤 문자열이 사전의 앞쪽에 나오는지를 비교해 그 결과를 정수로 반환해줍니다. 값이 0이면 서로 동일한 값이고, 값이 음수이면 A가 사전순으로 앞쪽에 있다는 겁니다. 반대로 결과가 양수이면 A가 사전순으로 B보다 뒤쪽에 있다라는 결과입니다. 그래서 ❻의 반환값을 체크하면 자바는 대소문자를 구분하기 때문에 ❼이 실행됩니다. 대문자 A로 시작하는 문자열이 소문자 a로 시작되는 문자열보다 사전순으로 앞쪽에 있기 때문입니다.

❽ compareToIgnoreCase() 메서드를 사용하면 모든 문자를 대소문자 구분 없이 비교해줍니다. 결과로는 ❾가 실행됩니다.

14.4 String 클래스의 메서드

프로그래밍에서 문자열은 매우 많이 사용됩니다. 그래서 String 클래스는 문자열을 다루는 많은 메서드를 제공합니다.

14.4.1 문자열 합치기

concat() 메서드로 두 문자열을 연결할 수 있습니다.

Chapter14 / Ex04_concat.java

```java
public class Ex04_concat
{
    public static void main(String[] args)
    {
        String str1 = "기초";
        String str2 = "프로그래밍";

        String str3 = str1.concat(str2);   // ❶ String끼리 합치기
        System.out.println(str3);

        String str4 = "자바".concat(str3); // ❷ 문자열 리터럴과 String 합치기
        System.out.println(str4);
    }
}
```

▼ 실행 결과

```
Console ☒
<terminated> Ex04_concat [Java Application] C:₩Dev₩jdk-11.0.8₩bin₩javaw.exe
기초프로그래밍
자바기초프로그래밍
```

❶ 변수와 변수를 이용하여 문자열을 합칠 수 있습니다. str1의 문자열에 str2 문자열을 합쳐서 새로운 문자열을 반환해줍니다.

❷ 문자열 리터럴에 메서드를 바로 사용할 수도 있습니다.

14.4.2 문자열에서 문자 찾기

indexOf() 메서드는 문자열에서 매개변수로 들어온 문자열의 위치를 찾을 수 있습니다.

Chapter14 / Ex05_indexOf.java

```java
public class Ex05_indexOf
{
    public static void main(String[] args)
    {
        String str = "AppleBananaOrange";
        int num1 = str.indexOf("a");          // ❶ "a" 위치 반환
        int num2 = str.indexOf("a", num1+1); // ❷ 첫 "a" 그다음 "a" 위치 반환

        System.out.println(num1);
        System.out.println(num2);
```

```
    }
}
```

▼ 실행 결과

```
Console ⊠
<terminated> Ex05_indexOf [Java Application] C:₩Dev₩jdk-11.0.8₩bin₩javaw.exe
6
8
```

다음은 문자열에서 개별 문자들의 개별 위치를 나타내는 인덱스값을 보여줍니다.

0	1	2	3	4	5	6	7	8	9	10	11	12	13	14	15	16
A	p	p	l	e	B	a	n	a	n	a	O	r	a	n	g	e

❶ indexOf() 메서드로 a가 처음 나오는 위치를 찾아옵니다. 대소문자를 구분합니다. 그러므로 첫 번째 소문자 위치인 6이 반환됩니다.

❷ idnexOf() 메서드에 찾을 문자와 찾기 시작할 위치를 지정하여 문자를 찾을 수 있습니다. 여기서는 8이 반환됩니다.

14.4.3 문자열 자르기

substring() 메서드로 문자열에서 특정 위치의 문자열을 잘라낼 수 있습니다.

Chapter14 / Ex06_substring.java

```java
public class Ex06_substring
{
    public static void main(String[] args)
    {
        String str1 = "AppleBananaOrange";
        int num1 = str1.indexOf("Banana");    // ❶ "Banana" 시작 위치 반환
        int num2 = str1.indexOf("Orange");    // ❷ "Orange" 시작 위치 반환

        String str2 = str1.substring(num1, num2);  // ❸ 구간 반환
        System.out.println(str2);

        String str3 = str1.substring(num2);   // ❹ 특정 위치 이후 반환
        System.out.println(str3);
    }
```

```
}
```

▼ 실행 결과

```
Console
<terminated> Ex06_substring [Java Application] C:\Dev\jdk-11.0.8\bin\javaw.exe
Banana
Orange
```

다음은 문자열에서 개별 문자들의 개별 위치를 나타내는 인덱스값을 보여주고 있습니다.

0	1	2	3	4	5	6	7	8	9	10	11	12	13	14	15	16
A	p	p	l	e	B	a	n	a	n	a	O	r	a	n	g	e

❶ Banana 문자열이 시작하는 위치를 찾아옵니다. ❷ Orange 문자열이 시작하는 위치를 찾아옵니다.

❸ substring(5, 11)은 5부터 10까지의 문자열을 반환합니다. ❹ substring(11) 은 11부터 문자열의 끝까지 문자열을 반환합니다.

14.4.4 문자열의 길이 구하기

length() 메서드로 문자열의 길이를 알아올 수 있습니다.

Chapter14 / Ex07_length.java

```
public class Ex07_length
{
    public static void main(String[] args)
    {
        String str = "apple";
        for (int i=0; i<str.length(); i++)   // ❶ 문자열 길이 확인
        {
            char ch = str.charAt(i);   // ❷ 문자 읽기
            if (ch == 'l')
                break;
            System.out.println(ch);
        }
    }
}
```

▼ 실행 결과

```
Console
<terminated> Ex09_StringTokenizer [Java Application] C:₩Dev₩jdk-11.0.8₩bin₩javaw.
a
b
c
```

❶ length() 메서드를 이용하여 문자열의 길이를 구해옵니다.

❷ charAt() 메서드를 이용하여 문자열에서 해당 인덱스의 문자를 가져올 수 있습니다.

charAt() 메서드는 8장 프로젝트에서 사용자가 키보드에서 입력한 값을 비교할 때 사용해본 적이 있습니다.

14.4.5 기본 자료형의 값을 문자열로 바꾸기

클래스 메서드를 이용하여 기본 자료형의 값을 문자열로 바꿀 수 있습니다. 다음은 메서드의 오버로딩입니다.

```
static String valueOf(boolean b)
static String valueOf(char b)
static String valueOf(double b)
static String valueOf(float b)
static String valueOf(int b)
static String valueOf(long b)
```

다음은 double형 자료를 String.valueOf()에 인수로 주는 코드입니다.

```
double e = 2.718281;
String se = String.valueOf(e);
```

14.4.6 자주 사용되는 String 클래스의 메서드들

앞에서 살펴본 메서드 외에도 String 클래스에는 다음과 같은 메서드들이 있습니다.

▼String 클래스의 메서드들

메서드	설명
boolean contains(String s)	문자열 s를 포함하는지 조사합니다.
boolean startsWith(String s)	시작하는 문자열이 s인지 조사합니다.
boolean endsWith(String s)	끝나는 문자열이 s인지 조사합니다.
boolean isEmpty()	문자열의 길이가 0이면 true를 반환합니다.
String toLowerCase()	문자열을 모두 소문자로 변환합니다.
String toUpperCase()	문자열을 모두 대문자로 변환합니다.
String trim()	문자열 앞뒤에 있는 공백을 제거한 후 반환합니다.

14.5 문자열 대상 연산

System.out.println() 메서드를 사용할 때 '문자열 + 문자열' 등 문자열에 대한 연산을 이미 사용해보았습니다. 이 부분에 대해서 조금 더 살펴보겠습니다.

14.5.1 문자열 대상 + 연산

'문자열 + 문자열'에서 +는 산술 연산을 수행할 수 없기 때문에 다음과 같이 컴파일러에 의해 자동 변환이 일어나서 String 클래스의 concat() 메서드가 수행됩니다.

```
String str = "자바" + "프로그래밍";
                  │ 컴파일러에 의한 자동 변환
                  ▼
String str = "자바".concat("프로그래밍");
```

14.5.2 문자열 대상 += 연산

문자열에 대한 복합 대입 연산도 다음과 같이 컴파일러에 의해 자동 수행됩니다.

```
String str = "자바";

str += "프로그래밍";      // str = str + "프로그래밍";
        ↓
                              // 컴파일러에 의한 자동 변환
str = str.concat("프로그래밍");
```

14.5.3 문자열과 기본 자료형의 + 연산

문자열과 기본 자료형의 + 연산은 다음과 같은 복잡한 과정을 거치게 되지만 컴파일러가 자동으로 처리해줍니다.

```
String str = "홍길동 : " + 20;
                        ↓
String str = "홍길동 : ".concat(String.valueOf(20));
```

그리고 concat() 메서드처럼 반환형이 다시 String형이면 스트링 메서드를 계속 이어서 사용할 수 있습니다.

```
String str = "홍길동".concat("전우치").concat("손오공");
                     ↓
String str = ("홍길동".concat("전우치")).concat("손오공");
                 ↓
String str = "홍길동전우치".concat("손오공");
                 ↓    ↑────── 임시 스트링 객체가 생겨납니다.
String str = "홍길동전우치손오공";
```

14.6 문자열 결합

앞에서 본 concat() 메서드는 결과물에 대한 객체를 계속해서 만들어내게 됩니다. 그러므로 많은 수의 문자열을 합치면 문자열 결합에 메모리가 비효율적으로 사용됩니다.

이처럼 스트링 클래스는 한 번 생성되면 그 내부의 문자열이 변경되지 않기 때문에 String 클래스를 사용해 문자열을 계속 연결하거나 변경하는 프로그램을 작성하면 메모리가 많이 낭비됩니다.

StringBuilder 클래스는 내부에 변경 가능한 변수를 가지고 있습니다. 이 클래스를 사용하여 문자열을 연결하면 기존에 사용하던 변수의 값을 계속 확장하므로 임시 객체를 만들지 않습니다. 새로운 메모리를 확보하고 객체를 만드는 작업을 하지 않으므로 문자열 연결 속도도 빨라집니다.

Chapter14 / Ex08_StringBuilder.java

```
public class Ex08_StringBuilder
{
    public static void main(String[] args)
    {
        StringBuilder buf = new StringBuilder("동해물과");  // ❶

        buf.append("백두산이");        // ❷ 추가
        System.out.println(buf.toString()); // ❸ 형변환 후 출력

        buf.append(12345);            // ❹ 추가
        System.out.println(buf.toString());

        buf.delete(0, 4);             // ❺ 구간 삭제
        System.out.println(buf.toString());

        buf.replace(4, 8, "ABC");     // ❻ 값 변경
        System.out.println(buf.toString());

        buf.reverse();                // ❼ 순서 반전
        System.out.println(buf.toString());
    }
}
```

▼ 실행 결과

```
Console ☒
<terminated> Ex08_StringBuilder [Java Application] C:₩Dev₩jdk-11.0.8₩bin₩javaw.exe
동해물과백두산이
동해물과백두산이12345
백두산이12345
백두산이ABC5
5CBA이산두백
```

❶ StringBuilder 객체를 만들어 변수에 참조 값을 대입합니다.

❷ 값을 추가합니다. ❸ 출력하려면 스트링형으로 변환해서 출력해야 합니다.

❹ 값을 추가합니다. 매개변수의 타입이 여러 가지인 메서드가 오버로딩되어 있습니다.

❺ 인덱스값으로 지정된 범위의 값을 제거합니다(from : 포함, to : 미포함).

❻ 인덱스값으로 지정된 범위의 값을 다른 값으로 변경합니다. 이때 길이가 똑같을 필요는 없습니다.

❼ 값의 순서를 바꿉니다.

StringBuilder와 StringBuffer 클래스

StringBuilder와 StringBuffer 클래스는 내부에 변경 가능한 char[][1]를 변수로 가지고 있습니다. 이 두 클래스를 사용하여 문자열을 연결하면 기존에 사용하던 char[] 배열이 확장되므로 임시 객체를 만들지 않습니다.

StringBuffer와 StringBuilder는 기능적으로는 완전히 동일합니다.

- 생성자를 포함한 메서드 수
- 메서드 기능
- 메서드 이름과 매개변수 선언

StringBuffer는 스레드에 안전합니다. 그러나 모든 프로그램이 스레드 기능을 사용한 프로그래밍을 하지는 않습니다. 따라서 스레드 안전성이 불필요한 상황에서 StringBuffer를 사용하면 성능의 저하만 유발하게 됩니다. 그래서 StringBuilder가 등장하게 된 것뿐입니다.

14.7 문자열 분할

StringTokenizer는 문자열을 분할하는 클래스입니다. 분할한 문자열을 토큰이라고 합니다.

```
StringTokenizer st = new StringTokenizer("동해물과,백두산이,마르고,닳도록", ",");
```

1 15장 '배열'에서 배웁니다.

- 첫 번째 매개변수 : 데이터로 사용될 문자열
- 두 번째 매개변수 : 어떤 구분자를 이용해서 자를 것인지를 지정합니다. 생략하면 공백이나 탭으로 구분합니다.

StringTokenizer 클래스는 다음과 같은 메서드가 있습니다.

hasMoreTokens();	토큰이 있으면 true를 반환합니다.
nextToken();	토큰을 차례로 가져옵니다.

Chapter14 / Ex09_StringTokenizer.java

```
import java.util.StringTokenizer;

public class Ex09_StringTokenizer
{
    public static void main(String[] args)
    {
        StringTokenizer st1 = new StringTokenizer("a b c"); // ❶ 공백 기준 분할
        //StringTokenizer st2 = new StringTokenizer("1,2,3", ","); // ❷

        while (st1.hasMoreTokens()) // ❸ 토큰 유무 확인
        {
            System.out.println( st1.nextToken() ); // ❹
        }
    }
}
```

▼ 실행 결과

```
Console ⊠
<terminated> Ex09_StringTokenizer [Java Application] C:₩Dev₩jdk-11.0.8₩bin₩javaw.
a
b
c
```

❶ 문자열을 토큰으로 나눕니다. 두 번째 매개변수가 없기 때문에 공백으로 나눕니다. ❷ 문자열을 토큰으로 나누기 위한 구분자를 지정해줄 수 있습니다.

❸ 나누어진 토큰이 있는지 체크합니다. ❹ 토큰이 있다면 nextToken() 메서드로 반환받아옵니다.

학습 마무리

여기까지 스트링 클래스에서 사용하는 다양한 메서드를 알아보았습니다.

핵심 요약

1 자바에서 문자열을 생성하는 방법은 다음과 같이 두 가지입니다.

```
String str1 = new String("홍길동");
String str2 = "전우치";
```

2 String 클래스의 equals() 메서드는 문자열 내용이 같다를 비교할 때 사용합니다.

3 compareTo() 메서드는 문자열 내용이 비교되는 대상보다 크다, 같다, 작다를 비교할 때 사용합니다.

4 concat() 메서드로 두 문자열을 연결할 수 있습니다.

5 indexOf() 메서드는 문자열에서 매개변수로 들어온 문자열의 위치를 찾을 수 있습니다.

6 substring() 메서드로 문자열에서 특정 위치의 문자열을 잘라낼 수 있습니다.

7 length() 메서드로 문자열의 길이를 알아올 수 있습니다.

8 StringBuilder 클래스는 내부에 변경 가능한 변수를 가지고 있습니다. 이 클래스를 사용하여 문자열을 연결하면 기존에 사용하던 변수의 값을 계속 확장하므로 임시 객체를 만들지 않습니다. 새로운 메모리를 확보하고 객체를 만드는 작업을 하지 않으므로 문자열 연결 속도도 빨라집니다.

Chapter

15

배열

#MUSTHAVE

학습 목표	자바의 배열을 알아보고, 배열을 다룰 때 사용하는 Array 클래스를 알아봅니다.
학습 순서	1 1차원 배열
	2 for ~ each문
	3 다차원 배열
	4 배열 관련 유틸리티 메서드
	5 배열의 내용 비교
	6 배열의 내용 정렬
배열 소개	배열은 복수의 동일한 자료형의 변수를 묶어놓은 자료구조입니다. 대량의 데이터를 다룰 때나 차례대로 읽어들이고 싶을 때 사용합니다.

15.1 1차원 배열

배열은 동일한 자료형 여러 개의 값을 함께 저장할 수 있습니다. 일차원 배열과 다차원 배열이 있는데 이번 절에서는 일차원 배열을 알아보겠습니다.

15.1.1 배열 선언

이제까지 사용한 변수는 자료 한 개를 저장하는 공간이었습니다.

```
int num = 0;
```

그런데 프로그래밍을 하다 보면 자료형이 같은 자료를 여러 개 반복해서 구현해야 하는 일이 생깁니다. 가령 우리 학교 한 반의 국어 점수를 기록하고 싶습니다. 우리 학교 한 반의 인원은 50명입니다. 코드로 작성하면 다음과 같이 될 겁니다.

```
int korScore01 = 90;
```

```
int korScore02 = 80;
int korScore03 = 70;
int korScore04 = 95;
…
int korScore49 = 85;
int korScore50 = 99;
```

변수 선언이 너무 많습니다. 당연히 비효율적이고 불편합니다. 이런 때는 변수를 각각 선언하여 점수를 저장하는 것보다 한 번에 여러 점수를 저장할 수 있는 기능이 필요합니다. 이럴 때 사용하는 것이 배열입니다.

배열 변수는 기본 자료형을 사용하더라도 다음과 같이 객체를 만드는 방법으로 선언합니다.

배열 표시

```
자료형[ ]  변수명   =  new  자료형[ 개수 ] ;  ← 자바에서 조금 더 선호하는 방법
자료형  변수명[ ]  =  new  자료형[ 개수 ] ;
```

그러므로 앞에서 사용한 변수 50개를 배열 변수 하나로 다음과 같이 선언할 수 있습니다.

❶ korScore라고 변수명을 만듭니다.

❷ 자료형은 int로 합니다. 그리고 변수가 일반 변수가 아니고 배열이라고 [ ] 표시를 합니다.

❸ 객체를 만듭니다.

❹ 객체의 자료형은 int형으로 합니다.

❺ 데이터 50개를 저장할 공간을 만듭니다.

이렇게 int형 데이터 50개를 저장할 공간을 힙에 만들고 korScore는 해당 공간을 가리킵니다. 배열 요소를 구분하는 배열 인덱스는 0부터 시작합니다. 다음 그림으로 다시 이해해보도록 합니다.

korScore	0	1	2	…	49
한아름빌라	0호	1호	2호	…	49호

일상에서 그냥 0호라고 말하면 어느 집의 0호인지 알 수 없습니다. 그래서 우리는 한아름빌라 0호, 한아름빌라 1호 이런 식으로 얘기합니다. 이러면 다른 사람도 어느 건물의 몇 호를 얘기하는지 알 수 있습니다.

배열도 마찬가지입니다. korScore는 저 한아름빌라가 건물을 가리키듯 배열을 가리킵니다. 각 요소를 가리키기 위해서는 한아름빌라 0호 대신 korScore[0] 이런 식으로 대괄호 [ ] 안에 인덱스를 써주면 됩니다.

이제 접근 방식을 알았으니 사용은 다음과 같이 합니다. 배열 표시인 대괄호 [ ] 사이에 인덱스 값을 숫자로 입력하여 하나 하나의 배열의 요소를 변수로 사용할 수 있습니다.

```
korScore[0] = 90;
korScore[1] = 80;
...
korScore[49] = 99;
```

이처럼 배열은 똑같은 자료형을 저장하기 위한 겁니다. 자료형은 기본 자료형부터 사용자가 만든 클래스까지 다양하므로 자료형을 적어주고 대괄호를 통해서 배열 표시를 해주고 생성할 때 몇 개인지 알려주면 됩니다. 그리고 배열 인덱스를 이용하여 개별 요소에 접근해서 사용하면 됩니다.

일반 변수처럼 변수 먼저 선언하고 나중에 대입을 시켜줄 수도 있습니다.

int num = 0;	int[] num = new int[10];
int num; num = 0;	int[] num; num = new int[10];

Chapter15 / Ex01_ArrayInstance.java

```
class BoxA1 { // ❶

}

public class Ex01_ArrayInstance
{
    public static void main(String[] args)
    {
        // 길이가 5인 int형 1차원 배열 생성
        int[] ar1 = new int[5];
```

```
        
        // 길이가 7인 double형 1차원 배열 생성
        double[] ar2 = new double[7];
        
        // 배열의 참조 변수와 객체 생성 분리
        float[] ar3;
        ar3 = new float[9];
        
        // 객체 대상 1차원 배열
        BoxA1[] ar4 = new BoxA1[5];
        
        // 배열의 객체 변수 접근 / 메서드 사용
        System.out.println("배열 ar1 길이: " + ar1.length); // ❷
        System.out.println("배열 ar2 길이: " + ar2.length);
        System.out.println("배열 ar3 길이: " + ar3.length);
        System.out.println("배열 ar4 길이: " + ar4.length);
    }
}
```

▼ 실행 결과

```
Console ☒
<terminated> Ex01_ArrayInstance [Java Application] C:₩Dev₩jdk-11.0.8₩bin₩javaw.exe
배열 ar1 길이: 5
배열 ar2 길이: 7
배열 ar3 길이: 9
배열 ar4 길이: 5
```

❶ BoxA1을 정의합니다. 이렇게 필드와 메서드가 없어도 클래스는 맞습니다. 생성된 배열은 객체이기 때문에 멤버를 가지고 있습니다. 자바에서는 배열을 사용하기 쉽게 이미 몇 가지의 편리한 멤버(메서드 및 필드)를 만들어놓았습니다. 그중 하나가 length 멤버 변수입니다.

❷에서처럼 현재 이 배열 객체는 몇 개의 요소를 가지고 있는지 ar1.length처럼 멤버 변수 length를 통해 알 수 있습니다.

15.1.2 배열 사용 : 기본 자료형

int형 배열을 만들고 값을 대입하고 참조하는 방법을 예제로 살펴봅니다.

Chapter15 / Ex02_intArray.java

```
public class Ex02_intArray
{
```

```
    public static void main(String[] args)
    {
        // 길이가 3인 int형 1차원 배열의 생성
        int[] ar = new int[3]; // ❶

        ar[0] = 100;      // ❷ 값의 저장 : 첫 번째 요소
        ar[1] = 90;       // 값의 저장 : 두 번째 요소
        ar[2] = 80;       // 값의 저장 : 세 번째 요소

        int sum = ar[0] + ar[1] + ar[2]; // ❸ 값의 참조
        System.out.println("총점 : " + sum);
    }
}
```

▼ 실행 결과

```
Console
<terminated> Ex02_intArray [Java Application] C:₩Dev₩jdk-11.0.8₩bin₩javaw.exe
총점 : 270
```

❶ int형 데이터를 저장할 배열을 선언합니다.

❷ 배열 요소에 접근합니다. 배열 요소는 일반 변수처럼 사용합니다. 값을 저장합니다.

❸ 배열 요소에서 값을 참조해옵니다.

15.1.3 배열 사용 : String형

String형 배열을 만들고 값을 대입하고 참조하는 방법을 예제로 살펴봅시다.

Chapter15 / Ex03_StringArray.java

```
public class Ex03_StringArray
{
    public static void main(String[] args)
    {
        String[] name = new String[7]; // ❶

        name[0] = new String("홍길동");  ─┐
        name[1] = new String("전우치");   │
        name[2] = new String("손오공");   ├─// ❷
        name[3] = new String("강감찬");   │
        name[4] = new String("이순신");   │
```

```java
        name[5] = new String("을지문덕");
        name[6] = new String("양만춘");

        int cnum = 0;

        for(int i = 0; i < name.length; i++) { // ❸
            System.out.println(name[i]);        // ❹
            cnum += name[i].length();           // ❺
        }

        System.out.println("총 문자의 수: " + cnum); // ❻
    }
}
```

▼ 실행 결과

```
Console ☒
<terminated> Ex03_StringArray [Java Application] C:₩Dev₩jdk-11.0.8₩bin₩javaw.exe
홍길동
전우치
손오공
강감찬
이순신
을지문덕
양만춘
총 문자의 수: 22
```

❶ String형 데이터를 저장할 배열을 선언합니다.

❷ 문자열 리터럴로 대입하지 않고 new 연산자를 이용하여 새로운 문자열 객체를 만들어 변수에 대입하고 있습니다.

❸ 배열 name의 요소 개수만큼 반복문으로 반복합니다. ❹ 배열의 개별 요소에 저장된 값을 출력합니다. ❺ 배열의 개별 요소에 저장된 값은 문자열입니다. 각 문자열의 길이를 구해서 더해줍니다.

❻ name 배열에 저장되어 있는 모든 문자열의 총 길이를 출력합니다.

반복문에서 ❺를 첫 번째만 풀어보면 다음과 같습니다.

```
cnum += name[i].length();

cnum = cnum + name[i].length();

cnum = 0 + "홍길동".length();

cnum = 0 + 3;
```

15.1.4 배열 사용 : 클래스형

클래스형 배열을 만들고 값을 대입하고 참조하는 방법을 예제로 살펴봅시다.

Chapter15 / Ex04_BoxArray.java

```
class BoxA4 {
    public String name;

    BoxA4(String name) {
        this.name = name;
    }
}

public class Ex04_BoxArray
{
    public static void main(String[] args)
    {
        BoxA4[] ar = new BoxA4[3]; // ❶

        // ❷ 배열에 객체 저장 (초기화)
        ar[0] = new BoxA4("홍길동");
        ar[1] = new BoxA4("전우치");
        ar[2] = new BoxA4("손오공");

        // ❸ 저장된 객체의 참조
        System.out.println(ar[0].name);
        System.out.println(ar[1].name);
        System.out.println(ar[2].name);
    }
}
```

▼ 실행 결과

```
Console
<terminated> Ex04_BoxArray [Java Application] C:₩Dev₩jdk-11.0.8₩bin₩javaw.exe
홍길동
전우치
손오공
```

❶ BoxA4형 객체를 저장할 배열을 선언합니다.

❷ BoxA4 클래스의 생성자를 이용해 객체를 만들고 배열의 개별 요소에 객체의 참조 값을 대입합니다.

❸ 객체의 참조 변수 ar[0]을 통해서 객체에 접근해 멤버 변수의 값을 가져와서 출력합니다.

15.1.5 배열 사용 : 매개변수, 반환형

배열은 일반 변수처럼 메서드의 매개변수로 사용할 수도 있고 메서드의 반환형으로도 사용할 수 있습니다.

Chapter15 / Ex05_ArrayInMethod.java

```
public class Ex05_ArrayInMethod
{
    public static void main(String[] args)
    {
        int[] arr = makeIntArray(5); // ❶

        int sum = sumOfArray(arr);   // ❷

        System.out.println(sum);
    }

    public static int[] makeIntArray(int len) // ❸
    {
        int[] arr = new int[len];             // ❹
        for(int i=0; i< len; i++)
        {
            arr[i] = i;
        }
        return arr; // ❺
    }
```

```
    public static int sumOfArray(int[] arr)
    {
        int sum = 0;
        for(int i=0; i< arr.length; i++) // ❻
        {
            sum = sum + arr[i];          // ❼
        }
        return sum;
    }
}
```

▼ 실행 결과

```
Console ☒
<terminated> Ex05_ArrayInMethod [Java Application] C:₩Dev₩jdk-11.0.8₩bin₩javaw.exe
10
```

❸ 메서드의 반환형이 int형 배열입니다. ❹ 매개변수로 들어온 값으로 배열 개수를 정합니다. ❺ 배열 전체를 가리킬 때는 배열의 이름만 이용합니다. 앞의 예시에서 "한아름빌라"하고 건물의 이름만 얘기하는 것과 같습니다.

❶ makeIntArray(5) 메서드 자리에 반환된 배열 객체가 들어오게 됩니다. 그리고 선언된 배열 변수에 해당 객체의 참조 값이 대입됩니다. ❷ 배열을 인수로 넘겨줄 수도 있습니다. 역시 배열 전체를 가리키기 때문에 이름만 사용합니다.

❻ 배열의 요소 개수만큼 반복문을 실행합니다. ❼ 배열의 요소별 접근은 인덱스값을 이용해서 객체를 참조하게 됩니다.

15.1.6 배열 생성과 동시에 초기화

앞의 예제는 배열을 선언하고, 배열의 요소에 개별적으로 접근해 값을 대입했지만, 배열은 생성과 동시에 초기화를 할 수도 있습니다.

배열 생성

```
int[] arr = new int[3];
```

배열 생성 및 초기화 1

```
int[] arr = new int[ ] { 1, 2, 3 };
```

생략

배열 생성 및 초기화 2

```
int[] arr =  { 1, 2, 3 };
```

생략

뒤에 초기화하는 데이터 개수를 보고 생략된 숫자를 알 수 있습니다. 뒤에 초기화하는 데이터를 보고 당연히 배열의 초기화 값이라고 생각할 수 있습니다. 이처럼 자바 컴파일러가 유추할 수 있는 부분은 생략이 가능합니다.

그리고 배열의 값을 초기화하지 않았을 때도 디폴트 초기화는 진행됩니다. 기본 자료형 배열은 모든 요소를 0으로 초기화되고, 객체 배열(참조 변수 배열)은 모든 요소가 null로 초기화됩니다.

Chapter15 / Ex06_ArrayInit.java

```
class BoxA6 { } // ❶

public class Ex06_ArrayInit
{
    public static void main(String[] args)
    {
        int[] arr1 = new int[3];              // ❷ 0으로 초기화
        int[] arr2 = new int[] {1, 2, 3};     // ❸
        double[] arr3 = {1.0, 2.0, 3.0};      // ❹
        double[] arr4 = new double[3];        // ❺ 0.0으로 초기화
        BoxA6[] arr5 = new BoxA6[3];

        for (int i=0; i<arr1.length; i++)
        {
            System.out.print(arr1[i] + " ");
            System.out.print(arr2[i] + " ");
            System.out.print(arr3[i] + " ");
            System.out.print(arr4[i] + " ");
            System.out.print(arr5[i] + " ");
            System.out.println();
        }
```

```
    }
}
```

▼ 실행 결과

```
Console ⊠
<terminated> Ex06_ArrayInit [Java Application] C:₩Dev₩jdk-11.0.8₩bin₩javaw.exe
0 1 1.0 0.0 null
0 2 2.0 0.0 null
0 3 3.0 0.0 null
```

❶ BoxA6을 정의합니다. 이렇게 필드와 메서드가 없어도 클래스는 맞습니다.

❷ 기본 자료형은 별도의 초기화를 하지 않아도 초기화됩니다. int형이므로 0으로 초기화됩니다.

❸ 뒤에 초기화하는 데이터 개수로 숫자를 파악할 수 있으므로 대괄호 안의 숫자를 생략할 수 있습니다.

❹ 뒤에 초기화하는 데이터 개수로 배열임을 알 수 있고 숫자를 파악할 수 있으므로 객체의 배열 생성 부분을 생략할 수 있습니다.

❺ 기본 자료형은 별도의 초기화를 하지 않아도 초기화됩니다. double형이므로 0.0으로 초기화됩니다.

15.1.7 main() 메서드의 매개변수

이제 main() 메서드에 사용된 매개변수도 이해할 수 있게 되었습니다.

```
public static void main(String[] args)
{
    ...
}
```

다만 main() 메서드는 개발자가 직접 호출하는 메서드가 아니고 JVM이 프로그램을 실행할 때 불리는 메서드입니다.

그래서 메서드를 호출해 인수를 넘겨주는 방식이 아니고 '명령 프롬프트'에서 프로그램을 실행할 때 인수를 넘겨주거나 이클립스에서는 다음에서 하는 방법으로 인수를 넘겨주어야 테스트를 할 수 있습니다.

명령행에서 다음과 같이 실행하면 JVM이 내부적으로 배열을 만들어서 main() 메서드에 넘겨주게 됩니다.

```
C:\JavaStudy> java Simple Apple Banana Orange
```

```
String[] arr = new String[] {"Apple", "Banana", "Orange" };
main(arr);
```

예제를 만들어서 매개변수로 들어오는 배열의 값을 확인해보겠습니다.

To Do **01** Ex07_mainParameter 클래스를 다음과 같이 작성합니다.

Chapter15 / Ex07_mainParameter.java

```
public class Ex07_mainParameter
{
    public static void main(String[] args)
    {
        // main() 메서드의 매개변수 확인
        for(int i = 0; i < args.length; i++ )
            System.out.println(args[i]);
    }
}
```

02 일단 이클립스에서 실행해봅니다. 아무런 결과가 출력되지 않습니다. 매개변수가 입력되지 않았기 때문입니다.

03 main() 메서드에 매개변수를 넘겨주려면 프로젝트 탐색기창에서 ❶ 클래스를 선택하고 메뉴에 서 ❷ [Run] → ❸ [Run Configurations ...]를 선택합니다.

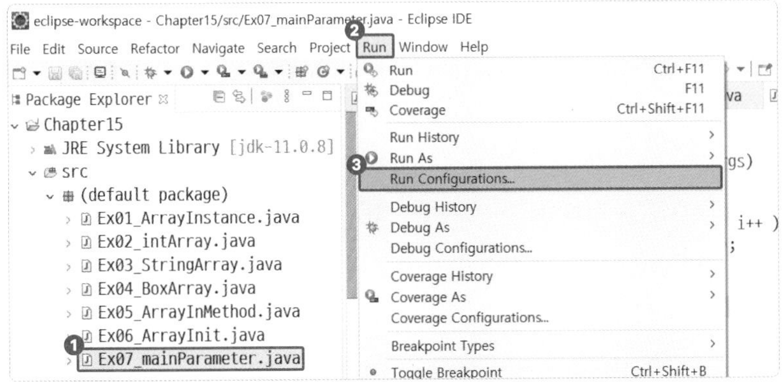

04 우측의 탭에서 ❶ [Arguments] 탭을 선택하고 ❷ [Program arguments]에 apple banana orange 이렇게 매개변수로 사용할 데이터를 입력합니다. 그리고 하단의 ❸ [Run]을 선택합니다.

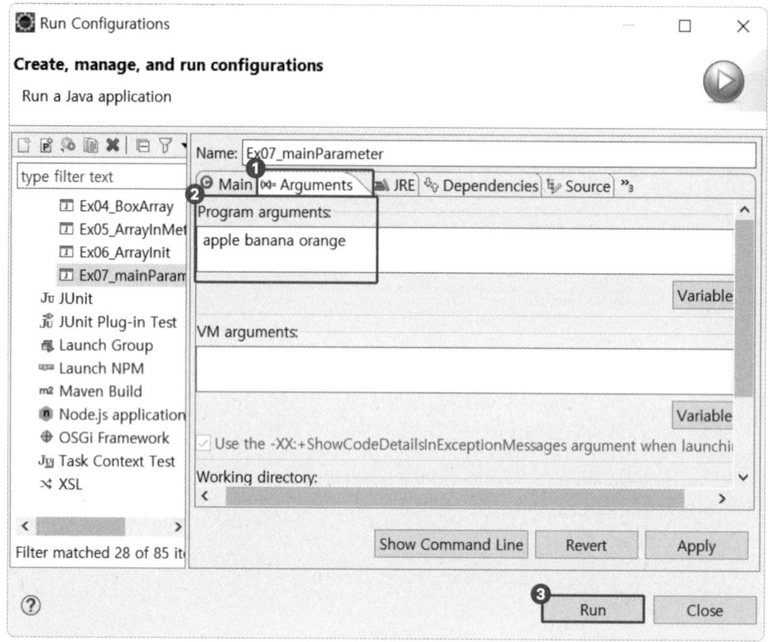

실행 결과는 다음과 같습니다. main() 메서드에 매개변수가 잘 전달되었음을 확인할 수 있습니다.

▼ 실행 결과

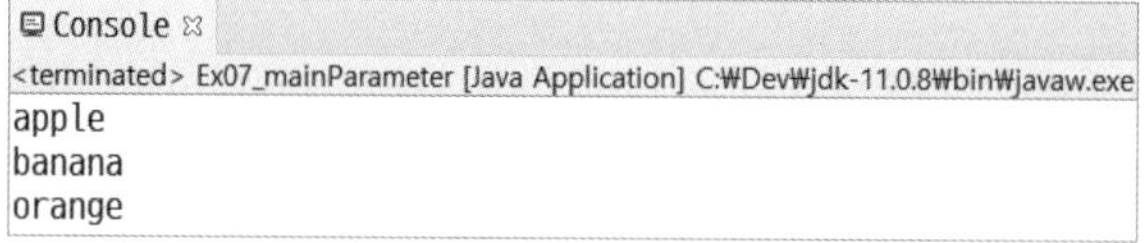

이제 이클립스에서 그냥 실행만 해도 이 클래스의 실행은 저 값이 계속 출력됩니다. 프로그램을 실행할 때마다 조금 전에 입력한 값이 매개변수로 main()에 전달되기 때문입니다. 더 이상 매개변수의 전달이 필요 없으면 아까와 같이 창을 열어서 매개변수를 지워주면 됩니다.

15.2 for ~ each문

배열을 이용한 반복문을 사용하다 보면 for문 안에 항상 배열 길이만큼 반복을 하는 코드를 작성하게 됩니다. 이 부분은 컴파일러가 유추할 수 있는 부분입니다. 그래서 배열과 for문을 같이 사용할 때는 다음과 같은 기능을 제공해주고 있습니다. '향상된 기능의 for문'이라고 부릅니다.[1]

Chapter15 / Ex08_EnhancedFor.java

```
public class Ex08_EnhancedFor
{
    public static void main(String[] args)
    {
        int[] arr = {1, 2, 3, 4, 5}; // ❶

        // ❷ 배열 요소 전체 출력
        for(int e: arr) {
            System.out.print(e + " ");
        }
        System.out.println();    // 줄바꿈을 목적으로


        int sum = 0;

        // 배열 요소의 전체 합 출력
        for(int e: arr) {
            sum = sum + e;
        }
        System.out.println("sum: " + sum);
    }
}
```

▼ 실행 결과

```
Console
<terminated> Ex08_EnhancedFor [Java Application] C:₩Dev₩jdk-11.0.8₩bin₩javaw.exe
1 2 3 4 5
sum: 15
```

❶ 배열의 초기화 값이 주어져 있으므로 배열 객체의 생성 부분을 생략할 수 있습니다.

1 enhanced for문

❷ 배열에서 배열의 요소 하나씩을 자동으로 꺼내주면서 반복이 실행됩니다. 꺼내진 배열의 요소는 int e 변수에 대입됩니다.

for ~ each문에는 기본 자료형뿐 아니라 객체 자료형을 가진 배열도 사용할 수 있습니다. 예제를 통해 살펴보겠습니다.

Chapter15 / Ex09_EnhancedForObject.java

```
class House
{
    private int houseNum;
    private String name;

    House(int houseNum, String name)
    {
        this.houseNum = houseNum;
        this.name = name;
    }

    public int getHouseNum()
    {
        return houseNum;
    }

    public String getName()
    {
        return name;
    }
}

public class Ex09_EnhancedForObject
{
    public static void main(String[] args)
    {
        House[] arr = new House[5]; // ❶

        arr[0] = new House(101, "홍길동");
        arr[1] = new House(102, "전우치");
        arr[2] = new House(103, "손오공");      // ❷
        arr[3] = new House(104, "해리포터");
        arr[4] = new House(105, "멀린");
```

```

        for(House e: arr) // ❸ 향상된 기능의 for문
        {
            if(e.getHouseNum() == 102) // ❹
                System.out.println(e.getName()); // ❺
        }
    }
}
```

▼ 실행 결과

```
Console
<terminated> Ex09_EnhancedForObject [Java Application] C:₩Dev₩jdk-11.0.8₩bin₩javaw
전우치
```

먼저 House 클래스를 정의합니다. 멤버 변수로 방번호를 저장할 houseNum과 이름을 저장할 name 변수를 가지고 있습니다. 변수가 다 private으로 은닉화되어 있기 때문에 생성자를 통해 값을 세팅하고 게터를 통해서 값을 참조합니다.

❶ 배열을 선언합니다.

❷ 객체를 생성하고 배열의 개별 요소에 참조 값을 대입합니다.

❸ 향상된 기능의 for문을 통해 모든 요소를 하나씩 꺼내서 참조합니다. ❹, ❺에서 게터 메서드로 객체의 멤버 변수의 값을 꺼내서 값을 비교하고 출력합니다.

15.3 다차원 배열

다차원 배열은 2차원, 3차원 배열 등으로 만들 수 있습니다. 이론적으론 더 많은 차원의 배열을 만들어 사용할 수는 있지만, 3차원까지는 큐브 형태로 사람이 아는 형태로 생각할 수 있지만 그 이상은 사람이 머리 속으로 생각하기는 힘듭니다.

현실에서는 1차원, 2차원 배열을 주로 사용하고, 3차원 배열마저도 아주 가끔 사용합니다.

15.3.1 2차원 배열

지금까지 사용한 1차원 배열은 다음과 같았습니다.

```
int [ ]  arr1  =  new  int [3];
```

arr1	arr1[0]	arr1[1]	arr1[2]
한아름빌라	0호	1호	2호

그냥 0호라고 말하면 어느 집의 0호인지 알 수 없어 한아름빌라 0호, 한아름빌라 1호 이런 식으로 얘기한다고 했습니다. 이제 여러 층이 있어 지하 1호는 0-1호, 지하 2호는 0-2호, 지하 3호는 0-3호, 1층의 1호는 1-1호, 1층의 2호는 1-2호 등 앞 쪽의 숫자로 층을 구분할 수 있습니다.

배열도 이런 식입니다. 배열에서도 앞쪽을 층으로 생각하고 뒤를 방으로 생각하면 됩니다. 선언은 다음과 같이 합니다.

```
int[][] arr2 = new int[3][3];
```

한아름빌라

2-0호	2-1호	2-2호
1-0호	1-1호	1-2호
0-0호	0-1호	0-2호

2차원 배열

arr2[0][0]	arr2[0][1]	arr2[0][2]
arr2[1][2]	arr2[1][1]	arr2[1][2]
arr2[2][2]	arr2[2][1]	arr2[2][2]

2차원 배열의 접근

arr2[0][0] = 1	arr2[0][2] = 2	arr2[1][1] = 2	arr2[2][2] = 3
1			
	2		
		2	
			3

2차원 배열 요소 전체의 순차적 접근은 중첩된 반복문을 이용하면 쉽게 접근할 수 있습니다. 코드로 작성하면 다음과 같이 됩니다.

```java
public class Ex10_ForInFor
{
    public static void main(String[] args)
    {
        int[][] arr = new int[3][3]; // ❶

        int num = 1;

        for(int i=0; i<3; i++) {
            // 먼저 i로 층을 정하고 여기서 j로 각 층의 방을 다 돕니다.
            for(int j=0; j<3; j++) {  // ❷
                arr[i][j] = num;      // ❸
                num++;                // ❹
            }
        }

        for(int i=0; i<3; i++) {
            for(int j=0; j<3; j++) {
                System.out.print(arr[i][j] + "\t");  // ❺
            }
            System.out.println();
        }
    }
}
```

▼ 실행 결과

```
Console ☒
<terminated> Ex10_ForInFor [Java Application] C:₩Dev₩jdk-11.0.8₩bin₩javaw.exe
1	2	3
4	5	6
7	8	9
```

❶ 2차원 배열을 선언합니다.

❷ 바깥쪽 for문의 i의 값 한 개당 내부의 for문이 한 바퀴씩 돕니다. ❸ 각 배열 요소에 num 변수의 값을 대입합니다. ❹ num 변수의 값을 하나씩 증가시킵니다.

❺ 중첩된 for문을 통해 2차원 배열의 모든 요소의 값을 가져와서 출력합니다.

15.3.2 2차원 배열의 실제 구조

```
int[][] arr3 = new int[3][4];
```

위 코드는 다음처럼 세 배열이 각각 길이가 4개인 배열을 가지고 있는 구조입니다.

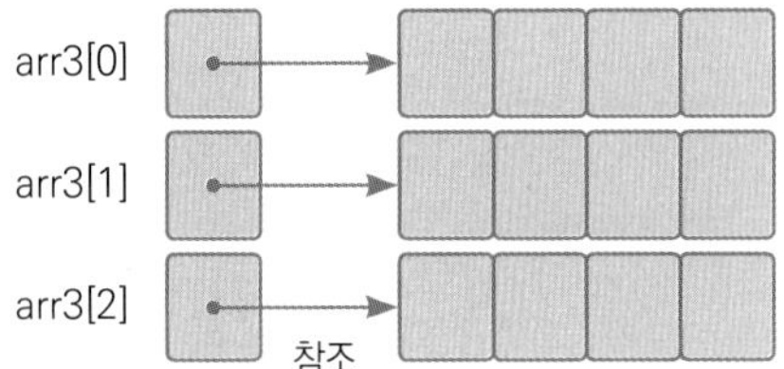

더 구체적으로 그리면 다음과 같게 됩니다.

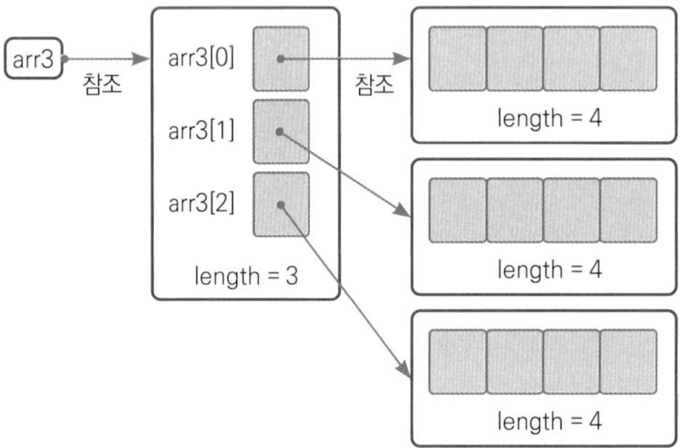

이런 구조이기 때문에 자바에서는 다음과 같은 초기화가 가능합니다(C 언어와 다른 부분입니다).

```
int[][] arr4 = {
    { 0,  1,  2},
    {10, 11, 12},
    {20, 21, 22}
}
```

0	1	2
10	11	12
20	21	22

```
int[][] arr5 = {
    { 0},
    {10, 11},
    {20, 21, 22}
}
```

0		
10	11	
20	21	22

Chapter15 / Ex11_PartiallyFilled.java

```java
public class Ex11_PartiallyFilled
{
    public static void main(String[] args)
    {
        int[][] arr = {
                {11},
                {22, 33},          // ❶
                {44, 55, 66}
            };

        // 배열의 구조대로 내용 출력
        for(int i=0; i<arr.length; i++) // ❷
        {
            for(int j=0; j<arr[i].length; j++) // ❸
            {
                System.out.print(arr[i][j] + "\t"); // ❹
            }
            System.out.println();
        }
    }
}
```

▼ 실행 결과

```
Console ☒
<terminated> Ex11_PartiallyFilled [Java Application] C:₩Dev₩jdk-11.0.8₩bin₩javaw.exe
11
22	33
44	55	66
```

❶ 부분적으로 채워진 2차원 배열을 만들고 초기화합니다.

❷ 바깥쪽 배열의 크기를 이용해 반복문을 반복합니다. ❸ 바깥쪽 배열의 요소 하나당 배열의 크기를 구해서 반복문을 반복합니다. ❹ 배열의 개별 요소의 값을 구해와서 출력합니다.

15.4 배열 관련 유틸리티 메서드

여기서는 배열을 편하게 사용하게 해주는 여러 메서드를 알아보겠습니다.

15.4.1 배열의 초기화 메서드

앞에서도 배열을 선언할 때 초기화 값을 이용하여 초기화를 했습니다. 그러나 배열이 엄청 클 때는 값을 직접 일일이 지정해주는 초기화 방식은 무리입니다. 그래서 배열의 초기화는 다음의 메서드를 이용하게 됩니다.

다음 클래스에 있는 메서드를 사용하여 원하는 값으로 배열 전부 또는 일부를 채울 수 있습니다.

▼ java.util.Arrays 클래스에 정의되어 있는 메서드

```
public static void fill(int[] a, int val)
// 두 번째 매개변수로 전달된 값으로 배열 초기화

public static void fill(int[] a, int fromIndex, int toIndex, int val)
// 인덱스 fromIndex ~ (toIndex-1) 범위까지 val값으로 배열 초기화
```

15.4.2 배열의 복사 Array 클래스

배열 복사는 다음의 두 클래스에 있는 메서드를 사용할 수 있습니다.

▼ java.util.Arrays 클래스에 정의되어 있는 메서드

```
public static int[] copyOf(int[] original, int newLength)
// original에 전달된 배열을 첫 번째 요소부터 newLength 길이만큼 복사

public static int[] copyOfRange(int[] original, int from, int to)
// original에 전달된 배열을 인덱스 from부터 to 이전 요소까지 복사
```

▼ java.util.System 클래스에 정의되어 있는 메서드

```
public static void arraycopy(Object src, int srcPos, Object dest, int destPos,
int length)
// 배열 src의 srcPos에서 배열 dest의 destPos로 length 길이만큼 복사
```

Chapter15 / Ex12_ArrayCopy.java

```
import java.util.Arrays;  // ❶

public class Ex12_ArrayCopy
{
    public static void main(String[] args)
```

```java
    {
        int[] arr1 = new int[10]; // ❷
        int[] arr2 = new int[8];  // ❸

        // 배열 arr1을 3으로 초기화
        Arrays.fill(arr1, 3);   // ❹

        // 배열 arr1을 arr2로 부분 복사
        System.arraycopy(arr1, 0, arr2, 3, 4); // ❺

        // arr1 출력
        for(int i=0; i<arr1.length; i++)
            System.out.print(arr1[i] + " ");
        System.out.println();

        // arr2 출력
        for(int i=0; i<arr2.length; i++)
            System.out.print(arr2[i] + " ");
        System.out.println();

        // 배열 arr1을 arr3로 부분 복사
        int[] arr3 = Arrays.copyOfRange(arr2, 2, 5); // ❻

        // arr3 출력
        for(int i=0; i<arr3.length; i++)
            System.out.print(arr3[i] + " ");
        System.out.println();
    }
}
```

▼ 실행 결과

```
Console ☒
<terminated> Ex12_ArrayCopy [Java Application] C:\Dev\jdk-11.0.8\bin\javaw.exe
3 3 3 3 3 3 3 3 3 3
0 0 0 3 3 3 3 0
0 3 3
```

❶ java.util.Arrays 클래스를 임포트합니다.

❷ 길이가 10인 arr1 배열은 0으로 초기화됩니다. ❸ 길이가 8인 arr2 배열은 0으로 초기화됩니다.

❹ Arrays 클래스의 스태틱 메서드인 fill() 메서드를 이용하여 지정한 값으로 배열을 채워줄 수 있습니다.

❺ System 클래스의 스태틱 메서드인 arraycopy() 메서드를 이용하여 기존에 만들어진 배열에 부분 복사를 할 수 있습니다.

❻ Arrays 클래스의 스태틱 메서드인 copyOfRange() 메서드가 배열에서 부분 복사하여 반환한 객체를 배열에 대입할 수 있습니다.

System.arraycopy()는 기존에 만들어진 배열에 복사한 값을 넣어주는 것이고, Arrays.copyOfRange()는 배열에서 부분 복사한 값을 이용하여 배열 객체를 만들어 반환하고 배열 변수에 대입을 해주는 차이점이 있습니다.

15.4.3 배열 내용 비교

Arrays 클래스에는 배열을 비교해주는 equals() 메서드가 있습니다. 두 배열에 저장된 데이터의 수, 순서 그리고 내용이 같을 때 true를 반환합니다(배열 길이가 다르면 false를 반환합니다).

Chapter15 / Ex13_ArrayEquals.java

```
import java.util.Arrays; // ❶

public class Ex13_ArrayEquals
{
    public static void main(String[] args)
    {
        int[] arr1 = {1, 2, 3, 4, 5}; // ❷
        int[] arr2 = Arrays.copyOf(arr1, arr1.length); // ❸

        boolean bCheck = Arrays.equals(arr1, arr2);    // ❹
        System.out.println(bCheck);
    }
}
```

▼ 실행 결과

```
Console
<terminated> Ex13_ArrayEquals [Java Application] C:₩Dev₩jdk-11.0.8₩bin₩javaw.exe
true
```

❶ java.util.Arrays 클래스를 임포트합니다.

❷ 배열을 선언하고 값을 직접 대입하여 초기화해줍니다. ❸ Arrays 클래스의 copyOf() 메서드를 이용하여 배열을 복사합니다. ❹ 두 배열의 내용을 비교합니다.

15.4.4 배열의 내용 정렬

Arrays 클래스에는 배열을 내용을 정렬해주는 sort() 메서드가 있습니다.

```
public static void sort(int[] a)
// 매개변수 a로 전달된 배열을 오름차순으로 정렬
```

Chapter15 / Ex14_ArraySort.java

```
import java.util.Arrays;

public class Ex14_ArraySort
{
    public static void main(String[] args)
    {
        int[] arr1 = {1, 3, 2, 4};
        double[] arr2 = {4.4, 3.3, 2.2, 1.1};
        String[] arr3 = {"홍길동", "전우치", "손오공", "멀린"};

        Arrays.sort(arr1);
        Arrays.sort(arr2);    // ❶
        Arrays.sort(arr3);

        for (int n : arr1) // ❷
            System.out.print(n + "\t");
        System.out.println();

        for (double d : arr2)
            System.out.print(d + "\t");
        System.out.println();

        for (String s : arr3)
            System.out.print(s + "\t");
        System.out.println();
    }
}
```

▼ 실행 결과

```
Console ☒
<terminated> Ex14_ArraySort [Java Application] C:₩Dev₩jdk-11.0.8₩bin₩javaw.exe
1	2	3	4
1.1	2.2	3.3	4.4
멀린	손오공	전우치	홍길동
```

❶ 기존 배열 안의 값을 정렬해줍니다. ❷ 향상된 기능의 for문을 이용하여 배열 안의 내용을 하나씩 꺼내서 변수 n에 대입합니다.

학습 마무리

여기까지 자바 프로그래밍에서 사용하는 배열과 Arrays 클래스의 유틸리티 메서드를 알아보았습니다.

핵심 요약

1 배열은 복수의 동일한 자료형의 변수를 묶어놓은 자료구조입니다. 일차원 배열과 다차원 배열이 있습니다.

2 배열을 이용한 반복문을 사용하다 보면 for문 안에 항상 배열 길이만큼 반복을 하는 코드를 작성하게 됩니다. 이 부분은 컴파일러가 유추할 수 있는 부분입니다. 이때 '향상된 기능의 for문'을 사용합니다.

3 배열의 초기화 메서드 : fill()

4 배열의 복사 메서드

- java.util.Arrays 클래스에 정의되어 있는 메서드 : copyOf(), copyOfRange()
- java.util.System 클래스에 정의되어 있는 메서드 : arraycopy()

5 배열 내용 비교 메서드 : equals()

6 배열의 내용 정렬 : sort()

Chapter

16

예외 처리

#MUSTHAVE

학습 목표	자바에서 다루는 다양한 예외 처리를 알아봅니다.
학습 순서	1 예외와 에러 2 예외 종류 3 예외 처리하기 4 예외 처리 미루기
예외 처리 소개	컴파일 오류는 없었지만, 프로그램 실행 시에 에러가 발생할 수 있습니다. 그리고 에러의 발생으로 프로그램이 비정상적으로 종료될 수도 있습니다. 자바에서는 이런 상황을 예외 상황이라 하고 이를 처리하기 위한 예외 처리 방법을 제공합니다.

16.1 예외와 에러

우리가 프로그래밍을 할 때 코드에 문법적 오류가 있다면 이클립스에서 바로 확인이 되거나 컴파일 시에 에러가 발생하기 때문에 개발자가 해당 에러를 고칠 수 있습니다. 컴파일 에러는 개발 환경에서 대부분 오류 처리를 하게 됩니다. 그래야 컴파일이 되니까요. 그런데 컴파일 시에는 에러가 발생하지 않았지만 실행 중에 에러가 발생할 수도 있습니다. 예를 들면 나누기인데 사용자가 나누는 수로 0을 입력한 경우입니다. 이렇게 에러는 컴파일 에러compile error와 런타임 에러runtime error가 발생할 수 있습니다.

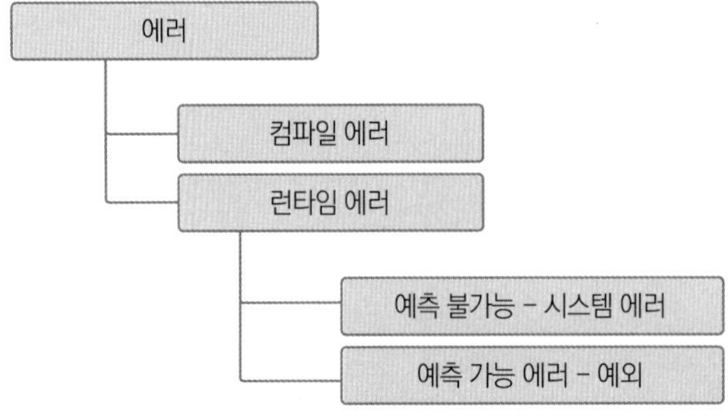

프로그램 실행 중에 발생하는 런타임 에러는 자바 가상 머신에서 발생하는 시스템 에러로 예측하기

어려운 경우도 있고, 반면에 예측할 수 있는 것도 있습니다. 시스템 에러는 사용 가능한 메모리가 부족하다거나, 운영체제에서 발생한 에러로 프로그램이 영향을 받게 되는 경우입니다. 이러한 시스템 에러는 개발자가 프로그램에서 제어할 수 없습니다.

예측 가능한 런타임 에러를 예외exception라고 부릅니다. 그리고 개발자가 다음과 같은 목적을 위해 제어하고 처리를 합니다.

1 프로그램의 정상 종료
2 예외 발생 시 무시하고 프로그램 계속 실행

자바에서 제공하는 에러에 대한 전체 클래스를 간단히 나타내면 다음과 같습니다. 프로그램에서 처리하는 예외 클래스의 최상위 클래스는 Exception 클래스입니다. 그리고 모든 예외 타입은 클래스로서 서로 상속 관계입니다.

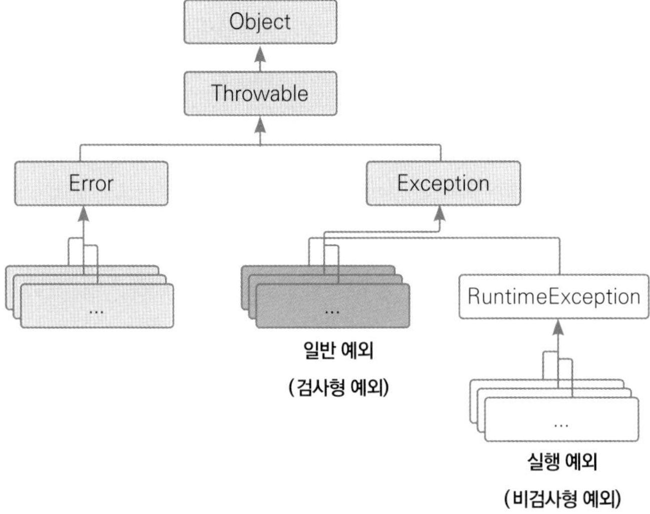

16.2 예외 종류

예외는 다음과 같이 실행 예외와 일반 예외로 한 번 더 구분됩니다.

- 실행 예외
  - 예외 처리를 하지 않아도 컴파일할 수 있는 비검사형 예외unchecked exception

  - 실행 단계에서 체크
- 일반 예외
  - 예외 처리를 하지 않으면 컴파일 오류가 발생하므로 꼭 처리해야 하는 검사형 예외checked exception
  - 컴파일 단계에서 체크

이처럼 예외를 구분하는 이유는 프로그램 성능 때문입니다. 모든 상황에서 예외 처리를 하면 프로그램의 성능 저하 문제로 이어지기 때문에 일반 예외는 컴파일러가 확실히 확인하고, 실행 예외는 개발자가 판단하여 예외를 처리하든지 처리가 안 되었다면 자바 가상 머신에 처리를 맡기게 됩니다.[1]

▼ 대표적인 실행 예외

실행 예외	발생 이유
ArtithmeticException	0으로 나누기와 같은 부적절한 산술 연산을 수행할 때 발생합니다.
IllegalArgumentException	메서드에 부적절한 매개변수를 전달할 때 발생합니다.
IndexOutOfBoundException	배열, 벡터 등에서 범위를 벗어난 인덱스를 사용할 때 발생합니다.
NoSuchElementException	요구한 원소가 없을 때 발생합니다.
NullPointerException	null값을 가진 참조 변수에 접근할 때 발생합니다.
NumberFormatException	숫자로 바꿀 수 없는 문자열을 숫자로 변환하려 할 때 발생합니다.

▼ 대표적인 일반 예외

일반 예외	발생 이유
ClassNotFoundException	존재하지 않는 클래스를 사용하려고 할 때 발생합니다.
NoSuchFieldException	클래스가 명시한 필드를 포함하지 않을 때 발생합니다.
NoSuchMethodException	클래스가 명시한 메서드를 포함하지 않을 때 발생합니다.
IOException	데이터 읽기 쓰기 같은 입출력 문제가 있을 때 발생합니다.

1 자바 가상 머신에 처리를 맡기면 에러 내용을 보여주고 프로그램이 종료됩니다.

To Do 일반 예외와 실행 예외를 살펴보기

01 Ex01_ExceptionCase 클래스를 만들어 다음과 같이 코드를 입력합니다.

Chapter16 / Ex01_ExceptionCase.java

```
01 import java.util.Scanner;
02
03 public class Ex01_ExceptionCase
04 {
05     public static void main(String[] args)
06     {
07         Scanner sc = new Scanner(System.in);
08         int num1 = sc.nextInt();        // ❶
09         int num2 = 10 / num1;
10         System.out.println(num2);
11
12         MyBook book1 = new MyBook();  // ❷
13     }
14 }
```

❶ 입력되는 숫자가 0일 때만 9번 라인에서 수학적 오류로 예외가 발생합니다. 사용자의 입력값에 따라 에러가 발생할 수도 있고 발생하지 않을 수도 있습니다. 그렇기 때문에 이런 실행 예외는 개발자에게 판단과 처리를 맡깁니다. 개발자가 처리를 안 한 경우 자바 가상 머신은 예외가 발생할 시 프로그램을 안정적으로 종료시킵니다.

❷의 코드 자체는 문법적 오류가 없이 잘 작성되었습니다. 그러나 참조할 MyBook 클래스가 컴파일을 할 때나 실행 중에 없다면 무조건 에러가 발생하게 됩니다. 그렇기 때문에 이런 일반 예외는 무조건 예외 처리를 해주어야 합니다.

02 저장하고 컴파일하세요. 그러면 에러가 납니다. 현재 MyBook() 정의가 없어서 그렇습니다.

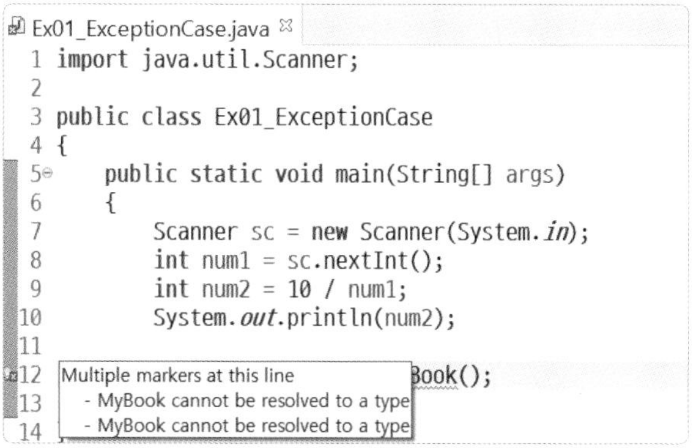

Ex01_ExceptionCase.java

```
import java.util.Scanner;

public class Ex01_ExceptionCase
{
    public static void main(String[] args)
    {
        Scanner sc = new Scanner(System.in);
        int num1 = sc.nextInt();
        int num2 = 10 / num1;
        System.out.println(num2);

                                              Book();
```

Multiple markers at this line
- MyBook cannot be resolved to a type
- MyBook cannot be resolved to a type

03 앞에서 작성한 코드에서 ❷ 12라인만 주석 처리하고 컴파일하고 실행해보겠습니다.

04 실행이 되면 콘솔창에서 숫자 0을 입력해봅니다. 다음과 같은 에러가 발생합니다.

```
Console
<terminated> Ex01_ExceptionCase [Java Application] C:₩Dev₩jdk-11.0.8₩bin₩javaw.exe (2021. 2. 15.
0
Exception in thread "main" java.lang.ArithmeticException: / by zero
	at Ex01_ExceptionCase.main(Ex01_ExceptionCase.java:9)
```

05 다시 실행을 하고 이번에는 문자 A를 입력해봅니다. 다음과 같은 에러가 발생합니다.

```
Console
<terminated> Ex01_ExceptionCase [Java Application] C:₩Dev₩jdk-11.0.8₩bin₩javaw.exe (2021. 2.
A
Exception in thread "main" java.util.InputMismatchException
	at java.base/java.util.Scanner.throwFor(Scanner.java:939)
	at java.base/java.util.Scanner.next(Scanner.java:1594)
	at java.base/java.util.Scanner.nextInt(Scanner.java:2258)
	at java.base/java.util.Scanner.nextInt(Scanner.java:2212)
	at Ex01_ExceptionCase.main(Ex01_ExceptionCase.java:8)
```

이것이 실행 예외입니다. 발생하지 않을 수도 있기에 별도의 예외 처리를 하지 않아도 컴파일은 되었지만, 실행 시 이런 값이 입력된다면 이렇게 비정상적인 종료를 하게 됩니다.

16.3 예외 처리하기

예외 처리의 진행 형식은 다음과 같습니다.

```
try
{
    JAVA 코드
}
catch (예외 타입 1 e)
{
    예외 1 발생 시 이 부분 실행
}
catch (예외 타입 2 e)
{
    예외 2 발생 시 이 부분 실행
}
finally
{
```

```
    이 부분은 마지막에 무조건 실행
}
```

다음과 같이 일부분을 생략하고 작성할 수도 있습니다.

```
try
{
    JAVA 코드
}
catch (예외 타입 e)
{
    예외 발생 시 이 부분 실행
}


try
{
    JAVA 코드
}
finally
{
    이 부분은 마지막에 무조건 실행
}
```

16.3.1 try ~ catch

앞에서 작성한 코드의 예외는 두 개이므로 다음과 같이 코드를 추가하여 예외를 처리해주도록 합니다.

Chapter16 / Ex02_TryCatch.java

```
import java.util.Scanner;
import java.util.InputMismatchException; // ❶

public class Ex02_TryCatch
{
    public static void main(String[] args)
    {
        Scanner sc = new Scanner(System.in);
```

```

        try
        {
            int num1 = sc.nextInt(); // ❷ 에러 발생 지점
            int num2 = 10 / num1;    // ❸ 에러 발생 지점
            System.out.println(num2);// ❹
            System.out.println("Good bye~~!"); // ❺
        }
        catch(ArithmeticException e) // ❻ 예외 처리
        {
            String str = e.getMessage(); // ❼
            System.out.println(str);
            if (str.equals("/ by zero"))
                System.out.println("0으로 나눌 수 없습니다.");
        }
        catch(InputMismatchException e) // ❽ 예외 처리
        {
            System.out.println(e.getMessage()); // ❾
            //e.printStackTrace();      // ❿
        }
    }
}
```

❷에서 ❺까지 예외 처리를 위해 try문의 중괄호로 묶었습니다. 이 부분을 실행하다 예외가 발생하면 해당 예외에 대한 catch문이 실행되게 됩니다. if ~ else if ~ else if ~ 와 비슷하다고 생각하면 됩니다.

❶ java.util.InputMismatchException을 ❽에서 사용하는 InputMismatchException을 위해 먼저 임포트합니다. 임포트 없이 ❽을 사용하면 컴파일 에러가 발생합니다. 이클립스에서 Ctrl + Shift + O 를 동시에 누르면 자동으로 추가됩니다.

❻ catch문은 ❸에서 수학적인 처리에 대한 예외가 발생하면 실행됩니다. ❼ 예외에 대한 간단한 메시지를 문자열로 받아옵니다.

❽ catch문은 ❷에서 입력값이 정수가 아니어서 데이터의 형변환에 대한 예외가 발생하면 실행됩니다. ❿ 예외에 대한 자세한 메시지를 출력합니다.

이처럼 예외가 발생한 지점에서 catch문으로 실행 지점이 이동하게 됩니다. 그러므로 예외가 발생

하면 ❹와 ❺는 실행되지 않습니다.

실행을 하고 콘솔창에서 문자 A를 입력해봅니다. ❷에서 입력 시 예외가 발생하고, ❽ catch문이 실행되고 ❾에서 에러 메시지를 얻어서 출력해줍니다. 결과에서 보듯이 ❹와 ❺ 코드는 실행되지 않았습니다.

▼ 실행 결과

```
Console ⊠
&lt;terminated&gt; Ex02_TryCatch [Java Application] C:₩Dev₩jdk-11.0.8₩bin₩javaw.exe
A
null
```

16.3.2 finally

예외가 발생해도 바로 앞 예제의 ❺를 무조건 실행하고 싶다면 다음과 같이 finally문을 추가하고 그쪽으로 코드를 이동해주어야 합니다.

Chapter16 / Ex03_Finally.java

```java
import java.util.Scanner;
import java.util.InputMismatchException;

public class Ex03_Finally
{
    public static void main(String[] args)
    {
        Scanner sc = new Scanner(System.in);

        try
        {
            int num1 = sc.nextInt(); // ❶ 에러 발생 지점
            int num2 = 10 / num1;    // ❷ 에러 발생 지점
            System.out.println(num2);
        }
        catch(ArithmeticException e)
        {
            String str = e.getMessage();
            System.out.println(str);
            if (str.equals("/ by zero"))
                System.out.println("0으로 나눌 수 없습니다.");
        }
```

```
        catch(InputMismatchException e)
        {
            System.out.println(e.getMessage());
            //e.printStackTrace();
        }
        finally
        {
            System.out.println("Good bye~~!"); // ❸
        }
    }
}
```

예외가 발생해도 반드시 실행되어야 하는 문장이라면 위 코드와 같이 finally문 안에 작성을 해주면 됩니다. try문을 실행하다 예외가 발생하면 예외 발생 지점에서 catch문으로 실행이 이동하게 되지만 catch 영역이 실행되고 맨 마지막에 finally문의 내용이 반드시 실행됩니다.

실행을 하고 콘솔창에 문자 A을 입력해봅니다. ❶이나 ❷에서 입력 시 예외가 발생해도 ❸은 반드시 실행되면서 내용이 출력됩니다.

▼ 실행 결과

```
Console ☒
<terminated> Ex03_Finally [Java Application] C:₩Dev₩jdk-11.0.8₩bin₩javaw.exe
A
null
Good bye~~!
```

16.3.3 예외 처리 합치기

예외 상황에 대해서 catch문 하나당 예외 하나를 처리할 수도 있지만, catch문 하나에서 여러 예외를 한꺼번에 처리할 수도 있습니다.

Chapter16 / Ex04_CatchConcat.java

```
import java.util.Scanner;
import java.util.InputMismatchException;

public class Ex04_CatchConcat
{
    public static void main(String[] args)
    {
```

```
        Scanner sc = new Scanner(System.in);

        try
        {
            int num1 = sc.nextInt();
            int num2 = 10 / num1;
            System.out.println(num2);
        }
        catch(ArithmeticException | InputMismatchException e) // ❶ 예외 처리
        {
            //System.out.println(e.getMessage());
            //e.printStackTrace();
            System.out.println("예외 발생"); // ❷
        }

        System.out.println("Good bye~~!");    // ❸
    }
}
```

▼ 실행 결과

```
Console ☒
<terminated> Ex04_CatchConcat [Java Application] C:₩Dev₩jdk-11.0.8₩bin₩javaw.exe
A
예외 발생
Good bye~~!
```

실행을 하고 콘솔창에서 문자 A를 입력해보니 예상대로 예외 처리가 작동합니다.

❶ 여러 Exception을 버티컬 바 |를 이용해 지정하고 있습니다(|는 or 연산자입니다).

❷ 여러 상황에 대한 자세한 메시지 처리 대신, 모든 상황을 간단한 메시지로 한 번에 처리하고 있습니다.

❸ finally를 꼭 통하지 않더라도 try ~ catch 문에 의해 비정상적인 종료는 방지되었으므로 그 뒤에 이렇게 사용하면 이 내용을 예외가 발생해도 출력할 수 있습니다.

16.3.4 모든 예외 한 번에 처리하기

어떤 예외가 발생할지 모를 때 모든 예외의 최상위 클래스를 이용해서 예외를 처리해줄 수 있습니다. 클래스의 다형성(12.6절)에서 배운 '자식 클래스의 객체는 부모 클래스형의 변수에 대입할 수

있다'가 적용되어 모든 예외를 처리할 수 있게 됩니다.

Chapter16 / Ex05_Exception.java

```
import java.util.Scanner;

public class Ex05_Exception
{
    public static void main(String[] args)
    {
        Scanner sc = new Scanner(System.in);

        try
        {
            int num1 = sc.nextInt();
            int num2 = 10 / num1;
            System.out.println(num2);
        }
        catch(Exception e)  // ❶
        {
            //System.out.println(e.getMessage());
            //e.printStackTrace();
            System.out.println("예외 발생");
        }

        System.out.println("Good bye~~!");
    }
}
```

▼ 실행 결과

```
Console
<terminated> Ex05_Exception [Java Application] C:₩Dev₩jdk-11.0.8₩bin₩javaw.exe
A
예외 발생
Good bye~~!
```

A를 입력한 결과 예상대로 예외 처리가 작동합니다.

예외를 한 번에 다 처리하려면 ❶의 Exception 클래스나 Throwable 클래스를 사용할 수 있습니다. 모든 예외는 Exception 클래스를 상속받은 것이기 때문에 다형성에서 배운 것처럼 수많은 예외 클래스들은 ❶의 매개변수 Exception e에 대입이 될 수 있습니다.

16.4 예외 처리 미루기(던지기)

예외가 발생한 메서드에서 처리하지 않고 메서드를 호출한 곳으로 예외를 던져 메서드를 호출한 부분에서 예외를 처리하는 방법입니다.

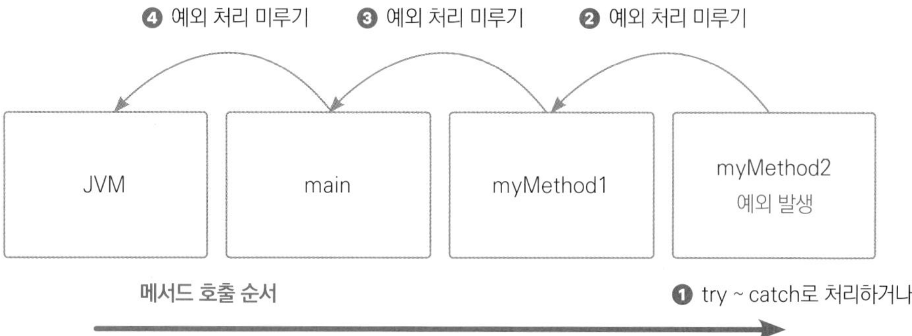

myMethod2에서 try ~ catch문으로 예외를 직접 처리할 수도 있지만 예외 처리를 미룰 수도 있습니다. 그러면 myMethod2()를 호출한 myMethod1()에서 예외를 처리해야 합니다.

myMethod1()에서도 예외 처리를 미루면 예외는 main()으로 전달됩니다. main()에서도 예외 처리를 미루면 예외는 JVM으로 전달되고 JVM은 프로그램을 종료시킵니다.

16.4.1 예외 처리 미루기

예외 처리가 어떻게 미루어지는지 예제를 통해 살펴보겠습니다.

Chapter16 / Ex06_ExceptionThrow.java

```
public class Ex06_ExceptionThrow
{
    public static void myMethod1(int n)
    {
        myMethod2(n, 0);
    }

    public static void myMethod2(int n1, int n2)
    {
        int r = n1 / n2;     // ❶ 예외 발생 지점
    }

```

```
13      public static void main(String[] args)
14      {
15          myMethod1(3);
16          System.out.println("Exception Throw !!!"); // ❷
17      }
18  }
```

▼ 실행 결과

```
Console ⊠
<terminated> Ex06_ExceptionThrow [Java Application] C:₩Dev₩jdk-11.0.8₩bin₩javaw.exe (2021. 2. 1
Exception in thread "main" java.lang.ArithmeticException: / by zero
	at Ex06_ExceptionThrow.myMethod2(Ex06_ExceptionThrow.java:10)
	at Ex06_ExceptionThrow.myMethod1(Ex06_ExceptionThrow.java:5)
	at Ex06_ExceptionThrow.main(Ex06_ExceptionThrow.java:15)
```

❶에서 0으로 나누기 때문에 예외가 발생합니다. 그런데 예외에 대한 처리를 하지 않았기 때문에 myMethod2()를 호출한 myMethod1()으로 예외가 던져집니다. 그런데 myMethod1()에서도 예외 처리가 안 되어 있기 때문에 예외는 myMethod1() 메서드를 호출한 main()으로 다시 던져집니다. main()에서도 예외에 대한 처리가 되어 있지 않기 때문에 예외를 자바 가상 머신에 던지게 됩니다. 이 라인에서 프로그램은 종료하게 되고, 그래서 ❷는 실행되지 못합니다.

콘솔창의 에러를 보면 에러가 발생한 지점을 보여주는 at에서 처음에 10라인에서 에러가 발생했다고 표시하고 있습니다. 그리고 5라인, 그다음으로 15라인에 에러라고 표시하고 있습니다. 예외가 던져진 지점하고 일치합니다.

Tip 자바는 콘솔창의 에러 출력만 잘 보아도 디버깅이 쉽습니다. 어떤 에러인지, 코드의 몇 라인에서 에러가 발생한 것인지까지 자세하게 표시해줍니다.

16.4.2 Throwable로 잡기

던져진 예외를 처리하려면 어떤 예외가 올지 모르므로 catch문에서 앞서의 Exception을 사용할 수도 있겠지만, 던져진 것을 처리한다는 의미로 Exception의 상위 객체인 Throwable을 사용할 수도 있습니다.

Chapter16 / Ex07_CatchThrowable.java

```
import java.util.Scanner;

public class Ex07_CatchThrowable
{
```

```
    public static void myMethod1()
    {
        myMethod2(); // ❶
    }

    public static void myMethod2()
    {
        Scanner sc = new Scanner(System.in);

        int num1 = sc.nextInt(); // ❷ 에러 발생 지점
        int num2 = 10 / num1;    // ❸ 에러 발생 지점
        System.out.println(num2);
    }

    public static void main(String[] args)
    {
        try
        {
            myMethod1();    // ❺ 여기로 myMethod1()으로부터 예외가 넘어옴
        }
        catch(Throwable e)  // ❻
        {
            e.printStackTrace();
            //System.out.println(e.getMessage());
        }
    }
}
```

▼ 실행 결과

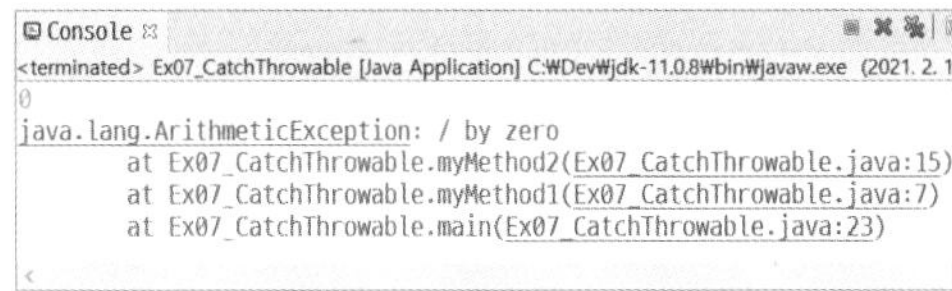

Console
<terminated> Ex07_CatchThrowable [Java Application] C:₩Dev₩jdk-11.0.8₩bin₩javaw.exe (2021. 2. 1
0
java.lang.ArithmeticException: / by zero
at Ex07_CatchThrowable.myMethod2(Ex07_CatchThrowable.java:15)
at Ex07_CatchThrowable.myMethod1(Ex07_CatchThrowable.java:7)
at Ex07_CatchThrowable.main(Ex07_CatchThrowable.java:23)

❷ 숫자가 아닌 글자를 입력받으면 예외가 발생합니다. ❸에서는 ❷에서 정수 0이 입력되면 나누기를 하다 예외가 발생합니다.

try ~ catch문을 이용하여 예외를 처리하지는 않았지만 ❷와 ❸에서 예외가 발생하면 메서드를 호출한 지점으로 예외가 전달됩니다. 이렇게 전달된 예외는 최종적으로 ❻ catch문 안 Throwable e 매개변수에 대입됩니다.

에러를 볼 때 다음과 같이 콘솔창에서 에러의 맨 아래줄부터 위로 올라오면서 해당 줄의 코드를 살펴보면 에러가 발생한 지점을 찾을 수 있습니다.

맨 처음 23라인에서 에러가 발생했습니다. myMethod1() 메서드를 호출하는 부분입니다.

그리고 7라인에서 에러가 발생했습니다. myMethod1() 메서드 안에서 myMethod2() 메서드를 호출하는 부분입니다. 그리고 15라인에서 에러가 발생했습니다. myMethod2() 메서드 안에서 입력받은 수로 나누기를 하는 부분입니다.

이렇게 예외가 던져진 것을 반대로 찾아 가면 에러가 발생한 지점을 찾을 수 있습니다.

16.4.3 예외 처리를 미루는 이유

그렇다면 왜 처리를 미루는 걸까요? 그냥 이런 문법이 있다고 알면 실전에서 사용할 수 없습니다. 그 이유를 알아야 합니다. 예외를 전달하여 처리하는 이유는 예외가 발생하는 지점의 메서드를 많은 곳에서 호출하는 경우 예외 처리가 다양할 수 있기 때문입니다.

예를 들어 클래스에서 스태틱으로 지정된 유틸 메서드인 경우는 어떤 클래스의 메서드가 자신을 호출할지 모르는 상태이기 때문에, 호출하는 쪽에서 예외 처리를 해야 더 적절한 처리를 할 수 있습니다.

Chapter16 / Ex08_WhyThrow.java

```java
import java.util.Scanner;

public class Ex08_WhyThrow
{
    public static void myMethod1()
    {
        try
        {
            myMethodA();  // 여기로 예외가 넘어옴
        }
        catch(Throwable e)
        {
            System.out.println("에러 !!!");
        }
```

```java
    }

    public static void myMethod2()
    {
        try
        {
            myMethodA();  // 여기로 예외가 넘어옴
        }
        catch(Throwable e)
        {
            System.out.println("Error !!!");
        }
    }

    public static void myMethodA()
    {
        Scanner sc = new Scanner(System.in);

        int num1 = sc.nextInt(); // 에러 발생 지점
        int num2 = 10 / num1;    // 에러 발생 지점
        System.out.println(num2);
    }

    public static void main(String[] args)
    {
        myMethod1(); // ❶ 한글 메시지 출력
        myMethod2(); // ❷ 영문 메시지 출력
    }
}
```

▼ 실행 결과

```
Console
<terminated> Ex08_WhyThrow [Java Application] C:₩Dev₩jdk-11.0.8₩bin₩javaw.exe
A
에러 !!!
A
Error !!!
```

❶과 ❷ 둘 다 myMethodA() 메서드를 호출해서 같은 예외가 발생한 상황이지만 myMethod1()과 myMethod2()는 예외를 전달받아 서로 다른 예외 처리를 할 수 있습니다. 그렇기에 처리하는 메시지 형태가 이렇게 달라질 수 있습니다.

16.4.4 메서드에 예외 선언

메서드 선언부에 예외를 써주는 문법이 있습니다.

```
public static void 메서드명()
    throws 예외, 예외, 예외
{
    // 본문
}
```

메서드의 선언부에 예외를 선언하면 어떤 이점이 있을까요? 메서드를 사용하는 사람이 메서드의 선언부만 보아도 이 메서드를 사용하려면 어떤 예외들을 처리하면 되는지 쉽게 알 수 있게 됩니다.

메서드에 예외를 선언할 때 일반적으로 RuntimeException 클래스들은 적지 않습니다. 이들은 메서드 선언부의 throws에 선언한다고 해서 문제가 되지는 않지만, 보통 반드시 처리해주어야 하는 예외들만 선언합니다.

Chapter16 / Ex09_ThrowsInMethod.java

```
import java.util.InputMismatchException;
import java.util.Scanner;

public class Ex09_ThrowsInMethod
{
    public static void myMethod1() // ❶
    {
        myMethod2();
    }

    public static void myMethod2()
            throws ArithmeticException, InputMismatchException // ❷
    {
        Scanner sc = new Scanner(System.in);

        int num1 = sc.nextInt(); // 에러 발생 지점
        int num2 = 10 / num1;    // 에러 발생 지점
        System.out.println(num2);
    }

    public static void main(String[] args)
    {
```

```java
        try
        {
            myMethod1();
        }
        catch (ArithmeticException | InputMismatchException e)
        {
            e.printStackTrace();
        }
        System.out.println("-------");
    }
}
```

▼ 실행 결과

```
Console ⊠
<terminated> Ex01_ExceptionCase [Java Application] C:\Dev\jdk-11.0.8\bin\javaw.exe (2021. 2.
A
Exception in thread "main" java.util.InputMismatchException
	at java.base/java.util.Scanner.throwFor(Scanner.java:939)
	at java.base/java.util.Scanner.next(Scanner.java:1594)
	at java.base/java.util.Scanner.nextInt(Scanner.java:2258)
	at java.base/java.util.Scanner.nextInt(Scanner.java:2212)
	at Ex01_ExceptionCase.main(Ex01_ExceptionCase.java:8)
```

❷ myMethod2() 메서드의 정의 부분만 보더라도 이 메서드는 ArithmeticException, InputMismatchException 예외가 발생한다는 것을 알 수 있습니다.

반면에 ❶ myMethod1() 메서드는 예외가 발생하면 자신을 호출한 메서드로 예외를 던져주기는 하겠지만 이 부분만 보아서는 어떤 예외가 발생할지는 알 수 없습니다.

메서드에 예외를 선언할 때 일반적으로 실행 예외 클래스들은 적지 않고, 보통 반드시 처리해주어야 하는 일반 예외 클래스들만 선언합니다. 앞에서 우리가 다루었던 예제들 대부분이 메서드에 예외 선언을 하지 않았습니다. 하지만 조금 전 설명처럼 의미의 전달이 확실해진다는 장점을 살려 메서드에 예외 선언을 할 수도 있습니다.

그리고 실행 예외 클래스들을 메서드의 throws에 선언한다고 해서 문제가 되지는 않습니다.

학습 마무리

여기까지 자바 프로그래밍에서 사용하는 예외 처리를 알아보았습니다.

핵심 요약

1 에러는 발생 시점에 따라 컴파일 에러와 런타임 에러가 있습니다.

2 컴파일 오류는 없었지만, 프로그램 실행 시에 에러가 발생할 수 있습니다. 그리고 에러의 발생으로 프로그램이 비정상적으로 종료될 수도 있습니다. 이런 상황을 예외 상황이라 합니다.

3 try ~ catch문으로 예외를 처리합니다.

4 예외가 발생해도 무조건 실행하고 싶다면 finally문을 추가하고 코드를 이동해주어야 합니다.

5 던져진 예외를 처리하려면 catch문에서 Throwable 클래스를 이용해야 합니다.

6 예외를 전달하여 처리하는 이유는 예외가 발생하는 지점의 메서드를 많은 곳에서 호출하는 경우 예외 처리가 다양할 수 있기 때문입니다.

7 메서드 선언부에 예외를 써주는 문법이 있습니다. 메서드의 선언부만 보아도 이 메서드를 사용하려면 어떤 예외들을 처리하면 되는지 쉽게 알 수 있기 때문입니다.

8 예외는 다음과 같이 실행 예외와 일반 예외로 한 번 더 구분됩니다.

- 실행 예외
  - 예외 처리를 하지 않아도 컴파일할 수 있는 비검사형 예외
  - 실행 단계에서 체크
- 일반 예외
  - 예외 처리를 하지 않으면 컴파일 오류가 발생하므로 꼭 처리해야 하는 검사형 예외
  - 컴파일 단계에서 체크

Chapter

17

자바의 기본 클래스

#MUSTHAVE

학습 목표	Object 클래스와 Object 클래스를 상속받아 여러 기본 기능을 제공해주는 다양한 기본 클래스를 알아봅니다.
학습 순서	1 java.lang 클래스 2 Object 클래스 3 래퍼 클래스 4 Math 클래스 5 Random 클래스 6 Arrays 클래스
기본 클래스 소개	Object 클래스는 모든 자바 클래스의 최상위 클래스이고 이 클래스를 상속받아 기본 기능을 제공해주는 다양한 기본 클래스들이 있습니다.

17.1 java.lang 클래스

java.lang 패키지는 우리가 많이 사용하는 기본 클래스를 포함하는 패키지로 이 패키지에 속한 클래스들은 임포트하지 않아도 자동으로 임포트됩니다. java.lang 패키지에 포함된 주요 클래스를 살펴보면 다음과 같습니다.

▼ 대표적인 실행 예외

클래스	설명
Object	최상위 클래스로 기본적인 메서드를 제공합니다.
String, StringBuffer, StringBuilder	문자열을 처리하는 메서드를 제공합니다.
Number, Integer, Long, Float, Double	기본형 데이터를 객체화합니다.
System	시스템 정보나 입출력을 처리하는 메서드를 제공합니다.
Math	각종 수학 함수를 제공합니다.

Thread	스레드를 처리하는 메서드를 제공합니다.
Class	실행 중에 클래스 정보를 제공합니다.

이 패키지에 속한 모든 클래스들은 다음처럼 확인할 수 있습니다. JDK가 설치된 폴더의 하위 폴더인 lib 폴더에 보면 src.zip 파일이 있습니다. 압축을 풀어보면 다음과 같이 java.lang 패키지 안에 들어 있는 클래스들을 확인할 수 있습니다.

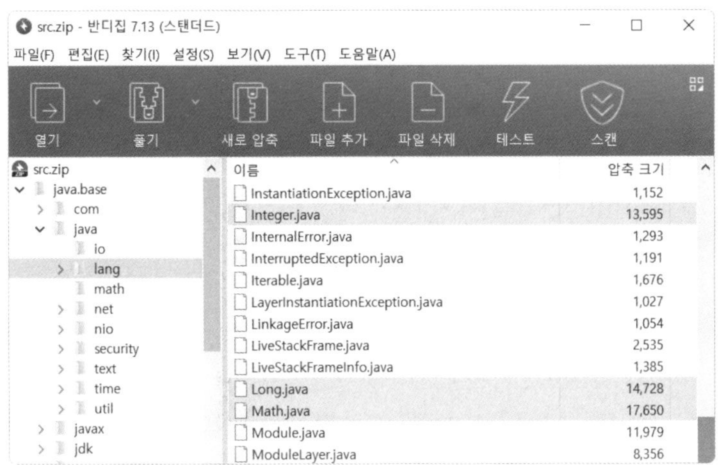

17.2 Object 클래스

Object 클래스는 모든 자바 클래스의 최상위 클래스로, 모든 자바 클래스는 Object 클래스로부터 상속을 받습니다. 그런데 우리는 클래스를 만들 때 Object 클래스를 상속받는 코드를 작성한 적이 없었습니다. 컴파일 과정에서 오른쪽과 같이 extends Object가 자동으로 사용되었기 때문입니다.

Package Explorer
Chapter17
JRE System Library [jre]
src
(default package)
Ex01_Object.java

Ex01_Object.java

```
public class Ex01_Object extends Object
{
    String name;
    String getName()
    {
        return name;
    }
}
```

그러므로 다음 두 코드는 의미가 같습니다.

```
public class Ex01_Object
{
    String name;
    String getName()
    {
        return name;
    }
}
```

```
public class Ex01_Object extends Object
{
    String name;
    String getName()
    {
        return name;
    }
}
```

자바에서 제공하는 기본 클래스들도 당연히 Object 클래스를 상속받아서 만들어졌습니다.

그러므로 String 클래스 역시 Object 클래스를 상속받았습니다. 이클립스에서 String 자료형에 우클릭하여 [Open Type Hierachy]를 선택합니다.

▼ 상속 관계 알아보기

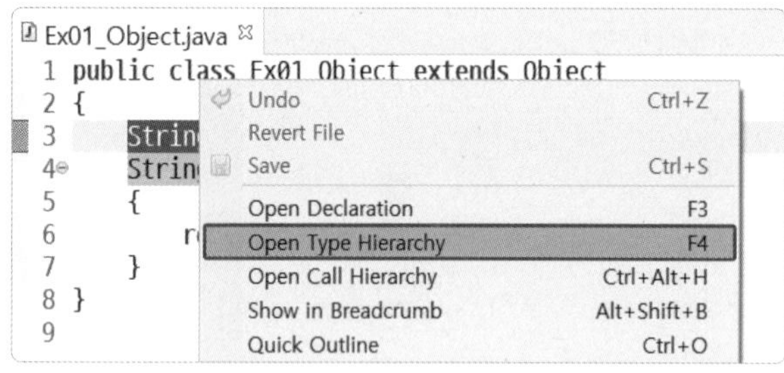

좌측 패키지 탐색창 쪽에 새로운 탭이 열리면서 상속 관계를 보여주는 창이 뜨게 됩니다.

String 클래스는 Object 클래스를 상속받았음을 알 수 있습니다.

▼ String 클래스의 상속 계층도

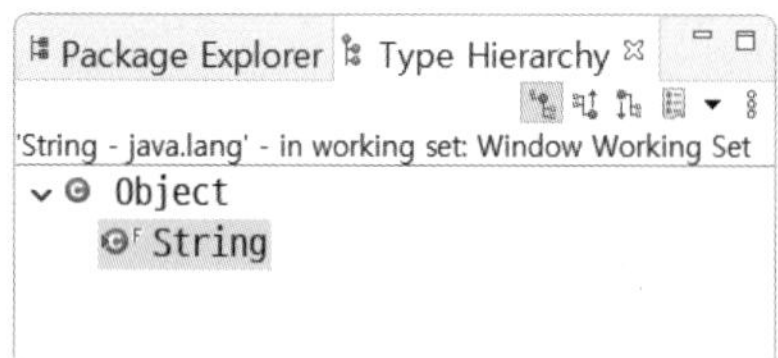

앞 장의 예제에서 ArithmeticException 클래스도 이렇게 살펴보면 다음과 같은 상속 구조를 가

지고 있는 것을 확인할 수 있습니다.

▼ ArithmeticException 클래스의 상속 계층도

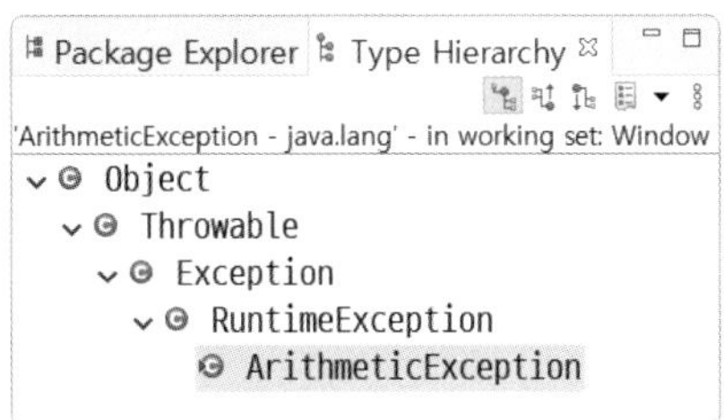

이처럼 모든 클래스가 Object 클래스를 상속받았으므로 Object 클래스의 메서드를 사용할 수 있고, 재정의할 수도 있고, Object형으로 형변환할 수도 있습니다.

Object 클래스의 메서드는 다음과 같습니다. 상속 계층을 보여주는 창에서 Object를 선택하면 아래쪽에 정의된 메서드들이 보입니다.

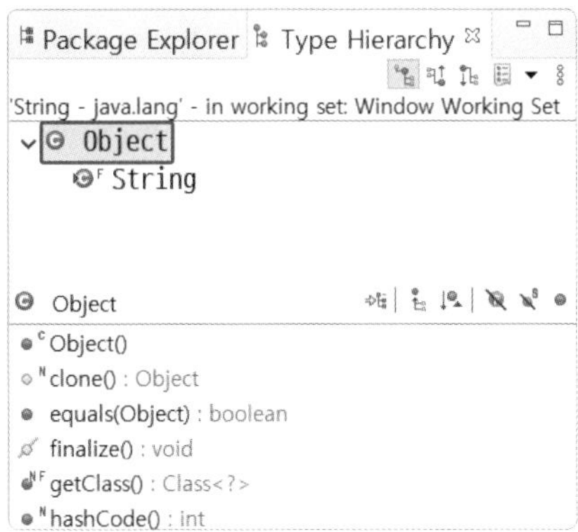

또는 다음과 같이 정의된 메서드들을 확인할 수 있습니다. ❶ Object 클래스를 우클릭하고 ❷ [Open Declaration]을 선택합니다.

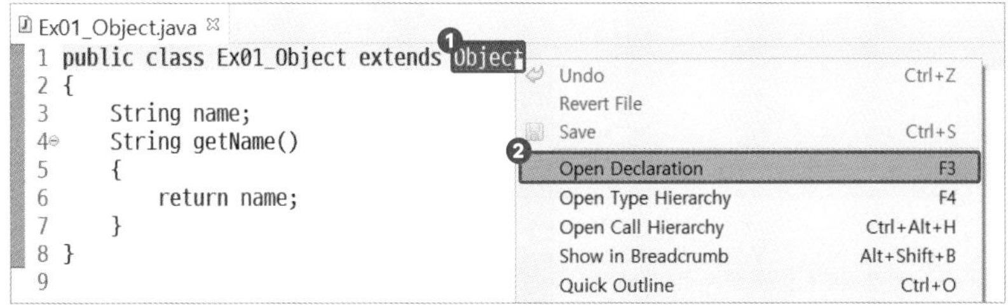

만약 다음과 같은 창이 뜨면 ❶ [Attach Source...] → ❷ [External location] → ❸ [External File...] 버튼을 클릭해서 소스를 연결해줍니다.

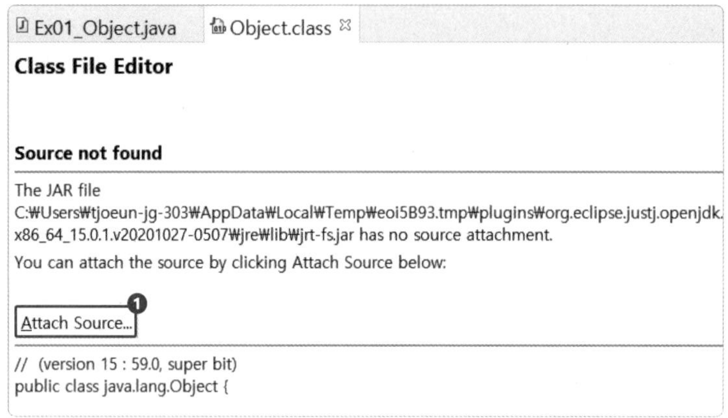

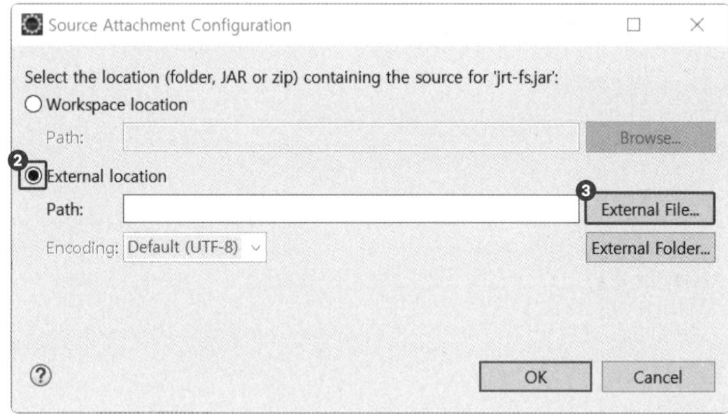

JDK를 설치한 폴더의 lib 폴더에서 ❹ src.zip을 선택해줍니다.

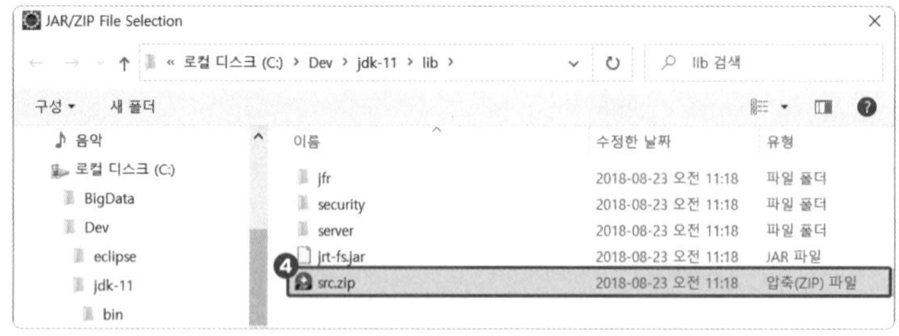

이제 Object 클래스의 코드가 보일 겁니다.

여기서 Object 클래스의 모든 멤버가 어떻게 작성되어 있는지 확인할 수 있습니다. 다음은 Object 클래스의 주요 메서드입니다.

▼Object 클래스의 주요 메서드

메서드	설명
public String toString()	객체의 문자 정보를 반환합니다.
public boolean equals(Object obj)	두 객체가 동일한지 여부를 반환합니다.
public int hashcode()	객체의 해시 코드를 반환합니다.
protected Object clone()	객체의 사본을 생성합니다.

Object 클래스의 메서드 중에는 재정의할 수 있는 메서드도 있고, 그렇지 않은 메서드도 있습니다. 여기서는 자주 재정의하여 사용하는 메서드 두 개만 살펴보겠습니다.

17.2.1 toString() 메서드

Object 클래스에 정의되어 있는 toString() 메서드의 원형은 다음과 같습니다.

```
public String toString() {
    return getClass().getName() + "@" + Integer.toHexString(hashCode());
}
```

생성된 객체의 클래스명과 해시 코드를 보여줍니다. 이 메서드는 메서드의 원형 그대로 사용하는 것은 의미가 없고, 보통은 객체 정보를 String으로 바꿔서 사용할 때 많이 사용됩니다. 우리가 자주 사용하는 String 클래스에는 이미 오버라이딩하여 재정의를 해놓고 있습니다. String 클래스는 클래스명과 해시 코드를 보여주는 대신 안에 들어 있는 문자열을 내용을 반환해줍니다.

예제를 통해서 살펴보겠습니다.

Chapter17 / Ex02_toString1.java

```
public class Ex02_toString1
{
    public static void main(String[] args)
    {
        String name = "홍길동";
        System.out.println(name);
```

```
        System.out.println(name.toString());
    }
}
```

System.out.println() 메서드는 매개변수로 들어오는 객체의 toString() 메서드를 내부적으로 호출해서 반환받는 값을 출력해줍니다. 즉, 오버라이딩으로 미리 재정의되어 있지 않았다면 상속받았던 원형 그대로 toString() 메서드가 호출되고, 그 결과로 객체의 클래스명과 해시 코드를 출력합니다.

그러나 String 클래스는 오버라이딩으로 미리 재정의가 되어 있었기에 다음과 같이 같은 결과를 출력합니다.

▼ 실행 결과

```
Console
<terminated> Ex02_toString1 [Java Application] C:₩Dev₩jdk-11.0.8₩bin₩javaw.exe
홍길동
홍길동
```

비교를 위해 우리가 만든 객체를 출력해보겠습니다. 예제에 다음과 같이 작성하고 실행합니다.

Chapter17 / Ex03_toString2.java

```
class Book3
{
    String author;
}

public class Ex03_toString2
{
    public static void main(String[] args)
    {
        Book3 myBook = new Book3(); // ❶
        myBook.author = "홍길동";
        System.out.println(myBook.author); // ❷ 참조 변수의 멤버 변수의 값 출력
        System.out.println(myBook);        // ❸ 객체 자체 출력
    }
}
```

▼ 실행 결과

```
Console
<terminated> Ex03_toString2 [Java Application] C:₩Dev₩jdk-11.0.8₩bin₩javaw.exe
홍길동
Book3@2d363fb3
```

클래스명 — 해시 코드

❶ 우리가 만든 클래스를 이용하여 객체를 생성합니다. ❷ 참조 변수의 멤버 변수의 값을 출력합니다. ❸ 객체 자체를 출력합니다.

❸에서 System.out.println() 메서드는 객체 자체가 매개변수로 주어졌기 때문에 객체 안의 toString() 메서드를 찾습니다. 재정의된 메서드가 아니고 상속받은 그대로의 원형이 있기 때문에 클래스명과 해시 코드가 출력될 겁니다.

String 클래스의 경우와 마찬가지로 우리 객체를 출력할 때 지금처럼 **클래스명@해시 코드** 대신 그 안의 author 변수의 값을 출력하고 싶습니다.

이럴 때 Object 객체의 toString() 메서드를 오버라이딩으로 재정의하여 사용하면 됩니다.

Chapter17 / Ex04_toString3.java

```
class Book4
{
    String author;
    public String toString() // ❶ 메서드 오버라이딩
    {
        return author;
    }
}

public class Ex04_toString3
{
    public static void main(String[] args)
    {
        Book4 myBook = new Book4();
        myBook.author = "홍길동";
        System.out.println(myBook.author); // ❷
        System.out.println(myBook);        // ❸
    }
}
```

▼ 실행 결과

```
Console ☒
<terminated> Ex04_toString3 [Java Application] C:₩Dev₩jdk-11.0.8₩bin₩javaw.exe
홍길동
홍길동
```

❶ toString() 메서드를 오버라이딩하여 author 변수의 값을 반환하도록 재정의합니다.

❷ 참조 변수를 이용하여 객체의 멤버 변수의 값을 가져와서 출력합니다. ❸ 참조 변수를 이용하여 객체 자체를 출력합니다.

이제는 System.out.println() 메서드에 매개변수로 객체 자체를 넘겨도 객체가 가지고 있는 문자열이 출력됩니다.

17.2.2 equals() 메서드

Object 클래스에 정의되어 있는 equals() 메서드 원형은 다음과 같습니다.

```
public boolean equals(Object obj) {
    return (this == obj);
}
```

자신과 매개변수로 들어온 객체의 주솟값 자체를 비교하여 같은지 아닌지를 반환합니다.

이러면 참조하고 있는 변수의 id(주솟값)끼리 비교가 됩니다. 이 메서드도 메서드의 원형 그대로 사용하는 것은 의미가 없고, 보통은 오버라이딩으로 재정의하여 객체 안 변수의 값끼리 비교하는 데 많이 사용됩니다.

Chapter17 / Ex05_equals1.java

```
class Book5
{
    String author;
}

public class Ex05_equals1
{
    public static void main(String[] args)
    {
        Book5 myBook1 = new Book5(); // ❶
```

```java
        myBook1.author = "홍길동";

        Book5 myBook2 = new Book5(); // ❷
        myBook2.author = "홍길동";

        if ( myBook1.equals(myBook2)) // ❸
            System.out.println("두 객체의 참조 id는 같습니다.");
        else
            System.out.println("두 객체의 참조 id는 다릅니다.");
    }
}
```

▼ 실행 결과

```
Console ⊠
<terminated> Ex05_equals1 [Java Application] C:₩Dev₩jdk-11.0.8₩bin₩javaw.exe
두 객체의 참조 id는 다릅니다.
```

❶ 새로운 객체를 만들고 변수에 대입합니다.

❷ 새로운 객체를 만들고 변수에 대입합니다.

❸ 두 객체를 비교합니다. Book5 클래스에는 equals 메서드가 재정의되어 있지 않기 때문에 Object 메서드에서 상속받은 그대로 사용하게 됩니다. 그 결과 주소 비교를 하게 되고 둘은 서로 다른 주소에 생성된 객체이기 때문에 false를 반환합니다.

이제 우리가 비교해보고 싶은 내용 비교를 할 수 있도록 다음과 같이 equals() 메서드를 오버라이딩으로 재정의하고 다시 실행해봅시다. 예제는 새로 만듭니다.

Chapter17 / Ex06_equals2.java

```java
class Book6
{
    String author;
    public boolean equals(Object obj) // ❶ 메서드 오버라이딩
    {
        if(this.author.equals(((Book6)obj).author))
            return true;
        else
            return false;
    }
}
```

```java

public class Ex06_equals2
{
    public static void main(String[] args)
    {
        Book6 myBook1 = new Book6();
        myBook1.author = "홍길동";

        Book6 myBook2 = new Book6();
        myBook2.author = "홍길동";

        if ( myBook1.equals(myBook2)) // ❷
            System.out.println("두 객체의 author 변수의 값은 같습니다.");
        else
            System.out.println("두 객체의 author 변수의 값은 다릅니다.");
    }
}
```

▼ 실행 결과

```
Console ⊠
<terminated> Ex06_equals2 [Java Application] C:₩Dev₩jdk-11.0.8₩bin₩javaw.exe
두 객체의 author 변수의 값은 같습니다.
```

❶ Object 클래스의 equals() 메서드를 오버라이딩하여 Book6 클래스 안의 author 변수의 값을 비교하도록 오버라이딩으로 재정의했습니다.

❷ 이제 equals() 메서드는 객체의 주소를 비교하는 것이 아니고 객체 안에 들어 있는 String 변수의 값을 비교하여 그 결과를 반환합니다.

17.3 래퍼 클래스

자바는 기본 데이터형(정수형, 문자형, 논리형)에 대응하는 클래스를 마련해놓았습니다. 이 클래스들을 래퍼 클래스wrapper class라고 합니다. 래퍼 클래스란 기본 자료형에 대해서 객체로서 인식되도록 '포장'을 했다는 뜻입니다. 이때 단순히 객체화만 한 것이 아니고 다양한 메서드도 추가했습니다.

▼ 기본형과 래퍼 클래스

메서드	설명
boolean	Boolean
byte	Byte
char	Character
short	Short
int	Integer
long	Long
float	Float
double	Double

기본 자료형 대신 래퍼 클래스를 사용하는 이유는 다음과 같습니다.

- 클래스가 제공하는 편리한 메서드 사용(값 변환, 형변환, 진법 변환)
- 클래스가 제공하는 상수 사용(MIN_VALUE, MAX_VALUE)
- 메서드 매개변수의 형이 Object여서 기본 자료형을 사용 못하고 클래스 형태인 래퍼로 넘겨야 할 때 사용(컬렉션 프레임워크[1])

17.3.1 Number 클래스

java.lang.Number 클래스는 모든 수치형 래퍼 클래스가 상속하는 추상 클래스입니다. 그래서 Number 클래스를 상속한 래퍼 클래스는 모두 다음의 추상 메서드가 다 구현이 되어 있습니다.

- byteValue()
- shortValue()
- intValue()
- longValue()
- floatValue()

1 21장 '컬렉션 프레임워크'에서 배웁니다.

• doubleValue()

수치형 래퍼 클래스인 Byte, Short, Integer, Long, Float, Double에서 이 메서드들을 사용하면 다른 형으로 변환한 값을 얻을 수 있습니다. 즉 래퍼 객체에 저장된 값을 원하는 기본 자료형 값으로 변환할 수 있습니다.

수치형을 다른 수치형 자료로 형변환하는 메서드를 사용해봅시다.

Chapter17 / Ex07_Number.java

```
public class Ex07_Number
{
    public static void main(String[] args)
    {
        //Integer num1 = new Integer(20);   // ❶ 자바 4까지 문법
        Integer num1 = Integer.valueOf(20); // ❷ 자바 5부터 문법
        System.out.println(num1.intValue());      ┐
        System.out.println(num1.doubleValue());   ┘// ❸

        Double num2 = Double.valueOf(3.14);
        System.out.println(num2.intValue());
        System.out.println(num2.doubleValue());
    }
}
```

▼ 실행 결과

```
Console
<terminated> Ex07_Number [Java Application] C:₩Dev₩jdk-11.0.8₩bin₩javaw.exe
20
20.0
3
3.14
```

자바 4까지는 ❶처럼 생성자에 기본 데이터형의 값 또는 변수를 매개변수로 받았습니다(Integer() 생성자는 디프리케이트되었습니다).

자바 5부터는 ❷처럼 클래스의 스태틱 메서드를 이용합니다. ❸ 래퍼 클래스의 객체는 저장된 값을 원하는 기본 자료형값으로 변환할 수 있습니다.

17.3.2 문자열 변환

수치형의 래퍼 클래스인 Byte, Short, Integer, Long, Float, Double에는 각각 문자열을 수

치형으로 변환하는 메서드가 있습니다.

▼ 문자열을 수치형으로 변환하는 메서드

클래스	메서드	기능
Byte	parseByte()	문자열을 byte형으로 변환
Short	parseShort()	문자열을 short형으로 변환
Integer	parseInt()	문자열을 int형으로 변환
Long	parseLong()	문자열을 long형으로 변환
Float	parseFloat()	문자열을 float형으로 변환
Double	parseDouble()	문자열을 double형으로 변환

문자열을 수치형으로 형변환하는 메서드를 사용해봅시다.

Chapter17 / Ex08_parseXXX.java

```
public class Ex08_parseXXX
{
    public static void main(String[] args)
    {
        String str = "100";
        int a = Integer.parseInt(str); // ❶ 형변환
        double b = Double.parseDouble("3.14"); // ❷ 형변환

        System.out.println(a + " : " + b);
    }
}
```

▼ 실행 결과

```
Console ☒
<terminated> Ex08_parseXXX [Java Application] C:₩Dev₩jdk-11.0.8₩bin₩javaw.exe
100 : 3.14
```

❶ 문자열을 int형으로 변환합니다. ❷ 문자열을 double형으로 변환합니다.

Tip 클래스명.메서드명을 사용하고 있기 때문에 parseInt는 스태틱 메서드입니다. 그리고 이 메서드와 try ~ catch문을 이용하면 예전 프로젝트에서, 입력받은 내용이 숫자인지 검사하는 로직도 아주 간단하게 구현할 수 있습니다.

17.3.3 오브젝트의 비교

래퍼 클래스의 오브젝트끼리 비교하려면 == 대신 equals( ) 메서드를 사용해야 합니다. 모든 래퍼 클래스의 equals() 메서드는 객체 안의 기본형 데이터를 비교하는 것으로 메서드의 기능이 재정의되어 있습니다.

```
Integer a = new Integer(10);
Integer b = new Integer(20);
boolean c = a.equals(b);
```

오브젝트들의 형과 값이 동일하면 true를 반환합니다.

17.3.4 다양한 static 메서드들

래퍼 클래스에는 유용한 메서드들이 다양하게 구현되어 있습니다.

Chapter17 / Ex09_UtilMethod.java

```
public class Ex09_UtilMethod
{
    public static void main(String[] args)
    {
        Integer n1 = Integer.valueOf(5);          // ❶ 메서드 오버로딩
        Integer n2 = Integer.valueOf("1024");

        System.out.println("큰 수: " + Integer.max(n1, n2));          // ❷
        System.out.println("작은 수: " + Integer.min(n1, n2));        // ❸
        System.out.println("합: " + Integer.sum(n1, n2));             // ❹
        System.out.println();

        System.out.println("12의 2진 표현: 0B" + Integer.toBinaryString(12)); // ❺
        System.out.println("12의 8진 표현: 0" + Integer.toOctalString(12)); // ❻
        System.out.println("12의 16진 표현: 0x" + Integer.toHexString(12)); // ❼
    }
}
```

▼ 실행 결과

```
Console
<terminated> Ex09_UtilMethod [Java Application] C:\Dev\jdk-11.0.8\bin\javaw.exe
큰 수: 1024
작은 수: 5
합: 1029

12의 2진 표현: 0B1100
12의 8진 표현: 014
12의 16진 표현: 0xc
```

❶은 메서드의 오버로딩입니다. 같은 메서드명인데 매개변수가 다릅니다. 이렇게 다양한 형태의 데이터로 래퍼 클래스의 객체를 만들 수 있습니다.

❷ 둘 중의 큰 수를 구합니다. ❸ 둘 중에 작은 수를 구합니다. ❹ 두 수의 합을 구합니다.

❺ 정수를 2진수로 표현합니다. ❻ 정수를 8진수로 표현합니다. ❼ 정수를 16진수로 표현합니다.

17.3.5 박싱과 언박싱

박싱은 인스턴스의 생성으로 이뤄지지만 언박싱은 래퍼 클래스에 정의된 메서드를 호출해 이뤄집니다.

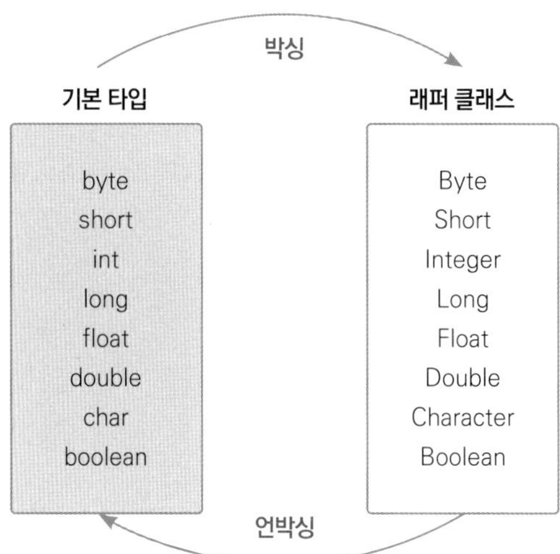

래퍼 객체들은 담고 있는 값을 수정하지 못합니다. 기본 자료형의 값을 포장해서 만든 것이기 때문에 원재료를 바꿀 수 없는 겁니다. 따라서 값의 수정이 필요하면 다음 예제의 문장들과 같이 새로운 래퍼 객체를 생성해야 합니다.

Chapter17 / Ex10_BoxingUnboxing.java

```java
public class Ex10_BoxingUnboxing
{
    public static void main(String[] args)
    {
        // 박싱
        Integer iObj = Integer.valueOf(10);      // ❶
        Double dObj = Double.valueOf(3.14);

        // 메서드 호출을 통한 언박싱
        int num1 = iObj.intValue();              // ❷
        double num2 = dObj.doubleValue();

        System.out.println(num1 + " : " + iObj); // ❸
        System.out.println(num2 + " : " + dObj);
        System.out.println();

        // 래퍼 인스턴스 값의 증가 방법
        iObj = Integer.valueOf(iObj.intValue() + 10);
        dObj = Double.valueOf(dObj.doubleValue() + 1.2); // ❹

        System.out.println(iObj);
        System.out.println(dObj);
    }
}
```

▼ 실행 결과

```
Console
<terminated> Ex10_BoxingUnboxing [Java Application] C:\Dev\jdk-11.0.8\bin\javaw
10 : 10
3.14 : 3.14

20
4.34
```

❶ 기본 자료형의 값이 박싱에 의해 클래스 자료형으로 대입됩니다.

❷ 래퍼 클래스의 메서드를 통해 기본 자료형의 값을 구해옵니다. 언박싱이 일어납니다.

❸ 값을 출력합니다. 래퍼 클래스는 toString() 메서드가 오버라이딩으로 재정의되어 있기 때문에 기본형 자료의 값이 출력됩니다.

❹ 래퍼 클래스의 값을 증가시키려면 언박싱으로 값을 구해오고 더한 다음에 다시 박싱으로 객체를 만들어서 대입해야 합니다.

17.3.6 오토 박싱과 오토 언박싱

다음과 같이 오토 박싱과 오토 언박싱이 이루어지기도 합니다.

Chapter17 / Ex11_AutoBoxingUnboxing1.java

```
public class Ex11_AutoBoxingUnboxing1
{
    public static void main(String[] args)
    {
        // 오토 박싱
        Integer iObj = 10;       ┐
        Double dObj = 3.14;      ┘// ❶

        // 오토 언박싱
        int num1 = iObj;         ┐
        double num2 = dObj;      ┘// ❷

        System.out.println(num1 + " : " + iObj);
        System.out.println(num2 + " : " + dObj);
    }
}
```

▼ 실행 결과

```
Console ☒
<terminated> Ex11_AutoBoxingUnboxing [Java Application] C:₩Dev₩jdk-11.0.8₩bin₩jav
10 : 10
3.14 : 3.14
```

❶ 기본 자료형을 바로 래퍼 클래스형의 변수에 대입할 수 있습니다. 오토 박싱이 일어납니다.

❷ 래퍼 클래스형 변수를 기본 자료형의 변수에 대입할 수 있습니다. 오토 언박싱이 일어납니다.

다른 예제 하나를 더 보겠습니다.

Chapter17 / Ex12_AutoBoxingUnboxing2.java

```
public class Ex12_AutoBoxingUnboxing2
{
    public static void main(String[] args)
    {
```

```
        Integer num = 10; // ❶ 오토 박싱

        num++;          // ❷ Integer.valueOf(num.intValue() + 1);
                        // <-- 오토 박싱과 오토 언박싱 동시에 진행
        System.out.println(num);

        num += 3;       // ❸ Integer.valueOf(num.intValue() + 3);
        System.out.println(num);

        int r = num + 5;             // ❹ 오토 언박싱 진행
        Integer rObj = num - 5;      // ❺ 오토 언박싱 진행 + 오토 박싱 진행

        System.out.println(r);
        System.out.println(rObj);
    }
}
```

▼ 실행 결과

```
Console ✕
<terminated> Ex12_AutoBoxingUnboxing2 [Java Application] C:₩Dev₩jdk-11.0.8₩bin₩ja
11
14
19
9
```

❶ 값이 대입되면서 오토 박싱이 일어납니다.

❷ 래퍼 클래스도 증감 연산자 사용이 가능합니다. 다만 주석의 내용처럼 복잡한 연산이 일어납니다. ❸ 래퍼 클래스도 복합 대입 연산자 사용이 가능합니다. 다만 주석의 내용처럼 복잡한 연산이 일어납니다.

❹ 래퍼 클래스와 기본형 자료의 연산은 오토 언박싱이 일어난 후 연산이 이루어집니다. ❺ 래퍼 클래스와 기본형 자료의 연산은 오토 언박싱이 일어난 후 연산이 이루어집니다. 그 후 래퍼 클래스에 값이 대입되기 위해서 박싱이 일어납니다.

17.4 Math 클래스

Math 클래스에 정의된 메서드는 모두 static으로 선언되어 있습니다. 즉, Math는 기능 제공이 목적일 뿐, 인스턴스 생성을 목적으로 정의된 클래스는 아닙니다.

Math 클래스에서 제공하는 다양한 메서드 사용법을 코드로 알아봅시다.

Chapter17 / Ex13_MathUse.java

```java
public class Ex13_MathUse
{
    public static void main(String[] args)
    {
        System.out.println("4의 제곱근: " + Math.sqrt(4));
        System.out.println("log2(8): " + baseLog(8, 2));
        System.out.println("2의 3승: "+ Math.pow(2, 3));
        System.out.println();

        System.out.println("원주율: " + Math.PI);
        System.out.println("파이에 대한 Degree: " + Math.toDegrees(Math.PI));
        System.out.println("2 파이에 대한 Degree: " +
                                Math.toDegrees(2.0 * Math.PI));
        System.out.println();

        double radian45 = Math.toRadians(45);    // 라디안으로의 변환!

        System.out.println("싸인 45: " + Math.sin(radian45));
        System.out.println("코싸인 45: " + Math.cos(radian45));
        System.out.println("탄젠트 45: " + Math.tan(radian45));
    }

    public static double baseLog(double x, double base)
    {
        return Math.log(x) / Math.log(base);
    }
}
```

▼ 실행 결과

```
Console
<terminated> Ex13_MathUse [Java Application] C:₩Users₩tjoeun-jg-303₩AppData
4의 제곱근: 2.0
log2(8): 3.0
2의 3승: 8.0

원주율: 3.141592653589793
파이에 대한 Degree: 180.0
2 파이에 대한 Degree: 360.0

싸인 45: 0.7071067811865475
코싸인 45: 0.7071067811865476
탄젠트 45: 0.9999999999999999
```

Math 클래스에서 제공하는 메서드 사용법만 다루어 자세한 설명은 생략합니다.

17.5 Random 클래스

Random은 임의의 랜덤 값을 만들어낼 때 사용하는 클래스입니다. 이미 앞에서 한 번 사용해보았습니다.

```
Random rand = new Random();
```

다음처럼 다양한 메서드가 제공되는데, 보통의 경우 nextInt(int bound) 메서드를 이용합니다.

```
public boolean nextBoolean()  // boolean형 난수 반환
public int nextInt()          // int형 난수 반환
public long nextLong()        // long형 난수 반환
public int nextInt(int bound) // 0 이상 bound 미만 범위의 int형 난수 반환
public float nextFloat()      // 0.0 이상 1.0 미만의 float형 난수 반환
public double nextDouble()    // 0.0 이상 1.0 미만의 double형 난수 반환
```

임의의 수를 얻는 데 사용하는 클래스이지만 발표 등에서 준비한 자료와 같은 값을 얻기 위해서 생성자에 시드값을 지정해줄 수도 있습니다. 이 경우 랜덤값이 매번 같은 순서로 나오게 됩니다.

Chapter17 / Ex14_RandomUse.java

```
import java.util.Random;

public class Ex14_RandomUse
{
    public static void main(String[] args)
    {
        // ❶ 매번 다른 수가 나옴
        Random rand1 = new Random();

        for(int i = 0; i < 10; i++)
            System.out.print(rand1.nextInt(10) + " ");
        System.out.println();

        // ❷ 매번 같은 순으로 값이 나옴
        Random rand2 = new Random(12);
```

```
        for(int i = 0; i < 10; i++)
            System.out.print(rand2.nextInt(10) + " ");
        System.out.println();
    }
}
```

▼ 실행 결과

```
Console
<terminated> Ex14_RandomUse
1 6 2 2 4 4 4 6 3 7
6 2 6 3 4 1 0 5 6 1
```

❶ 매번 다른 순서로 랜덤값을 얻는 예입니다.

❷ 매번 정해진 순서로 랜덤값을 얻는 예입니다. 랜덤 함수라면 실제로는 랜덤값을 이용해야 하지만, 발표회 등에서 준비된 자료대로 발표를 해야 할 때는 ❷처럼 매번 같은 순서대로 값이 나오면 유용합니다.

17.6 Arrays 클래스

배열을 배울 때 이미 Arrays 클래스를 사용해서 배열의 초기화, 값 채우기, 복사, 정렬 기능을 사용해보았습니다. 일단 우리가 사용한 것은 기본 자료형을 저장한 배열의 비교, 정렬이었는데, 객체를 저장한 배열이라면 무엇을 기준으로 비교하고, 어떻게 정렬을 해야 할까요?

17.6.1 객체 저장 배열의 비교

배열의 비교는 두 배열에 저장된 데이터 수, 순서, 내용 모두가 같을 때 true를 반환합니다. 내용이 같은 것을 체크하려면 배열에 저장되는 객체는 Object 클래스로부터 상속받은 equals() 메서드가 오버라이딩으로 재정의되어 있으면 됩니다.

Object 클래스로부터 상속받은 equals() 메서드가 오버라이딩으로 재정의되어 있지 않은 일반 클래스로 배열을 만들고 비교를 해봅시다.

Chapter17 / Ex15_ArrayObjEquals1.java

```
import java.util.Arrays;

class INum1 {
    private int num;
```

```java

    public INum1(int num) {
        this.num = num;
    }
}

public class Ex15_ArrayObjEquals1
{
    public static void main(String[] args)
    {
        INum1[] arr1 = new INum1[2];
        INum1[] arr2 = new INum1[2];

        arr1[0] = new INum1(1);
        arr2[0] = new INum1(1);

        arr1[1] = new INum1(2);
        arr2[1] = new INum1(2);

        System.out.println(Arrays.equals(arr1, arr2)); // ❷ 배열 비교 결과 출력
    }
}
```

▼ 실행 결과

Console
<terminated> Ex15_ArrayObjEq
false

❶ 두 배열에 동일한 값으로 초기화된 서로 다른 객체를 각각 저장했습니다. ❷ 그러나 배열의 비교 결과는 false입니다. 객체의 내용이 아닌 참조값이 비교되었기 때문입니다.

이번에는 Object 클래스로부터 상속받은 equals() 메서드가 오버라이딩으로 재정의되어 있는 클래스로 배열을 만들고 비교를 해봅시다. 다음 코드는 앞의 코드와 똑같고 equals() 메서드만 오버라이딩을 해서 추가해주었습니다.

Chapter17 / Ex16_ArrayObjEquals2.java

```java
import java.util.Arrays;

class INum2 {
    private int num;

    public INum2(int num) {
        this.num = num;
```

```
    }

    @Override
    public boolean equals(Object obj) {
        if(this.num == ((INum2)obj).num)
            return true;
        else
            return false;
    }
}

public class Ex16_ArrayObjEquals2
{
    public static void main(String[] args)
    {
        INum2[] arr1 = new INum2[2];
        INum2[] arr2 = new INum2[2];

        arr1[0] = new INum2(1);
        arr2[0] = new INum2(1);

        arr1[1] = new INum2(2);
        arr2[1] = new INum2(2);

        System.out.println(Arrays.equals(arr1, arr2)); // ❶
    }
}
```

▼ 실행 결과

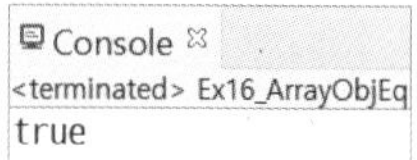

❶ Arrays.equals() 메서드가 배열의 개별 요소끼리 비교할 때 같은 값이 확인되었기 때문에 true가 반환됩니다.

17.6.2 객체 저장 배열의 정렬

객체가 저장된 배열의 정렬은 저장된 데이터 크기를 비교할 때, 어떤 기준으로 크기 비교를 할지 프로그래머가 정해야 합니다.

그리고 기준을 정했으면 Comparable 인터페이스(12.5절 참조)를 구현해주면 됩니다.

Chapter17 / Ex17_ArrayObjSort.java

```java
import java.util.Arrays;

class Person implements Comparable { // ❶ Comparable 인터페이스
    private String name;
    private int age;

    public Person(String name, int age) {
        this.name = name;
        this.age = age;
    }

    public int compareTo(Object o) { // ❷ 메서드 구현
        Person p = (Person)o;

        int nNum = this.name.compareTo(p.name);  // ❸ 이름 비교
        return nNum;

//        if(this.age > p.age) // ❹ 나이 비교
//            return 1;        // ❺
//        else if(this.age < p.age)
//            return -1;             // ❻
//        else
//            return 0;              // ❼
    }

    public String toString() {       // ❽
        return name + ": " + age;
    }
}

public class Ex17_ArrayObjSort
{
    public static void main(String[] args)
    {
        Person[] arr = new Person[3];

        arr[0] = new Person("홍길동", 29);
        arr[1] = new Person("전우치", 15);
        arr[2] = new Person("손오공", 37);

```

```
        Arrays.sort(arr);    // ❾

        for(Person p : arr) // ❿
            System.out.println(p);
    }
}
```

▼ 실행 결과

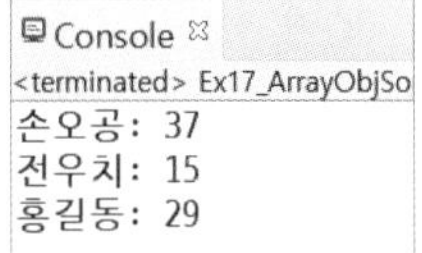

❶ Comparable 인터페이스를 구현한다는 것은 오름차순 순서상 크고 작음에 대한 기준을 제공한다는 의미입니다.

❷ 인터페이스의 compareTo 메서드를 구현합니다.

❸ 이름으로 비교하여 순서를 구합니다. 같은 값이면 0, 비교되는 대상이 크면 음수, 비교되는 대상이 작으면 양수가 나옵니다.

❽ 객체를 출력할 때 멤버 변수를 이용하여 정보를 출력합니다.

❾ Arrays 클래스의 메서드를 이용하여 배열을 정렬합니다. ❿ 향상된 기능의 for문을 이용하여 배열의 모든 요소를 차례대로 꺼냅니다.

다음은 이름순으로 정렬된 결과입니다.

다음은 ❸을 주석 처리하고 기존 주석을 풀고 나이순으로 정렬한 결과입니다.

```
    public int compareTo(Object o) {
        Person p = (Person)o;

//        int nNum = this.name.compareTo(p.name);
//        return nNum;

        if(this.age > p.age)
            return 1;
        else if(this.age < p.age)
            return -1;
        else
            return 0;
    }
```

▼ 실행 결과

```
Console
<terminated> Ex17_ArrayObjSort [
전우치: 15
홍길동: 29
손오공: 37
```

❹ 나이로 비교하여 순서를 지정합니다. ❺ 비교되는 대상보다 크면 양수를 반환합니다. 어떤 양수라도 가능한데, 여기서는 대표로 1을 사용합니다. ❻ 비교되는 대상보다 작으면 음수를 반환합니다. ❼ 비교되는 대상과 값이 같으면 0을 반환합니다.

학습 마무리

여기까지 자바에서 제공하는 기본 클래스를 알아보았습니다.

핵심 요약

1 java.lang 패키지는 우리가 많이 사용하는 기본 클래스를 포함하는 패키지로 이 패키지에 속한 클래스들은 임포트하지 않아도 자동으로 임포트됩니다.

클래스	설명
Object	최상위 클래스로 기본적인 메서드를 제공합니다.
String, StringBuffer, StringBuilder	문자열을 처리하는 메서드를 제공합니다.
Number, Integer, Long, Float, Double	기본형 데이터를 객체화합니다.
System	시스템 정보나 입출력을 처리하는 메서드를 제공합니다.
Math	각종 수학 함수를 제공합니다.
Thread	스레드를 처리하는 메서드를 제공합니다.
Class	실행 중에 클래스 정보를 제공합니다.

2 자바는 기본 데이터형(정수형, 문자형, 논리형)에 대응하는 클래스를 마련해놓았습니다. 이 클래스들을 래퍼 클래스라고 합니다.

3 Random은 임의의 랜덤 값을 만들어낼 때 사용하는 클래스입니다.

4 Arrays.equals() 메서드는 배열의 개별 요소끼리 비교합니다.

Chapter

18

열거형, 가변 인수, 어노테이션

#MUSTHAVE

□ **학습 목표**	자바 프로그래밍을 할 때 큰 개념은 아니지만 프로그래밍을 편하게 해주는 소소한 요소들이 있습니다. 열거형, 가변 인수, 어노테이션 등이 그런 요소들입니다. 이번 장에서 가볍게 알아보겠습니다.
□ **학습 순서**	**1** 열거형 **2** 가변 인수 **3** 어노테이션

18.1 열거형

서로 관련 있는 상수들을 모아 놓고 대표할 수 있는 이름을 정의한 것을 열거형이라고 합니다. 자바에서 열거형은 클래스처럼 사용됩니다. 예를 들어 계절이나 음계는 열거형으로 지정해 사용하면 유용합니다. 열거형 선언 방법은 다음과 같이 간단합니다.

```
enum 이름 {
      //요소 나열
}
```

요소 접근에는 이름.요소처럼 점 . 연산자를 사용하면 됩니다.

18.1.1 final 상수를 사용했을 때 모호함

예전에는 다음과 같이 코딩을 하기도 했습니다.

```
interface MyNum
{
   int SPRING = 0; // ❶
   int SUMMER = 1;
   int FALL = 2;
   int WINTER = 3;
```

```
    int DO = 0;      // ❷
    int RE = 1;
    int MI = 2;
    int FA = 4;
    int SOL = 5;
    int RA = 6;
    int SI = 7;
}
```

앞에서 배웠듯이 인터페이스에 사용된 변수는 앞에 public static final이 생략된 겁니다.

그런데 위의 코드에서 ❶ SPRING과 ❷ DO는 결국 같은 값을 가지고 있습니다. 그러기 때문에 잘못 사용하면 의미 전달에 있어서 모호함이 나타날 수 있습니다. 인터페이스의 final 상수를 사용해 발생하는 모호한 경우를 예제로 살펴봅시다.

Chapter18 / Ex01_Constants.java

```
interface Human1 {
   int MAN = 1;      ─┐
   int WOMAN = 2;    ─┴// ❶
}

interface Machine1 {
   int TANK = 1;     ─┐
   int AIRPLANE = 2; ─┴// ❷
}

public class Ex01_Constants
{
    public static void main(String[] args)
    {
        createUnit(Machine1.TANK); // ❸ 알맞은 상수 사용

        createUnit(Human1.MAN);    // ❹ 잘못된 상수 사용
    }

    public static void createUnit(int kind) {
        switch(kind) {
        case Machine1.TANK:
            System.out.println("탱크를 만듭니다.");
```

```
                break;
            case Machine1.AIRPLANE:
                System.out.println("비행기를 만듭니다.");
                break;
        }
    }
}
```

▼ 실행 결과

```
Console ☒
<terminated> Ex01_Constants [Java Application] C:₩Dev₩jdk-11₩bin₩javaw.exe
탱크를 만듭니다.
탱크를 만듭니다.
```

❶과 ❷는 public static final이 생략된 final 상수입니다.

❸ 메서드에 알맞은 의미의 상수값을 인수로 넘겼습니다. ❹ 메서드에 실수로 다른 의미의 상수값을 인수로 넘겼습니다.

하지만 에러는 발생하지 않습니다. 상수를 정의해서 사용한 의미는 다르지만, 결국은 숫자 1로 판정되었기 때문입니다. 비록 실행 중에 에러가 발생하지는 않았지만 의도했다면 잘못 생각한 것이고, 그렇지 않다면 실수가 있는 프로그램입니다. 이 예제에서는 치명적인 에러가 아니었지만, 치명적인 에러로 연결될 수도 있습니다.

18.1.2 열거형으로 모호함 피하기

상수를 사용했을 때 이런 의미의 모호함을 해결하는 데 열거형을 사용하게 됩니다. 열거형은 내부적으로는 상수처럼 0부터 시작하는 값을 가지지만, 클래스처럼 사용되기 때문에 앞과 같은 코드를 작성했을 때 에러가 발생하게 됩니다.

Chapter18 / Ex02_Enum.java

```
enum Human2 { MAN, WOMAN } ──┐
                             ├─// ❶
enum Machine2 { TANK, AIRPLANE } ┘

public class Ex02_Enum
{
    public static void main(String[] args)
    {
```

```
        createUnit(Machine2.TANK); // ❷ 알맞은 상수 사용

//        createUnit(Human2.MAN); // ❸ 잘못된 상수 사용 : 에러

        // 참고 : C 언어처럼 숫자로 비교하면 에러가 난다.
//        if (Human2.MAN == 0) { // ❹ 잘못된 상수 사용 : 에러
//
//        }
    }

    public static void createUnit(Machine2 kind) { // ❺
        switch(kind) {
        case TANK:  // ❻
            System.out.println("탱크를 만듭니다.");
            break;
        case AIRPLANE:
            System.out.println("비행기를 만듭니다.");
            break;
        }
    }
}
```

▼ 실행 결과

```
Console ☒
<terminated> Ex02_Enum [Java Application] C:₩Dev₩jdk-11₩bin₩javaw.exe
탱크를 만듭니다.
```

❶ 열거형 데이터 값을 설정합니다. 이름을 정하고 사용할 데이터 종류만 넣으면 됩니다.

❷ 올바른 타입을 넣으면 인수로 사용할 수 있습니다. ❸은 ❺의 매개변수가 Machine2형이기 때문에 Human2형 값을 넣으면 에러가 발생합니다.

❹ 열거형 값도 내부적으로는 0부터 값을 가지고 자동으로 증가하지만, 값으로 바로 비교하지는 않습니다. 이렇게 비교하면 클래스와 기본 자료형을 비교한 것이기 때문에 에러가 발생합니다.

❻ case문에 사용할 때는 Machine2.를 생략합니다.

열거형은 클래스 안 쪽에 정의할 수도 있습니다. 클래스 안쪽에 정의를 하면 해당 클래스에서만 사용할 수 있습니다.

```
class Customer {
    enum Gender { MALE, FEMALE }  // ❶

    public Gender gen;

    public String toString() {
        if(gen == Gender.MALE)    // ❷
            return "Thank you, Mr " + name;
        else
            return "Thank you, Mrs " + name;
    }
}
```

❶ 클래스 안에 열거형이 정의되었습니다. ❷ 클래스 내에서 열거형을 사용할 수 있습니다. 그러나 다른 클래스에서는 이 열거형을 사용할 수 없습니다.

18.2 가변 인수

가변 인수variable length argument[1]란 메서드 인수 개수가 가변적인 것을 말합니다. 예를 들어 System.out.printf() 메서드는 다음과 같이 정의되어 있습니다. 가변 인수에는 다음과 같이 말줄임표 ...를 붙입니다.

```
PrintStream printf(String format, Object ... args)
```

가변 인수가 아닌 인수와 함께 사용할 때는 가변 인수 매개변수가 항상 마지막에 와야 합니다.

```
myMethod(int a, int b, int ... v)
```

가변 인수 선언에 대한 컴파일러의 처리는 컴파일러가 다음과 같이 배열 기반 코드로 수정해 처리하게 됩니다.

1 자바 5에서 추가

가변 인수

```
public static void helloEverybody(String...vargs) {...}

public static void main(String[] args)
{
   helloEverybody("홍길동");
   helloEverybody("홍길동", "전우치");
   helloEverybody("홍길동", "전우치", "손오공");
}
```

배열

```
public static void helloEverybody(String[] vargs) {...}

public static void main(String[] args)
{
   helloEverybody(new String[]{"홍길동"});
   helloEverybody(new String[]{"홍길동", "전우치"});
   helloEverybody(new String[]{"홍길동", "전우치", "손오공"});
}
```

Chapter18 / Ex03_Varargs.java

```
public class Ex03_Varargs
{
    public static void helloEverybody(String... vargs) // ❶ 가변 인수 표시
    {
        for (String s : vargs) // ❷ 가변 인수 사용
            System.out.print(s + '\t');
        System.out.println();
    }

    public static void main(String[] args)
    {
        helloEverybody("홍길동");
        helloEverybody("홍길동", "전우치");
        helloEverybody("홍길동", "전우치", "손오공");
    }
}
```

▼ 실행 결과

```
Console
<terminated> Ex03_Varargs [Java Application] C:₩Dev₩jdk-11₩bin₩javaw.exe
홍길동
홍길동  전우치
홍길동  전우치  손오공
```

❶ 가변 인수는 말줄임표 ...를 사용하여 표시합니다.

❷ 배열과 같은 방식으로 사용할 수 있습니다. 향상된 기능의 for문을 이용하여 데이터를 하나씩 꺼내올 수 있습니다. vargs.length 멤버 변수도 사용할 수 있습니다. vargs[0]처럼 지정해서 특정 요소의 값을 가져올 수도 있습니다.

18.3 어노테이션

자바 어노테이션annotation은 자바 소스 코드에 추가하여 사용할 수 있는 메타 데이터의 일종입니다. @ 기호를 앞에 붙여서 사용합니다. 자바 5 이상에서 사용 가능합니다. 여기서는 다음 세 가지만 살펴보겠습니다.

- @Override
- @Deprecated
- @SuppressWarnings

18.3.1 @Override

오버라이딩을 올바르게 했는지 컴파일러가 체크합니다. 오버라이딩할 때 메서드명을 잘못 적는 실수를 하는 경우가 많은데 이런 점을 방지하는 데 사용됩니다.

Chapter18 / Ex04_Override.java

```
interface Unit4
{
    public void move(String str);
}

class Human4 implements Unit4
{
```

```
    @Override
    public void move(String str) // ❶ 오버라이딩
    {
        System.out.println(str);
    }
}

public class Ex04_Override
{
    public static void main(String[] args)
    {
        Unit4 unit = new Human4();
        unit.move("인간형 유닛이 이동합니다.");
    }
}
```

▼ 실행 결과

```
Console
<terminated> Ex04_Override [Java Application] C:₩Dev₩jdk-11₩bin₩javaw.exe
인간형 유닛이 이동합니다.
```

❶ move() 메서드를 오버라이딩했습니다. 예를 들어 본인은 오버라이딩을 했다고 생각했지만, 오타가 났다면 오버라이딩이 아니고 컴파일러는 프로그래머가 새로운 메서드를 만들었다고 판단하게 됩니다. 그러나 @Override 어노테이션이 있기 때문에 새로운 메서드가 아니고 오타라고 판단해 줍니다.

18.3.2 @Deprecated

이 어노테이션이 적용된 메서드는 문제의 발생 소지가 있거나 개선된 기능의 다른 것으로 대체되어서 더 이상 필요 없게 되었음을 뜻합니다. 아직은 호환성 유지를 위해서 존재하지만 이후에 사라질 수 있는 클래스 또는 메서드를 가리켜 Deprecated되었다고 합니다.

Chapter18 / Ex05_Deprecated.java

```
interface Unit5
{
    @Deprecated  // ❶
    public void move(String str);  // ❷
    public void run(String str);
}
```

```
    
class Human5 implements Unit5
{
    @Override
    public void move(String str)
    {
        System.out.println(str);
    }
    @Override
    public void run(String str)
    {
        System.out.println(str);
    }
}

public class Ex05_Deprecated
{
    public static void main(String[] args)
    {
        Unit5 unit = new Human5();
        unit.move("인간형 유닛이 이동합니다."); // ❸
        unit.run("인간형 유닛이 달립니다.");
    }
}
```

▼ 실행 결과

```
Console ☒
<terminated> Ex05_Deprecated [Java App
인간형 유닛이 이동합니다.
인간형 유닛이 달립니다.
```

❷ move() 메서드를 대체할 run() 메서드가 추가되었기에 이후에는 사용을 하지 말라고 ❶에 어노테이션을 붙여주었습니다. ❷ @Deprecated 어노테이션이 붙은 메서드를 사용하면 이클립스는 이 메서드는 Deprecated되었다는 것을 확인시켜주려고 취소선을 그어서 보여줍니다.

[명령 프롬프트]에서 'javac -encoding UTF-8' 명령으로 직접 컴파일을 하면 다음과 같은 메시지가 출력됩니다. 컴파일은 되었지만, Deprecated된 메서드가 포함되어 있다는 메시지를 보여준 겁니다.

```
D:₩gikimirane₩Java₩JavaBookSrc₩Chapter18₩src>javac -encoding UTF-8 Ex05_Deprecated.java
Note: Ex05_Deprecated.java uses or overrides a deprecated API.
Note: Recompile with -Xlint:deprecation for details.

D:₩gikimirane₩Java₩JavaBookSrc₩Chapter18₩src>
```

18.3.3 @SuppressWarnings

자바의 버전업에 따른 Deprecated 메시지는 하위 호환성을 위해 메시지만 표시되고 실제로 메서드가 없어지고 그러진 않고 있습니다.[2] 그런데 Deprecated되었다는 경고는 계속 발생합니다. @SuppressWarnings 어노테이션에 deprecation 관련 경고 등 특정 메시지를 지정하면 해당 경고 메시지를 출력하지 말라는 의미입니다.

Chapter18 / Ex06_SuppressWarnings.java

```
interface Unit6
{
    @Deprecated
    public void move(String str); // ❶
    public void run(String str);
}

class Human6 implements Unit6
{
    @Override
    @SuppressWarnings("deprecation") // ❷
    public void move(String str)
    {
        System.out.println(str);
    }
    @Override
    public void run(String str)
    {
        System.out.println(str);
    }
}

public class Ex06_SuppressWarnings
{
    @SuppressWarnings("deprecation") // ❸
    public static void main(String[] args)
    {
```

2 Deprecated API가 실제로 제거된 예가 있긴 합니다. Thread.stop(Throwable obj)는 1998년에 deprecated되었고 자바 11에서 제거됐습니다. 아무 매개변수도 받지 않는 Thread.stop()은 아직 남아 있습니다.

```
        Unit6 unit = new Human6();
        unit.move("인간형 유닛이 이동합니다.");
        unit.run("인간형 유닛이 달립니다.");
    }
}
```

▼ 실행 결과

```
Console
<terminated> Ex06_SuppressWarnings [Java Ap
인간형 유닛이 이동합니다.
인간형 유닛이 달립니다.
```

@Deprecated된 메서드를 사용하면 경고 메시지를 내라고 한 것이기 때문에 사용하는 곳마다 @SuppressWarnings을 사용해주어야 합니다. 이클립스에서는 사용할 필요가 없다고 다음과 같이 표시되지만 명령 프롬프트에서는 아직 필요합니다. 이클립스 자체 설정에 경고를 표시하지 말라는 설정이 들어 있는 겁니다.

```
class Human6 implements Unit6
{
    @Override
    Unnecessary @SuppressWarnings("deprecation") ")
    public void move(String str)
    {
        System.out.println(str);
    }
```

명령 프롬프트에서 직접 컴파일을 하면 Deprecated되었다는 메시지가 출력되지 않습니다.

```
D:₩gikimirane₩Java₩JavaBookSrc₩Chapter18₩src>javac -encoding UTF-8 Ex06_SuppressWarnings.j
ava

D:₩gikimirane₩Java₩JavaBookSrc₩Chapter18₩src>
```

학습 마무리

여기까지 자바 프로그래밍에서 사용하는 열거형, 가변 인수, 어노테이션을 알아보았습니다.

핵심 요약

1 열거형은 서로 관련 있는 상수들을 모아놓고 대표할 수 있는 이름을 정의한 겁니다.

2 가변 인수란 메서드 인수 개수가 가변적인 것을 말합니다.

3 자바 어노테이션은 자바 소스 코드에 추가하여 사용할 수 있는 메타 데이터의 일종입니다.

Chapter

19

Project

정렬 알고리즘 만들기

#MUSTHAVE

학습 목표	버블 정렬과 삽입 정렬 알고리즘을 알아보고 구현하겠습니다.
학습 내용	**1** 버블 정렬 **2** 퀴즈 삽입 정렬

19.1 버블 정렬

여러 데이터, 여기서는 10개를 무작위로 입력받아 입력된 데이터들을 정렬하는 방법을 알아봅니다. 정렬에는 다양한 방법이 존재합니다. 여기서는 가장 간단하면서도 유용한 버블 정렬을 알아보겠습니다.

난이도	★★☆☆
이름	버블 정렬
프로젝트명	Chapter19 / BubbleSort.java
미션	입력된 숫자들을 정렬하라.
기능	정렬된 배열의 결과를 출력
조작법	• 실행 • 숫자 10개 입력 • 정렬된 결과 출력
라이브러리	• java.util.Scanner : 콘솔 입력 처리

19.1.1 사전 지식 : 버블 정렬 알고리즘

버블 정렬 알고리즘 동작 규칙은 간단합니다.

1. 인접한 요소끼리 비교하여 더 작은 값을 앞으로, 큰 값을 뒤로 저장합니다.
2. 1번 과정을 마지막 원소까지 반복합니다.
3. 더 이상 자리를 교환하지 않을 때까지 1번 2번을 반복합니다.

예를 들어 입력된 값이 4개라고 했을 때 버블 정렬은 다음과 같이 네 번에 걸쳐서 비교를 수행하면서 값을 교환하여 정렬을 수행합니다.

버블 정렬은 배열을 순차탐색하여 i, i+1번째 요소를 비교하여 큰 것을 뒤로 이동시키는 겁니다. 단계가 한 번 처리될 때마다 가장 큰 수가 배열 마지막에 위치하게 됩니다. 그래서 다음 탐색부터는 마지막 요소는 비교 및 교환을 안 해도 됩니다.

정렬할 요소가 4개라면 위 그림처럼 4번의 단계를 걸쳐서 비교하여 정렬하게 되며, 각 단계별로 비교를 반복적으로 수행하면 됩니다. 즉, 중첩된 반복문과 같은 방식입니다.

STEP 1 19.1.2 프로젝트 생성

To Do 01 ❶ Chapter19로 프로젝트를 만들고 ❷ BubbleSort 클래스를 만들어 추가합니다.

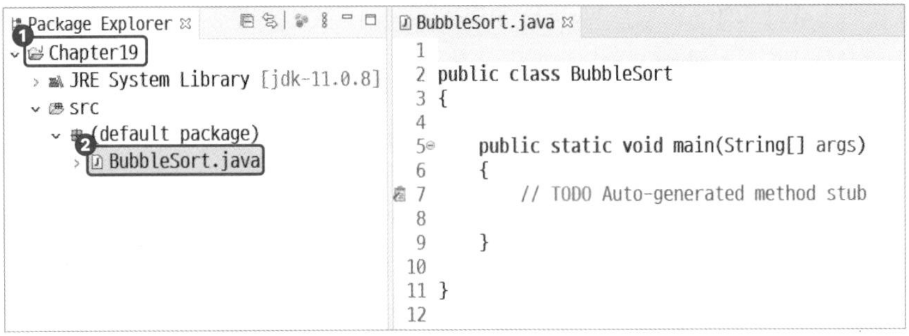

Package Explorer
❶ Chapter19
JRE System Library [jdk-11.0.8]
src
(default package)
❷ BubbleSort.java

BubbleSort.java

```java

public class BubbleSort
{

    public static void main(String[] args)
    {
        // TODO Auto-generated method stub

    }

}

```

02 입력 처리에 Scanner 클래스를 사용하겠습니다. 배열을 선언하고 정수 10개를 입력받아 배열에 저장하는 코드를 만들고 입력이 잘되었는지 테스트해봅니다.

Chapter19 / BubbleSort.java

```java
import java.util.Scanner;

public class BubbleSort
{
    public static void main(String[] args)
    {
        Scanner sc = new Scanner(System.in); // ❶
        int[] num = new int[10]; // ❷

        for (int i=0; i<num.length; i++)
        {
            num[i] = sc.nextInt();
        }                                          // ❸

        // ❹ 입력 확인용 출력
        for (int i=0; i<num.length; i++)
        {
            System.out.print(num[i] + " ");
        }
        System.out.println();
    }
}
```

❶ 입력 스트림을 처리하는 스캐너 클래스를 정의합니다. ❷ 입력된 정수 10개를 처리하는 배열을 정의합니다. ❸ 반복문을 사용해 정수 10개를 입력받습니다.

❹ 입력된 값을 배열에 제대로 저장했는지 반복문으로 배열의 요소를 출력해 확인합니다.

03 실행시켜 입력된 값이 잘 출력되는지 확인합니다.

▼ 실행 결과

```
Console ☒
<terminated> BubbleSort [Java Application] C:₩Dev₩jdk-11.0.8₩bin₩javaw.exe
1 2 3 4 5 6 7 8 9 10
1 2 3 4 5 6 7 8 9 10
```

STEP 2 19.1.3 입력 처리 코드를 메서드로 분리하기

To Do 01 테스트가 끝난 입력 처리 부분을 메서드로 분리합니다. 이때 매개변수로 배열을 사용하여 배열(15장)에서 배운 내용을 복습할 수 있도록 코드를 작성했습니다.

Chapter19 / BubbleSort.java

```
import java.util.Scanner;

public class BubbleSort
{
    public static void getNumber(int[] num)  // ❶
    {
        Scanner sc = new Scanner(System.in); // ❷
        System.out.println("10개의 정수를 무작위로 입력하세요.");

        for (int i=0; i<num.length; i++)
        {
            num[i] = sc.nextInt();                          // ❸
        }
    }

    public static void main(String[] args)
    {
        int[] num = new int[10]; // ❺                      // ❹

        getNumber(num); // ❻

        // 입력 확인용 출력
        for (int i=0; i<num.length; i++)
        {
```

```
            System.out.print(num[i] + " ");
        }
        System.out.println();
    }
}
```

❺ 입력된 정수 10개를 처리하기 위한 배열을 정의합니다. ❻ 메서드에 배열의 참조 변수를 매개변수로 넘깁니다.

❶ 매개변수로 배열을 사용합니다. 힙에는 객체가 하나 만들어져 있지만 그 객체를 참조하는 참조 변수는 이렇게 여러 개가 될 수 있습니다. ❷ 입력 스트림을 처리하는 스캐너 클래스를 정의합니다. ❸ 반복문을 사용해 정수 10개를 입력받습니다.

❹ 입력된 값을 배열에 제대로 저장했는지 반복문으로 배열의 값을 출력하여 확인합니다.

02 실행시켜 입력된 값이 잘 출력되는지 확인합니다.

```
Console ☒
&lt;terminated&gt; BubbleSort (1) [Java Application] C:₩Dev₩jdk-11.0.8₩bin₩javaw.exe
10개의 정수를 무작위로 입력하세요.
1 2 3 4 5 6 7 8 9 10
1 2 3 4 5 6 7 8 9 10
```

STEP 3 19.1.4 입력된 값 정렬하기

이제 사용자가 입력한 값들을 정렬하는 코드를 앞에서 본 이론대로 만들어봅시다.

Chapter19 / BubbleSort.java

```
    public static void bubbleSort(int[] num)
    {
        for (int i=0; i<num.length; i++) // ❶
        {
            for (int j=0; j<num.length-i-1; j++) // ❷
            {
                if (num[j] > num[j+1])
                {
                    int tmp = num[j];
                    num[j] = num[j+1];    // ❸
                    num[j+1] = tmp;
                }
            }
```

```
        }
    }
```

❶ 바깥의 for문을 입력된 숫자만큼 반복되도록 만듭니다.

❷ 단계별로 반복 횟수를 한 번씩 줄어들게 설정합니다.

❸ 비교하는 배열의 두 값 중 앞 쪽의 숫자가 크면 임시 변수를 이용하여 값을 서로 바꿉니다.

19.1.5 전체 코드

To Do **01** 위 코드를 적용하여 전체 코드를 다음과 같이 완성합니다.

Chapter19 / BubbleSort.java

```
import java.util.Scanner;

public class BubbleSort
{
    public static void getNumber(int[] num)
    {
        Scanner sc = new Scanner(System.in);
        System.out.println("10개의 정수를 무작위로 입력하세요.");

        for (int i=0; i<num.length; i++)
        {
            num[i] = sc.nextInt();
        }
    }

    public static void bubbleSort(int[] num)
    {
        for (int i=0; i<num.length; i++)
        {
            for (int j=0; j<num.length-i-1; j++)
            {
                if (num[j] > num[j+1])
                {
                    int tmp = num[j];
                    num[j] = num[j+1];
                    num[j+1] = tmp;
```

```java
                }
            }
        }
    }

    public static void main(String[] args)
    {
        int[] num = new int[10];

        getNumber(num);  // ❶

        bubbleSort(num); // ❷

        // 입력 확인용 출력
        for (int i=0; i<num.length; i++)
        {
            System.out.print(num[i] + " ");
        }
        System.out.println();              // ❸
    }
}
```

❶ 정수 10개를 무작위로 입력받습니다.

❷ 버블 정렬을 구현한 메서드에 배열의 참조 변수를 넘겨서 정렬합니다.

❸ 정렬된 결과를 출력합니다.

02 실행시켜 입력된 값이 잘 출력되는지 확인합니다.

```
Console ☒
<terminated> BubbleSort (1) [Java Application] C:₩Dev₩jdk-11.0.8₩bin₩javaw.exe
10개의 정수를 무작위로 입력하세요.
4 3 2 6 7 5 8 1 9 10
1 2 3 4 5 6 7 8 9 10
```

19.2 퀴즈 : 삽입 정렬

정렬 관련 알고리즘은 앞에서 소개한 버블 정렬 외에도 다양합니다. 그중에서도 퀵 정렬, 삽입 정렬

등은 버블 정렬과 마찬가지로 간단한 알고리즘입니다.

이번에는 삽입 정렬 동작 방식을 알려드릴게요. 힌트도 제공하니까 직접 구현해보고 나서 제시된 전체 코드와 비교해보세요.

19.2.1 사전 지식 : 삽입 정렬 알고리즘

삽입 정렬은 배열의 모든 요소를 앞에서부터 차례대로 이미 정렬된 배열 부분과 비교하여, 적절한 자신의 위치를 찾아 삽입하는 정렬입니다.

동작 규칙은 간단합니다.

1. 인덱스 0은 정렬되어 있다고 가정합니다. 그래서 현 위치는 인덱스 1부터 시작합니다.
2. 현 인덱스의 값과 바로 앞 인덱스의 값을 비교하여 더 작은 값을 앞으로, 큰 값을 뒤로 저장합니다.
3. 2번 과정을 반복하다가 바로 앞에 있는 값이 더 작다면 현 위치를 뒤로 옮깁니다(인덱스 +1 위치로).
4. 마지막 인덱스까지 2번 3번을 반복합니다.

예를 들어 입력된 값이 5개라고 했을 때 삽입 정렬은 다음과 같이 네 번에 걸쳐서 비교를 수행하면서 정렬을 수행합니다.

정렬 대상

A[0]	A[1]	A[2]	A[3]	A[4]
5	3	1	4	2

비교 대상

정렬 완료

[1단계]

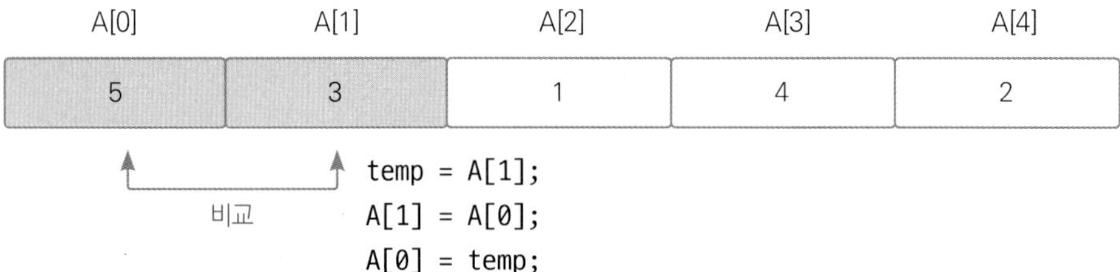

5와 3을 비교합니다. 3이 작으므로 둘의 위치를 임시 변수를 이용하여 바꾸어줍니다.

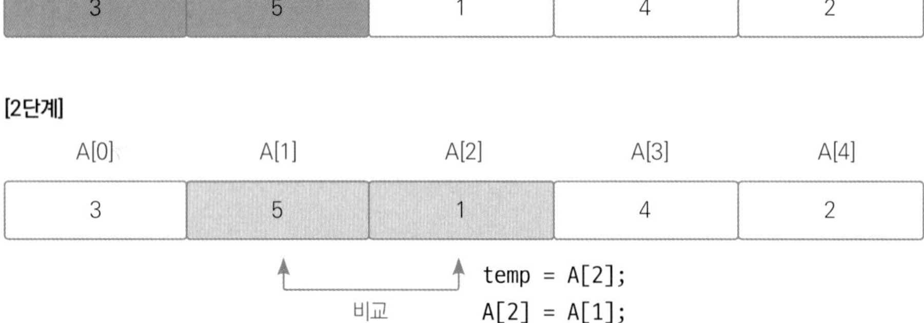

먼저 5와 1을 비교합니다. 1이 작으므로 둘의 위치를 임시 변수를 이용하여 바꾸어줍니다.

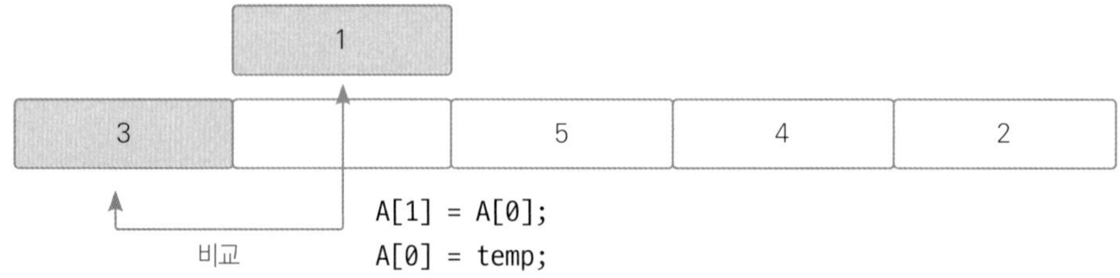

다시 3과 1을 비교합니다. 역시 1이 작으므로 둘의 위치를 임시 변수를 이용하여 바꾸어줍니다.

1	3	5	4	2

[3단계]

A[0]	A[1]	A[2]	A[3]	A[4]
1	3	5	4	2

비교

```
temp = A[3];
A[3] = A[2];
```

먼저 5와 4를 비교합니다. 4가 작으므로 둘의 위치를 임시 변수를 이용하여 바꾸어줍니다.

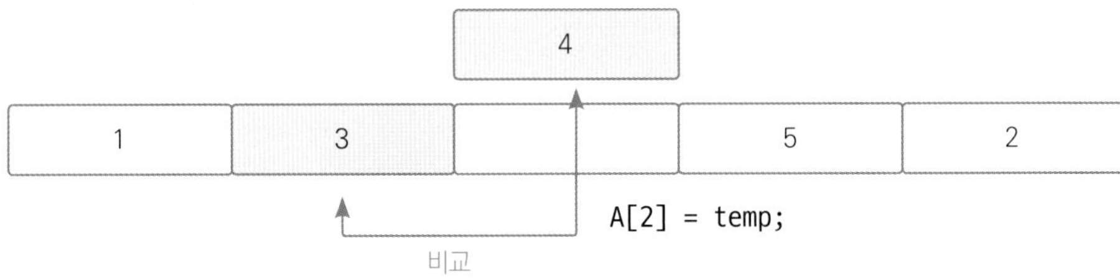

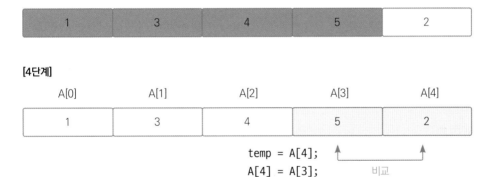

다시 3과 4를 비교합니다. 4가 크므로 위치 변경 없이 그대로 빈 자리에 입력해줍니다.

1	3	4	5	2

[4단계]

A[0]	A[1]	A[2]	A[3]	A[4]
1	3	4	5	2

```
temp = A[4];
A[4] = A[3];
```

비교

먼저 5와 2를 비교합니다. 2가 작으므로 임시 변수를 이용하여 둘의 위치를 바꾸어줍니다.

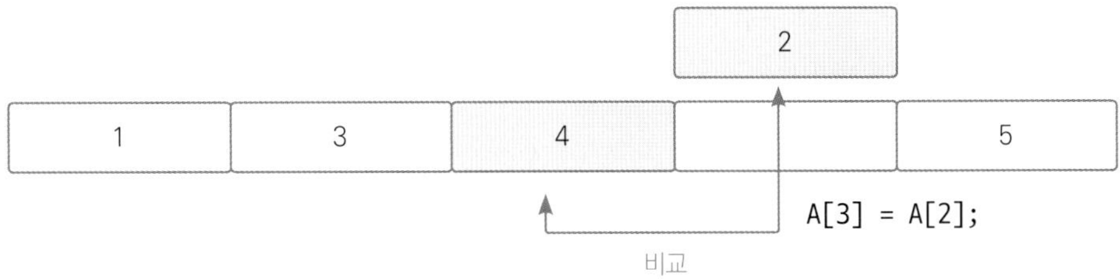

그리고 4와 2를 비교합니다. 2가 작으므로 임시 변수를 이용하여 둘의 위치를 바꾸어줍니다.

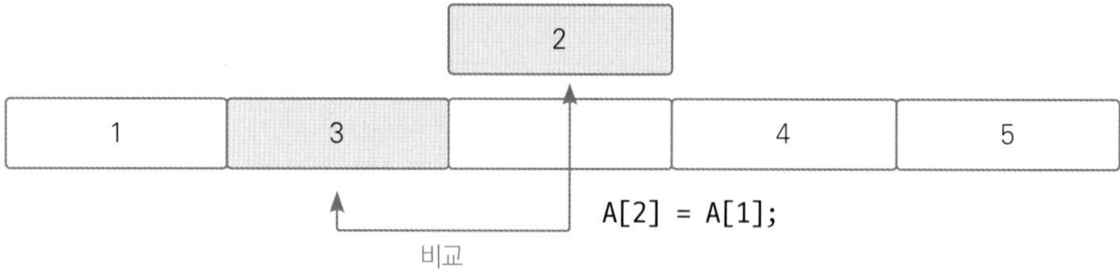

그리고 3과 2를 비교합니다. 2가 작으므로 임시 변수를 이용하여 둘의 위치를 바꾸어줍니다.

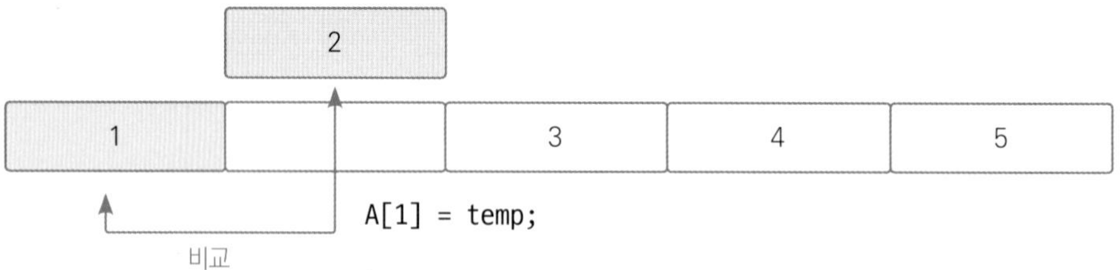

다시 1과 2를 비교합니다. 2가 크므로 위치 변경 없이 그대로 빈 자리에 입력해줍니다.

19.2.2 힌트

정수 5개를 요소로 갖는 배열을 생성해 삽입 정렬 방식으로 구현해보세요. 다음과 같은 순서로 구현하면 됩니다.

1 프로젝트 생성
2 삽입 정렬 함수 insertSort() 구현
3 main() 함수에서 정렬 결과 출력

프로그램 구조

```
public class InsertSort
{
    public static void insertSort(int[] num)
```

```
    {
        // 삽입 정렬 로직을 구현하세요.





    }

    public static void main(String[] args)
    {
        int num[] = {5, 3, 1, 4, 2};

        insertSort(num);


        // 출력 로직을 구현하세요.


    }
}
```

19.6.2 전체 코드

이제 삽입 정렬을 이용하여 배열의 데이터를 정렬하는 코드를 앞에서 본 이론대로 만들어보도록 합니다.

Chapter19 / InsertSort.java

```
public class InsertSort
{
    public static void insertSort(int[] num)
    {
        int size = num.length;
        int temp = 0;
        int j = 0;

        for (int i=1; i<size; i++)
        {
            temp = num[i];
            for (j=i-1; j>=0 && temp<num[j]; j--)
```

```
                {
                    num[j+1] = num[j];
                }
                num[j+1] = temp;
            }
        }

        public static void main(String[] args)
        {
            int num[] = {5, 3, 1, 4, 2};

            insertSort(num);

            for (int i=0; i < num.length; i++)
            {
                System.out.print(num[i] + "\t");
            }
            System.out.println();
        }
}
```

학습 마무리

이번 프로젝트에서는 우리가 배운 배열과 배열을 매개변수로 넘기는 방법을 이용하여 값들을 정렬해보았습니다. 이때 참조 변수의 개념을 이용했기 때문에 배열을 가리키는 참조 변수는 여러 개가 되었습니다. 최종적으로는 힙에 만들어진 배열의 값이 정렬되는 것을 확인해보았습니다.

핵심 요약

1 버블 정렬 알고리즘 동작 규칙

1. 인접한 요소끼리 비교하여 더 작은 값을 앞으로, 큰 값을 뒤로 저장합니다.
2. 1번 과정을 마지막 원소까지 반복합니다.
3. 더 이상 자리를 교환하지 않을 때까지 1번 2번을 반복합니다.

2 삽입 정렬 알고리즘 동작 규칙

1. 인덱스 0은 정렬되어 있다고 가정합니다. 그래서 현 위치는 인덱스 1부터 시작합니다.
2. 현 인덱스의 값과 바로 앞 인덱스의 값을 비교하여 더 작은 값을 앞으로, 큰 값을 뒤로 저장합니다.
3. 2번 과정을 반복하다가 바로 앞에 있는 값이 더 작다면 현 위치를 뒤로 옮깁니다(인덱스 +1 위치로).
4. 마지막 인덱스까지 2번 3번을 반복합니다.

학습 목표

자바 클래스에서 가장 빈번하게 사용한다고 할 수 있는 컬렉션 프레임워크를 통해 자바에서 다루는 자료 구조와 사용법을 익히고, 람다식을 통해 자바에서 다루는 함수형 프로그래밍 기법을 배웁니다.

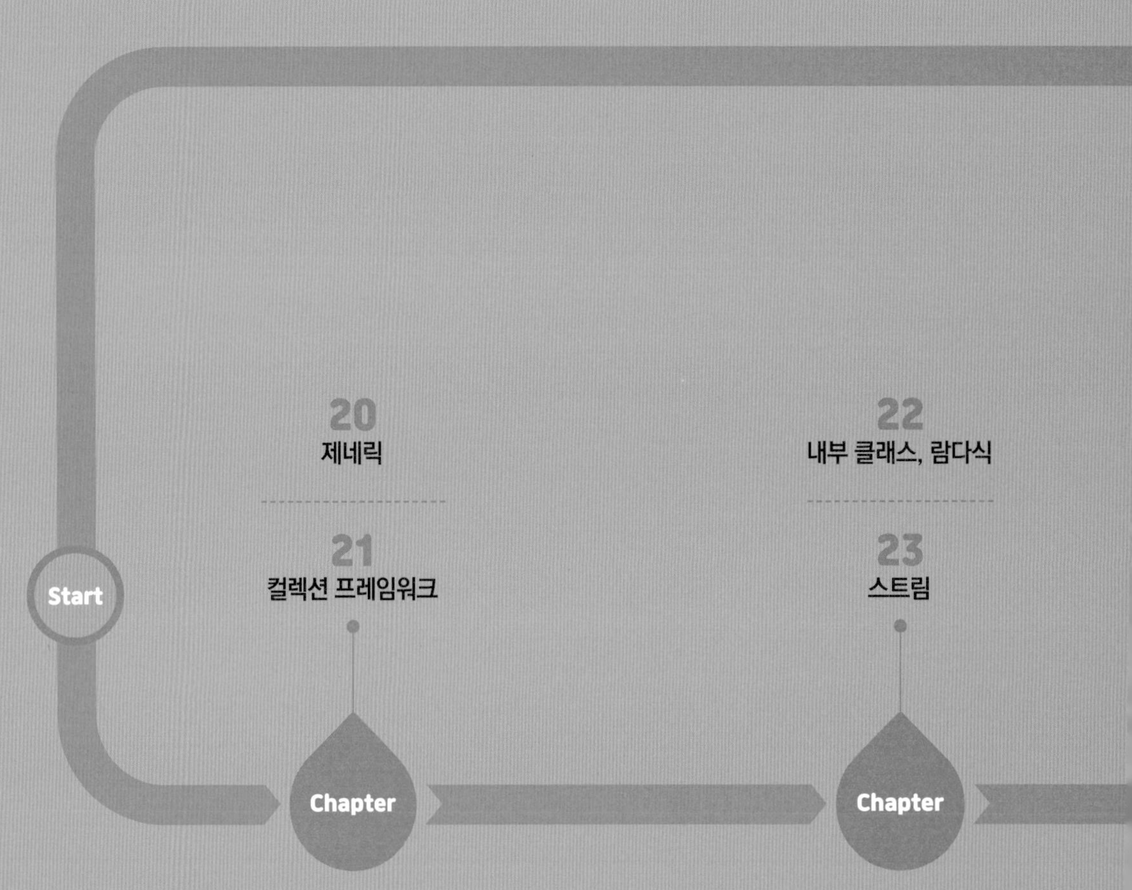

3

단계

자바 클래스 응용 프로그래밍

Chapter

20

제네릭

#MUSTHAVE

학습 목표	자바에서 다루는 제네릭을 알아봅니다.
학습 순서	**1** 제네릭 필요성 **2** 제네릭 기반 클래스 정의 **3** 제네릭 기반의 코드로 개선한 결과 **4** 매개변수가 여러 개일 때 제네릭 클래스의 정의 **5** 제네릭 클래스의 타입 인수 제한하기 **6** 제네릭 메서드의 정의
제네픽 소개	제네릭generic은 클래스, 메서드에서 사용할 자료형을 나중에 확정하는 기법입니다. 나중에라는 말은 클래스나 메서드를 선언할 때가 아닌 사용할 때, 즉 객체를 생성할 때나 메서드를 호출할 때 정한다는 의미입니다.

20.1 제네릭의 필요성

제네릭이 필요한 이유를 단계별 예제를 살펴보며 알아보겠습니다.

다음 코드는 종족 클래스에 종족별 유닛을 생산해서 저장하고 가져오는 것인데, 종족을 표현하는 클래스인 HumanCamp1 클래스와 MachineCamp1 클래스 구조가 똑같습니다. 그 결과 코드가 중복된다는 단점이 있습니다.

Chapter20 / Ex01_MyGame1.java

```java
class Npc1 {
    public String toString() {
        return "This is a Npc1.";
    }
}

class HumanCamp1 {
    private Npc1 unit;

```

```
    public void set(Npc1 unit) {
        this.unit = unit;
    }

    public Npc1 get() {
        return unit;
    }
}

class Tank1 {
    public String toString() {
        return "This is a Tank1.";
    }
}

class MachineCamp1 {
    private Tank1 unit;

    public void set(Tank1 unit) {
        this.unit = unit;
    }

    public Tank1 get() {
        return unit;
    }
}

public class Ex01_MyGame1
{
    public static void main(String[] args)
    {
        // 게임 종족 생성
        HumanCamp1 human = new HumanCamp1();
        MachineCamp1 machine = new MachineCamp1();

        // 게임 종족에 유닛을 생성해 담기
        human.set(new Npc1());
        machine.set(new Tank1());

        // 게임 종족에서 유닛을 가져오기
```

```
        Npc1 hUnit = human.get();
        Tank1 mUnit = machine.get();

        System.out.println(hUnit);
        System.out.println(mUnit);
    }
}
```

▼ 실행 결과

```
Console ☒
<terminated> Ex01_MyGame1 [Java Application] C:₩Dev₩jdk-11.0.8₩bin₩javaw.exe
This is a Npc1.
This is a Tank1.
```

그래서 앞에서 배운 '자식 클래스의 객체는 부모 클래스형의 변수에 대입할 수 있다'를 이용해 다음과 같이 코드를 고쳐보았습니다.

Chapter20 / Ex02_MyGame2.java

```
class Npc2 {
    public String toString() {
        return "This is a Npc2.";
    }
}

class Tank2 {
    public String toString() {
        return "This is a Tank2.";
    }
}

class Camp2 {
    private Object unit;

    public void set(Object unit) { // ❶
        this.unit = unit;
    }

    public Object get() {
        return unit;
    }
}
```

```
public class Ex02_MyGame2
{
    public static void main(String[] args)
    {
        // 게임 종족 생성
        Camp2 human = new Camp2();
        Camp2 machine = new Camp2();

        // 게임 종족에 유닛을 생성해 담기
        // 자식 객체를 부모 타입의 변수에 대입
        human.set(new Npc2());
        machine.set(new Tank2());

        // 게임 종족에서 유닛을 가져오기
        // 꺼낼 때 형변환이 필요함
        Npc2 hUnit = (Npc2)human.get();         // ❷
        Tank2 mUnit = (Tank2)machine.get();     // ❷

        System.out.println(hUnit);
        System.out.println(mUnit);
    }
}
```

▼ 실행 결과

```
Console
<terminated> Ex02_MyGame2 [Java Application] C:₩Dev₩jdk-11.0.8₩bin₩javaw.exe
This is a Npc2.
This is a Tank2.
```

HumanCamp1 클래스와 MachineCamp1 클래스 구조가 똑같으므로 Camp2로 합치기로 하고 어떤 자식 클래스라도 받아들일 수 있게 ❶에서 매개변수의 자료형을 Object로 만들었습니다. 그로 인해 ❷에서처럼 객체를 꺼내올 때 형변환이 필요하게 됩니다. 꺼낼 때 약간 불편하긴 하지만 코드는 잘 동작합니다. 하지만 이는 컴파일러의 오류 발견 가능성을 낮추는 결과로 이어집니다.

다음 코드를 보겠습니다.

Chapter20 / Ex03_MyGame3.java

```
class Npc3 {
    public String toString() {
        return "This is a Npc3.";
```

```
    }
}

class Tank3 {
    public String toString() {
        return "This is a Tank3.";
    }
}

class Camp3 {
    private Object unit;

    public void set(Object unit) {
        this.unit = unit;
    }

    public Object get() {
        return unit;
    }
}

public class Ex03_MyGame3
{
    public static void main(String[] args)
    {
        // 게임 종족 생성
        Camp3 human = new Camp3();
        Camp3 machine = new Camp3();

        // 게임 종족에 유닛을 생성해 담기
        // 우리가 만든 유닛을 넣어야 하는데...
        human.set("난 공룡");    // <-- human.set(new String("난 공룡"));  // ❶
        machine.set("난 우주인");                                          // ❶

        // 게임 종족에서 유닛을 가져오기
        // 꺼낼 때 당연히 게임 유닛을 기대하는데....
        Npc3 hUnit = (Npc3)human.get();        // ❷
        Tank3 mUnit = (Tank3)machine.get();    // ❷

        System.out.println(hUnit);
```

```
        System.out.println(mUnit);
    }
}
```

❶에서 우리가 만든 유닛을 생성해서 넣어줘야 하는데 실수로 스트링 객체를 생성해서 넣어주었습니다. 매개변수가 Object 타입이고, 우리도 객체를 생성해 넣어준 것이기 때문에 문법적으로 오류는 나지 않습니다. 하지만 ❷에서 꺼낼 때 에러가 발생합니다. 꺼내 쓰는 입장에선 당연히 게임 유닛이 들어 있을 거라고 생각하기 때문에 형변환을 하게 되고, 그때 에러가 나게 됩니다.

지금 이 코드의 문제는 프로그래머 실수가 컴파일 과정에서 발견되지 않는다는 것입니다. 다음처럼 실행하고 나서야 에러를 발견하게 됩니다.

▼ 실행 결과

```
Console
<terminated> Ex03_MyGame3 [Java Application] C:₩Dev₩jdk-11.0.8₩bin₩javaw.exe (2021. 2. 17. 오후 8:51:02 – 오후 8:51:03)
Exception in thread "main" java.lang.ClassCastException: class java.lang.String cannot be cast to class Npc3
	at Ex03_MyGame3.main(Ex03_MyGame3.java:40)
```

그런데 이 코드를 위처럼 사용하지 않고 다음처럼 사용해보겠습니다. 실행해보면 에러조차 발생하지 않습니다.

Chapter20 / Ex04_MyGame4.java

```
class Npc4 {
    public String toString() {
        return "This is a Npc4.";
    }
}

class Tank4 {
    public String toString() {
        return "This is a Tank4.";
    }
}

class Camp4 {
    private Object unit;

    public void set(Object unit) {
        this.unit = unit;
```

```
    }

    public Object get() {
        return unit;
    }
}

public class Ex04_MyGame4
{
    public static void main(String[] args)
    {
        // 게임 종족 생성
        Camp4 human = new Camp4();
        Camp4 machine = new Camp4();

        // 게임 종족에 유닛을 생성해 담기
        // 우리가 만든 유닛을 넣어야 하는데....
        human.set("난 공룡");
        machine.set("난 우주인");

        System.out.println(human.get());
        System.out.println(machine.get());
    }
}
```

▼ 실행 결과

```
Console ✕
<terminated> Ex04_MyGame4 [Java Application] C:₩Dev₩jdk-11.0.8₩bin₩javaw.exe
난 공룡
난 우주인
```

에러는 발생하지 않았지만 원하는 결과는 아닙니다. 이처럼 실행을 할 때 에러가 발생하지 않으면 프로그래머는 코드에 이상이 없다고 생각할 수 있습니다. 에러가 없다고 생각해 실제 서비스를 하게 되고, 그때 에러가 발견되면 큰 문제가 될 수 있습니다.

이처럼 제네릭을 적용하기 이전의 코드는 객체를 돌려받을 때 형변환을 잊지 말고 해야 한다는 불편함이 있고, 코드 진행상 프로그래머가 실수를 해도 그 실수가 드러나지 않을 수도 있다는 잠재적 위험이 존재합니다.

20.2 제네릭 기반의 클래스 정의하기

앞서의 문제점을 제네릭을 사용하여 해결해보겠습니다. 제네릭은 클래스, 메서드에서 사용할 자료형을 나중에 확정하는 기법입니다. 클래스나 메서드를 선언할 때가 아닌 사용할 때, 즉 객체를 생성할 때나 메서드를 호출할 때 정한다는 의미입니다.

객체 생성 시 결정이 되는 자료형의 정보를 T로 대체합니다. 그리고 다이아몬드 연산자 <>를 통해 자료형을 전달합니다.

```
class Camp {
   private Object unit;

   public void set(Object unit) {
      this.unit = unit;
   }

   public Object get() {
      return unit;
   }
}
```

제네릭을 사용하지 않는 코드

타입 매개변수

```
class Camp<T> {
   private T unit;

   public void set(T unit) {
      this.unit = unit;
   }

   public T get() {
      return unit;
   }
}
```

제네릭을 사용하는 코드

다음과 같이 사용합니다.

매개변수화 타입 / 타입 인수

```
Camp<Npc> human = new Camp< Npc >();
Camp<Npc> human = new Camp<>();          //  뒤쪽은 추론 가능하므로 자바 7부터 생략
```

T를 Npc로 결정하여 인스턴스를 생성합니다. 따라서 Npc 또는 Npc를 상속하는 하위 클래스의 인스턴스를 저장할 수 있습니다.

```
Camp<Tank> machine = new Camp<>();
```

T를 Tank로 결정하여 인스턴스를 생성합니다. 따라서 Tank 또는 Tank를 상속하는 하위 클래스

의 인스턴스를 저장할 수 있습니다.

▼ 제네릭 관련 변수 용어

용어	대상
타입 매개변수(type parameter)	Camp〈T〉에서 T
타입 인수(type argument)	Camp〈Npc〉에서 Npc
매개변수화 타입(parameterized type)	Camp〈Npc〉

타입 매개변수의 이름 규칙은 다음과 같습니다.

▼ 일반적인 관례

- 보통 한 문자로 이름을 짓습니다.
- 대문자로 이름을 짓습니다.

▼ 보편적인 선택

E	Element
K	Key
N	Number
T	Type
V	Value

20.3 제네릭 기반의 코드로 개선한 결과

이전 코드에 제네릭을 적용하여 코드를 개선해보겠습니다. 실행을 해보면 정상적으로 잘 동작합니다.

Chapter20 / Ex05_MyGameGeneric1.java

```
class Npc5 {
    public String toString() {
        return "This is a Npc5.";
    }
}

```

```java
class Tank5 {
    public String toString() {
        return "This is a Tank5.";
    }
}

class Camp5<T> {
    private T unit;

    public void set(T unit) {
        this.unit = unit;
    }

    public T get() {
        return unit;
    }
}

public class Ex05_MyGameGeneric1
{
    public static void main(String[] args)
    {
        // 게임 종족 생성
        Camp5<Npc5> human = new Camp5<>();
        Camp5<Tank5> machine = new Camp5<>();

        // 게임 종족에 유닛을 생성해 담기
        human.set(new Npc5());
        machine.set(new Tank5());

        // 게임 종족에서 유닛을 가져오기
        Npc5 hUnit = human.get();
        Tank5 mUnit = machine.get();

        System.out.println(hUnit);
        System.out.println(mUnit);
    }
}
```

▼ 실행 결과

Console ⊠ Terminal Coverage

<terminated> Apple [Java Application] C:₩Dev₩jdk-

```
This is a Npc5.
This is a Tank5.
```

이제 이전처럼 프로그래머의 실수를 유발해보겠습니다.

Chapter20 / Ex06_MyGameGeneric2.java

```java
class Npc6 {
    public String toString() {
        return "This is a Npc6.";
    }
}

class Tank6 {
    public String toString() {
        return "This is a Tank6.";
    }
}

class Camp6<T> {
    private T unit;

    public void set(T unit) {
        this.unit = unit;
    }

    public T get() {
        return unit;
    }
}

public class Ex06_MyGameGeneric2
{
    public static void main(String[] args)
    {
        // 게임 종족 생성
        Camp6<Npc6> human = new Camp6<>();
        Camp6<Tank6> machine = new Camp6<>();

```

```
        // 게임 종족에 유닛을 생성해 담기
        human.set(new Npc6());
//          machine.set("난 공룡");

        // 게임 종족에서 유닛을 가져오기
        Npc6 hUnit = human.get();
        Tank6 mUnit = machine.get();

        System.out.println(hUnit);
        System.out.println(mUnit);
    }
}
```

주석을 풀면 다음과 같은 에러가 발생합니다. 즉, 타입 인수로 지정한 클래스형 외에 다른 형의 객체는 대입할 수 없습니다.

▼ 에러 발생

```
        // 게임 종족에 유닛을 생성해 담기
        human.set(new Npc6());
The method set(Tank6) in the type Camp6<Tank6> is not applicable for the arguments (String)

```

제네릭을 적용함으로써 우리는 다음과 같은 장점을 가지게 되었습니다.

- 중복된 코드의 결합 & 간소화
- 데이터를 가져올 때 형변환 없이 가져올 수 있음
- 데이터 대입 시 다른 자료형이 대입되는 것 방지 → 강한 자료형 체크

20.4 매개변수가 여러 개일 때 제네릭 클래스의 정의

매개변수가 여러 개일 때도 제네릭을 적용할 수 있습니다.

Chapter20 / Ex07_MultiParameter.java

```
class Camp7<T1, T2> // ❶
{
    private T1 param1;
    private T2 param2;

```

```java
    public void set(T1 o1, T2 o2)
    {
        param1 = o1;
        param2 = o2;
    }

    public String toString()
    {
        return param1 + " & " + param2;
    }
}

public class Ex07_MultiParameter
{
    public static void main(String[] args)
    {
        Camp7<String, Integer> camp = new Camp7<>(); // ❷
        camp.set("Apple", 25);
        System.out.println(camp); // ❸
    }
}
```

▼ 실행 결과

```
Console ☒
<terminated> Ex07_MultiParameter [Java Application] C:₩Dev₩jdk-11.0.8₩bin₩javaw.exe
Apple & 25
```

❶ 다이아몬드 연산자 안의 타입 매개변수는 원하는 형식으로 작성할 수 있습니다. 꼭 한 글자일 필요는 없습니다.

❷ 앞쪽 다이아몬드 연산자에 제네릭으로 사용할 데이터형을 지정해주고 뒤쪽 다이아몬드에서는 생략하고 객체를 생성합니다.

❸ 클래스에 toString() 메서드가 오버라이딩으로 재정의되어 있으므로 해당 메서드 내용이 출력됩니다.

20.5 제네릭 클래스의 매개변수 타입 제한하기

상속 관계를 표시하여 매개변수의 타입을 제한할 수도 있습니다.

```
class Box<T extends Number> { … }
```

인스턴스 생성 시 타입 인수로 Number 또는 이를 상속하는 클래스만 올 수 있게 설정한 겁니다. 이렇게 하면 Number에서 상속받은 메서드를 안전하게 사용할 수 있습니다.

▼ 매개변수 타입을 제한하지 않은 경우

```
class Camp<T> {
   private T ob;
   ....
   public int toIntValue() {
      return ob.intValue(); // ERROR!
   }
}
```

▼ 매개변수 타입을 제한하는 경우

```
class Camp<T extends Number> {
   private T ob;
   ....
   public int toIntValue() {
      return ob.intValue();   // OK!
   }
}
```

좌측의 코드는 아무 자료형이나 들어올 수 있기에 래퍼 클래스의 메서드를 호출하면 에러가 발생합니다. 그러나 우측처럼 제네릭에 지정할 수 있는 자료형을 Number를 상속받은 래퍼 타입만으로 한정한다면 intValue( ) 메서드를 사용할 때 에러 걱정을 할 필요가 없게 됩니다.

Chapter20 / Ex08_BoundedCamp.java

```
class Camp8<T extends Number>  // ❶ 매개변수의 타입 제한
{
    private T ob;

    public void set(T o) {
        ob = o;
    }
    public T get() {
        return ob;
    }
}

public class Ex08_BoundedCamp
{
    public static void main(String[] args)
```

```
    {
        Camp8<Integer> iBox = new Camp8<>();
        iBox.set(24);// ❷

        Camp8<Double> dBox = new Camp8<>();
        dBox.set(5.97);// ❸

        System.out.println(iBox.get());
        System.out.println(dBox.get());
    }
}
```

▼ 실행 결과

```
Console ☒
<terminated> Ex08_BoundedCamp [Java Application] C:₩Dev₩jdk-11.0.8₩bin₩javaw.exe
24
5.97
```

❷나 ❸에 래퍼 타입으로 박싱될 수 없는 값이 입력되면 에러가 발생합니다.

❶에서 매개변수의 타입 제한이 Number 클래스를 상속받은 것으로 제한이 걸려 있기 때문입니다.

20.6 제네릭 메서드의 정의

클래스 전부가 아닌 메서드 하나에 대해서도 제네릭으로 정의할 수 있습니다. 머릿속으로 생각하지 말고 다이아몬드 연산자에 주어진 자료형으로 바꿔 써서 보면 그냥 일반 메서드입니다.

```
class MyData
{
    public static <T> T showData(T data)
    {
        if (data instanceof String)
            System.out.println("String");
        else if (data instanceof Integer)
            System.out.println("Integer");
        else if (data instanceof Double)
            System.out.println("Double");

        return data;
```

앞의 T의 자료형이 뒤의 매개변수의 자료형을 결정합니다.

```
    }
}
```

제네릭 메서드의 T는 메서드 호출 시점에 결정됩니다.

```
MyData.<String>showData("Hello World");
```

다음과 같이 타입 인수 생략이 가능합니다. 생략된 인수는 매개변수로 들어온 데이터의 자료형으로 추론하게 됩니다.

```
MyData.showData(1);
```

다음은 전체 코드입니다.

Chapter20 / Ex09_GenericMethod.java

```
class MyData
{
    public static <T> T showData(T data) // ❶
    {
        if (data instanceof String)
            System.out.println("String");
        else if (data instanceof Integer)
            System.out.println("Integer");
        else if (data instanceof Double)
            System.out.println("Double");

        return data;
    }
}

public class Ex09_GenericMethod
{
    public static void main(String[] args)
    {
        MyData.<String>showData("Hello World");
        MyData.showData(1);      // <Integer> 생략 ─┐
                                                   ├// ❷
        MyData.showData(1.0);    // <Double> 생략 ──┘
    }
}
```

▼ 실행 결과

```
Console ☒
Ex09_GenericMethod [Java Application] C:₩Dev₩jdk-11.0.8₩bin₩javaw.exe
String
Integer
Double
```

❷ 20, 21, 22라인에서 showData() 메서드에 입력되는 값의 형에 따라 ❶의 다이아몬드 연산자가 형을 파악하거나 추론하여 메서드의 매개변수 형을 정하게 됩니다.

학습 마무리

여기까지 자바 프로그래밍에서 사용하는 제네릭을 알아보았습니다. 제네릭은 다음 장에서 배우는 컬렉션 프레임워크의 기본이 되므로 잘 익혀두어야 합니다.

핵심 요약

1 제네릭은 클래스, 메서드에서 사용할 자료형을 나중에 확정하는 기법입니다.

2 제네릭을 사용할 때는 객체 생성 시 결정이 되는 자료형의 정보를 T로 대체합니다. 그리고 다이아몬드 연산자 〈〉를 통해 자료형을 전달합니다.

```
class Camp<T> {
    private T unit;

    public void set(T unit) {
        this.unit = unit;
    }

    public T get() {
        return unit;
    }
}
```

Chapter

21

컬렉션 프레임워크

#MUSTHAVE

□ **학습 목표**	예전에는 자바 기본 문법을 배우고 알고리즘과 자료구조를 따로 더 배웠지만 지금의 자바에는 개발자들이 많이 사용하는 자료구조가 컬렉션 프레임워크에 구현되어 있습니다. 자바에서 제공하는 컬렉션 프레임워크를 알아봅니다.
□ **학습 순서**	**1** 자료구조 **2** 컬렉션 프레임워크의 구조 **3** List<E> 인터페이스를 구현하는 컬렉션 클래스들 **4** Set<E> 인터페이스를 구현하는 컬렉션 클래스들 **5** Queue<E> 인터페이스를 구현하는 컬렉션 클래스들 **6** Map<K, V> 인터페이스를 구현하는 컬렉션 클래스들 **7** 컬렉션 기반 알고리즘

21.1 자료구조

대량의 데이터를 효율적으로 관리하는 메커니즘을 자료구조라고 합니다. 현실 세계에서는 우편번호와 학교에서 학생들을 관리하는 경우를 들 수 있습니다. 예를 들어 전교생 수가 1,000명인 학교가 있습니다.

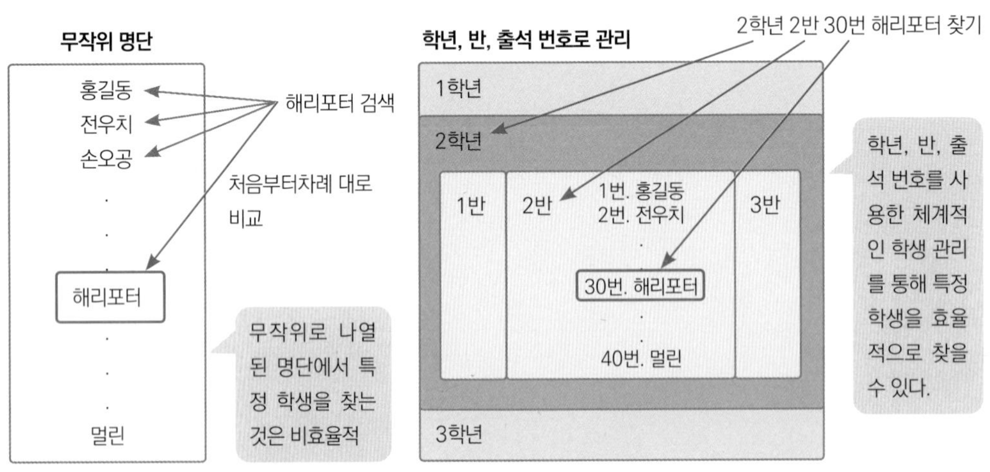

좌측 그림은 무작위로 나열된 학생 명단에서 '이름'만으로 특정한 학생을 찾고 있습니다. 처음부터 순차적으로 조사한다면 최소 1회, 최대 1,000회를 비교해야 합니다. 즉 평균 비교 횟수는 500회가 됩니다. 우측은 'X학년 Y반 출석 번호 Z'라는 정보로 학생을 찾는 방법입니다. 먼저 각 학생에게 'O학년 O반 O번'이라고 정보를 부여해놓습니다. 이제 학생을 찾을 때 학년으로 범위를 좁히고 반으로 범위를 좁히고 출석 번호로 찾아내면 비교 횟수 3회로 충분히 학생을 찾을 수 있습니다. 이렇게 대량 데이터를 효율적으로 관리하는 메커니즘을 자료구조라고 하고, 자료구조로는 배열, 리스트, 스택, 큐, 트리 등이 있습니다.

배열

배열은 크기가 고정되어 있어 데이터를 추가하거나 삭제할 수 없습니다.

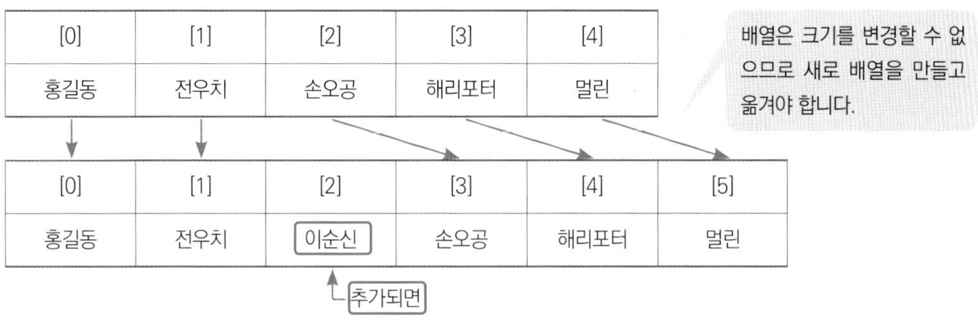

리스트

리스트는 원소가 원소를 가리켜서 관리하는 자료구조입니다. 데이터가 추가되거나 삭제될 때 연결하는 정보만 바꾸면 쉽게 추가, 삭제가 됩니다.

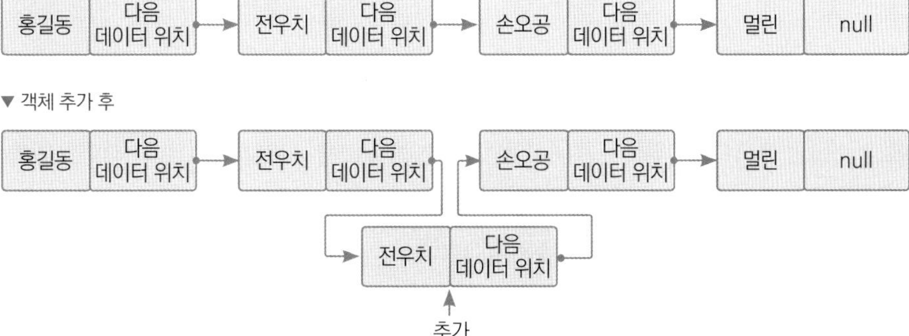

스택

스택은 한 쪽 끝에서만 자료를 넣거나 뺄 수 있는 선형 구조last in first out, LIFO로 되어 있습니다. 자료를 넣는 것을 '밀어넣는다'하여 푸시push라고 하고 반대로 넣어둔 자료를 꺼내는 것을 팝pop이라고 하는데, 이때 가장 최근에 푸시한 자료부터 나오게 됩니다.

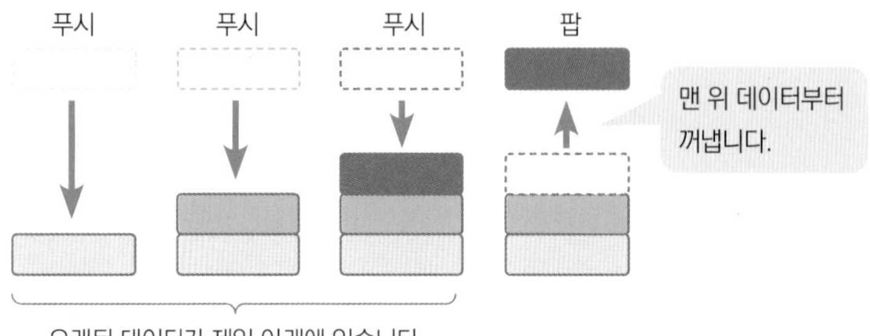

큐

큐queue는 먼저 집어넣은 데이터가 먼저 나오는 FIFOFirst In First Out 구조로 저장하는 자료구조를 말합니다. 슈퍼마켓 계산대에 줄을 선 손님들의 행렬과 같은 것이라고 보면 됩니다.

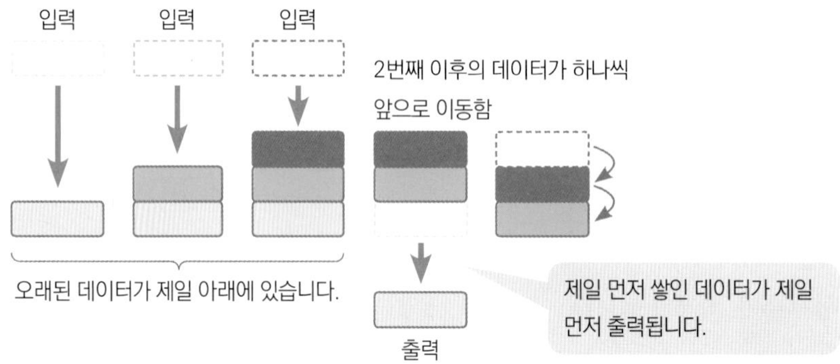

트리 구조

부모 노드 밑에 여러 자식 노드가 연결되고, 자식 노드 각각에 다시 자식 노드가 연결되는 형태의 자료구조를 트리라고 부릅니다. 자식 노드에서 부모 쪽으로 계속해서 타고 올라가다 보면 결국 부모가 없는 하나의 노드로 이어지게 되는데, 이 노드를 루트 노드root node라고 부르며, 루트 노드를 중심으로 뻗어나가는 모습이 나무의 구조와 비슷하여 '트리'라는 이름이 붙었습니다.

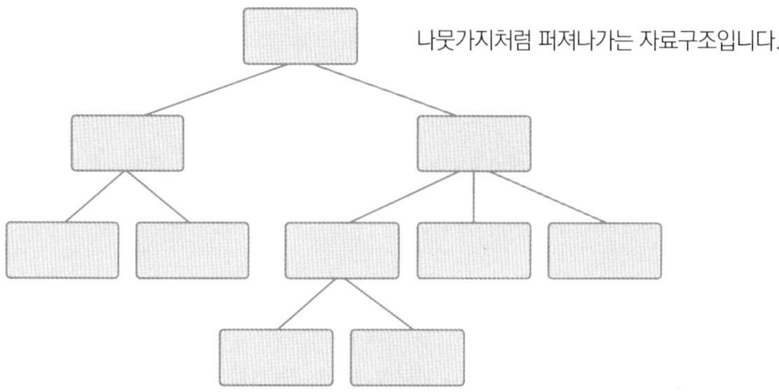

나뭇가지처럼 퍼져나가는 자료구조입니다.

21.2 컬렉션 프레임워크의 구조

자바에서는 앞에서 살펴 본 자료구조를 개발자가 편리하게 사용할 수 있도록 컬렉션 프레임워크를 제공합니다. 그리고 컬렉션 프레임워크에서 제공하는 인터페이스들은 다음과 같은 상속 관계를 가지고 있습니다.

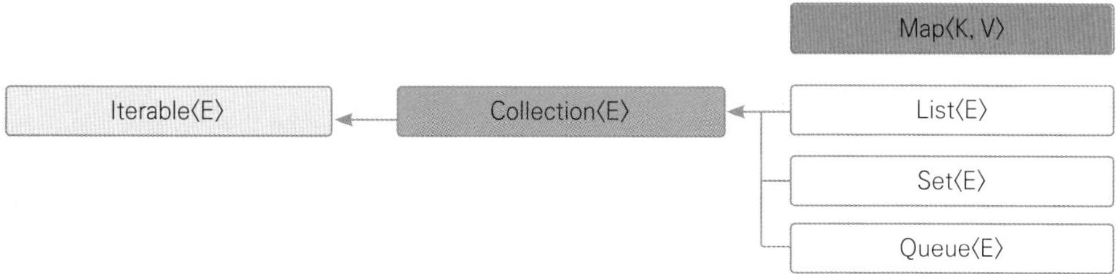

▼ 컬렉션 프레임워크에 속하는 인터페이스

인터페이스	설명	구현 클래스
List⟨E⟩	순서가 있는 데이터 집합입니다. 추가된 데이터의 순서도 유지되며, 데이터 중복도 허용됩니다.	ArrayList, LinkedList, Vector, Stack
Set⟨E⟩	중복된 데이터가 제거되는 등 추가된 데이터의 순서가 유지되지 않는 데이터 집합입니다. 데이터 중복이 허용되지 않습니다.	HashSet, TreeSet
Map ⟨K, V⟩	키(Key)와 값(Value)으로 이루어진 데이터들의 집합입니다. 키는 중복을 허용하지 않지만 값은 중복될 수 있습니다. 출석부에 1번 홍길동과 2번 홍길동(동명이인)이 있는 경우를 들 수 있습니다.	HashMap, TreeMap, Hashtable, Properties

Queue〈E〉	순서가 있는 데이터 집합입니다. 추가된 데이터의 순서도 유지되며, 데이터 중복도 허용됩니다.	LinkedList

Tip Vector, Stack, Hashtable, Properties와 같은 클래스들은 컬렉션 프레임워크가 만들어지기 전부터 존재하던 것이기 때문에 기존 코드와의 호환을 위해서 남겨져 있을 뿐 현재는 사용하지 않습니다.

21.3 List〈E〉 인터페이스를 구현하는 컬렉션 클래스들

List〈E〉 인터페이스를 구현하는 대표적인 컬렉션 클래스 둘은 다음과 같습니다.

- ArrayList〈E〉 : 배열 기반 자료구조, 배열을 이용하여 객체를 저장합니다.
- LinkedList〈E〉 : 연결 기반 자료구조, 앞의 자료구조에서 본 리스트를 구성하여 객체를 저장합니다.

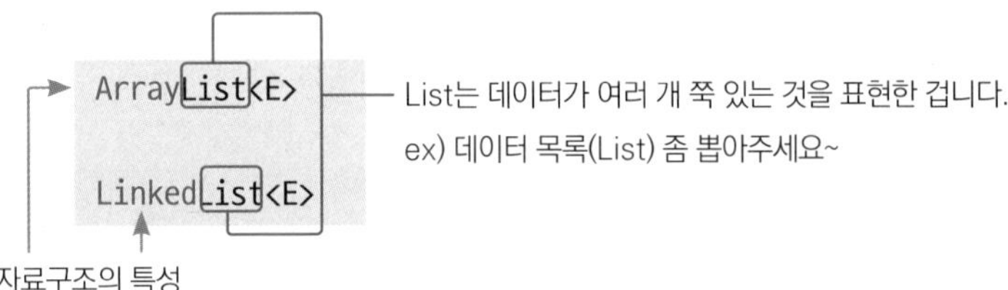
ArrayList<E>
LinkedList<E>
List는 데이터가 여러 개 쭉 있는 것을 표현한 겁니다.
ex) 데이터 목록(List) 좀 뽑아주세요~
자료구조의 특성

List〈E〉 인터페이스를 구현하는 컬렉션 클래스들의 공통 특성은 다음과 같습니다.

- 데이터의 저장 순서가 유지됩니다.
- 동일 데이터의 중복 저장을 허용합니다.

21.3.1 ArrayList 사용하기

ArrayList를 사용하는 간단한 예제를 만들어보겠습니다.

Chapter21 / Ex01_ArrayList.java

```
import java.util.ArrayList;
import java.util.List;

public class Ex01_ArrayList
{
    public static void main(String[] args)
    {
```

```java
        List<String> list = new ArrayList<>(); // ❶

        // 객체 저장 : 순서 있음. 중복 허용
        list.add("orange");
        list.add("apple");
        list.add("apple");      // ❷
        list.add("banana");

        // 객체 참조
        for(int i = 0; i < list.size(); i++)        // ❸
            System.out.print(list.get(i) + '\t'); // ❹
        System.out.println();

        // 첫 번째 객체 삭제
        list.remove(0); // ❺

        // 삭제 후 객체 참조
        for(int i = 0; i < list.size(); i++)
            System.out.print(list.get(i) + '\t');
        System.out.println();
    }
}
```

▼ 실행 결과

```
Console ☒
<terminated> Ex01_ArrayList [Java Application] C:₩Dev₩jdk-11.0.8₩bin₩javaw.exe
orange  apple   apple   banana
apple   apple   banana
```

❶ ArrayList 객체를 생성합니다. 이 객체는 앞에서 배운 제네릭을 이용하여 String형만 저장할 수 있게 합니다. 그리고 '자식 객체는 부모 클래스형의 변수에 대입할 수 있다'를 이용하고 있습니다. 한 줄에 자바의 고급 기능이 많이 사용되었습니다.

❷ 객체 추가에 add( ) 메서드를 사용합니다.

❸ List의 전체 개수를 size( ) 메서드로 구해옵니다. 객체 참조에 ❹ get( ) 메서드를 사용합니다.

객체의 삭제에 ❺ remove( ) 메서드를 사용합니다.

앞 장에서 배운 배열은 데이터의 추가나 삭제가 안 되었지만 ArrayList는 이처럼 데이터의 추가, 삭제가 쉽습니다.

21.3.2 LinkedList 사용하기

LinkedList를 사용하는 간단한 예제도 만들어보겠습니다.

Chapter21 / Ex02_LinkedList.java

```
import java.util.LinkedList;
import java.util.List;

public class Ex02_LinkedList
{
    public static void main(String[] args)
    {
        List<String> list = new LinkedList<>(); // ❶

        // 객체 저장 : 순서 있음. 중복 허용
        list.add("orange");
        list.add("apple");
        list.add("apple");
        list.add("banana");

        // 객체 참조
        for(int i = 0; i < list.size(); i++)
            System.out.print(list.get(i) + '\t');
        System.out.println();

        // 첫 번째 객체 삭제
        list.remove(0);

        // 삭제 후 객체 참조
        for(int i = 0; i < list.size(); i++)
            System.out.print(list.get(i) + '\t');
        System.out.println();
    }
}
```

▼ 실행 결과

```
Console ☒
<terminated> Ex02_LinkedList [Java Application] C:₩Dev₩jdk-11.0.8₩bin₩javaw.exe
orange  apple   apple   banana
apple   apple   banana
```

Ex01_ArrayList와 다른 점은 ❶ 생성하는 클래스명이 LinkedList로 바꾼 것뿐입니다. 생성 이후 데이터의 추가, 삭제, 참조는 사용 방법이 똑같습니다.

21.3.3 ArrayList vs. LinkedList

15장에서 배운 배열은 배열 크기가 변하는 데이터 추가, 삭제가 안 되지만 ArrayList와 LinkedList는 예제에서처럼 쉽게 할 수 있습니다. 그런데 ArrayList와 LinkedList의 차이점은 무엇일까요?

ArrayList는 배열은 아니지만 배열 기반이라 데이터의 추가, 삭제보다는 참조가 LinkedList보다 빠르다는 장점이 있습니다. 반면 LinkedList는 리스트 기반이라 데이터 참조 속도보다는 데이터의 추가, 삭제가 ArrayList보다 쉽다는 장점이 있습니다.

그래서 만드는 시점에 추가될 데이터 성격을 생각해서 ArrayList나 LinkedList를 선택해서 만들고 사용할 때는 그냥 List로 사용하면 되는 겁니다. 앞의 예제 8라인 코드입니다.

Tip 만들어질 때는 현대차, 기아차처럼 구분이 있지만, 차에 타서 운전하는 방법은 똑같은 것과 같다고 생각하면 됩니다.

▼ ArrayList vs. LinkedList

	단점	장점
ArrayList<E>	• 객체가 추가될 때 저장 공간을 늘리는 과정에서 시간이 비교적 많이 소요됩니다. • 객체의 삭제 과정에서 많은 연산이 필요할 수 있습니다. 따라서 느릴 수 있습니다.	• 저장된 객체의 참조가 LinkedList보다 빠릅니다.
LinkedList<E>	• 저장된 객체의 참조 과정이 배열에 비해 복잡합니다.	• 저장 공간을 늘리는 과정이 간단합니다.

ArrayList<E>에서 데이터 추가

예를 들어 5개 원소로 이루어진 배열에서 원소 1과 원소 2 사이에 새로운 원소를 추가해야 한다면, 배열은 크기가 미리 정해져 있으므로 새로 만들어서 옮겨야 합니다.[1]

---

1 ArrayList.java 파일을 보면, 객체 배열로 사용할 Object 배열과 디폴트 용량이 정의되어 있습니다. ArrayList() 디폴트 생성자를 호출하여 배열 크기를 지정하지 않으면 크기가 10개짜리 배열이 기본으로 만들어집니다. 용량이 부족하면 큰 용량의 배열을 새로 만들고 기존 항목을 복사합니다.

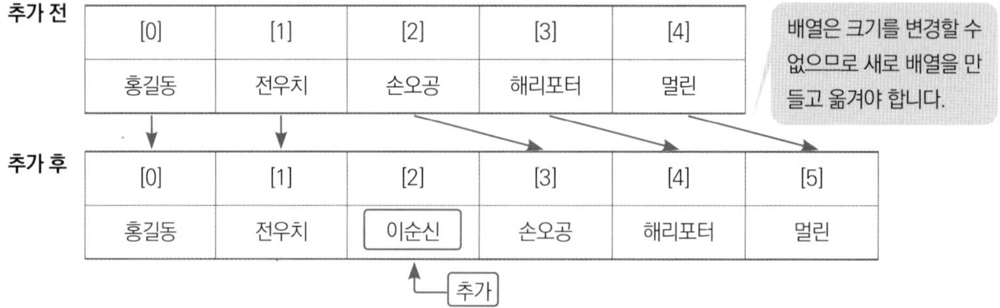

LinkedList<E>에서 데이터 추가

배열과 비교하여 리스트에서 데이터의 추가는 다음과 같이 연결 정보만 만들어주면 됩니다.

▼ 객체 추가 전

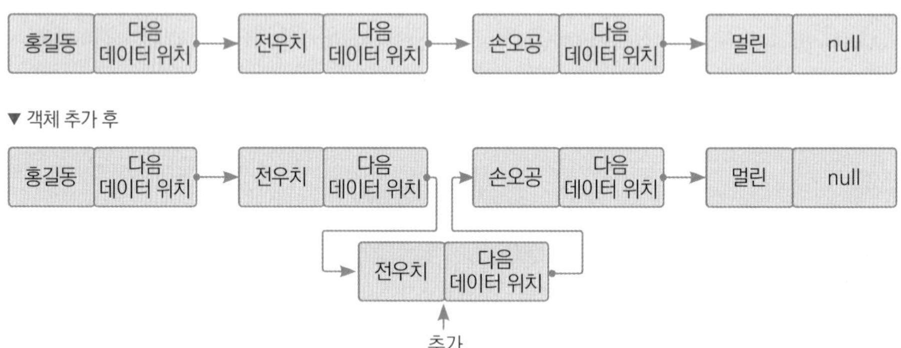

21.3.4 Iterator 사용하기

그리고 앞에서 살펴본 것처럼 Iterable 인터페이스를 구현했기 때문에 저장된 인스턴스의 순차적 접근에 향상된 기능의 for문이나, Iterator 반복자를 이용할 수 있습니다.

Chapter21 / Ex03_IteratorUse.java

```
import java.util.Iterator;
import java.util.LinkedList;
import java.util.List;

public class Ex03_IteratorUse
{
    public static void main(String[] args)
```

```java
    {
        List<String> list = new LinkedList<>();

        // 객체 저장 : 순서 있음. 중복 허용
        list.add("orange");
        list.add("apple");
        list.add("apple");
        list.add("banana");

        // 향상된 기능의 for문으로 객체 참조
        for(String s : list) // ❶
            System.out.print(s + '\t');
        System.out.println();

        // ❷ 반복자 획득
        Iterator<String> itr = list.iterator();

        // 반복자를 이용한 순차적 참조
        String str;
        while(itr.hasNext())  // ❸
        {
            str = itr.next(); // ❹
            System.out.print(str + '\t');

            if(str.equals("orange"))
                itr.remove(); // ❺
        }
        System.out.println();

        // ❻ 반복자 다시 획득
        itr = list.iterator();

        // 삭제 후 결과 확인
        while(itr.hasNext())
            System.out.print(itr.next() + '\t');

        System.out.println();
    }
}
```

▼ 실행 결과

```
Console ☒
<terminated> Ex03_IteratorUse [Java Application] C:₩Dev₩jdk-11.0.8₩bin₩javaw.exe
orange  apple   apple   banana
orange  apple   apple   banana
apple   apple   banana
```

List⟨E⟩가 Iterable⟨E⟩를 구현했기 때문에 ❶ 향상된 기능의 for문을 사용할 수 있습니다.

❷ iterator( ) 메서드로 반복자를 구해올 수 있습니다. 역시 제네릭으로 자료형이 지정되어 있음을 확인할 수 있습니다.

❸ 반복할 수 있는지 hasNext( ) 메서드로 확인하고 반복이 가능하면 ❹ next( ) 메서드로 항목을 가져오게 됩니다. ❺ 반복자로 구해온 요소를 remove( ) 메서드로 제거할 수도 있습니다. 한 번 사용한 반복자는 다시 사용할 수 없습니다. 그래서 ❻ 다시 반복자를 구해옵니다.

21.3.5 리스트 형식 바꾸기

이 리스트는 배열처럼 선언과 동시에 초기화가 불가능합니다. 그러나 Arrays 클래스의 유틸 메서드를 사용해서 다음과 같이 사용할 수는 있습니다.

```
List<String> list = Arrays.asList("홍길동", "전우치", "손오공", "전우치");
```

인수로 전달된 객체들을 저장한 컬렉션 객체를 생성 및 반환합니다. 이렇게 생성된 리스트 객체는 객체에 요소를 추가하거나 삭제할 수 없는 객체입니다.

수정을 하기 위해서는 다음과 같이 다시 생성해야 합니다.

```
List<String> list = Arrays.asList("홍길동", "전우치", "손오공", "전우치");
list = new ArrayList<>(list);
```

그리고 앞에서 설명했듯이 만들 때 데이터 성격에 따라 ArrayList나 LinkedList를 선택하고 사용은 그냥 List로 한다고 했습니다. 사용 중에도 다음과 같이 데이터 성격을 바꿀 수도 있습니다.

```
List<String> list = Arrays.asList("홍길동", "전우치", "손오공", "전우치");
list = new ArrayList<>(list);
list = new LinkedList<>(list);
```

Chapter21 / Ex04_Convert.java

```java
import java.util.ArrayList;
import java.util.Arrays;
import java.util.Iterator;
import java.util.LinkedList;
import java.util.List;

public class Ex04_Convert
{
    public static void main(String[] args)
    {
        // 매개변수로 전달된 객체들을 저장한 컬렉션 객체의 생성 및 반환
        // 이렇게 생성된 리스트 객체는 요소를 추가하거나 삭제할 수 없는 객체임
        List<String> list = Arrays.asList("홍길동", "전우치", "손오공", "전우치"); // ❶
//        list.add("멀린");                        // 실행하면 에러남
        list = new ArrayList<>(list);           // ❷ 수정 가능한 객체로 변환
        list.add("해리포터");                    // 에러 안남

        // ArrayList<E> 객체의 순환
        for(Iterator<String> itr = list.iterator(); itr.hasNext(); )
            System.out.print(itr.next() + '\t');
        System.out.println();

        // ❸ ArrayList<E>를 LinkedList<E>로 변환
        list = new LinkedList<>(list);

        // LinkedList<E> 객체의 순환
        for(String s : list)
            System.out.print(s + '\t');
        System.out.println();
    }
}
```

▼ 실행 결과

```
Console
<terminated> Ex04_Convert [Java Application] C:₩Dev₩jdk-11.0.8₩bin₩javaw.exe
홍길동	전우치	손오공	전우치	해리포터
홍길동	전우치	손오공	전우치	해리포터
```

리스트는 배열처럼 생성하면서 초기화를 할 수 없습니다. 하지만 ❶ Arrays 클래스의 유틸 메서드를 사용하여 초기화 데이터를 넣어서 만들 수 있습니다. 메서드명처럼 배열을 리스트처럼 사용한

것이기 때문에 크기의 변경이 불가능합니다. 그렇지만 ❷처럼 생성자를 이용하여 다시 만들면 크기의 변경이 가능해집니다.

그리고 이미 만들어진 리스트는 ❸ 생성자를 이용하여 다시 만들어 데이터 성격을 바꾸어줄 수도 있습니다.

21.3.6 컬렉션 프레임워크에 기본 자료형을 데이터로 사용하기

컬렉션 프레임워크는 제네릭을 사용하여 자료형을 제한합니다. 이때 제네릭 부분에 클래스 타입을 지정해주어야 합니다. 기본 자료형을 직접 적어줄 수는 없습니다.

```
List<Integer> list = new LinkedList<>();    // O
List<int> list = new LinkedList<>();        // X
```

하지만 앞서 배웠던 래퍼 클래스들은 오토 박싱과 오토 언박싱이 되기 때문에 자료형만 래퍼 클래스로 적어줄 뿐 기본 자료형을 사용하는 데 제약사항은 없습니다.

Chapter21 / Ex05_PrimitiveData.java

```
import java.util.Iterator;
import java.util.LinkedList;

public class Ex05_PrimitiveData
{
    public static void main(String[] args)
    {
        LinkedList<Integer> list = new LinkedList<>();

        // ❶ 저장 과정에서 오토 박싱
        list.add(10);
        list.add(20);
        list.add(30);

        for(Iterator<Integer> itr = list.iterator(); itr.hasNext(); ) {
            int n = itr.next();     // ❷ 오토 언박싱
            System.out.println(n);
        }
    }
}
```

▼ 실행 결과

```
Console ☒
<terminated> Ex05_PrimitiveData [Java Application] C:₩Dev₩jdk-11.0.8₩bin₩javaw.exe
10
20
30
```

❶ 데이터를 추가할 때 오토 박싱이 일어납니다. int → Integer

❷ 데이터를 꺼내올 때 오토 언박싱이 일어납니다. Integer → int

21.4 Set<E> 인터페이스를 구현하는 컬렉션 클래스들

Set⟨E⟩ 인터페이스를 구현하는 컬렉션 클래스들은 다음 두 가지 특성을 갖습니다.

- 저장 순서가 유지되지 않습니다.
- 데이터 중복 저장을 허용하지 않습니다.

21.4.1 HashSet 사용하기

HashSet을 사용하는 간단한 예제를 만들어보겠습니다.

Chapter21 / Ex06_Set.java

```java
import java.util.HashSet;
import java.util.Iterator;
import java.util.Set;

public class Ex06_Set
{
    public static void main(String[] args)
    {
        Set<String> set = new HashSet<>(); // ❶
        set.add("orange");     // ❷
        set.add("apple");
        set.add("banana");
        set.add("apple");      // ❸

        System.out.println("객체 수: " + set.size()); // ❹

```

```
        // 반복자를 이용한 전체 출력
        for(Iterator<String> itr = set.iterator(); itr.hasNext(); ) // ❺
            System.out.print(itr.next() + '\t');     // ❻
        System.out.println();

        // 향상된 기능의 for문을 이용한 전체 출력
        for(String s : set)   // ❼
            System.out.print(s + '\t');
        System.out.println();
    }
}
```

▼ 실행 결과

```
Console
<terminated> Ex06_Set [Java Application] C:₩Dev₩jdk-11.0.8₩bin₩javaw.exe
객체 수: 3
orange  banana  apple
orange  banana  apple
```

실행 결과를 보면 ❸에서 추가된 데이터는 중복된 데이터이기에 저장되지 않았습니다. 4개를 add( ) 메서드로 추가했지만, 중복된 데이터를 제외하고 3개만 출력되었습니다.

❶ 구체적인 형태를 HashSet으로 지정하여 객체를 만들고 사용은 Set으로 합니다. ❷ add( ) 메서드를 이용하여 데이터를 추가합니다.

❹ size( ) 메서드를 이용하여 저장된 데이터의 수를 알아올 수 있습니다.

❺ Iterator를 이용하여 반복자를 구해올 수 있습니다. 그리고 hasNext( ) 메서드로 다음 반복이 가능한지 알아옵니다. ❻ next( ) 메서드로 Set 컬렉션 프레임워크 안의 요소를 가져올 수 있습니다.

❼ Set 컬렉션 프레임워크는 Iterable을 구현했기 때문에 향상된 기능의 for문을 사용할 수 있습니다.

21.4.2 hash와 hashCode() 메서드

Set⟨E⟩ 인터페이스를 구현하는 컬렉션 클래스들은 데이터 중복 저장을 허용하지 않는다고 했습니다. 중복 저장을 방지하려면 데이터가 입력되기 전 이미 있는 데이터인지를 검색해보아야 합니다. 이때 사용하는 알고리즘이 해시[hash]입니다.

해시는 정보를 저장하거나 검색할 때 사용하는 알고리즘입니다. 간단하게 해시 알고리즘을 이해해 봅시다.

- 분류 대상 : 1, 2, 3, 4, 5, 6
- 적용 해시 알고리즘 : num % 3

나머지 : 0	나머지 : 1	나머지 : 2
3 6	1 4	2 5

이렇듯 분류를 해놓으면 탐색 속도가 매우 빨라집니다. 숫자 4를 찾고 싶을 때, 적용된 해시 알고리즘을 적용시켜 3으로 나누고 나머지를 구하면 1이 남으므로 나머지가 1인 그룹에 가서 찾아보면 됩니다. 탐색 대상이 확 줄었습니다. 적용한 해시 알고리즘이 더 많은 분류를 만들어낼 수 있다면 탐색 속도도 더 빨라집니다.

Object 클래스의 hashCode 메서드는 이렇듯 객체들을 분류하는 역할을 합니다. 그래서 HashSet에서 중복 저장을 막으려면 hashCode() 메서드에서 반환하는 해시 코드값에 해당하는 내부 목록을 찾습니다. 그러면 비교해야 할 탐색의 대상이 확 줄어듭니다.

그리고 선택된 대상 중에서 equals 메서드를 호출하여 내용이 같은지 비교하게 됩니다.

21.4.3 HashSet의 중복 비교

우리가 직접 만든 클래스를 이용하여 생성된 객체의 중복은 어떻게 판단할까요? 앞에서 공부한 내용을 바탕으로 hashCode() 메서드와 equals() 메서드를 오버라이딩하여 재정의해주면 됩니다.

hashCode() 메서드는 직접 만들 수도 있지만, 자바에서 제공하는 메서드를 이용하면 쉽게 만들 수 있습니다.

```
public int hashCode() {
    return java.util.Objects.hash(가변 인수);
}
```

예제를 만들고 코드를 보면서 중복 체크가 어떻게 되는지 살펴보겠습니다.

```java
import java.util.HashSet;

class Student
{
    private String name;
    private int age;

    public Student(String name, int age)
    {
        this.name = name;
        this.age = age;
    }

    public String toString()
    {
        return name + ":" + age;
    }

    public int hashCode()
    {
        int num = age % 3;                 // ❶
        System.out.println(num);
        return num;
    }

//    public int hashCode()
//    {
//        int num = java.util.Objects.hash(name, age);   // ❷
//        System.out.println(num);
//        return num;
//    }

    public boolean equals(Object obj)
    {
        System.out.println("비교를 합니다.");
        if(age == ((Student)obj).age)
            return true;
        else
            return false;
    }
```

```java
}

public class Ex07_HashSetEqual
{
    public static void main(String[] args)
    {
        HashSet<Student> set = new HashSet<>();
        set.add(new Student("홍길동", 20)); // ❸
        set.add(new Student("전우치", 20)); // ❹
        set.add(new Student("홍길동", 25)); // ❺

        System.out.println("객체 수: " + set.size());

        for(Student s : set)
            System.out.print(s.toString() + '\t');

        System.out.println();
    }
}
```

Student 클래스는 HashSet에서 사용할 중복 체크를 위해 hashCode( ) 메서드와 equals( ) 메서드를 재정의했습니다.

hashCode( ) 메서드 내용을 ❶처럼 만들어주면, 20을 3으로 나누었을 때 나머지와 25를 3으로 나누었을 때 나머지가 다릅니다. 해시코드만 보면 ❸과 ❹에서 추가한 데이터의 해시코드는 같게 됩니다.

즉 탐색의 단계에서 해시코드가 같고, 그다음 equals( ) 메서드의 내용에서 나이가 같은지를 보기 때문에 같은 20이므로 중복된 데이터라고 판단하게 됩니다. 앞의 “홍길동”과 “전우치”는 비교 대상이 아니었기 때문에 ❸과 ❹에서 추가한 데이터는 같은 데이터라는 판단이 일어나고, HashSet에는 추가가 되지 않습니다.

다음은 실행 결과입니다.

▼ 실행 결과

```
Console ☒
<terminated> Ex07_SetEqual [Java Application] C:₩Dev₩jdk-11.0.8₩bin₩javaw.exe
2
2
비교를 합니다.
1
객체 수: 2
홍길동:25       홍길동:20
```

자, 이제 ❶을 주석 처리하고, ❷의 주석을 풀어줍니다. 자바에서 제공해주는 메서드를 이용하여 해시를 구하고 있습니다. 매개변수에 넣을 데이터는 한 개만 넣어도 되고, 지금처럼 여러 개를 넣을 수도 있습니다.

❸, ❹, ❺에서 추가한 데이터의 모든 해시값이 다르게 되므로 equals() 메서드가 호출되지도 않고 서로 다른 객체로 처리됩니다.

다음은 실행 결과입니다.

▼ 실행 결과

```
Console ☒
<terminated> Ex07_SetEqual [Java Application] C:₩Dev₩jdk-11.0.8₩bin₩javaw.exe
1678652903
1575937193
1678652908
객체 수: 3
홍길동:25       전우치:20       홍길동:20
```

21.4.4 TreeSet

컬렉션 프레임워크에서 Tree로 시작하는 클래스는 데이터를 추가한 후 결과를 출력하면 결괏값이 정렬됩니다. 그러므로 TreeSet은 자료의 중복을 허용하지 않으면서 출력값을 정렬하는 클래스입니다.

TreeSet을 사용하는 간단한 예제를 만들어보겠습니다.

Chapter21 / Ex08_TreeSet.java

```
import java.util.Iterator;
import java.util.TreeSet;

public class Ex08_TreeSet
{
```

```
    public static void main(String[] args)
    {
        TreeSet<String> tree = new TreeSet<>();
        tree.add("홍길동");
        tree.add("전우치");
        tree.add("손오공");
        tree.add("멀린");
        tree.add("손오공");

        System.out.println("객체 수: " + tree.size());

        // Iterator 반복자에 의한 반복
        for(Iterator<String> itr = tree.iterator(); itr.hasNext(); )
            System.out.print(itr.next().toString() + '\t');
        System.out.println();
    }
}
```

▼ 실행 결과

```
Console ⊠
<terminated> Ex08_TreeSet [Java Application] C:₩Dev₩jdk-11.0.8₩bin₩javaw.exe
객체 수: 4
멀린	손오공	전우치	홍길동
```

데이터를 다섯 개 추가했습니다. 그러나 TreeSet에는 4개만 저장될 겁니다. 그리고 출력을 해보면 정렬도 되어 있습니다.

Tip 반복자의 객체 참조 순서는 오름차순을 기준으로 합니다.

21.4.5 TreeSet의 정렬

자바는 TreeSet의 정렬을 구현하기 위해 이진 탐색 트리Binary Search Tree, BST를 사용합니다. 이진 탐색 트리에 대해 간단히 알아보겠습니다.

트리 자료구조에서 각 자료가 들어가는 공간을 노드node라고 합니다. 그리고 위아래로 연결된 노드의 관계를 '부모-자식 노드parent-child node'라고 합니다. 이진 탐색 트리는 노드에 저장되는 자료의 중복을 허용하지 않고, 부모가 가지는 자식 노드 수가 2개 이하입니다.

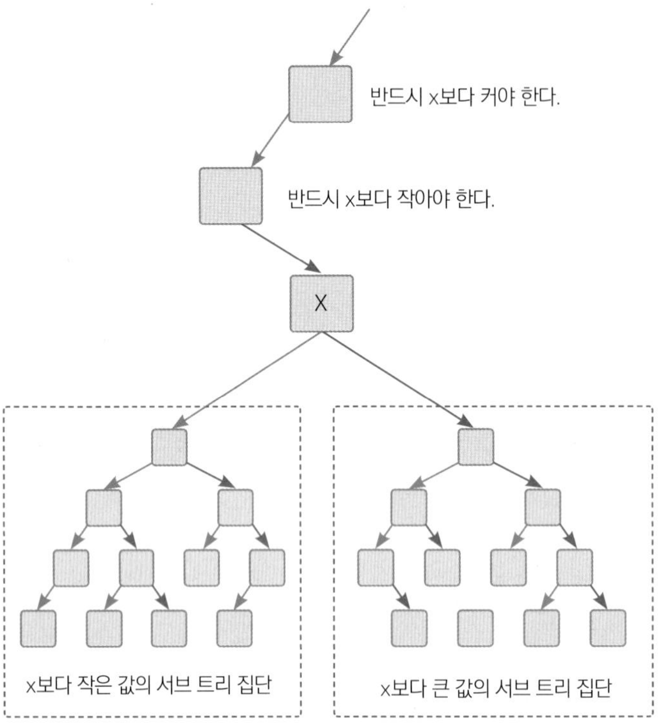

- 각 노드의 왼쪽 서브 트리에는 해당 노드의 값보다 작은 값을 지닌 노드들로 이루어져 있다.
- 각 노드의 오른쪽 서브 트리에는 해당 노드의 값보다 큰 값을 지닌 노드들로 이루어져 있다.
- 중복된 노드가 없어야 한다.
- 왼쪽 서브 트리, 오른쪽 서브 트리 또한 이진 탐색 트리다.

따라서 어떤 특정 값을 찾으려 할 때 한 노드와 비교해 비교한 노드보다 작은 값이면 왼쪽 자식 노드 방향으로, 그렇지 않으면 오른쪽 자식 노드 방향으로 이동합니다. 따라서 비교 범위가 평균 ½ 만큼씩 줄어들어 효과적으로 자료를 검색할 수 있습니다.

그러면 간단한 이진 탐색 트리를 만들어보겠습니다.

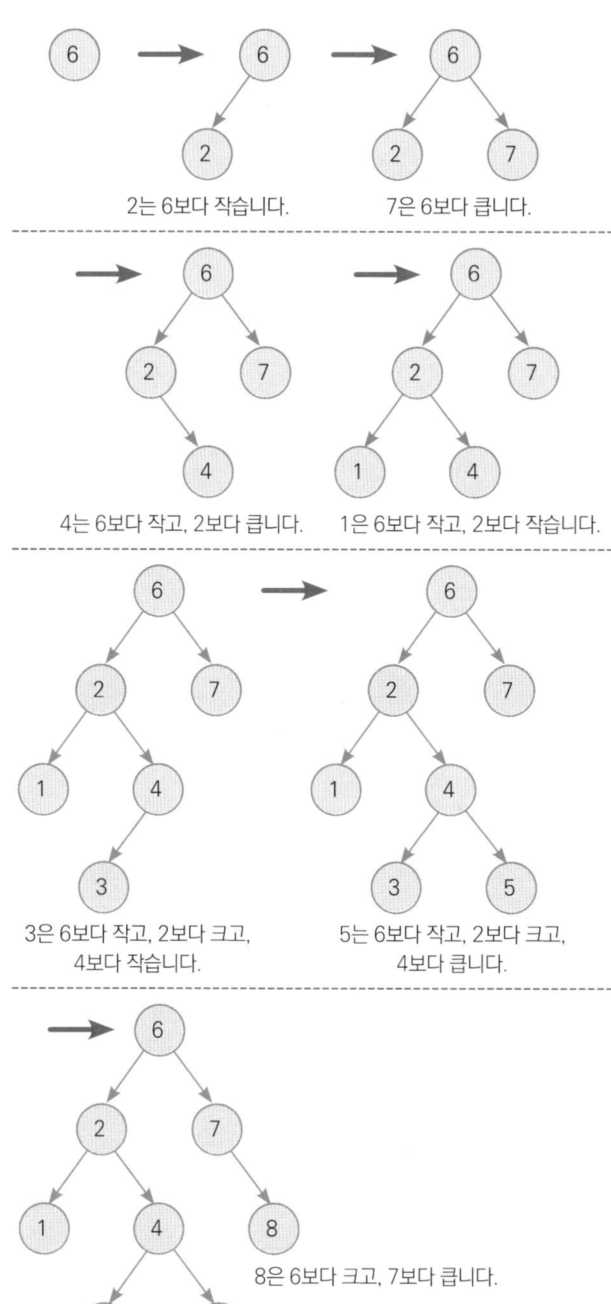

2는 6보다 작습니다.
7은 6보다 큽니다.
4는 6보다 작고, 2보다 큽니다.
1은 6보다 작고, 2보다 작습니다.
3은 6보다 작고, 2보다 크고, 4보다 작습니다.
5는 6보다 작고, 2보다 크고, 4보다 큽니다.
8은 6보다 크고, 7보다 큽니다.

이렇게 만들어진 이진 탐색 트리를 맨 왼쪽 노드부터 시작해서 왼쪽 → 부모 → 오른쪽(뭉치) 순으

로 순회하면 오름차순이 됩니다. 순회하다가 노드의 끝을 만나면 부모 노드로 올라갑니다.

가장 왼쪽 노드인 1부터 순회하면 결과는 다음과 같습니다.

- 1 → 2 → 오른쪽 뭉치 → 3 → 4 → 5 → 올라감 → 6 → 7 → 8

그 반대로 오른쪽 → 부모 → 왼쪽 순으로 순회하면 내림차순이 됩니다.

- 8 → 7 → 6 → 왼쪽 뭉치 → 5 → 4 → 3 → 올라감 → 2 → 1

자바의 TreeSet은 지금 살펴본 이진 탐색 트리를 활용하여 자료를 정렬합니다. 이제 어떤 기준으로 객체 크기를 비교할 것인지는 프로그래머가 직접 구현해야 합니다.

17.6.2절 '객체 저장 배열의 정렬'에서는 다음 Comparable 인터페이스를 구현해주었습니다.

```
interface Comparable
  → int compareTo(Object o)
```

컬렉션 프레임워크에서는 이 인터페이스에 제네릭을 적용한 인터페이스를 구현해주면 됩니다.

```
interface Comparable<T>
  → int compareTo(T o)

  • 인수로 전달된 o가 작다면 양의 정수 반환
  • 인수로 전달된 o가 크다면 음의 정수 반환
  • 인수로 전달된 o와 같다면 0을 반환
```

Comparable<T> 인터페이스의 구현 결과를 근거로 객체의 크기 비교가 이루어집니다.

따라서 TreeSet<T>에 저장할 객체들은 모두 Comparable<T> 인터페이스를 반드시 구현한 클래스의 객체여야 합니다. 아니면 예외가 발생합니다.

```
class Student implements Comparable<Student> {
   private String name;
   private int age;
   . . .
   public int compareTo(Student s) {
      return this.age - s.age;
```

```
    }
}
```

우리가 만든 클래스의 객체가 TreeSet을 이용할 때 정렬되도록 예제를 만들어보겠습니다.

Chapter21 / Ex09_Comparable.java

```
import java.util.Set;
import java.util.TreeSet;

class Student2 implements Comparable<Student2> // ❶
{
    private String name;
    private int age;

    public Student2(String name, int age)
    {
        this.name = name;
        this.age = age;
    }

    public String toString()
    {
        return name + ":" + age;
    }

    public int compareTo(Student2 p) // ❷
    {
        return this.age - p.age;    // ❸ 나이 오름차순 정렬
//          return p.age - this.age; // ❹ 나이 내림차순 정렬
//          return this.name.compareTo(p.name); // ❺ 이름 오름차순 정렬
//          return p.name.compareTo(this.name); // ❻ 이름 내림차순 정렬
    }
}

public class Ex09_Comparable
{
    public static void main(String[] args)
    {
        Set<Student2> tree = new TreeSet<>();
        tree.add(new Student2("홍길동", 30));
```

```
        tree.add(new Student2("전우치", 40));
        tree.add(new Student2("손오공", 20));

        for(Student2 s : tree)
            System.out.println(s);
    }
}
```

TreeSet에 객체를 저장하려면 ❶에서 보듯이 Comparable〈T〉 인터페이스가 반드시 구현되어 있어야 합니다. ❷의 compareTo 메서드에서 비교를 하게 됩니다.

❸ 나이를 오름차순으로, ❹ 나이를 내림차순으로, ❺ 이름을 오름차순으로, ❻ 이름을 내림차순으로 정렬합니다.

▼ 나이 오름차순 정렬

```
Console ☒
<terminated> Ex09_Comparable [Java Application
손오공:20
홍길동:30
전우치:40
```

▼ 나이 내림차순 정렬

```
Console ☒
<terminated> Ex09_Comparable [Java Application
전우치:40
홍길동:30
손오공:20
```

▼ 이름 오름차순 정렬

```
Console ☒
<terminated> Ex09_Comparable [Java Application
손오공:20
전우치:40
홍길동:30
```

▼ 이름 내림차순 정렬

```
Console ☒
<terminated> Ex09_Comparable [Java Application
홍길동:30
전우치:40
손오공:20
```

21.4.6 Comparator〈T〉 인터페이스

Comparator〈T〉 역시 정렬을 구현하는 데 사용하는 인터페이스로 compare() 메서드를 구현해야 합니다. 기존 클래스가 Comparable〈T〉 인터페이스를 구현하여 이미 정렬 조건이 있다고 하더라도 새로운 정렬 조건을 주고 싶을 때 사용할 수 있습니다.

String 클래스는 Comparable〈E〉 인터페이스를 구현하여 이미 사전순으로 정렬되도록 만들어져 있습니다. 이 String 클래스의 정렬 조건을 변경하려면 다음 예제처럼 코드를 작성하여 적용하면 됩니다.

Chapter21 / Ex10_Comparator.java

```
import java.util.Comparator;
```

```java
import java.util.Set;
import java.util.TreeSet;

class MyStringComparator implements Comparator<String>
{
    public int compare(String s1, String s2)
    {
        // 길이가 동일한 데이터는 추가되지 않음
        return s1.length() - s2.length();
    }
}

public class Ex10_Comparator
{
    public static void main(String[] args)
    {
        Set<String> tree = new TreeSet<>(); // ❶
//        Set<String> tree = new TreeSet<>(new MyStringComparator()); // ❷
        tree.add("홍길동");
        tree.add("전우치");
        tree.add("전우치");
        tree.add("멀린");
        tree.add("해리포터");

        for(String s : tree)
            System.out.print(s.toString() + '\t');

        System.out.println();
    }
}
```

▼ 실행 결과

```
Console ⊠
<terminated> Ex10_Comparator [Java Application] C:₩Dev₩jdk-11.0.8₩bin₩javaw.exe
멀린	전우치	해리포터		홍길동
```

실행하면 Set의 특성상 중복된 데이터 전우치는 하나만 저장이 됩니다. 그리고 Tree 특성상 정렬이 이루어지게 됩니다.

❶을 주석 처리하고 ❷의 주석을 풀면 TreeSet을 만들 때 생성자로 우리가 만든 클래스를 넣어주

고 있습니다. 이 Set에 정렬 조건을 우리가 만든 클래스 안의 compare() 메서드로 하겠다는 의미입니다.

String 클래스 안에는 이미 compareTo() 메서드가 있지만, 이제 우리가 만든 클래스의 compare() 메서드로 크기 비교를 하게 됩니다. 우리가 만든 조건은 글자 길이로 비교하는 겁니다.

21.4.7 응용 : 중복된 객체 삭제

컬렉션 프레임워크의 List와 Set을 다음과 같이 이용하면 중복된 객체의 삭제 등을 편하게 할 수 있습니다.

Chapter21 / Ex11_ConvertExt.java

```
import java.util.ArrayList;
import java.util.Arrays;
import java.util.HashSet;
import java.util.List;

public class Ex11_ConvertExt
{
    public static void main(String[] args)
    {
        List<String> fixedSizeList = Arrays.asList("홍길동", "전우치", "전우치", "손오공");
                                                                                    // ❶
        ArrayList<String> list = new ArrayList<>(fixedSizeList); // ❷

        for(String s : list)
            System.out.print(s.toString() + '\t');
        System.out.println();

        // 중복 제거
        HashSet<String> set = new HashSet<>(list); // ❸
        // ❹ 다시 list로 변환
        list = new ArrayList<>(set);

        for(String s : list) // ❺
            System.out.print(s.toString() + '\t');
        System.out.println();
    }
```

```
}
```

▼ 실행 결과

```
Console
<terminated> Ex11_ConvertExt [Java Application] C:₩Dev₩jdk-11.0.8₩bin₩javaw.exe
홍길동  전우치  전우치  손오공
홍길동  전우치  손오공
```

❶ Arrays.asList( ) 메서드로 만들어진 List는 초깃값을 가질 수는 있지만 크기의 변경이 안 됩니다.

❷ 크기의 변경이 가능하게 다시 만들어줍니다.

❸ Set의 특성을 이용해서 중복을 제거합니다.

❹ 다시 Set을 List로 만들어줍니다.

❺ 리스트의 내용을 출력해보면 중복이 제거된 것을 확인할 수 있습니다.

21.5 Queue〈E〉 인터페이스를 구현하는 컬렉션 클래스들

이 장의 처음 자료구조에서 본 큐를 다시 한번 간단히 보면 다음과 같습니다.

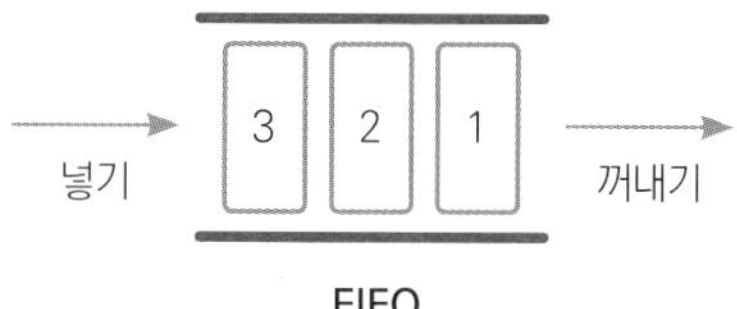

21.5.1 Queue의 구현

LinkedList〈E〉는 List〈E〉와 동시에 Queue〈E〉를 구현하는 컬렉션 클래스입니다. 따라서 어떠한 타입의 참조 변수로 참조하느냐에 따라 '리스트'로도 '큐'로도 동작할 수 있습니다.

코드로 확인해보겠습니다.

Chapter21 / Ex12_Queue.java

```
import java.util.LinkedList;
import java.util.Queue;

```

```
public class Ex12_Queue
{
    public static void main(String[] args)
    {
        Queue<String> que = new LinkedList<>(); // ❶

        // ❷ 데이터 저장
        que.offer("A");
        que.offer("B");
        que.offer("C");
        System.out.println(que.size());

        // ❸ 무엇이 다음에 나올지 확인
        System.out.println("next: " + que.peek());
        // 첫 번째 객체 꺼내기
        System.out.println(que.poll());
        System.out.println(que.size());

        // ❹ 무엇이 다음에 나올지 확인
        System.out.println("next: " + que.peek());
        // 두 번째 객체 꺼내기
        System.out.println(que.poll());
        System.out.println(que.size());

        // 무엇이 다음에 나올지 확인
        System.out.println("next: " + que.peek());
        // 마지막 객체 꺼내기
        System.out.println(que.poll());
        System.out.println(que.size());
    }
}
```

▼ 실행 결과

```
Console ☒
<terminated> Ex12_Queue [Java Application] C:₩Dev₩jdk-11.0.8₩bin₩javaw.exe
3
next: A
A
2
next: B
B
1
next: C
C
0
```

❶ LinkedList로 객체로 만들고 Queus로 만든 참조 변수에 대입해주고 있습니다.

❷ 큐에 객체를 저장합니다.

❸ 다음에 뭐가 나올지 확인할 수 있습니다.

❹ 큐에서 실제로 객체를 꺼내서 사용합니다.

21.5.2 Stack의 구현

자바에서는 Deque를 기준으로 스택을 구현합니다.

```
Deque<String> deq = new ArrayDeque<>();
Deque<String> deq = new LinkedList<>();
```
[2]

다만 Deque를 이용하면 메서드를 사용하는 방법에 따라 자료구조를 큐처럼 사용할 수도 있고, 스택처럼 사용할 수도 있습니다.

▼ 스택으로 사용하기

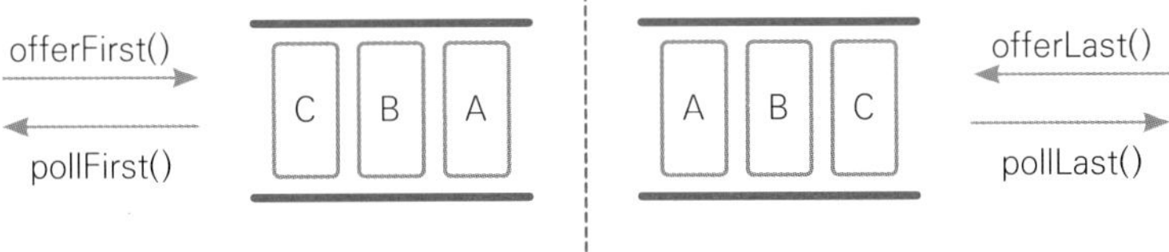

▼ 큐로 사용하기

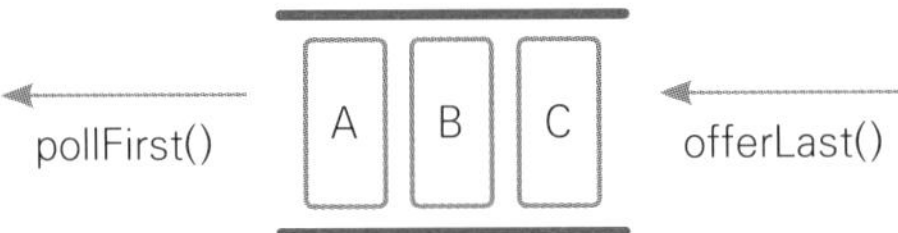

예제를 통해서 살펴보겠습니다.

Chapter21 / Ex13_Deque.java

```
import java.util.ArrayDeque;
import java.util.Deque;
```

2 LinkedList〈E〉가 구현하는 인터페이스들은 다음과 같습니다. List〈E〉, Queue〈E〉, Deque〈E〉

```

public class Ex13_Deque
{
    public static void main(String[] args)
    {
        // 둘 다 사용 가능
        Deque<String> deq = new ArrayDeque<>(); // ❶
//        Deque<String> deq = new LinkedList<>(); // ❷

        // ❸ 앞으로 넣고
        deq.offerFirst("A");
        deq.offerFirst("B");
        deq.offerFirst("C");

        // 앞에서 꺼내기
        System.out.println(deq.pollFirst());
        System.out.println(deq.pollFirst());
        System.out.println(deq.pollFirst());

        System.out.println("-------------------------------");

        // ❹ 뒤로 넣고
        deq.offerLast("A");
        deq.offerLast("B");
        deq.offerLast("C");

        // 뒤에서 꺼내기
        System.out.println(deq.pollLast());
        System.out.println(deq.pollLast());
        System.out.println(deq.pollLast());

        System.out.println("-------------------------------");

        // ❺ 뒤로 넣고
        deq.offerLast("A");
        deq.offerLast("B");
        deq.offerLast("C");

        // 앞에서 꺼내기
        System.out.println(deq.pollFirst());
```

```
        System.out.println(deq.pollFirst());
        System.out.println(deq.pollFirst());
    }
}
```

▼ 실행 결과

```
Console ⊠
<terminated> Ex13_Deque [Java Application] C:₩Dev₩jdk-11.0.8₩bin₩javaw.exe
C
B
A
-------------------------------
C
B
A
-------------------------------
A
B
C
```

❶ ArrayDeque로 객체를 만들고 Deque로 만든 참조 변수에 대입합니다.

❷ LinkedList로 객체를 만들고 Deque로 만든 참조 변수에 대입합니다.

❸ 처럼 사용하면 자료구조는 스택이 됩니다.

❹ 처럼 사용하면 자료구조는 역시 스택이 됩니다.

❺ 처럼 사용하면 자료구조는 큐가 됩니다.

21.6 Map<K, V> 인터페이스를 구현하는 컬렉션 클래스들

Map 인터페이스에는 Key-Value 방식의 데이터를 관리하는 데 필요한 메서드가 정의되어 있습니다. 객체의 key값은 유일하며 value값은 중복될 수 있습니다.

- HashMap 클래스 : 내부적으로 해시 알고리즘에 의해 구현되어 있습니다.
- TreeMap 클래스 : TreeSet과 마찬가지로 이진 탐색 트리로 구현되어 있습니다. key값으로 정렬하므로 key값에 해당하는 클래스에 Comparable이나 Comparator 인터페이스가 구현되어 있어야 합니다.

21.6.1 HashMap〈K, V〉 클래스

HashMap〈K, V〉 클래스를 사용하여 Key-Value 방식으로 데이터를 저장하는 간단한 예제를 만들어보겠습니다.

Chapter21 / Ex14_HashMap.java

```java
import java.util.HashMap;

public class Ex14_HashMap
{
    public static void main(String[] args)
    {
        HashMap<String, String> map = new HashMap<>(); // ❶

        // ❷ Key-Value 기반 데이터 저장
        map.put("홍길동", "010-1234-1443");
        map.put("전우치", "010-4321-1446");
        map.put("손오공", "010-9876-1443");

        // ❸ 데이터 탐색
        System.out.println("홍길동: " + map.get("홍길동"));
        System.out.println("전우치: " + map.get("전우치"));
        System.out.println("손오공: " + map.get("손오공"));
        System.out.println();

        // ❹ 데이터 삭제
        map.remove("손오공");

        // ❺ 데이터 삭제 확인
        System.out.println("손오공: " + map.get("손오공"));
    }
}
```

▼ 실행 결과

```
Console
<terminated> Ex14_HashMap [Java Application] C:₩Dev₩jdk-11.0.8₩bin₩javaw.exe
홍길동: 010-1234-1443
전우치: 010-4321-1446
손오공: 010-9876-1443

손오공: null
```

❶ HashMap 객체를 선언합니다.

❷ put() 메서드로 key, value값을 추가합니다.

❸ get() 메서드로 key값을 매개변수로 주어 value값을 찾아옵니다.

❹ remove() 메서드로 key값을 매개변수로 주어 데이터를 삭제합니다.

❺ Map에 없는 값을 키값으로 찾으면 null이 반환됩니다.

21.6.2 HashMap<K, V>의 순차적 접근 방법

HashMap〈K, V〉 클래스는 Iterable〈T〉 인터페이스를 구현하지 않았기에 향상된 기능의 for문을 통해서, 또는 '반복자'를 얻어서 순차적 접근을 할 수 없습니다.

대신 다음 keySet() 메서드 호출을 통해서 Key를 따로 모아놓은 컬렉션 객체를 얻을 수 있습니다. 그리고 이때 반환된 컬렉션 객체 대상으로 반복자를 얻을 수 있습니다.

실제로 적용한 예제를 살펴보겠습니다.

Chapter21 / Ex15_HashMapKeySet.java

```
import java.util.HashMap;
import java.util.Iterator;
import java.util.Set;

public class Ex15_HashMapKeySet
{
    public static void main(String[] args)
    {
        HashMap<String, Integer> map = new HashMap<>();

        // Key-Value 기반 데이터 저장
        map.put("홍길동", 20);
        map.put("전우치", 25);
        map.put("손오공", 27);

        // ❶ Key만 담고 있는 컬렉션 객체 생성
        Set<String> ks = map.keySet();

        // 전체 Key 출력(향상된 기능의 for문 기반)
        for(String s : ks) // ❷
            System.out.print(s + '\t');
```

```
        System.out.println();

        // 전체 Value 출력(향상된 기능의 for문 기반)
        for(String s : ks)
            System.out.print(map.get(s).toString() + '\t');
        System.out.println();

        // 전체 Value 출력(반복자 기반)
        for(Iterator<String> itr = ks.iterator(); itr.hasNext(); )
            System.out.print(map.get(itr.next()).toString() + '\t');
        System.out.println();
    }
}
```

▼ 실행 결과

```
Console ☒
<terminated> Ex15_HashMapKeySet [Java Application] C:₩Dev₩jdk-11.0.8₩bin₩javaw.
홍길동  전우치  손오공
20      25      27
20      25      27
```

❶ Map에서 Key만 꺼내와서 Set에 저장할 수 있습니다.

❷ key값들을 이용해서 반복문을 사용할 수 있습니다.

21.6.3 TreeMap<K, V>의 순차적 접근의 예

TreeMap〈K, V〉 클래스는 Iterable〈T〉 인터페이스를 구현하지 않았지만, keySet( ) 메서드 호출을 통해서 Key를 따로 모아놓은 컬렉션 객체를 얻어서 순차적 접근을 할 수 있습니다.

Chapter21 / Ex16_TreeMapKeySet.java

```
import java.util.Iterator;
import java.util.Set;
import java.util.TreeMap;

public class Ex16_TreeMapKeySet
{
    public static void main(String[] args)
    {
        TreeMap<String, Integer> map = new TreeMap<>(); // ❶

```

```
        // Key-Value 기반 데이터 저장
        map.put("홍길동", 20);
        map.put("전우치", 25);
        map.put("손오공", 27);

        // ❷ Key만 담고 있는 컬렉션 인스턴스 생성
        Set<String> ks = map.keySet();

        // 전체 Key 출력(향상된 기능의 for문 기반)
        for(String s : ks)
            System.out.print(s + '\t');
        System.out.println();

        // 전체 Value 출력(향상된 기능의 for문 기반)
        for(String s : ks)
            System.out.print(map.get(s).toString() + '\t');
        System.out.println();

        // 전체 Value 출력(반복자 기반)
        for(Iterator<String> itr = ks.iterator(); itr.hasNext(); )
            System.out.print(map.get(itr.next()).toString() + '\t');
        System.out.println();
    }
}
```

▼ 실행 결과

```
Console ☒
<terminated> Ex16_TreeMapKeySet [Java Application] C:₩Dev₩jdk-11.0.8₩bin₩javaw.ex
손오공  전우치  홍길동
27      25      20
27      25      20
```

앞의 예제와 다른 점은 ❶의 TreeMap 사용 부분입니다. 그리고 ❷의 keySet() 메서드로 키만 가져올 수 있습니다. 이때 key들이 TreeMap 성격상 정렬되어 있습니다. 앞의 실행 결과에서 확인할 수 있습니다.

21.7 컬렉션 기반 알고리즘

Collections 클래스에는 다양한 알고리즘을 구현한 메서드들이 존재합니다.

21.7.1 정렬

List⟨E⟩를 구현한 컬렉션 클래스들은 저장된 객체를 정렬된 상태로 유지하지 않고 입력된 순서대로 유지하고 있습니다. 그래서 정렬을 해야 한다면 Collections.sort( ) 메서드를 사용할 수 있습니다. 이때 객체 크기를 비교해야 정렬할 수 있으므로 객체의 클래스는 Comparable⟨T⟩ 인터페이스를 구현한 상태이어야 합니다.

String 클래스는 Comparable 인터페이스를 구현한 상태이므로 바로 테스트해볼 수 있습니다.

Chapter21 / Ex17_CollectionsSort.java

```java
import java.util.ArrayList;
import java.util.Arrays;
import java.util.Collections;
import java.util.List;

public class Ex17_CollectionsSort
{
    public static void main(String[] args)
    {
        List<String> list = Arrays.asList("홍길동", "전우치", "손오공", "멀린");  // ❶
        list = new ArrayList<>(list); // ❷

        // 정렬 이전 출력
        System.out.println(list);

        // ❸ 정렬
        Collections.sort(list);

        // 정렬 이후 출력
        System.out.println(list);
    }
}
```

▼ 실행 결과

```
Console ☒
<terminated> Ex17_CollectionsSort [Java Application] C:₩Dev₩jdk-11.0.8₩bin₩javaw.exe
[홍길동, 전우치, 손오공, 멀린]
[멀린, 손오공, 전우치, 홍길동]
```

❶ 초기화값을 가지고 있지만 크기의 변경이 불가능한 리스트가 만들어집니다.

❷ 크기의 변경이 가능하게 리스트를 새로 만듭니다.

❸ Collections.sort( ) 메서드를 이용하여 리스트를 정렬합니다. 원본 데이터가 변경됩니다.

해당 객체의 Comparable 인터페이스 구현에 의한 정렬뿐 아니라 다른 정렬 방법을 제공할 수도 있습니다. 이때도 Comparator 인터페이스를 구현한 객체를 사용할 수 있습니다. 기본적으로 String 클래스는 사전순으로 정렬이 됩니다. 다른 정렬 방식을 만들어 정렬을 해보겠습니다.

Chapter21 / Ex18_CollectionsSort2.java

```
import java.util.ArrayList;
import java.util.Collections;
import java.util.Comparator;
import java.util.List;

class StringDesc implements Comparator<String> // ❶
{
    public int compare(String s1, String s2)
    {
        return s2.compareTo(s1); // ❷
    }
}

public class Ex18_CollectionsSort2
{
    public static void main(String[] args)
    {
        List<String> list = new ArrayList<>();
        list.add("홍길동");
        list.add("전우치");
        list.add("손오공");

        // 정렬 : 오름차순
        Collections.sort(list);           // ❸
        System.out.println(list);

        StringDesc cmp = new StringDesc(); // ❹

        // 정렬 : 내림차순
        Collections.sort(list, cmp);      // ❺
        System.out.println(list);
```

```
    }
}
```

▼ 실행 결과

```
Console ⊠
<terminated> Ex18_CollectionsSort2 [Java Application] C:₩Dev₩jdk-11.0.8₩bin₩javaw.
[손오공, 전우치, 홍길동]
[홍길동, 전우치, 손오공]
```

❶ Comparator〈T〉 인터페이스를 구현한 클래스를 만듭니다. ❷ 이렇게 비교하면 내림차순 비교가 됩니다. 매개변수의 순서를 바꾸면 오름차순이 됩니다.

❸ Collections.sort( ) 메서드를 이용해 리스트를 정렬합니다. String은 기본적으로 오름차순 정렬이 됩니다. ❹ 우리가 만든 비교 조건이 있는 클래스를 만듭니다. ❺ Collections.sort( ) 메서드에 우리가 만든 클래스를 매개변수로 넘겨 정렬의 비교 조건을 바꾸어줍니다. 결과로 내림차순으로 정렬됩니다.

21.7.2 검색

이진 탐색 기능을 이용하여 리스트 안에 데이터가 있는지 확인할 수 있습니다. 다만 이진 탐색을 이용하려면 데이터가 먼저 정렬되어 있어야 합니다.

Chapter21 / Ex19_CollectionsSearch.java

```
import java.util.ArrayList;
import java.util.Collections;
import java.util.List;

public class Ex19_CollectionsSearch
{
    public static void main(String[] args)
    {
        List<String> list = new ArrayList<>();
        list.add("홍길동");
        list.add("전우치");
        list.add("손오공");

        // ❶ 정렬
        Collections.sort(list);

```

```
        // ❷ 탐색
        int idx1 = Collections.binarySearch(list, "홍길동");
        System.out.println(idx1);

        int idx2 = Collections.binarySearch(list, "멀린"); // ❸
        System.out.println(idx2);
    }
}
```

▼ 실행 결과

```
Console ☒
<terminated> Ex19_CollectionsSearch [Java Application] C:₩Dev₩jdk-11.0.8₩bin₩javaw.
2
-1
```

❶ 검색을 진행하기 전에 먼저 데이터의 정렬을 해야 합니다. ❷ Collections.binarySearch() 메서드에 의해 데이터가 검색되면 해당 인덱스가 반환됩니다. ❸ Collections.binarySearch() 메서드에 의해 데이터가 검색되지 않으면 음수가 반환됩니다.

21.7.3 복사

Chapter21 / Ex20_CollectionsCopy.java

```
import java.util.ArrayList;
import java.util.Arrays;
import java.util.Collections;
import java.util.List;

public class Ex20_CollectionsCopy
{
    public static void main(String[] args)
    {
        List<String> src = Arrays.asList("홍길동", "전우치", "손오공", "멀린"); // ❶

        // 수정 가능한 리스트 생성
        List<String> dst = new ArrayList<>(src); // ❷
        System.out.println(dst);

        // 정렬하여 그 결과를 출력
        Collections.sort(dst); // ❸
        System.out.println(dst);
```

```
        // 사정상 정렬 이전의 상태로 되돌려야 함
        Collections.copy(dst, src); // ❹
        System.out.println(dst);

        // ❺ 수정 가능한지 확인
        dst.remove(0);
        System.out.println(dst);
    }
}
```

▼ 실행 결과

```
Console ⊠
<terminated> Ex20_CollectionsCopy [Java Application] C:₩Dev₩jdk-11.0.8₩bin₩javaw.ex
[홍길동, 전우치, 손오공, 멀린]
[멀린, 손오공, 전우치, 홍길동]
[홍길동, 전우치, 손오공, 멀린]
[전우치, 손오공, 멀린]
```

❶ 크기의 변경이 불가능하지만 초기화된 데이터가 있는 리스트를 만듭니다. ❷ 크기의 변경이 가능한 리스트로 다시 만듭니다. ❸ 정렬을 합니다. 원본 데이터가 변경됩니다. ❹ src의 데이터를 dst로 다시 복사합니다. ❺ 데이터를 지워서 수정 가능한 리스트인지 확인해봅니다.

학습 마무리

여기까지 자바 프로그래밍에서 사용하는 컬렉션 프레임워크에 대해서 알아보았습니다.

핵심 요약

1 자료구조는 대량의 데이터를 효율적으로 관리하는 메커니즘입니다. 자료구조로는 배열, 리스트, 스택, 큐, 트리 등이 있습니다.

2 배열은 크기가 고정되어 있어 데이터를 추가하거나 삭제할 수 없습니다.

3 리스트는 원소가 원소를 가리켜서 관리하는 자료구조입니다.

4 스택은 한 쪽 끝에서만 자료를 넣거나 뺄 수 있는 선형 구조로 되어 있습니다.

5 큐는 먼저 집어넣은 데이터가 먼저 나오는 FIFO 구조로 저장하는 자료구조를 말합니다.

6 컬렉션 프레임워크에 속하는 인터페이스를 구현한 클래스를 컬렉션 클래스라고 합니다. List, Set, Queue, Map 중에 하나를 구현하고 있습니다.

Chapter

22

내부 클래스, 람다식

#MUSTHAVE

학습 목표	자바에서 사용하는 내부 클래스와 람다식을 알아봅니다.
학습 순서	**1** 내부 클래스 **2** 멤버 내부 클래스 **3** 지역 내부 클래스 **4** 익명 내부 클래스 **5** 람다식 **6** 함수형 인터페이스
내부 클래스 소개	자바에서는 클래스 안에 클래스를 선언할 수가 있는데, 안쪽의 클래스를 내부 클래스라고 부릅니다.
람다식 소개	람다식은 클래스 없이 메서드를 사용할 수 있는 일종의 익명 함수 기법입니다.

22.1 내부 클래스

자바에서는 클래스 안에 클래스를 선언할 수가 있는데, 안쪽에 있는 클래스를 중첩 클래스nested class라고 하고 중첩 클래스를 가지고 있는 클래스를 외부 클래스outer class라고 합니다.

중첩 클래스는 다음과 같이 구분할 수 있습니다.

- 스태틱 중첩 클래스 : 중첩이지만 내부 클래스는 아닙니다.
- 논스태틱 중첩 클래스 : 내부 클래스inner class라고 부릅니다.
  - 멤버 내부 클래스member inner class
  - 지역 내부 클래스local inner class
  - 익명 내부 클래스anonymous inner class

변수와 비교하면 구분이 이해하기가 쉽습니다.

▼ 변수

```
class MyClass
{
    static int n1;  ←— // 스태틱 변수
    int n2;  ←— // 멤버 변수 (인스턴스 변수)

    public void myFunc()
    {
        int n3;  ←— // 지역 변수
        …
    }
}
```

▼ 내부 클래스

```
class MyClass  ←— // 외부 클래스
{                                      // 스태틱 중첩 클래스
    static class NestedButNotInner { }
    class c1 { }  ←— // 멤버 내부 클래스

    public void myFunc()
    {
        class c2 { }  ←— // 지역 내부 클래스
        …
    }
}
```

22.2 멤버 내부 클래스

다른 클래스와는 연관되어 사용되지 않고 해당 클래스에서만 특정 클래스를 사용할 때 하나의 소스 파일로 묶어 관리를 편하게 할 수 있습니다. 외부 클래스는 내부 클래스를 멤버 변수처럼 사용할 수 있고, 내부 클래스는 외부 클래스의 자원을 직접 사용할 수 있는 장점이 있습니다. 멤버 내부 클래스는 외부 클래스 뒤에 .new를 붙이면 됩니다.

```
외부클래스.new 내부클래스생성자();
```

내부 클래스를 멤버로 갖는 예제를 살펴봅시다.

Chapter22 / Ex01_MemberInner.java

```
class Outer1
{
    private int speed = 10;

    class MemberInner1 // ❶
    {
        // 외부 클래스의 자원(speed) 사용 가능
        public void move()
        {
            System.out.printf("인간형 유닛이 %d 속도로 이동합니다.\n", speed); // ❷
        }
    }
```

```java

    public void getMarine()
    {
        MemberInner1 inner = new MemberInner1(); // ❸
        inner.move();
    }
}

public class Ex01_MemberInner
{
    public static void main(String[] args)
    {
        Outer1 out = new Outer1(); // ❹

        // out 기반으로 생성된 객체의 메서드 호출
        out.getMarine();

        // out 기반으로 내부 클래스 객체 생성
        Outer1.MemberInner1 inner = out.new MemberInner1(); // ❺

        // inner 기반으로 생성된 객체의 메서드 호출
        inner.move();
    }
}
```

▼ 실행 결과

```
Console ⊠
<terminated> Ex01_MemberInner [Java Application] C:₩Dev₩jdk-11.0.8₩bin₩javaw.exe
인간형 유닛이 10 속도로 이동합니다.
인간형 유닛이 10 속도로 이동합니다.
```

❶ 외부 클래스 내부에 클래스를 선언하고 있습니다. 멤버 메서드처럼 외부 클래스의 자원을 그대로 사용할 수 있다는 장점이 있습니다. ❷ 내부 클래스에서 외부 클래스의 멤버 변수를 사용하고 있습니다. ❸ 외부 클래스의 메서드에서 내부 클래스의 객체를 만들고 참조하여 사용합니다.

❹ Outer1 클래스의 객체를 만듭니다. ❺ 내부 클래스는 외부 클래스를 이용해 객체를 먼저 만들고 그 객체를 참조하여야만 만들 수 있습니다.

22.3 지역 내부 클래스

지역 내부 클래스는 클래스의 정의 위치가 메서드, if문, while문 같은 중괄호 블록 안에 정의된다는 점에서 멤버 내부 클래스와 구분됩니다. 이러면 해당 메서드 안에서만 객체 생성이 가능해지므로 클래스의 정의를 깊이 숨기는 효과가 있습니다.

Chapter22 / Ex02_LocalInner.java

```
class HumanCamp2
{
    private int speed = 10;

    public void getMarine()
    {
        class Marine2 // ❶
        {
            // 외부 클래스의 자원(speed) 사용 가능
            public void move()
            {
                System.out.printf("인간형 유닛이 %d 속도로 이동합니다.\n", speed); // ❷
            }
        }

        Marine2 inner = new Marine2(); // ❸
        inner.move();
    }
}

public class Ex02_LocalInner
{
    public static void main(String[] args)
    {
        HumanCamp2 hc = new HumanCamp2();
        hc.getMarine();
    }
}
```

▼ 실행 결과

Console ☒
<terminated> Ex02_LocalInner [Java Application] C:₩Dev₩jdk-11.0.8₩bin₩javaw.exe
인간형 유닛이 10 속도로 이동합니다.

❶ 외부 클래스의 메서드 안에 정의된 내부 클래스는 지역 변수와 유사한 특성을 가지므로 ❸ 해당 메서드 안에서만 생성할 수 있습니다. 다른 곳에서는 생성할 수 없습니다. 즉, 객체의 생성을 제한할 수 있습니다. ❷ 내부 클래스이므로 역시 외부 클래스의 자원을 사용할 수 있습니다.

22.4 익명 내부 클래스

지역 내부 클래스는 해당 메서드에서만 클래스 생성이 가능하므로 클래스명이 상당히 제한적으로 사용됩니다. 그래서 클래스명을 생략해버리기도 합니다. 이렇게 클래스명을 생략한 것이 익명 내부 클래스inner anonymous class입니다. 익명 내부 클래스는 이후의 람다식과도 관련이 있습니다.

Chapter22 / Ex03_AnonymousInner1.java

```
interface Unit3
{
    void move();
}

class HumanCamp3
{
    private int speed = 10;

    public Unit3 getMarine()
    {
        class Marine3 implements Unit3
        {
            public void move()
            {
                System.out.printf("인간형 유닛이 %d 속도로 이동합니다.\n", speed);
            }
        }

        return new Marine3(); // ❶ 내부 클래스 사용
    }
```

```
}

public class Ex03_AnonymousInner1
{
    public static void main(String[] args)
    {
        HumanCamp3 hc = new HumanCamp3();
        Unit3 unit = hc.getMarine();
        unit.move();
    }
}
```

▼ 실행 결과

```
Console ☒
<terminated> Ex02_LocalInner [Java Application] C:₩Dev₩jdk-11.0.8₩bin₩javaw.exe
인간형 유닛이 10 속도로 이동합니다.
```

내부 클래스명이 ❶에서 딱 한 번 사용됩니다. 이럴 때 클래스명을 생략하고 다음과 같이 만들 수 있습니다. 그리고 일단 이름이 없으므로 부모 클래스나 인터페이스의 이름을 임시로 사용합니다. 이렇게 사용되는 것이 익명 클래스입니다.

❶ 삭제

```
~~class Marine4 implements~~ Unit4
{
    public void move()
    {
        System.out.printf("인간형 유닛이 %d 속도로 이동합니다.\n", speed);
    }
}
```

❷ 교체

❸ 이동

```
return new Unit4()
{
    public void move()
    {
        System.out.printf("인간형 유닛이 %d 속도로 이동합니다.\n", speed);
    }
};
```

❹ 추가

Chapter22 / Ex04_AnonymousInner2.java

```
interface Unit4
{
    void move();
}

class HumanCamp4
{
    private int speed = 10;

    public Unit4 getMarine()
    {
//          class Marine4 implements Unit4
//          {
//              public void move()
//              {                                                          // ❶
//                  System.out.printf("인간형 유닛이 %d 속도로 이동합니다.\n", speed);
//              }
//          }
//          return new Marine4(); // ❷

        // 이름이 없으므로 부모 클래스나 인터페이스 이름을 사용
        return new Unit4()      // ❸
        {
            public void move()
            {                                                              // ❹
                System.out.printf("인간형 유닛이 %d 속도로 이동합니다.\n", speed);
            }
        };    // 하나의 실행문이므로 세미콜론으로 끝납니다.
    }
}

public class Ex04_AnonymousInner2
{
    public static void main(String[] args)
    {
        HumanCamp4 hc = new HumanCamp4();
        Unit4 unit = hc.getMarine();
        unit.move();
    }
}
```

❶까지의 내부 클래스명은 ❷에서 딱 한 번 사용됩니다. 그래서 ❹ 블록을 ❸처럼 유지하고 이름을 생략해버립니다. 그리고 부모 클래스나 인터페이스 이름을 ❸에서처럼 블록을 대표하는 이름으로 이용합니다. 매번 클래스에 대한 이름을 새로 짓는 것이 아니고 이미 있던 이름으로 임시로 사용한다고 생각하면 됩니다.

Tip 안드로이드 프로그래밍에서 위젯의 이벤트를 처리하는 핸들러를 구현할 때 이런 익명 내부 클래스를 사용하고 있습니다. 안드로이드 프로그래밍에서는 아주 기본이 되는 사항이므로 반드시 숙지가 필요한 내용입니다.

22.5 람다식

자바는 객체를 기반으로 프로그램을 구현합니다. 만약 어떤 기능이 필요한데 간단한 기능이기 때문에 함수만 하나 만들어서 사용하고 싶어도, 자바는 클래스 기반의 객체지향 언어이기 때문에 간단한 클래스를 만들어줘야 합니다. 클래스를 먼저 만들고, 클래스 안에 기능을 구현한 메서드를 만든 후 객체를 통해 그 메서드를 호출해야 합니다. 자바는 클래스가 없으면 메서드를 사용할 수 없습니다.

이런 불편함을 덜기 위해서 자바 8부터는 함수형 프로그래밍 기법인 람다식lambda expression을 지원합니다. 자바는 익명 내부 클래스를 람다식으로 표현해 함수형 프로그래밍을 지원합니다.

22.5.1 익명 내부 클래스 → 람다식

다음은 일반적으로 클래스를 사용하기 위해 만든 코드 형태입니다.

Chapter22 / Ex05_Lambda1.java

```
interface Unit5
{
    void move(String s);
}

class Human5 implements Unit5
{
    public void move(String s)      // ❶
    {
        System.out.println(s);
    }
```

```java
}

public class Ex05_Lambda1
{
    public static void main(String[] args)
    {
        Unit5 unit = new Human5();    // ❷
        unit.move("named : Unit 5"); // ❸
    }
}
```

❷ 자식 객체를 만들고 부모 클래스형 변수에 대입해줄 수 있습니다. 우리는 인터페이스 형태의 변수에 대입을 받고 있습니다. ❸ 참조 변수를 통해서 메서드를 호출하고 있습니다.

여기서 우리가 원한 건 사실 ❶ 기능 하나뿐입니다. 이 기능만을 원한 것인데 객체까지 만들어야 해서 조금 불편합니다. 다른 곳에서는 사용하지 않을 것이기에 내부 클래스로 만들겠습니다. 그리고 간단한 기능만 있으므로 간단하게 만들 것이므로 이름을 짓는 고민도 필요 없을 것 같습니다. 익명 내부 클래스로 변환시켜보겠습니다.

Chapter22 / Ex06_Lambda2.java

```java
interface Unit6
{
    void move(String s);
}

public class Ex06_Lambda2
{
    public static void main(String[] args)
    {
        Unit6 unit = new Unit6() {  // 익명 클래스 ─┐
            public void move(String s)             │
            {                                      │
                System.out.println(s);             ├─// ❶
            }                                      │
        }; ────────────────────────────────────────┘
        unit.move("anonymous : Unit 6");
    }
}
```

❶ 중괄호 블록의 코드로 익명 내부 클래스를 구현해줍니다. 이 클래스는 다른 곳에서는 사용하지 않으므로 굳이 이름을 지어줄 필요는 없습니다. 인터페이스 이름으로 대충 블록에 이름을 붙여줍니다. 사실 필요한 건 move() 메서드 하나뿐이라 지금도 좀 과한 것 같습니다.

이제 이 코드를 람다식으로 변환시켜보겠습니다.

❶ 익명 클래스를 나타내는 의미 없이 붙인 이름과 외부의 중괄호를 제거합니다.
❷ 함수 이름, 반환형을 없애고 화살표(->)를 추가합니다.
❸ 함수의 실행문 {} 블록을 남기고 문장의 끝을 알려주기 위해 세미콜론으로 마지막을 표시합니다.

```
Unit6 unit = new Unit6() {  // 익명 클래스
    public void move(String s)
    {                                  ❶ 삭제
        System.out.println(s);
    }
};

Unit7 unit = (String s) ->  ❷ 추가
{
    System.out.println(s);
};  ❸ 추가
```

완성된 람다식 예제를 살펴봅시다.

Chapter22 / Ex07_Lambda3.java

```
interface Unit7
{
    void move(String s);
}

public class Ex07_Lambda3
{
    public static void main(String[] args)
    {
        Unit7 unit = (String s) ->
            {
                System.out.println(s);      // ❶
            };
```

```
        unit.move("Lambda : Unit 7"); // ❷
    }
}
```

▼ 실행 결과

Console ☒
<terminated> Ex07_Lambda3 [J
Lambda : Unit 7

❶ 람다식을 구현했습니다. 람다식을 인터페이스형의 변수에 대입했습니다. 인터페이스의 메서드는 무조건 구현을 해줘야 하는 것이기에 람다식이 인터페이스의 메서드에 할당이 됩니다. ❷ 인터페이스 안의 기능을 수행하면 당연히 대입받은 메서드가 실행이 됩니다.

22.5.2 람다식 문법

매개변수가 하나이면 자료형과 소괄호를 생략할 수 있습니다.

```
str -> { System.out.println(str); }
```

중괄호 안의 구현부가 한 문장이면 중괄호를 생략할 수 있습니다.

```
str -> System.out.println(str);
```

Chapter22 / Ex08_LambdaRule1.java

```
interface Unit8
{
    void move(String s);  // 매개변수 하나, 반환형 void
}

public class Ex08_LambdaRule1
{
    public static void main(String[] args)
    {
        Unit8 unit;

        unit = (String s) -> { System.out.println(s); }; // ❶
        unit.move("Lambda : 줄임 없는 표현 : 앞 예제 동일");

        unit = (String s) -> System.out.println(s); // ❷
        unit.move("Lambda : 중괄호 생략");

```

```
        unit = (s) -> System.out.println(s);
        unit.move("Lambda : 매개변수 형 생략");      // ❸

        unit = s -> System.out.println(s);
        unit.move("Lambda : 매개변수 소괄호 생략"); // ❹
    }
}
```

▼ 실행 결과

```
Console ☒
<terminated> Ex08_LambdaRule1 [Java Application] C:₩De
Lambda : 줄임 없는 표현 : 앞 예제 동일
Lambda : 중괄호 생략
Lambda : 매개변수 형 생략
Lambda : 매개변수 소괄호 생략
```

❶ 줄임 없는 표현으로, 앞 예제와 동일합니다. ❷ 중괄호 안의 구현부가 한 문장이면 중괄호를 생략할 수 있습니다. ❸ 매개변수 형을 생략할 수 있습니다. ❹ 매개변수가 한 개라면 소괄호도 생략할 수 있습니다.

중괄호 안의 구현부가 한 문장이라도 return문이 있다면 중괄호를 생략할 수 없습니다.

```
str -> return str.length();      // 잘못된 형식
```

매개변수가 두 개 이상이면 소괄호를 생략할 수 없습니다.

```
x, y -> { System.out.println(x + y); }      // 잘못된 형식
```

중괄호 안의 구현부가 반환문 하나라면 return과 중괄호 모두 생략할 수 있습니다.

```
str -> str.length();    // 문자열의 길이를 반환함
(x, y) -> x + y;         // 두 값을 더하여 반환함
```

지금까지 배운 내용을 적용한 람다 예제를 살펴보겠습니다.

Chapter22 / Ex09_LambdaRule2.java

```
interface Unit9
{
    int calc(int a, int b);  // 매개변수 둘, 반환형 int
}

public class Ex09_LambdaRule2
{
    public static void main(String[] args)
    {
```

```
        Unit9 unit;
        unit = (a, b) -> { return a + b; };
        //unit = a, b -> { return a + b; };         // ❶ 앞쪽 소괄호 생략 안 됨
        //unit = (a, b) -> return a + b;            // ❷ 뒤쪽 중괄호 생략 안 됨
        int num = unit.calc(10, 20);        // ❸
        System.out.println(num);

        unit = (a, b) -> a * b;             // ❹ 뒤쪽 중괄호와 return 생략 가능
        System.out.println(unit.calc(10, 20));      // ❺
    }
}
```

▼ 실행 결과

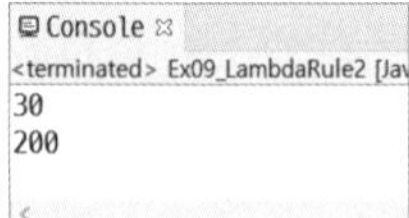

❶ 매개변수가 두 개이면 앞쪽 소괄호를 생략할 수 없습니다. ❷ 중괄호 안의 구현부가 한 문장이라도 return문이 있다면 중괄호를 생략할 수 없습니다.

❸ 반환형에 맞는 변수로 값을 반환받을 수 있습니다.

❹ 중괄호 안의 구현부가 반환문 하나라면 return과 중괄호 모두 생략할 수 있습니다.

❺ 반환형을 변수로 받지 않고 바로 사용할 수 있습니다.

매개변수가 없을 경우에는 소괄호를 생략할 수 없습니다.

```
( ) -> System.out.println("Hello~");
```

매개변수가 없는 람다식 예제를 살펴봅시다.

Chapter22 / Ex10_LambdaRule3.java

```
interface Unit10
{
    String move();  // 매개변수 없음, 반환형 String
}

public class Ex10_LambdaRule3
{
    public static void main(String[] args)
    {
        Unit10 unit = () -> {  // ❶
            return "인간형 유닛 이동";
```

```
        };

        System.out.println(unit.move());
    }
}
```

▼ 실행 결과

```
Console
<terminated> Ex10_LambdaRul
인간형 유닛 이동
```

❶ 매개변수가 없을 때는 형식을 유지하기 위해 빈 소괄호를 사용합니다. 생략할 수 없습니다.

22.6 함수형 인터페이스

함수형 인터페이스는 람다식을 선언하는 전용 인터페이스입니다. 함수형 인터페이스는 익명 함수와 매개변수만으로 구현되므로 단 하나의 메서드만을 가져야 합니다. 인터페이스에 @FunctionalInterface 어노테이션을 붙여서 함수형 인터페이스임을 표시해놓습니다. 이후에 혹시라도 실수로 메서드 등을 추가하면 에러가 발생하게 됩니다.

@FunctionalInterface가 붙어 있는 인터페이스에 만약 두 개 이상의 메서드가 있게 된다면 어떤 메서드에 익명 함수를 대입할지 모호해지기 때문에 다음처럼 에러가 발생하게 됩니다.

```
Ex11_Functional.java
1 @FunctionalInterface
2 interface Unit11    Invalid '@FunctionalInterface' annotation; Unit11 is not a functional interface
3 {
4     String move();
5     void attack();
6 }
```

다음 코드에서 주석을 해제하면 왼쪽과 같은 에러가 발생합니다. 5라인을 주석 처리하면 이 코드는 앞의 예제와 동일합니다.

Chapter22 / Ex11_Functional.java

```
01 @FunctionalInterface
02 interface Unit11
03 {
04     String move();
05 //     void attack();
06 }
07
08 public class Ex11_Functional
09 {
10     public static void main(String[] args)
```

```
    {
        Unit11 unit = () -> {
            return "인간형 유닛 이동";
        };

        System.out.println(unit.move());
    }
}
```

▼ 실행 결과

```
Console ✕  Terminal  Coverage
<terminated> Apple [Java Application] C:\Dev\jdk-
인간형 유닛 이동
```

학습 마무리

여기까지 자바 프로그래밍에서 사용하는 내부 클래스와 람다식을 알아보았습니다.

핵심 요약

1 자바에서는 클래스 안에 클래스를 선언할 수가 있는데, 안쪽에 있는 클래스를 중첩 클래스라고 하고 중첩 클래스를 가지고 있는 클래스를 외부 클래스라고 합니다.

2 중첩 클래스는 스태틱 중첩 클래스, 논스태틱 중첩 클래스로 구분할 수 있습니다.

3 내부 클래스로는 멤버 내부 클래스, 지역 내부 클래스, 익명 내부 클래스가 있습니다.

4 지역 내부 클래스는 해당 메서드에서만 클래스 생성이 가능하므로 클래스명이 상당히 제한적으로 사용됩니다. 그래서 클래스명을 생략해버리기도 합니다. 이렇게 클래스명을 생략한 것이 익명 내부 클래스입니다.

5 자바는 클래스가 없으면 메서드를 사용할 수 없습니다. 이런 불편함을 덜기 위해서 자바 8부터는 함수형 프로그래밍 기법인 람다식을 지원합니다. 자바는 익명 내부 객체를 람다식으로 표현해 함수형 프로그래밍을 지원합니다.

6 함수형 인터페이스는 람다식을 선언하는 전용 인터페이스입니다.

Chapter

23

스트림

#MUSTHAVE

□ **학습 목표**	자바에서 다루는 스트림을 알아봅니다.
□ **학습 순서**	**1** 스트림 **2** 중간 연산, 최종 연산 **3** 파이프라인 구성 **4** 컬렉션 객체 vs. 스트림 **5** 여러 가지 연산들

23.1 스트림

데이터의 흐름을 가리켜 스트림stream이라 합니다. 데이터가 여러 개가 있어야 흐름을 만들 수 있기 때문에 스트림 데이터 소스로는 컬렉션, 배열 등이 주로 사용됩니다. 스트림 데이터는 이렇게 데이터 소스에서 추출한 연속적인 데이터입니다. 그리고 스트림은 이런 연속적인 데이터의 흐름을 반복적으로 처리하는 기능입니다.

스트림의 특징은 다음과 같습니다.

- 스트림 연산은 기존 자료를 변경하지 않습니다.
- 스트림 연산은 중간 연산과 최종 연산으로 구분됩니다.
- 한 번 생성하고 사용한 스트림은 재사용할 수 없습니다.

스트림은 java.util.stream 패키지의 멤버이며, BaseStream 인터페이스를 부모로 하여 다음과 같이 네 종류의 스트림을 제공합니다.

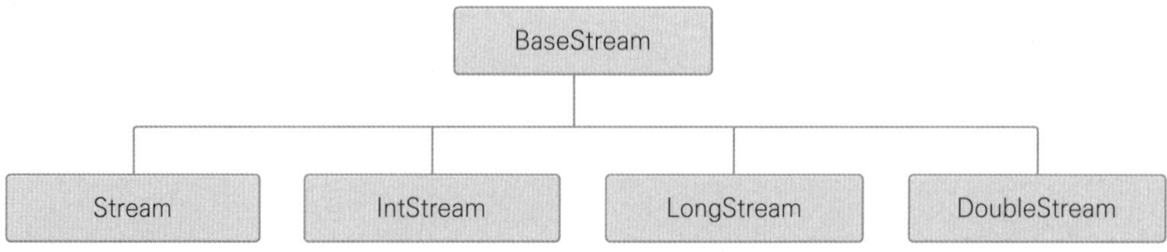

23.2 중간 연산, 최종 연산

스트림 연산은 중간 연산과 최종 연산으로 구분됩니다.

중간 연산

- filter() : 조건에 맞는 요소 추출
- map() : 조건에 맞는 요소 변환
- sorted() : 정렬

최종 연산

- 스트림의 자료를 소모하면서 연산을 수행
- 최종 연산 후에 스트림은 더 이상 다른 연산을 적용할 수 없음
- forEach() : 요소를 하나씩 꺼내옴
- count() : 요소 개수
- sum() : 요소의 합

이 외에도 많은 중간 연산과 최종 연산이 있습니다.

다음 예제를 통해 간단하게 중간 연산과 최종 연산을 살펴볼 수 있습니다.

Chapter23 / Ex01_Stream1.java

```
import java.util.Arrays;
import java.util.stream.IntStream;

public class Ex01_Stream1
{
    public static void main(String[] args)
    {
        int[] arr = {1, 2, 3, 4, 5};

        // ❶ 스트림 생성
        IntStream stm1 = Arrays.stream(arr);

        // ❷ 중간 연산
        IntStream stm2 = stm1.filter(n -> n%2 == 1);

        // ❸ 최종 연산
        int sum = stm2.sum();
```

```
        System.out.println(sum);
    }
}
```

▼ 실행 결과

```
Console ☒
<terminated> Ex01_Stream1 [Java Application] C:₩Dev₩jdk-11.0.8₩bin₩javaw.exe
9
```

❶ 배열을 데이터 소스로 스트림을 만듭니다.

❷ 매개변수를 하나씩 받아 나머지가 1인지 검사하여 참인 값만 반환합니다.

❸ 최종 연산으로 모든 데이터의 값을 더합니다.

즉 이 예제는 배열의 값 중 홀수만 골라 합을 구하는 예제입니다.

23.3 파이프라인 구성

Stream 인터페이스가 제공하는 메서드는 대부분 반환 타입이 Stream이므로 메서드를 연속해 호출할 수 있습니다. 따라서 스트림 연산을 연결해 파이프라인으로 구성할 수 있습니다.

Chapter23 / Ex02_Pipeline.java

```
import java.util.Arrays;

public class Ex02_Pipeline
{
    public static void main(String[] args)
    {
        int[] arr = {1, 2, 3, 4, 5};

        // Pipeline 구성
        int sum = Arrays.stream(arr)    // ❶
                .filter(n -> n%2 == 1)  // ❷
                .sum();                 // ❸

        System.out.println(sum);
    }
}
```

▼ 실행 결과

```
Console
<terminated> Ex02_Pipeline [Java Application] C:₩Dev₩jdk-11.0.8₩bin₩javaw.exe
9
```

❶ 스트림을 생성합니다. ❷ 중간 연산을 합니다. ❸ 최종 연산을 합니다.

23.4 컬렉션 객체 vs 스트림

스트림을 사용하면 컬렉션만 사용한 것보다 코드가 간결하고, 쉽게 의미를 알 수 있습니다.

배열에서 홀수만 골라내서 정렬하여 출력하는 코드를 작성해보겠습니다.

Chapter23 / Ex03_CollectionVsStream.java

```
import java.util.ArrayList;
import java.util.Arrays;
import java.util.Collections;
import java.util.List;

public class Ex03_CollectionVsStream
{
    public static void main(String[] args)
    {
        int[] arr = {1, 5, 3, 2, 4};
        List<Integer> list = new ArrayList<>();

        // 컬렉션 프레임워크를 이용한 방식
        for (int i : arr) // 필터링
        {
            if (i%2 == 1)
            {
                list.add(i);
            }
        }                                              // ❶

        Collections.sort(list);  // 정렬

        for (int i : list)   // 요소 추출
        {
```

```
            System.out.print(i + "\t");
        }

        System.out.println();

        // Stream을 이용한 방식
        Arrays.stream(arr)
            .filter(n -> n%2 == 1) // 필터링
            .sorted()              // 정렬                               // ❷
            .forEach(n -> System.out.print(n + "\t")); // 요소 추출

        System.out.println();
    }
}
```

▼ 실행 결과

```
Console ☒
<terminated> Ex03_CollectionVsStream [Java Application] C:₩Dev₩jdk-11.0.8₩bin₩javaw
1	3	5
1	3	5
```

컬렉션 프레임워크를 사용하면 ❶ 코드처럼 작성할 수 있습니다. 반면에 스트림을 이용하면 ❷처럼 간결한 코드로 작성할 수 있습니다.

23.5 여러 가지 연산들

중간 연산으로 내용을 정렬하는 메서드와 내용을 변환하는 메서드를 살펴봅니다.

23.5.1 sorted()

sorted() 중간 연산은 스트림을 구성하는 데이터를 조건에 따라 정렬하는 연산을 합니다.

Chapter23 / Ex04_Sorted.java

```
import java.util.Arrays;
import java.util.List;

public class Ex04_Sorted
{
    public static void main(String[] args)
```

```
    {
        List<String> list = Arrays.asList("홍길동", "멀린", "해리포터");

        // 사전순 정렬
        list.stream()
            .sorted()  // ❶
            .forEach(n -> System.out.print(n + "\t"));

        System.out.println();

        // 글자 길이순 정렬
        list.stream()
            .sorted((s1, s2) -> s1.length() - s2.length()) // ❷
            .forEach(n -> System.out.print(n + "\t"));

        System.out.println();
    }
}
```

▼ 실행 결과

```
Console
<terminated> Ex04_Sorted [Java Application] C:₩Dev₩jdk-11.0.8₩bin₩javaw.exe
멀린	해리포터	홍길동
멀린	홍길동	해리포터
```

❶ 스트림을 사전순으로 정렬합니다. ❷ 람다식을 이용하여 스트림을 길이순으로 정렬합니다.

23.5.2 map()

map() 중간 연산은 스트림을 구성하는 데이터를 조건에 따라 변환하는 연산을 합니다.

Chapter23 / Ex05_Map.java

```
import java.util.Arrays;
import java.util.List;

public class Ex05_Map
{
    public static void main(String[] args)
    {
        List<String> list = Arrays.asList("apple", "banana", "orange");

```

```java
        list.stream() // ❶
            .map(s -> s.toUpperCase())   // ❷ 대문자로 변환
            .forEach(n -> System.out.print(n + "\t")); // ❸

        System.out.println();
    }
}
```

▼ 실행 결과

```
Console ☒
<terminated> Ex05_Map [Java Application] C:₩Dev₩jdk-11.0.8₩bin₩javaw.exe
APPLE    BANANA   ORANGE
```

❶ 컬렉션 프레임워크에는 스트림을 만들 수 있는 메서드가 이미 구현되어 있습니다. 이를 이용하여 스트림을 만듭니다. ❷ 데이터를 하나씩 받아 대문자로 데이터를 변환시킵니다. ❸ 개별 요소를 하나씩 건네받아 출력합니다.

23.5.3 sum(), count(), average(), min(), max()

합, 개수, 평균, 최소, 최대 함수 사용법을 예제로 살펴봅시다.

Chapter23 / Ex06_PreTerminal.java

```java
import java.util.stream.IntStream;

public class Ex06_PreTerminal
{
    public static void main(String[] args)
    {
        // 합
        int sum = IntStream.of(1, 3, 5, 7, 9) // ❶
                           .sum();            // ❷
        System.out.println("sum = " + sum);   // ❸

        // 개수
        long cnt = IntStream.of(1, 3, 5, 7, 9)
                            .count();           // ❹
        System.out.println("count = " + cnt);

        // 평균
        IntStream.of(1, 3, 5, 7, 9)
```

```
                    .average()                      // ❺
                    .ifPresent(avg -> System.out.println("avg = " + avg)); // ❻

        // 최소
        IntStream.of(1, 3, 5, 7, 9)
                    .min()                          // ❼
                    .ifPresent(min -> System.out.println("min = " + min));

        // 최대
        IntStream.of(1, 3, 5, 7, 9)
                    .max()                          // ❽
                    .ifPresent(max -> System.out.println("max = " + max));
    }
}
```

▼ 실행 결과

```
Console
<terminated> Ex06_PreTerminal [Java Application] C:₩Dev₩jdk-11.0.8₩bin₩javaw.exe
sum = 25
count = 5
avg = 5.0
min = 1
max = 9
```

❶ of() 메서드로 여러 숫자를 직접 입력해 스트림으로 만들 수 있습니다.

❷ 합계를 구하는 최종 연산을 합니다.

❸ 변수에 최종 연산의 결과를 반환받은 후 변수를 이용하여 값을 출력합니다.

❹ 스트림 데이터 개수를 세는 최종 연산을 합니다.

❺ 스트림 데이터 평균을 구하는 최종 연산을 합니다.

❻ 최종 연산 결과를 변수로 받지 않고 결과가 존재한다면[1] 출력하는 처리를 합니다.

❼ 스트림 데이터의 최솟값을 구하는 최종 연산을 합니다.

❽ 스트림 데이터의 최댓값을 구하는 최종 연산을 합니다.

1 자바의 Optional 기능입니다. 이 책에서는 다루지 않습니다. 여기서는 데이터가 있다면 사용한다 정도로만 알고 사용하면 됩니다.

23.5.4 reduce()

reduce() 최종 연산은 앞의 예제처럼 정의된 연산이 아닌 프로그래머가 직접 지정하는 연산을 적용합니다.

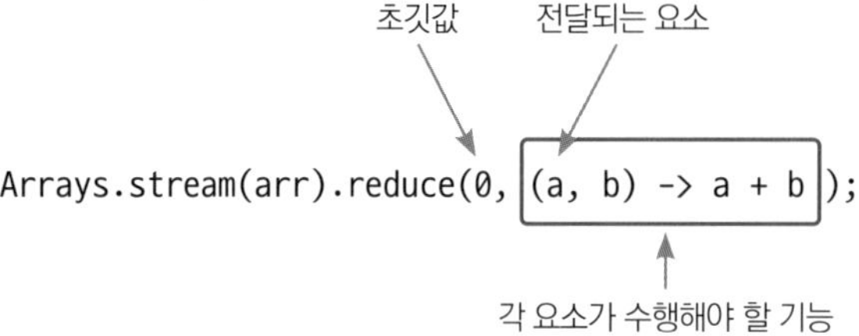

다음은 문자열 길이를 세서 긴 문자열을 남기는 예제입니다.

Chapter23 / Ex07_Reduce.java

```
import java.util.Arrays;
import java.util.List;

public class Ex07_Reduce
{
    public static void main(String[] args)
    {
        List<String> list1 = Arrays.asList("홍길동", "전우치", "손오공");

        String name1 = list1.stream()
                .reduce("이순신", (s1, s2) -> // ❶
                    s1.length() >= s2.length() ? s1 : s2);
        System.out.println(name1);

        List<String> list2 = Arrays.asList("홍길동", "멀린", "해리포터");

        String name2 = list2.stream()
                .reduce("이순신", (s1, s2) -> // ❷
                    s1.length() >= s2.length() ? s1 : s2);
        System.out.println(name2);
    }
}
```

▼ 실행 결과

```
Console
<terminated> Ex07_Reduce [Java Application] C:\Dev\jdk-11.0.8\bin\javaw.exe
이순신
해리포터
```

❶ 초깃값으로 주어진 글자 길이는 3이고 이후에 비교되는 글자들의 길이도 다 3이므로 초깃값이 남게 됩니다.

❷ 초깃값을 포함하여 모든 데이터 중에서 해리포터의 글자 길이가 제일 깁니다.

학습 마무리

여기까지 자바 프로그래밍에서 사용하는 스트림을 알아보았습니다.

핵심 요약

1 데이터의 흐름을 가리켜 스트림이라 합니다. 스트림의 특징은 다음과 같습니다.
   - 스트림 연산은 기존 자료를 변경하지 않습니다.
   - 스트림 연산은 중간 연산과 최종 연산으로 구분됩니다.
   - 한 번 생성하고 사용한 스트림은 재사용할 수 없습니다.

2 Stream 인터페이스가 제공하는 메서드는 대부분 반환 타입이 Stream이므로 메서드를 연속해 호출할 수 있습니다. 따라서 스트림 연산을 연결해 파이프라인으로 구성할 수 있습니다.

3 sorted() 중간 연산은 스트림을 구성하는 데이터를 조건에 따라 정렬합니다.

4 map() 중간 연산은 스트림을 구성하는 데이터를 조건에 따라 변환합니다.

5 sum(), count(), average(), min(), max()는 각각 합, 개수, 평균, 최소, 최대를 구합니다.

6 reduce() 최종 연산은 프로그래머가 직접 지정하는 연산을 적용합니다.

Chapter

24

입출력 스트림

#MUSTHAVE

□ **학습 목표**	자바에서 다루는 입출력 스트림을 알아봅니다.
□ **학습 순서**	**1** 자바의 입출력 스트림
	2 입출력 스트림의 구분
	3 파일 대상 입출력 스트림 생성
	4 보조 스트림
	5 문자 스트림
	6 IO 스트림 기반의 인스턴스 저장
□ **입출력 스트림 소개**	입출력 모델에서 발생하는 스트림을 입출력 스트림이라고 합니다. 관점에 따라 입력 스트림과 출력 스트림, 바이트 단위 스트림과 문자 단위 스트림, 기반 스트림과 보조 스트림으로 구분합니다.

24.1 자바의 입출력 스트림

자바에서 스트림이란 자료 흐름이 물의 흐름과 같다는 의미에서 사용되었습니다. 처음에는 자바 입출력[1] 모델에서 발생하는 데이터 입출력을 스트림이라고 했는데, 23장에서 배운 컬렉션 객체를 다루기 위한 스트림이 자바 8에서 추가되면서, 기존의 입출력 모델에서 발생하는 스트림을 입출력[I/O] 스트림이라고 구분하여 부르게 되었습니다. 다음과 같은 자바의 입출력 방식을 가리켜 자바 입출력 모델이라 합니다.

- 파일에서의 입출력
- 키보드와 모니터의 입출력
- 그래픽카드, 사운드카드의 입출력

1 Input & Output : I/O

- 프린터, 팩스와 같은 출력 장치의 입출력
- 인터넷으로 연결되어 있는 서버 또는 클라이언트의 입출력

이처럼 입출력 장치는 매우 다양하기 때문에 장치에 따라 입출력 부분을 일일이 다르게 구현하면 프로그램 호환성과 생산성이 떨어질 수밖에 없습니다. 그래서 자바는 입출력 장치를 구분하지 않고 일관성 있게 프로그램을 구현할 수 있도록 위와 같은 자바 입출력 모델의 모든 입출력을 입출력 스트림을 통해 처리하는 기능을 제공합니다.

이런 입출력 스트림의 구분은 다음과 같습니다.

- 대상 기준에 따라서는 입력 스트림, 출력 스트림으로 나눕니다.
- 자료의 종류에 따라서는 바이트 단위 스트림, 문자 단위 스트림으로 나눕니다.
- 기능에 따라서는 기반 스트림, 보조 스트림(필터 스트림)으로 나눕니다.

24.2 입출력 스트림의 구분

입출력 스트림은 3가지 관점에서 입력 스트림과 출력 스트림, 바이트 단위 스트림과 문자 단위 스트림, 기반 스트림과 보조 스트림으로 구분할 수 있습니다. 각각을 알아봅니다.

24.2.1 입력 스트림과 출력 스트림

대상 기준에 따라 스트림을 구분할 때는 입력 스트림과 출력 스트림으로 나눕니다.

- 입력 스트림 : 대상으로부터 자료를 읽어들이는 스트림
- 출력 스트림 : 대상으로 자료를 출력하는 스트림

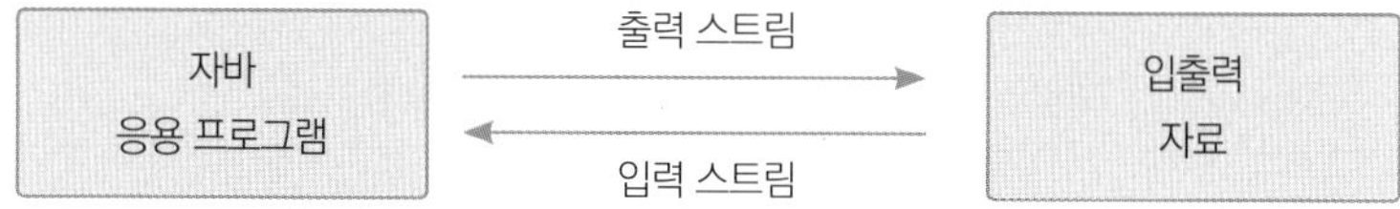

▼ 스트림 종류

종류	예
입력 스트림	FileInputStream, FileReader, BufferedInputStream, BufferedReader 등
출력 스트림	FileOutputStream, FileWriter, BufferedOutputStream, BufferedWriter 등

24.2.2 바이트 단위 스트림과 문자 단위 스트림

자료의 종류에 따라서 스트림을 구분할 때는 바이트 단위 스트림과 문자 단위 스트림으로 나눕니다.

- 바이트 단위 스트림 : 동영상, 음악 파일 등을 읽고 쓸 때 사용
- 문자 단위 스트림 : 바이트 단위로 자료를 처리하면 문자는 깨짐. 2바이트 단위로 처리하도록 구현된 스트림

▼ 스트림 종류

종류	예
바이트 스트림	FileInputStream, FileOutputStream, BufferedInputStream, BufferedOutputStream 등
문자 스트림	FileReader, FileWriter, BufferedReader, BufferedWriter 등

24.2.3 기반 스트림과 보조 스트림

기능에 따라서 스트림을 구분할 때는 기반 스트림, 보조 스트림(필터 스트림)으로 나눕니다.

* 기반 스트림 : 대상에 직접 자료를 읽고 쓰는 기능의 스트림
* 보조 스트림 : 직접 읽고 쓰는 기능은 없이 추가적인 기능을 더해주는 스트림. 항상 기반 스트림이나 또 다른 보조 스트림을 생성자 매개변수로 포함함

▼스트림 종류

종류	예
기반 스트림	FileInputStream, FileOutputStream, FileReader, FileWriter 등
보조 스트림	InputStreamReader, OutputStreamWriter, BufferedInputStream, BufferedOutputStream 등

24.3 파일 대상 입출력 스트림 생성

자바 입출력 모델의 가장 대표격인 '파일을 대상으로 하는 입출력 모델'에서 스트림을 생성하여 자바 입출력 스트림의 기능을 살펴보겠습니다.

24.3.1 파일 대상 출력 스트림 생성

다음은 파일을 만드는 가장 간단한 예입니다.

Chapter24 / Ex01_FileWrite1.java

```
import java.io.FileOutputStream;
import java.io.IOException;
import java.io.OutputStream;

public class Ex01_FileWrite1
{
    public static void main(String[] args) throws IOException
    {
        OutputStream out = new FileOutputStream("data.txt"); // ❶
```

```
        out.write(65);    // ❷ ASCII 코드 65 = 'A'
        out.close(); // ❸
    }
}
```

파일을 하드디스크에 만들 때 예외가 발생할 수 있기 때문에 throws를 이용해 예외 처리를 넘기고 있습니다.

❶ 파일을 생성하고 해당 파일에 스트림을 생성합니다. 만들 때는 다양한 자바의 입출력 모델에 맞춰서 구체적인 형태인 FileOutputStream을 사용해 만들게 되지만, 사용할 때는 일반적인 OutputStream 형태로 사용하면 됩니다.

❷ 스트림을 통해 데이터를 보냅니다. 이렇게 하면 파일에 데이터가 써집니다.

❸ 파일을 닫습니다.

실행하면 콘솔창에는 아무런 출력이 없습니다. 윈도우 파일 탐색기로 파일이 생성되었는지를 확인하고, 에디터로 파일을 열어 내용이 작성되었는지 확인합니다.

파일은 프로젝트의 루트 폴더에 생성됩니다.

▼ 생성된 결과

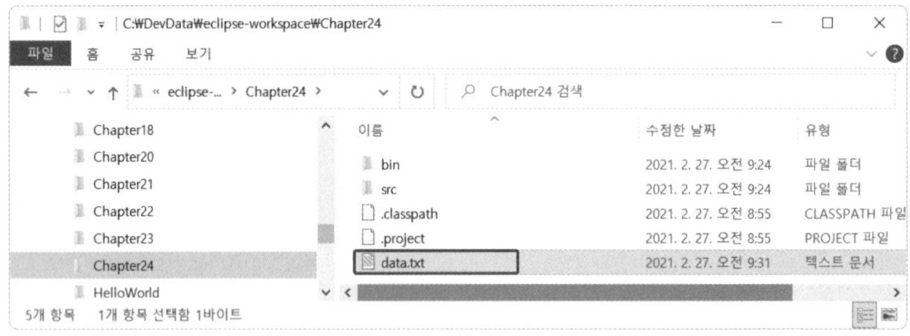

▼ 에디터로 열어 본 화면

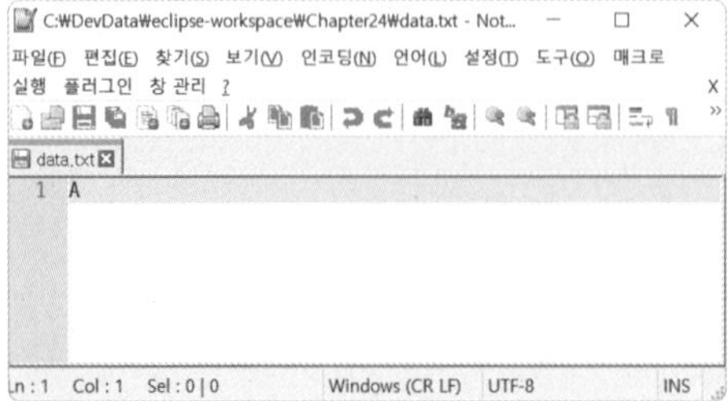

24.3.2 입출력 스트림 예외 직접 처리

예외를 넘기지 않고 직접 처리하는 코드로 바꾸어보겠습니다.

Chapter24 / Ex02_FileWrite2.java

```
import java.io.FileOutputStream;
import java.io.IOException;
import java.io.OutputStream;

public class Ex02_FileWrite2
{
    public static void main(String[] args)
    {
        OutputStream out = null; // ❶

        try
        {
            out = new FileOutputStream("data.txt");  ─┐
            out.write(65);    // ASCII 코드 65 = 'A'   ├─// ❷
            //out.close();                            ─┘
        }
        catch (IOException e)
        {

        }
        finally
        {
            if (out != null)
            {
                try
                {
                    out.close();
                }
                catch (IOException e2)
                {

                }
            }
        }
    }
}
```

❷ 에러가 나더라도 close() 메서드를 확실히 부르고 종료하기 위해 finally 구문쪽으로 close() 메서드를 옮깁니다.

이러면 지역 변수의 범위가 달라지게 되므로 ❶처럼 변수를 바깥에 선언해야 합니다. 그런데 finally 구문에서 close() 메서드를 부를 때 이 메서드 자체도 예외가 발생할 수 있기 때문에 또 try ~ catch로 묶어주어야 합니다. 그래서 이처럼 간단한 코드인데 복잡한 형태의 코드가 되어버립니다.

실행시켜보면 결과는 같습니다.

24.3.3 입출력 스트림 예외 처리 개선

그래서 try ~ catch 구문에서 이런 리소스를 다루는 방법에 대한 개선이 있었습니다. try~with~resource를 적용하여 코드를 작성하면 보다 간단하게 처리할 수 있습니다.

Chapter24 / Ex03_FileWrite3.java

```java
import java.io.FileOutputStream;
import java.io.IOException;
import java.io.OutputStream;

public class Ex03_FileWrite3
{
    public static void main(String[] args)
    {
        try (OutputStream out = new FileOutputStream("data.txt")) // ❶
        {
            out.write(65);    // ASCII 코드 65 = 'A'
        }
        catch(IOException e)
        {
            e.printStackTrace();
        }
    }
}
```

파일 리소스를 ❶처럼 try 다음 소괄호 안에서 다루고 있습니다. 이렇게 리소스를 열어서 스트림을 생성하면 따로 닫아주지 않아도 자바에서 자동으로 처리해줍니다.

실행 결과는 역시 똑같습니다.

24.3.4 파일 대상 입력 스트림 생성

이번에는 작성된 파일을 읽어보겠습니다. 역시 try~with~resource를 적용하여 코드를 작성하겠습니다.

Chapter24 / Ex04_FileRead.java

```
import java.io.FileInputStream;
import java.io.IOException;
import java.io.InputStream;

public class Ex04_FileRead
{
    public static void main(String[] args)
    {
        try (InputStream in = new FileInputStream("data.txt")) // ❶
        {
            int dat = in.read();      // ❷
            System.out.println(dat); // ❸
            System.out.printf("%c \n", dat); // ❹
        }
        catch(IOException e)
        {
            e.printStackTrace();
        }
    }
}
```

▼ 실행 결과

```
Console ☒
<terminated> Ex04_FileRead [Java Application] C:₩Dev₩jdk-11.0.8₩bin₩javaw.exe
65
A
```

파일 리소스를 ❶처럼 try 다음 소괄호 안에서 열고 있습니다. 이렇게 리소스를 열어서 스트림을 생성하면 따로 닫아주지 않아도 자바에서 자동으로 처리해줍니다.

❷ 데이터를 한 바이트 읽습니다. ❸ 읽은 데이터를 그냥 출력하면 십진수로 출력합니다. ❹ 문자이기 때문에 문자 포맷 %c를 지정해주면 글자로 출력됩니다.

24.3.5 바이트 단위 입력 및 출력 스트림 이용 파일 복사

이렇게 한 바이트를 쓰고 한 바이트를 읽는 것을 연속적으로 처리하면 파일 복사도 할 수 있습니다. 다음과 같이 코드를 만들어봅니다.

Chapter24 / Ex05_FileCopy1.java

```
import java.io.FileInputStream;
import java.io.FileOutputStream;
import java.io.IOException;
import java.io.InputStream;
import java.io.OutputStream;
import java.time.Duration;
import java.time.Instant;

public class Ex05_FileCopy1
{
    public static void main(String[] args)
    {
        String src = "./src/Ex04_FileRead.java";
        String dst = "FileRead1.txt";

        try (InputStream in = new FileInputStream(src);    // ❶
            OutputStream out = new FileOutputStream(dst))  // ❷
        {
            Instant start = Instant.now(); // ❸

            int data;
            while(true)               ─┐
            {                           │
                data = in.read();       │
                if(data == -1)   // ❺   ├─// ❹
                    break;       // ❻   │
                out.write(data);        │
            }                         ─┘

            Instant end = Instant.now();  // ❼
            System.out.println("복사에 걸린 시간: " +
                Duration.between(start, end).toMillis());  // ❽
        }
        catch(IOException e)
        {
```

```
                e.printStackTrace();
            }
        }
}
```

▼ 실행 결과

```
Console
<terminated> Ex05_FileCopy1 [Java Application] C:\Dev\jdk-11.0.8\bin\javaw.exe
복사에 걸린 시간: 11
```

❶과 ❷에서처럼 try 다음 소괄호 안에서 처리할 수 있는 리소스 여러 개를 한꺼번에 지정할 수 있습니다. ❶에서 문장을 구분하는 데 세미콜론을 사용했습니다.

❸ 복사에 걸리는 시간을 측정하기 위해 시간 관련 클래스를 이용하여 현재 시각을 구해옵니다.

❹ 반복문을 통해 한 바이트씩 소스 파일의 스트림으로부터 데이터를 읽어 대상 파일의 스트림에 써줍니다. ❺ 입출력 스트림으로부터 더 이상 데이터를 읽지 못하면 -1이 반환됩니다. ❻ 더 복사할 내용이 없으므로 반복을 중단합니다.

❼ 현재 시각을 구해옵니다.

❽ 복사 전 구한 시각과 복사가 끝난 후 시각 차이를 구해서 복사에 걸린 시간을 출력합니다. 1000 밀리세컨드millisecond는 1초입니다.

▼ 복사된 모습

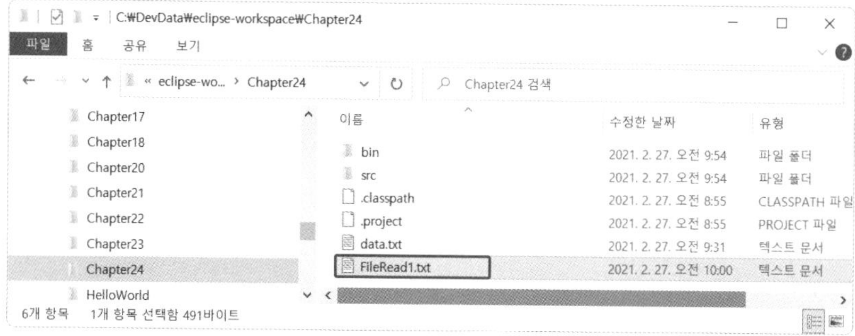

24.3.6 버퍼를 이용한 파일 복사

입출력 스트림의 데이터를 한 바이트씩 읽고 쓰는 방식은 입출력 I/O 가 많이 발생하게 되어서 하드웨어적인 비용이 많이 발생하고, 따라서 시간이 많이 걸리게 됩니다. 그래서 메모리를 이용하여 버퍼에 저장해서 한 번에 읽고 쓰는 방식으로 하드웨어적인 I/O의 횟수를 줄여주면 시간을 단축할 수 있습니다.

Chapter24 / Ex06_FileCopy2.java

```
import java.io.FileInputStream;
import java.io.FileOutputStream;
import java.io.IOException;
import java.io.InputStream;
import java.io.OutputStream;
import java.time.Duration;
import java.time.Instant;

public class Ex06_FileCopy2
{
    public static void main(String[] args)
    {
        String src = "./src/Ex04_FileRead.java";
        String dst = "FileRead2.txt";     // ❶

        try (InputStream in = new FileInputStream(src);
            OutputStream out = new FileOutputStream(dst))
        {
            byte[] buf = new byte[1024]; // ❷
            int len;

            Instant start = Instant.now();

            while (true)
            {
                len = in.read(buf);       // ❸
                if (len == -1)
                    break;
                out.write(buf, 0, len);  // ❹
            }

            Instant end = Instant.now();
            System.out.println("복사에 걸린 시간: " +
                Duration.between(start, end).toMillis());
        }
```

```
        catch(IOException e)
        {
            e.printStackTrace();
        }
    }
}
```

▼ 실행 결과

```
Console ⊠
<terminated> Ex06_FileCopy2 [Java Application] C:₩Dev₩jdk-11.0.8₩bin₩javaw.exe
복사에 걸린 시간: 0
```

기본적으로 앞의 예제와 똑같습니다.

❶ 복사가 되는 대상 파일명을 앞의 예제와 다르게 지정합니다.

❷ 데이터를 담을 버퍼로 바이트 배열을 1KB 크기로 만듭니다.

❸ 버퍼 크기만큼 한 번에 읽습니다. 크기가 버퍼보다 작으면 그 크기까지만 읽습니다. ❹ 읽어들인 버퍼 크기만큼 출력 스트림에 보내 파일을 작성합니다. 맨 마지막은 읽은 크기만큼 써지게 됩니다.

실행을 하면 실행 속도가 줄어든 것을 확인할 수 있습니다. 우리가 테스트한 파일보다 큰 파일을 이용해서 테스트하면 시간 차이가 더 나는 것을 확인할 수 있습니다.

24.4 보조 스트림

지금까지 본 예제의 기반 스트림은 대상에 직접 자료를 읽고 쓰는 기능의 스트림인데, 이런 기반 스트림에 추가적인 기능을 더해주는 스트림이 보조 스트림입니다.

앞에 예제에서 버퍼 기능을 사용하면 복사 속도가 빨라지는 것을 확인했습니다. 그러므로 모든 개발자가 버퍼 기능을 사용하는 것이 좋습니다. 그런데 그것을 모든 개발자보고 매번 구현하라고 하면 개발자들이 좋아할 리 없습니다. 그래서 이럴 때 사용하도록 보조 스트림을 통해 기능을 제공하게 됩니다. 기반 스트림만으로 사용해야 할 경우도 있으므로 기반 스트림에 기능을 추가하지 않고, 필요하면 레고 블록처럼 보조 스트림을 붙여서 기능을 추가하는 겁니다.

기반 스트림 +보조 스트림 1 + 보조 스트림 2

24.4.1 버퍼링 기능을 제공하는 필터 스트림

보조 스트림은 단독으로 사용할 수 없고 기반 스트림에 더해서 같이 사용하게 됩니다.

Chapter24 / Ex07_FileCopy3.java

```
import java.io.BufferedInputStream;
import java.io.BufferedOutputStream;
import java.io.FileInputStream;
import java.io.FileOutputStream;
import java.io.IOException;
import java.time.Duration;
import java.time.Instant;

public class Ex07_FileCopy3
{
    public static void main(String[] args)
    {
        String src = "./src/Ex04_FileRead.java";
        String dst = "FileRead3.txt";   // ❶

        try (BufferedInputStream in =                                    ┐
                    new BufferedInputStream(new FileInputStream(src));  ┘-// ❷
            BufferedOutputStream out =
                    new BufferedOutputStream(new FileOutputStream(dst)))
        {
            Instant start = Instant.now();

            int data;
            while (true)
            {
                data = in.read();     // ❸
                if(data == -1)
                    break;
                out.write(data);
            }
```

```
            Instant end = Instant.now();
            System.out.println("복사에 걸린 시간: " +
                Duration.between(start, end).toMillis());
        }
        catch(IOException e)
        {
            e.printStackTrace();
        }
    }
}
```

▼ 실행 결과

```
Console ⊠
<terminated> Ex07_FileCopy3 [Java Application] C:₩Dev₩jdk-11.0.8₩bin₩javaw.exe
복사에 걸린 시간: 1
```

❶ 대상 파일의 이름을 지정합니다.

❷에서 보면 기반 스트림은 FileInputStream이고 보조 스트림은 BufferedInputStream이 됩니다. 이렇게 사용하게 되면 기반 스트림에 없는 기능을 추가해줄 수 있습니다.

❸ 라인에서 처음처럼 한 바이트씩 읽고 있지만 보조 스트림에 의해 내부적으로는 버퍼링이 되게 됩니다.

실행 결과를 보면 빠르게 처리되고 있습니다.

24.5 문자 스트림

앞에서 사용한 FileInputStream으로 파일을 읽으면 한글 등의 문자가 있는 문서인 경우 글자가 깨져서 보이게 됩니다. 2바이트씩 읽어야 하나의 글자가 되는데 한 바이트씩 읽으면 제대로 글자를 읽을 수가 없습니다.

FileReader나 FileWriter 클래스를 사용하게 되면 입출력 스트림에서 두 바이트씩 데이터를 처리해줍니다.

24.5.1 FileWriter

먼저 문자를 FileWriter를 이용하여 저장해보겠습니다.

Chapter24 / Ex08_TextWrite.java

```
import java.io.FileWriter;
import java.io.IOException;
import java.io.Writer;

public class Ex08_TextWrite
{
    public static void main(String[] args)
    {
        try (Writer out = new FileWriter("text.txt")) // ❶
        {
            for (int ch = (int)'A'; ch < (int)('Z'+1); ch++) // ❷
                out.write(ch); // ❸

            out.write(13); // ❹
            out.write(10); // ❺

            for (int ch = (int)'A'+32; ch < (int)('Z'+1+32); ch++) // ❻
                out.write(ch);

            out.write(13); // ❼
            out.write(10); // ❽

            out.write("동해물과 백두산이 마르고 닳도록"); // ❾
            out.write("\r\n");  // ❿
            out.write("하느님이 보우하사 우리나라 만세");
            out.write("\r\n");
        }
        catch(IOException e)
        {
            e.printStackTrace();
        }
    }
}
```

❶ text.txt 파일을 생성하고 문자 스트림을 생성합니다.

❷ char를 int로 형변환해서 A부터 Z까지 반복을 합니다. 알파벳 A부터 Z는 ASCII 코드표상에서 십진수 값으로 1씩 증가합니다. ❸ out은 문자 스트림이기 때문에 int값을 문자로 변환하여 파일에 저장합니다.

❹ 캐리지 리턴Carriage Return값을 저장합니다. 캐리지 리턴 \r은 현재 위치를 나타내는 커서를 맨 앞으로 이동시킵니다. ❺ 라인 피드Line Feed값을 저장합니다. 라인 피드 \n은 커서의 위치를 아랫줄로 이동시킵니다.

윈도우에서는 캐리지 리턴과 라인 피드를 합쳐서 엔터를 구현합니다.

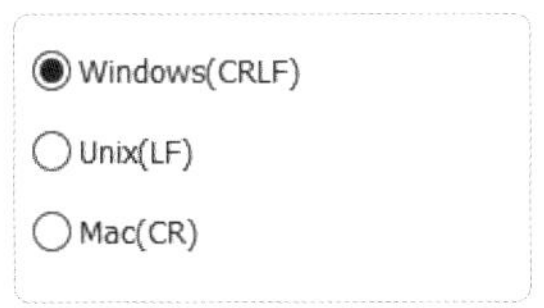

❻ 대문자 'A'의 아스키코드 값에 32를 더하면 소문자 'a'가 됩니다. 그러므로 소문자 a부터 z까지 반복하게 됩니다.

❾ 문자열을 바로 입출력 스트림으로 보내 저장할 수 있습니다.

❿ 특수 문자열("\r\n")을 사용하여 저장하고 있습니다. 차례대로 ❼, ❽ 과인과 같은 의미가 됩니다.

실행 결과로 콘솔창에는 출력되는 내용은 없고 프로젝트 루트 폴더에 파일이 생성됩니다.

▼ 파일 생성 확인

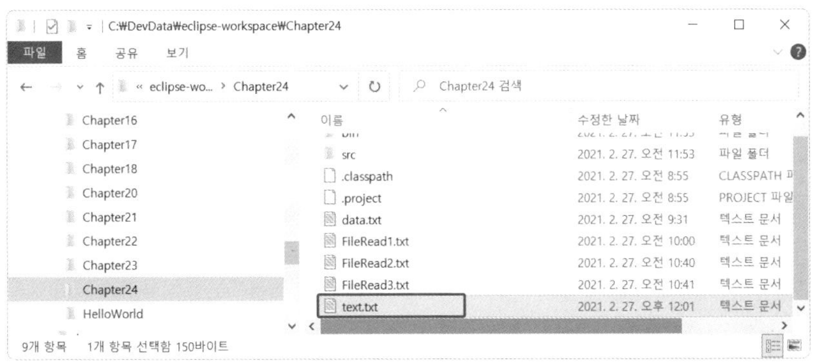

파일을 열어보면 다음과 같습니다.

▼ 에디터로 열어보기

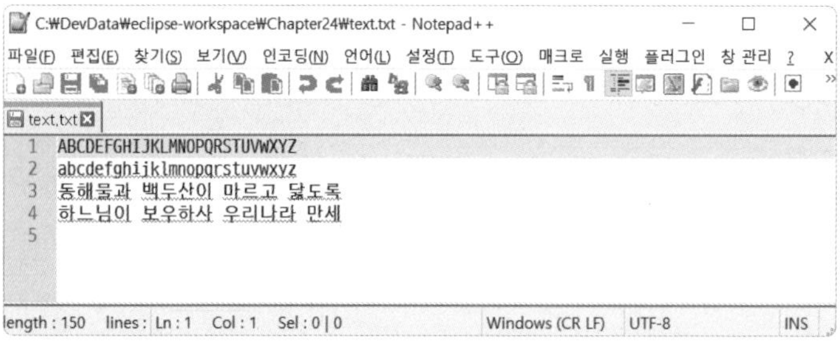
C:₩DevData₩eclipse-workspace₩Chapter24₩text.txt - Notepad++
text.txt
ABCDEFGHIJKLMNOPQRSTUVWXYZ
abcdefghijklmnopqrstuvwxyz
동해물과 백두산이 마르고 닳도록
하느님이 보우하사 우리나라 만세
length : 150 lines : Ln : 1 Col : 1 Sel : 0 | 0
Windows (CR LF) UTF-8 INS

24.5.2 FileReader

이제 문자를 FileReader를 이용하여 읽어보겠습니다.

Chapter24 / Ex09_TextRead.java

```
import java.io.FileReader;
import java.io.IOException;
import java.io.Reader;

public class Ex09_TextRead
{
    public static void main(String[] args)
    {
        try (Reader in = new FileReader("text.txt"))
        {
            int ch;

            while(true)
            {
                ch = in.read(); // ❶
                if (ch == -1)   // ❷
                    break;
                System.out.print((char)ch); // ❸
            }
        }
        catch(IOException e)
        {
            e.printStackTrace();
        }
```

```
    }
}
```

▼ 실행 결과

```
Console ⊠
<terminated> Ex09_TextRead [Java Application] C:₩Dev₩jdk-11.0.8₩bin₩javaw.exe
ABCDEFGHIJKLMNOPQRSTUVWXYZ
abcdefghijklmnopqrstuvwxyz
동해물과 백두산이 마르고 닳도록
하느님이 보우하사 우리나라 만세
```

❶ 문자를 스트림으로부터 하나 읽어 int형 변수에 대입합니다. 2바이트인 char형을 왜 4바이트인 int형에 저장하나면 데이터를 더 이상 읽을 수 없을 때 -1을 반환받기 위해서입니다. -1은 char형 데이터 범위에 없는 값입니다. ❷ 더 이상 읽을 수 없을 때 -1이 반환됩니다.

❸ 읽은 데이터를 char로 다시 형변환하여 화면으로 출력합니다.

24.5.3 BufferedWriter

문자 스트림도 버퍼링 처리를 위하여 기반 스트림에 보조 스트림을 더할 수 있습니다.

Chapter24 / Ex10_BufferedWriter.java

```java
import java.io.BufferedWriter;
import java.io.FileWriter;
import java.io.IOException;

public class Ex10_BufferedWriter
{
    public static void main(String[] args)
    {
        String str1 = "동해물과 백두산이 마르고 닳도록";
        String str2 = "하느님이 보우하사 우리나라 만세.";

        try (BufferedWriter bw =
                new BufferedWriter(new FileWriter("text2.txt")))  // ❶
        {
            bw.write(str1, 0, str1.length()); // ❷
            bw.newLine(); // ❸
            bw.write(str2, 0, str2.length());
        }
        catch(IOException e)
        {
```

```
            e.printStackTrace();
        }
    }
}
```

❶ 기반 스트림이 FileWriter이고, 보조 스트림은 BufferedWriter가 됩니다. 이렇게 사용하게 되면 기반 스트림에 없는 기능을 추가해줄 수 있습니다.

❷ 문자열의 크기만큼 버퍼링하여 한 번에 출력 스트림으로 파일에 저장합니다.

❸ 줄바꿈 문자를 스트림으로 저장합니다.

실행을 하면 콘솔창에는 결과가 아무것도 나타나지 않지만 프로젝트의 루트 폴더에 파일이 생성됩니다.

▼ 생성된 파일

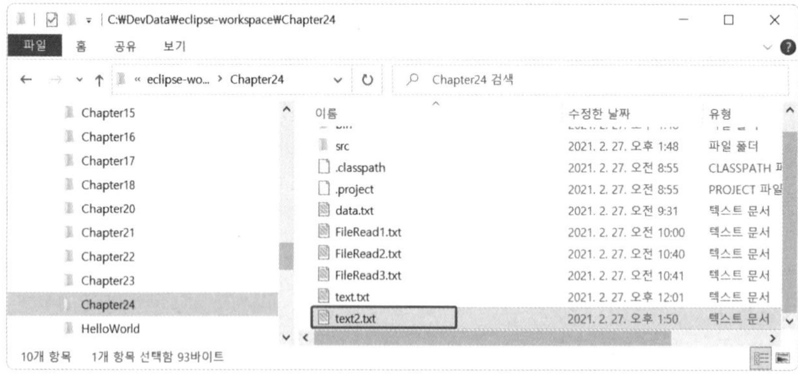

에디터로 열어보면 우리가 작성한 내용이 들어 있습니다.

▼ 에디터로 열어보기

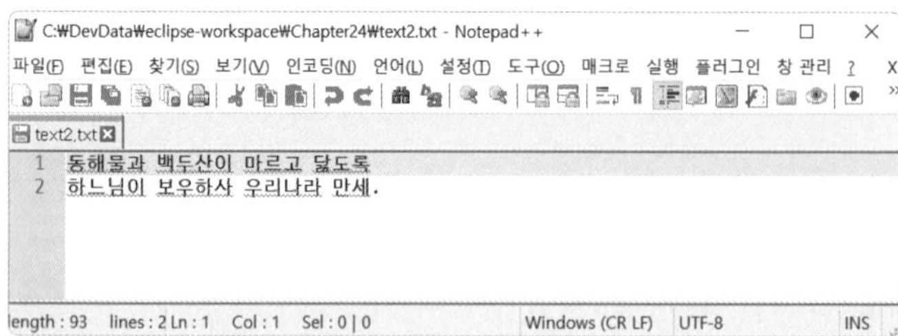

24.5.4 BufferedReader

문자 스트림으로 파일을 읽을 때도 보조 스트림을 적용하여 더 빠르게 읽어들일 수 있습니다.

Chapter24 / Ex11_BufferedReader.java

```
import java.io.BufferedReader;
import java.io.FileReader;
import java.io.IOException;

public class Ex11_BufferedReader
{
    public static void main(String[] args)
    {
        try (BufferedReader br = new BufferedReader(new
   FileReader("text2.txt")))                    // ❶
        {
            String str;

            while (true)
            {
                str = br.readLine();      // ❷
                if (str == null)          // ❸
                    break;
                System.out.println(str); // ❹
            }
        }
        catch(IOException e)
        {
            e.printStackTrace();
        }
    }
}
```

▼ 실행 결과

```
Console ⊠
<terminated> Ex11_BufferedReader [Java Application] C:₩Dev₩jdk-11.0.8₩bin₩javaw.exe
동해물과 백두산이 마르고 닳도록
하느님이 보우하사 우리나라 만세.
```

❶ 기반 스트림인 FileReader에 보조 스트림인 BufferedReader를 이용하여 버퍼링 기능을 추가합니다.

❷ 입력 스트림에서 라인별로[2] 구분하여 데이터를 읽어들입니다. ❸ 읽을 내용이 없을 때는 null이 반환됩니다. ❹ 스트림에서 라인 단위로 읽은 내용을 화면에 출력합니다.

24.6 IO 스트림 기반의 인스턴스 저장

자바 가상 머신의 메모리에 있는 객체 데이터를 바이트 형태로 변환하는 기술인 직렬화 기능을 이용하면 객체 자체를 저장할 수도 있습니다.

24.6.1 직렬화

자바에서 직렬화serialization는 객체의 상태를 그대로 저장하거나 다시 복원하는deserialization 것을 말합니다. ObjectInputStream과 ObjectOutputStream을 사용하여 파일에 쓰거나 네트워크로 전송할 수 있습니다.

생성자	설명
ObjectInputStream(InputStream in)	InputStream을 생성자의 매개변수로 받아 ObjectInputStream을 생성합니다.
ObjectOutputStream(OutputStream out)	OutputStream을 생성자의 매개변수로 받아 ObjectOutputStream을 생성합니다.

직렬화는 객체의 내용 중 private이 선언된 부분이 있더라도 외부로 내용이 유출되는 것이므로 프로그래머가 직렬화 의도를 표시해야 합니다. 이때 사용하는 것이 java.io.Serializable 인터페이스입니다. 이 인터페이스는 구현할 추상 메서드가 없습니다. 직렬화 의도를 밝히기 위해 인터페이스를 적용하는 것이기 때문에 마커 인터페이스maker interface라 부릅니다.

객체를 저장하는 클래스를 다음과 같이 만들어서 사용하겠습니다.

Chapter24 / Ex12_Unit.java

```
public class Ex12_Unit implements java.io.Serializable // ❶
{
```

2 윈도우는 CR, LF로 구분, 유닉스는 LF, 맥은 CR로 구분

```java
    private static final long serialVersionUID = 1L;   // ❷
    private String name;

    public Ex12_Unit(String name)
    {
        this.name = name;
    }

    public String getName()
    {
        return name;
    }
}
```

❶ implements에 사용된 java.io.Serializable 인터페이스는 구현할 기능이 없는 마커 인터페이스입니다. 이 클래스에 직렬화를 사용해도 된다는 표시입니다.

❷ serialVersionUID는 직렬화에 사용되는 고유 아이디인데, 선언하지 않으면 JVM에서 디폴트로 자동 생성합니다. 하지만 사용하지 않으면 이클립스에서 워닝warning(경고)이 보이게 되므로 선언하고 사용합니다.

24.6.2 ObjectOutputStream

앞에서 만든 클래스를 이용해 객체를 만들고 저장해보겠습니다.

Chapter24 / Ex13_ObjectOutputStream.java

```java
import java.io.FileOutputStream;
import java.io.IOException;
import java.io.ObjectOutputStream;

public class Ex13_ObjectOutputStream
{
    public static void main(String[] args)
    {
        Ex12_Unit unit1 = new Ex12_Unit("Marine");
        Ex12_Unit unit2 = new Ex12_Unit("Medic");

        try (ObjectOutputStream oos =
```

```
                new ObjectOutputStream(new FileOutputStream("Object.bin")))
        {
            oos.writeObject(unit1);
            oos.writeObject(unit2);
        }
        catch(IOException e)
        {
            e.printStackTrace();
        }
    }
}
```

실행을 하면 콘솔창에는 결과가 아무것도 나타나지 않지만 프로젝트의 루트 폴더에 Object.bin 파일이 생성됩니다.

▼ 생성된 파일

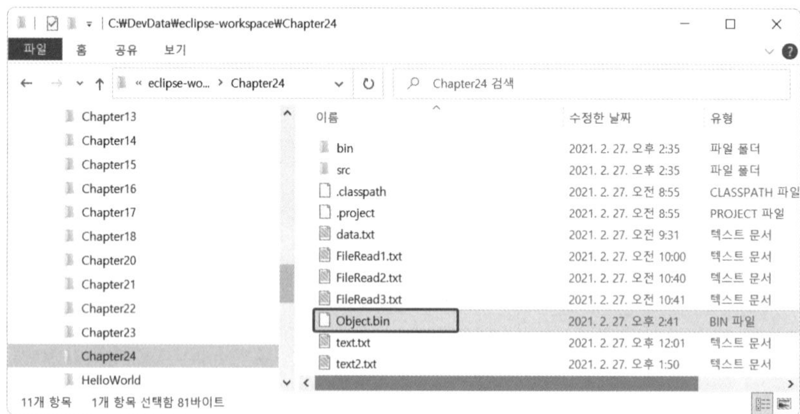

파일을 에디터로 열어보면 다음과 같습니다. 문자를 저장한 것이 아니고 객체를 저장한 것이기 때문에 에디터에서 일반적인 텍스트 문서처럼 열어볼 수 없습니다.

▼ 에디터로 열어보기

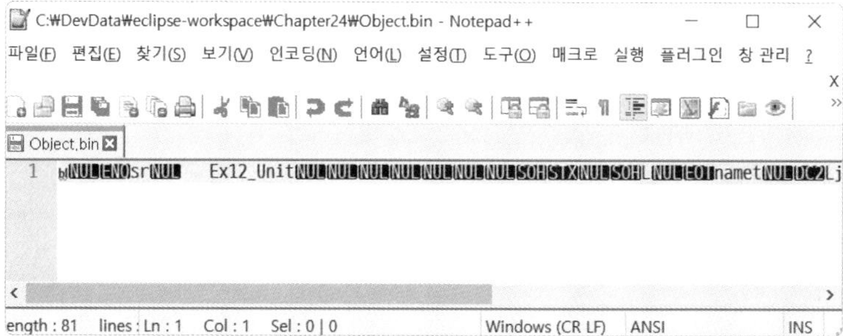

24.6.3 ObjectInputStream

ObjectOutputStream을 이용하여 객체를 저장한 경우 ObjectInputStream으로 읽어서 객체를 복원해야 정보를 읽을 수 있습니다.

Chapter24 / Ex14_ObjectInputStream.java

```
import java.io.FileInputStream;
import java.io.IOException;
import java.io.ObjectInputStream;

public class Ex14_ObjectInputStream
{
    public static void main(String[] args)
    {
        try (ObjectInputStream ois =
                new ObjectInputStream(new FileInputStream("Object.bin")))  // ❶
        {
            Ex12_Unit unit1 = (Ex12_Unit) ois.readObject(); // ❷
            System.out.println(unit1.getName()); // ❸

            Ex12_Unit unit2 = (Ex12_Unit) ois.readObject();
            System.out.println(unit2.getName());
        }
        catch(ClassNotFoundException e)
        {
            e.printStackTrace();
        }
        catch(IOException e)
        {
```

```
                e.printStackTrace();
            }
        }
}
```

▼ 실행 결과

```
Console ⌧
<terminated> Ex14_ObjectInputStream [Java Application] C:\Dev\jdk-11.0.8\bin\javaw.
Marine
Medic
```

❶ 기반 스트림인 FileInputStream에 보조 스트림인 ObjectInputStream을 이용하여 객체를 읽을 수 있는 기능을 추가하여 스트림을 생성합니다.

❷ 스트림에서 객체를 읽어들입니다. ❸ 객체의 메서드를 호출합니다.

학습 마무리

여기까지 자바의 입출력 모델과 입출력 스트림을 알아보았습니다.

핵심 요약

1 입출력 모델에서 발생하는 스트림을 입출력 스트림이라고 합니다.

2 입출력 스트림은 3가지 관점에서 입력 스트림과 출력 스트림, 바이트 단위 스트림과 문자 단위 스트림, 기반 스트림과 보조 스트림으로 구분할 수 있습니다.

3 기반 스트림은 대상에 직접 자료를 읽고 쓰는 기능의 스트림이며, 보조 스트림은 기반 스트림에 추가적인 기능을 더해주는 스트림입니다.

4 FileReader나 FileWriter 클래스를 사용하게 되면 입출력 스트림에서 두 바이트씩 데이터를 처리해줍니다.

5 자바에서 직렬화는 객체의 상태를 그대로 저장하거나 다시 복원하는 것을 말합니다.

Chapter

25

스레드

#MUSTHAVE

☐ **학습 목표**	자바에서 다루는 스레드를 알아봅니다.
☐ **학습 순서**	**1** 스레드의 이해
	2 스레드 생성과 실행
	3 스레드 동기화
	4 스레드 풀
	5 Callable & Future
	6 ReentrantLock
	7 컬렉션 객체 동기화
☐ **스레드 소개**	자바 애플리케이션은 JVM 위에서 동작합니다. 이런 애플리케이션 안에서도 여러 작업을 동시에 수행할 수 있는데 이것을 스레드라 합니다.

25.1 스레드의 이해

운영체제에서 실행 중인 프로그램을 프로세스[process]라 부릅니다. 예전 DOS 운영체제 환경에서는 한 번에 한 프로그램만이 실행되었습니다.

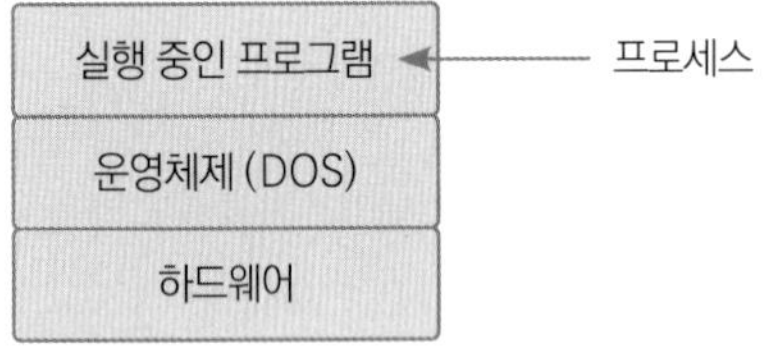

현대 운영체제인 윈도우, 맥OS, 리눅스 등에서는 동시에 여러 프로그램이 실행됩니다. 이렇게 두 가지 이상의 작업을 동시에 처리하는 것을 멀티태스킹[multi-tasking]이라고 합니다.

프로세스는 자신만의 자원을 가집니다. 그래서 여러 프로세스가 동시에 실행되더라도 자신만의 메모리를 사용하기 때문에 서로 독립적입니다.

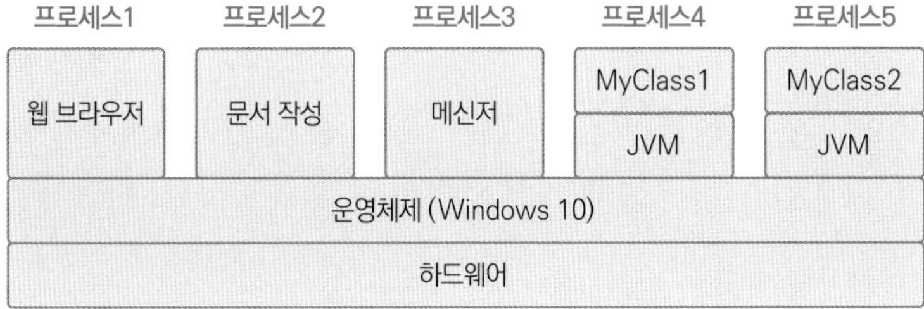

그리고 실행 중인 애플리케이션, 즉 프로세스에서도 동시에 수행할 수 있는 다수의 코드 블록이 있을 수 있습니다. 예를 들면 웹 브라우저는 다운로드가 진행 중일 때 계속해서 검색을 할 수 있습니다. 이 작업들은 서로 독립적이어서 동시에 실행할 수 있습니다.

자바 애플리케이션은 JVM 위에서 동작하며, 하나의 JVM은 하나의 애플리케이션을 실행할 수 있습니다. 이 애플리케이션 안에서 앞에서 설명한 웹 브라우저처럼 여러 작업을 동시에 수행할 수 있는데 이것을 스레드라 합니다. 그림에서 보듯이 이 스레드들은 각자의 자원을 가지고 독립적으로 실행됩니다.

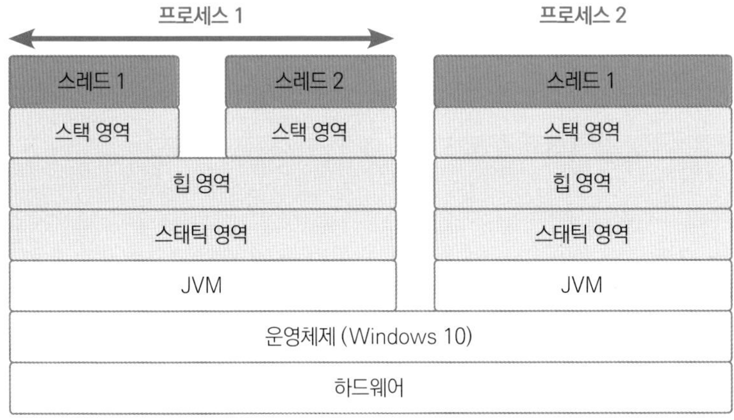

Tip 자바 스레드를 관리하는 일은 모두 JVM이 담당합니다. 프로세스 관리는 운영체제가 담당합니다.

스레드는 하나의 실행 흐름으로 프로세스 내부에 존재합니다. 그리고 프로세스는 하나 이상의 실행 흐름을 포함하기 때문에 프로세스는 적어도 하나의 스레드를 가집니다. 우리가 지금까지 만든 모든 예제는 하나의 프로세스에서 하나의 스레드에 의해 진행이 되었습니다.

Chapter25 / Ex01_CurrentThread.java

```
public class Ex01_CurrentThread
{
```

```java
    public static void main(String[] args)
    {
        String name = Thread.currentThread().getName();      // ❶
        System.out.println("현재 스레드 이름 : " + name);     // ❷
    }
}
```

❶ 현재 스레드명을 구해옵니다. ❷ 출력해서 현재 스레드명을 확인해봅니다.

우리가 만든 모든 예제의 main()도 스레드로 동작합니다. 그래서 실행을 하고 현재 스레드명을 출력해보면 다음과 같은 결과가 출력됩니다.

▼ 실행 결과

```
Console ☒
<terminated> Ex01_CurrentThread [Java Application] C:₩Dev₩jdk-11.0.8₩bin₩javaw.exe
현재 스레드 이름 : main
```

25.2 스레드 생성과 실행

자바는 다음 두 가지 방법으로 스레드를 작성할 수 있습니다.

- Thread 클래스를 상속받아 run() 메서드 오버라이딩
- Runnable 인터페이스 구현

Thread 클래스와 Runnable 인터페이스는 java.lang 패키지에 포함되어 있기 때문에 따로 임포트할 필요는 없습니다.

25.2.1 Thread 클래스를 상속받아 만들기

우리가 여태 만들었던 것처럼 부모 클래스로 Thread를 상속받아 클래스를 만들 수 있습니다.

다만 스레드는 start() 메서드를 통해 동작시키게 됩니다.

Chapter25 / Ex02_ThreadClass.java

```java
class MyThread2 extends Thread   // ❶
{
```

```
    public void run()   // ❷
    {
        int sum = 0;
        for (int i=0; i<10; i++)
            sum = sum + i;
        String name = Thread.currentThread().getName(); // ❸
        System.out.println(name + ": " + sum);          // ❹
    }
}

public class Ex02_ThreadClass
{
    public static void main(String[] args)
    {
        MyThread2 t = new MyThread2(); // ❺
        t.start();                     // ❻
        System.out.println("main: " + Thread.currentThread().getName()); // ❼
    }
}
```

▼ 실행 결과

```
Console
<terminated> Ex02_ThreadClass [Java Application] C:\Dev\jdk-11.0.8\bin\javaw.exe
main: main
Thread-0: 45
```

❶ 스레드를 상속한 클래스를 만듭니다.

❷ 우리가 만든 프로그램을 JVM이 실행시킬 때는 main을 호출하지만, 스레드를 실행하면 해당 스레드에서 이 run( ) 메서드를 호출합니다.

❸ 현재 스레드명을 가져옵니다. 스레드를 생성할 때 이름을 지정하지 않았기 때문에 일련번호가 붙여진 이름이 반환됩니다. ❹ 스레드명과 연산 결과를 출력합니다.

❺ 스레드 객체를 생성합니다. ❻ 스레드의 run( ) 메서드 이름을 바로 호출하지 않고 start( ) 메서드를 호출해야 run( ) 메서드가 실행됩니다. ❼ main( )도 스레드입니다. 현재 스레드명을 가져와서 출력합니다.

여태까지 프로그램은 코드 순서대로 실행되었는데, 여기서는 ❻에서 스레드를 실행시키고 나서 ❷가 아니라 곧바로 ❼을 실행하게 됩니다. 스레드가 실행되는 시간이 조금 필요하기 때문에 대부분

❼의 결과가 먼저 출력되고, 스레드 안의 ❹가 나중에 수행되고 나중에 출력된 겁니다.

이처럼 스레드 실행은 메서드 호출과는 처리 방식이 다릅니다. 메서드 호출은 결과를 기다렸다 다음 라인이 실행되지만 스레드 실행은 시작하라는 명령만 내리고 바로 다음 라인으로 실행이 옮겨갑니다. 실행된 스레드는 메인 스레드와는 별도로 자기 자신만의 실행 순서로 main 스레드와 동시에 실행됩니다.

다만 메인 블록의 코드가 다 실행되었다고 해도 스레드가 실행되고 있다면 스레드 실행이 끝날 때까지 메인 블록 종료가 지연됩니다. 메인 블록이 끝나면 프로그램이 종료되기 때문입니다.

25.2.2 Runnable 인터페이스 구현하기

자바는 다중 상속이 안 되기 때문에 Thread 클래스를 상속받아 스레드를 만들면 구현이 힘든 상황이 생깁니다. 그럴 때는 Runnable 인터페이스를 구현하여 스레드를 만들면 됩니다.

Chapter25 / Ex03_RunnableInterface1.java

```
class MyThread3 implements Runnable // ❶
{
    public void run()  // ❷
    {
        int sum = 0;
        for (int i=0; i<10; i++)
            sum = sum + i;
        String name = Thread.currentThread().getName(); // ❸
        System.out.println(name + ": " + sum);          // ❹
    }
}

public class Ex03_RunnableInterface1
{
    public static void main(String[] args)
    {
        Thread t = new Thread(new MyThread3());  // ❺
        t.start();                               // ❻

        System.out.println("main: " + Thread.currentThread().getName()); // ❼
    }
}
```

▼ 실행 결과

```
Console ⊠
<terminated> Ex03_RunnableInterface1 [Java Application] C:₩Dev₩jdk-11.0.8₩bin₩javaw
main: main
Thread-0: 45
```

❶ 인터페이스를 구현한 클래스를 만듭니다.

❷ 스레드를 실행하면 해당 스레드에서 이 run() 메서드를 호출합니다. ❸ 현재 스레드명을 가져옵니다. 스레드를 생성할 때 이름을 지정하지 않았기 때문에 일련번호가 붙여진 이름이 반환됩니다. ❹ 스레드명과 연산 결과를 출력합니다.

❺ 스레드 객체를 생성합니다. 이때 기본 Thread 클래스를 이용하여 생성하는데, 생성자 인수로 우리가 만든 클래스의 객체를 넘겨줍니다. 이 부분이 Thread 클래스를 상속한 클래스와 Runnable 인터페이스를 구현한 클래스에서 달라지는 부분입니다. ❻ 스레드의 run() 메서드를 바로 호출하지 않고 start() 메서드를 호출하면 run() 메서드가 실행됩니다. ❼ main()도 스레드입니다. 현재 스레드명을 가져와서 출력합니다.

25.2.3 람다식으로 Runnable 구현하기

스레드를 구현하는 클래스에 run() 메서드만 있다면 많은 부분을 생략하고 익명 클래스나 람다식으로 구현할 수도 있습니다. 여기서는 람다식으로 구성해보겠습니다.

Chapter25 / Ex04_RunnableInterface2.java

```
public class Ex04_RunnableInterface2
{
    public static void main(String[] args)
    {
        Runnable task = () -> {     // ❶
            try
            {
                Thread.sleep(3000); // ❷
            }
            catch (Exception e) { }

            int sum = 0;
            for (int i=0; i<10; i++)
                sum = sum + i;
```

```
            String name = Thread.currentThread().getName(); // ❸
            System.out.println(name + ": " + sum);          // ❹
        };

        Thread t = new Thread(task); // ❺
        t.start();                   // ❻

        System.out.println("main: " + Thread.currentThread().getName()); // ❼
    }
}
```

▼ 실행 결과

```
Console
<terminated> Ex04_RunnableInterface2 [Java Application] C:₩Dev₩jdk-11.0.8₩bin₩javaw
main: main
Thread-0: 45
```

❶ Runnable 변수를 만들고 람다식을 대입해줍니다.

❷ 스레드의 실행이 3초 동안 일시 정지했다가 다시 진행됩니다.

❸ 현재 스레드명을 가져옵니다. 스레드를 생성할 때 이름을 지정하지 않았기 때문에 일련번호가 붙여진 이름이 반환됩니다. ❹ 스레드명과 연산 결과를 출력합니다.

❺ 스레드 객체를 생성합니다. 이때 Runnable 인터페이스를 구현한 스레드는 기본 Thread 클래스를 이용하여 생성하는데, 생성자의 인수로 우리가 만든 람다식을 대입한 변수를 넘겨줍니다.

❻ 스레드의 run() 메서드를 호출하지 않고 start() 메서드를 호출하면 run() 메서드가 실행됩니다.

❼ main 스레드명을 가져와서 출력합니다. ❼ 내용이 실행과 거의 동시에 출력되고, 3초 후에 ❹ 내용이 출력됩니다.

25.2.4 여러 개의 스레드 동시 실행

처음에 설명한 것처럼 하나의 프로세스에서 스레드는 여러 개가 동시에 실행될 수 있습니다. 다음처럼 코드를 작성하여 결과를 살펴봅니다. 여러 개의 스레드가 동시에 실행되면서 자기만의 동작을 하게 됩니다.

Chapter25 / Ex05_MultiThread.java

```java
public class Ex05_MultiThread
{
    public static void main(String[] args)
    {
        Runnable task1 = () -> { // ❶
            try
            {
                for (int i=0; i<20; i=i+2)  // 20 미만 짝수 출력
                {
                    System.out.print(i + " ");
                    Thread.sleep(1000);  // 1000밀리세컨드(1초) 쉼
                }
            }
            catch(InterruptedException e) { }
        };

        Runnable task2 = () -> { // ❷
            try
            {
                for (int i=9; i>0; i--)   // 10 미만 수 출력
                {
                    System.out.print("(" + i + ") ");
                    Thread.sleep(500);   // 500밀리세컨드 쉼
                }
            }
            catch(InterruptedException e) { }
        };

        Thread t1 = new Thread(task1);
        Thread t2 = new Thread(task2);

        t1.start();
        t2.start();
    }
}
```

▼ 실행 결과

```
Console ☒
<terminated> Ex05_MultiThread [Java Application] C:₩Dev₩jdk-11.0.8₩bin₩javaw.exe (2
(9) 0 (8) 2 (7) (6) 4 (5) (4) 6 (3) (2) 8 (1) 10 12 14 16 18
```

앞 부분에서는 섞여서 출력됨

❶ t1 스레드는 1초 간격으로 짝수를 0부터 20미만까지 출력합니다. ❷ t2 스레드는 0.5초 간격으로 수를 9부터 1까지 역순으로 출력합니다. t1 스레드의 내용이 다 출력되고 그 후에 t2 스레드의 내용이 출력되는 것이 아니고, ❸ 두 스레드를 거의 동시에 실행시켰기 때문에 두 스레드의 결과가 섞여서 출력됩니다.

이처럼 스레드는 각자 자기의 코드를 다른 스레드와 동시에 실행하게 됩니다. 출력되는 숫자의 순서는 이 책과 다를 수 있습니다.

Tip 멀티 코어 CPU라면 다수의 작업을 각 CPU에 처리를 맡겨 동시에 병렬(parallel) 처리하지만, 싱글 코어 CPU라면 운영체제가 CPU 처리 능력을 각 작업에 교대로 할당해 다수의 작업을 동시(concurrent)에 처리합니다.

25.3 스레드 동기화

동일한 변수의 값을 증감시키는 두 스레드가 있다고 가정해봅시다. 변수의 값은 메모리에 있습니다. 이 변수의 값을 증감하는 연산을 하려면 CPU로 값을 옮겨와서 값을 증감시키는 연산을 수행하고 나서 다시 메모리에 저장시켜야 합니다. 이런 과정이 있기 때문에 여러 스레드가 같은 변수의 값을 증감시키는 연산을 수행하면 문제가 발생하게 됩니다.

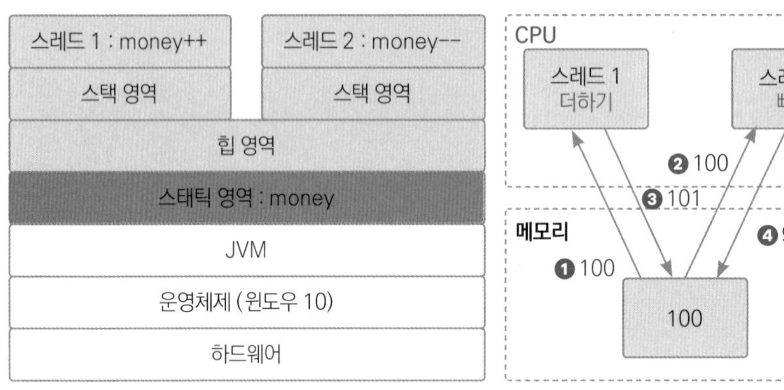

스레드 1에서 값을 가져가서 더하고 반환하고, 스레드 2에서 값을 가져가서 빼고 반환하면 값이 그대로 100이어야 할 것 같지만 위 그림에서는 99가 됩니다.

25.3.1 스레드에서의 문제점

앞에서 설명한 것을 예제를 통해서 살펴보겠습니다.

Chapter25 / Ex06_ProblemOfThread.java

```
public class Ex06_ProblemOfThread
{
    public static int money = 0; // ❶

    public static void main(String[] args) throws InterruptedException // ❷
    {
        Runnable task1 = () -> { // ❸
            for (int i = 0; i<10000; i++)   ─┐
                money++;                    ─┘// ❹
        };

        Runnable task2 = () -> { // ❺
            for (int i = 0; i<10000; i++)   ─┐
                money--;                    ─┘// ❻
        };

        Thread t1 = new Thread(task1);      ─┐
        Thread t2 = new Thread(task2);      ─┘// ❼

        t1.start();  ─┐
        t2.start();  ─┘// ❽

        t1.join();    // ❾ t1이 참조하는 스레드의 종료를 기다림
        t2.join();    // ❿ t2가 참조하는 스레드의 종료를 기다림

        // ⓫ 스레드가 종료되면 출력을 진행함. 위 join의 영향
        System.out.println(money);
    }

}
```

❶ 스태틱 영역에 있는 변수는 모든 스레드에서 값을 공유하여 사용할 수 있습니다. ❷ InterruptedException 예외가 발생하면 예외를 넘기고 종료합니다.

❸ Runnable을 이용하여 task1 스레드를 만듭니다. ❹ 10000번 동안 더하기를 합니다.

❺ Runnable을 이용하여 task2 스레드를 만듭니다. ❻ 10000번 동안 빼기를 합니다.

❺ 스레드를 만들고 ❽ 실행시킵니다.

❾, ❿ 스레드가 종료할 때까지 main 스레드의 진행을 대기시킵니다. t1, t2 스레드가 종료되면 ⓫이 실행됩니다.

다음은 실행 결과입니다. 생각으로는 10000번 더하고 10000번 빼면 0이어야 할 것 같지만 결과는 그렇지 않습니다. 앞의 그림에서 설명한 것처럼 동작을 하면서, 스레드가 실행될 때의 CPU의 상황에 따라 진행 속도가 조금씩 달라지면서 매번 다른 결과가 나오게 됩니다.

▼ 실행 결과

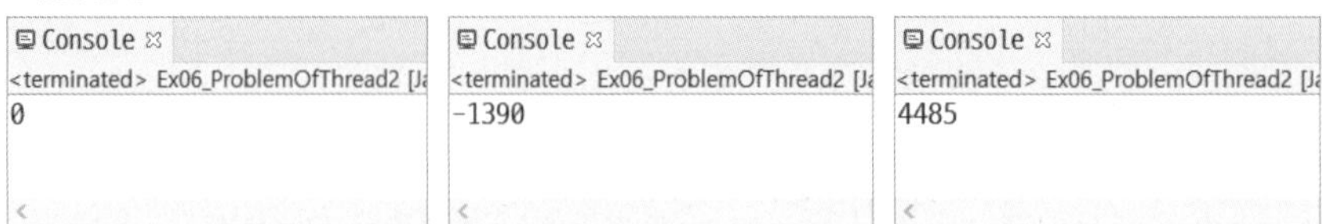

25.3.2 스레드 동기화로 문제점 해결

자바에서는 스레드에서 동기화synchronization를 사용하여 이런 문제를 해결합니다. 동기화시키는 방법은 두 가지입니다. 메서드에 synchronized 키워드를 지정하거나 코드의 일부에 동기화 블록을 지정합니다.

▼ 메서드 전체 동기화

```
public synchronized void 메서드( )
{
    // 동기화 대상 코드
}
```

▼ 코드 일부 동기화

```
public void 메서드( )
{
    synchronized (공유객체)
    {
        // 동기화 대상 코드
    }
}
```

동기화할 때 발생하는 문제는 병목 현상입니다. 코드로 살펴보겠습니다.

Chapter25 / Ex07_SyncMethod.java

```
public class Ex07_SyncMethod
{
    public static int money = 0; // ❶

```

```
    public synchronized static void deposit() // ❷
    {
        money++;
    }

    public synchronized static void withdraw() // ❸
    {
        money--;
    }

    public static void main(String[] args) throws InterruptedException // ❹
    {
        Runnable task1 = () -> { // ❺
            for (int i = 0; i<10000; i++)
                deposit();       // ❻
        };

        Runnable task2 = () -> { // ❼
            for (int i = 0; i<10000; i++)
                withdraw();      // ❽
        };

        Thread t1 = new Thread(task1); ─┐
        Thread t2 = new Thread(task2); ─┴─// ❾

        t1.start(); ─┐
        t2.start(); ─┴─// ❿

        t1.join();    // ⓫ t1이 참조하는 스레드의 종료를 기다림
        t2.join();    // ⓬ t2가 참조하는 스레드의 종료를 기다림

        // ⓭ 스레드가 종료되면 출력을 진행함. 위 join의 영향
        System.out.println(money);
    }
}
```

▼ 실행 결과

```
Console
<terminated> Ex07_SyncMethod [Java Application] C:₩Dev₩jdk-11.0.8₩bin₩javaw.exe
0
```

❶ 스태틱 영역에 있는 변수는 모든 스레드에서 값을 공유하여 사용할 수 있습니다.

❷ 동기화 키워드를 이용하여 deposit() 메서드를 정의합니다. ❸ 동기화 키워드를 이용하여 withdraw() 메서드를 정의합니다.

❹ InterruptedException 예외가 발생하면 예외를 넘기고 종료합니다.

❺ Runnable을 이용하여 task1 스레드를 만듭니다. ❻ 공유 변수를 사용하는 메서드를 호출합니다.

❼ Runnable을 이용하여 task2 스레드를 만듭니다. ❽ 공유 변수를 사용하는 메서드를 호출합니다.

❾ 스레드를 만들고 ❿ 실행시킵니다.

⓫, ⓬ 스레드가 종료할 때까지 main() 스레드의 진행을 대기시킵니다. t1, t2 스레드가 종료되면 ⓭이 실행됩니다.

이렇게 동기화가 메서드나 블록에 적용되면 동기화 영역이 실행되는 동안 다른 스레드의 접근을 제한하게 됩니다. 동기화 영역의 실행이 끝나면 이제 다른 스레드에서도 접근이 가능하게 됩니다. 그러므로 이 부분에 많은 스레드가 접근하게 된다면 병목 현상이 발생할 수 있습니다.

여러 번 실행해도 앞의 예제처럼 값이 달라지지 않고 예상한 값인 0이 출력되게 됩니다.

25.4 스레드 풀

스레드 개수가 많아지면 스레드 객체 생성과 소멸, 스케줄링 등에 CPU와 메모리에 많은 부하가 발생합니다. 스레드의 생성과 소멸은 리소스 소모가 많은 작업입니다. 웹 서버처럼 소규모의 많은 요청이 들어올 때마다 스레드를 생성 및 종료하면 오버헤드가 발생합니다. 거기에 생성되는 스레드 개수에 제한이 없다면 OutOfMemoryError가 발생할 수 있습니다.

따라서 생성과 종료를 반복해 사용하는 스레드라면 재활용하고 동시에 실행하는 스레드 개수도 제한하여 CPU와 메모리에 가해지는 부하를 줄일 필요가 있습니다. 이런 목적으로 자바 5에 스레드 관련 java.util.concurrent 패키지가 추가되었습니다.

스레드 풀thread pool은 제한된 개수의 스레드를 JVM에 관리하도록 맡기는 방식입니다. 실행할 작업을 스레드 풀로 전달하면 JVM이 스레드 풀의 유휴 스레드idle thread 중 하나를 선택해서 스레드로 실행시킵니다.

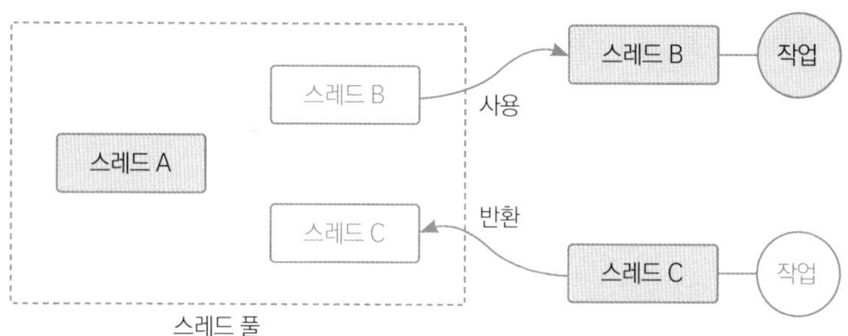

스레드 풀의 대표적인 유형은 다음과 같습니다.

- newSingleThreadExecutor
  풀 안에 하나의 스레드만 생성하고 유지합니다. 스레드의 숫자가 하나이고 하나의 태스크가 완료된 이후에 다음 태스크가 실행됩니다. 즉, 여러 스레드가 동시에 실행되지 않으므로 동기화가 필요 없습니다.

- newFixedThreadPool
  풀 안에 인수로 전달된 수의 스레드를 생성하고 유지합니다. 초기 스레드 개수는 0개, 코어 스레드 수와 최대 스레드 수는 매개변수 nThreads값으로 지정합니다. 만약 생성된 스레드가 놀고 있어도 스레드를 제거하지 않고 내버려둡니다.

- newCachedThreadPool
  풀 안의 스레드의 수를 작업의 수에 맞게 유동적으로 관리합니다. 초기 스레드와 코어 스레드 개수는 0개, 최대 스레드 수는 integer 데이터형이 가질 수 있는 최댓값입니다. 만약 스레드가 60초 동안 아무 일도 하지 않으면 스레드를 종료시키고 스레드 풀에서 제거합니다.

스레드 풀을 이용하는 예제를 만들어보겠습니다.

25.4.1 최대 스레드 수가 1개인 스레드 풀

Chapter25 / Ex08_ThreadPool1.java

```
import java.util.concurrent.ExecutorService;
import java.util.concurrent.Executors;

public class Ex08_ThreadPool1
{
    public static int money = 0; // ❶

    public static void main(String[] args)
    {
        Runnable task1 = () -> {     // ❷ 스레드에 시킬 작업
            for (int i = 0; i<10000; i++)    // ❸
                money++;
            String name = Thread.currentThread().getName();
            System.out.println(name + ": " + money);
        };

        Runnable task2 = () -> {     // ❹ 스레드에 시킬 작업
            for (int i = 0; i<10000; i++)    // ❺
                money--;
            String name = Thread.currentThread().getName();
            System.out.println(name + ": " + money);
        };

        ExecutorService pool = Executors.newSingleThreadExecutor(); // ❻
        pool.submit(task1);     // ❼ 스레드 풀에 작업을 전달
        pool.submit(task2);     // ❽ 스레드 풀에 작업을 전달

        System.out.println("End " + Thread.currentThread().getName()); // ❾

        pool.shutdown();     // ❿ 스레드 풀과 그 안에 있는 스레드의 소멸
    }
}
```

▼ 실행 결과

```
Console
<terminated> Ex08_ThreadPool1 [Java Application] C:\Dev\jdk-11.0.8\bin\javaw.exe
End main
pool-1-thread-1: 10000
pool-1-thread-1: 0
```

❶ 스태틱 영역에 있는 변수는 모든 스레드에서 값을 공유하여 사용할 수 있습니다.

❷ Runnable을 이용하여 task1 스레드를 만듭니다. ❸ 10000번 동안 더하기를 합니다. ❹ Runnable을 이용하여 task2 스레드를 만듭니다. ❺ 10000번 동안 빼기를 합니다.

❻ 스레드 풀을 만듭니다. 현재 스레드 풀은 하나의 스레드만 전달받아 처리할 수 있습니다.

❼ task1 스레드를 스레드 풀에 전달합니다. 스레드 풀은 전달된 스레드를 실행시킵니다. ❽ task2 스레드를 스레드 풀에 전달합니다. 스레드 풀은 전달된 스레드를 실행시킵니다.

❾ main() 스레드명을 출력합니다.

❿ 마지막 스레드가 종료되면 스레드 풀을 종료시킵니다.

앞의 예제에서 사용한 동기화를 사용하지 않고도 공유된 변수의 사용에 안전한 결과를 얻고 있음을 볼 수 있습니다. 하지만 이 방식은 스레드가 동시에 여러 개가 실행되지 않기 때문에 스레드라기보다는 메서드의 사용 방식과 비슷합니다.

스레드가 실행되는 것을 기다리지 않고 ❾가 먼저 실행됩니다. 그리고 첫 번째 스레드가 10000번을 더하고 결과를 출력합니다. 이후 두 번째 스레드가 스레드 풀에 전달되고 스레드 풀에 의해 실행되면 10000번을 빼고 결과를 출력하게 됩니다. 그러면 결과는 0입니다.

25.4.2 최대 스레드 수가 2개인 스레드 풀

이번에는 다른 조건의 스레드 풀을 사용하는 예제입니다. 스레드 풀의 개수를 2개로 지정하고 3개를 전달하여 사용해보겠습니다. 우리가 생성한 스레드 풀은 한 번에 2개까지만 스레드를 처리할 수 있으므로 전달된 3개의 스레드 중 1개는 다른 한 개가 다 수행되고 종료가 되면 그때부터 실행될 수 있습니다.

Chapter25 / Ex09_ThreadPool2.java

```
import java.util.concurrent.ExecutorService;
import java.util.concurrent.Executors;

public class Ex09_ThreadPool2
{
    public static void main(String[] args)
    {
        Runnable task1 = () -> {     // ❶
```

```java
            String name = Thread.currentThread().getName();
            try
            {
                Thread.sleep(5000);  // ❷
            }
            catch (Exception e) { }
            System.out.println(name + ": 5초 후 실행"); // ❸
        };

        Runnable task2 = () -> {     // ❹
            String name = Thread.currentThread().getName();
            System.out.println(name + ": 바로 실행"); // ❺
        };

        Runnable task3 = () -> {     // ❻
            String name = Thread.currentThread().getName();
            try {
                Thread.sleep(2000);  // ❼
            }
            catch (Exception e) { }
            System.out.println(name + ": 2초 후 실행"); // ❽
        };

        // 스레드 풀에서 수행될 수 있는 스레드의 총량 제한
        ExecutorService pool = Executors.newFixedThreadPool(2); // ❾
        pool.submit(task1); ─┐
        pool.submit(task2);  ├─// ❿
        pool.submit(task3); ─┘

        pool.shutdown(); // ⓫
    }
}
```

▼ 실행 결과

```
Console ☒
<terminated> Ex09_ThreadPool2 [Java Application] C:₩Dev₩jdk-11.0.8₩bin₩javaw.exe
pool-1-thread-2: 바로 실행
pool-1-thread-2: 2초 후 실행
pool-1-thread-1: 5초 후 실행
```

❶ Runnable을 이용하여 task1 스레드를 만듭니다. ❷ 5초간 스레드를 대기시킵니다. ❸ 스레드

명을 출력합니다. 스레드가 실행되고 5초 후에 출력됩니다.

❹ Runnable을 이용하여 task2 스레드를 만듭니다. ❺ 스레드명을 출력합니다. 스레드가 실행되면 바로 출력됩니다.

❻ Runnable을 이용하여 task3 스레드를 만듭니다. ❼ 2초간 스레드를 대기시킵니다. ❽ 스레드명을 출력합니다.

❾ 스레드 풀을 만듭니다. 현재 스레드 풀은 동시에 스레드 두 개를 처리할 수 있습니다.

❿ 스레드를 스레드 풀에 전달합니다. 스레드 풀은 전달된 스레드를 실행시킵니다.

⓫ 마지막 스레드가 종료되면 스레드 풀을 종료시킵니다.

처음에 task1, task2가 스레드 풀에 전달됩니다. 그런데 task1은 5초 후에 출력해야 하므로 계속 실행 중에 있습니다. task2는 바로 실행이 되고 종료됩니다. 그러면 그 자리에 task3이 스레드 풀에 들어 와서 실행이 됩니다. 그래서 task2와 task3가 실행된 이름이 같은 것을 확인할 수 있습니다.

25.5 Callable & Future

스레드는 실행만 시켜줄 수 있고, 스레드로부터 결과를 반환받을 수 없습니다. 그런데 Executor[1] 프레임워크를 사용하면 작업 대상의 Callable 객체를 만들고 ExecutorService에 등록한 다음 태스크 처리가 끝난 다음 작업 결과를 Future 객체를 통해서 반환받을 수 있습니다.

Chapter25 / Ex10_CallableFuture.java

```
import java.util.concurrent.Callable;
import java.util.concurrent.ExecutionException;
import java.util.concurrent.ExecutorService;
import java.util.concurrent.Executors;
import java.util.concurrent.Future;

public class Ex10_CallableFuture
```

1 자바 5 버전에서 추가

```
{
    public static void main(String[] args)
            throws InterruptedException, ExecutionException
    {
        Callable<Integer> task1 = () -> { // ❶
            Thread.sleep(2000);
            return 2 + 3; // ❷
        };

        Callable<Integer> task2 = () -> { // ❸
            Thread.sleep(10);
            return 2 * 3; // ❹
        };

        ExecutorService pool = Executors.newFixedThreadPool(2); // ❺
        Future<Integer> future1 = pool.submit(task1); ┐
        Future<Integer> future2 = pool.submit(task2); ┘// ❻

        System.out.println("이 내용이 먼저 출력됩니다.");

        Integer r1 = future1.get();                 ┐
        System.out.println("result: " + r1);        │
                                                    ├// ❼
        Integer r2 = future2.get();                 │
        System.out.println("result: " + r2);        ┘

        pool.shutdown(); // ❽
    }
}
```

▼ 실행 결과

```
Console
<terminated> Ex10_CallableFuture [Java Application] C:\Dev\jdk-11.0.8\bin\javaw.exe
result: 5
result: 6
```

❶ Runnable 대신 Callable과 사용할 자료형을 제네릭으로 지정해서 task1 스레드를 만듭니다.

❷ 제네릭에서 지정한 형태의 값을 반환합니다.

❸ Runnable 대신 Callable과 사용할 자료형을 제네릭으로 지정해서 task2 스레드를 만듭니다.

❹ 제네릭에서 지정한 형태의 값을 반환합니다.

❺ 스레드 풀을 만듭니다. 현재 스레드 풀은 동시에 두 스레드를 처리할 수 있습니다. ❻ 스레드를 스레드 풀에 전달합니다. 스레드 풀은 전달된 스레드를 실행시킵니다. 그리고 결과를 Future형의 변수에 반환합니다.

❼ Future형의 변수에서 get() 메서드를 통해 스레드에서 반환받은 값을 구해옵니다.

❽ 마지막 스레드가 종료되면 스레드 풀을 종료시킵니다.

25.6 ReentrantLock 클래스 : 명시적 동기화

기존의 synchronized는 메서드 전체나 구간을 묶어서 동기화시켰습니다. 그런데 ReentrantLock 클래스를 사용하면 시작점과 끝점을 명백히 명시할 수 있습니다.

Chapter25 / Ex11_ReentrantLock.java

```
import java.util.concurrent.ExecutorService;
import java.util.concurrent.Executors;
import java.util.concurrent.TimeUnit;
import java.util.concurrent.locks.ReentrantLock;

class BankAccount // ❶
{
    ReentrantLock myLock = new ReentrantLock(); // ❷
    int money = 0;

    public void deposit()
    {
        myLock.lock();   // ❸
        money++;
        myLock.unlock(); // ❹
    }

    public void withdraw()
    {
        myLock.lock();
        money--;
        myLock.unlock();
```

```java
    }

    public int balance()
    {
        return money;
    }
}

public class Ex11_ReentrantLock
{
    public static BankAccount account = new BankAccount(); // ❺

    public static void main(String[] args) throws InterruptedException
    {
        Runnable task1 = () -> { // ❻
            for (int i = 0; i < 10000; i++)   ┐
             account.deposit();               ┘// ❼
        };

        Runnable task2 = () -> { // ❽
            for (int i = 0; i < 10000; i++)   ┐
             account.withdraw();              ┘// ❾
        };

        ExecutorService pool = Executors.newFixedThreadPool(2); // ❿
        pool.submit(task1);  ┐
        pool.submit(task2);  ┘// ⓫

        pool.shutdown(); // ⓬
        pool.awaitTermination(100, TimeUnit.SECONDS); // ⓭

        System.out.println(account.balance()); // ⓮
    }
}
```

▼ 실행 결과

```
Console ☒
<terminated> Ex11_ReentrantLock [Java Application] C:₩Dev₩jdk-11.0.8₩bin₩javaw.exe
0
```

❶ 여러 스레드에서 사용할 클래스를 정의합니다.

❷ 동기화에 사용할 ReentrantLock 클래스 객체를 만듭니다.

❸ 명시적으로 동기화 시작점을 설정합니다.

❹ 명시적으로 동기화 끝점을 설정합니다.

❺ 여러 스레드에서 사용할 객체를 스태틱 영역에 생성합니다.

❻ Runnable을 이용하여 task1 스레드를 만듭니다. ❼ 객체 안의 메서드를 10000번 호출합니다.

❽ Runnable을 이용하여 task2 스레드를 만듭니다. ❾ 객체 안의 메서드를 10000번 호출합니다.

❿ 스레드 풀을 만듭니다. 이 스레드 풀은 스레드를 동시에 2개까지 처리할 수 있습니다. ⓫ 스레드를 스레드 풀에 전달합니다. 스레드 풀은 전달된 스레드를 실행시킵니다.

⓬ 마지막 스레드가 종료되면 스레드 풀을 종료시킵니다. ⓭ 스레드 풀이 완전하게 종료되기를 안전하게 조금 더 기다립니다. ⓮ 스태틱 영역에 생성된 객체의 메서드를 호출해 변수의 값을 출력합니다.

synchronized 대신에 ReentrantLock을 이용해 명시적으로 동기화를시켰을 뿐 synchronized를 사용해 동기화한 예제와 결과는 같습니다.

25.7 컬렉션 객체 동기화

여러 스레드가 동시에 컬렉션 객체에 접근하여 요소를 변경하면 의도하지 않게 요소가 변경될 수 있습니다. 즉, 컬렉션 객체도 스레드에 안전하지 않습니다.

25.7.1 동기화되지 않은 컬렉션 객체의 사용

다음 예제는 리스트 변수에 대해서 동기화를 적용하지 않았습니다. 다루는 데이터가 작기 때문에 결과가 정상적으로 보일 때도 있지만, 여러 번 실행하면 이상한 결과가 나오기도 합니다.

Chapter25 / Ex12_SyncArrayList1.java

```
import java.util.ArrayList;
```

```java
import java.util.List;
import java.util.ListIterator;
import java.util.concurrent.ExecutorService;
import java.util.concurrent.Executors;
import java.util.concurrent.TimeUnit;

public class Ex12_SyncArrayList1
{
    public static List<Integer> list = new ArrayList<>(); // ❶

    public static void main(String[] args) throws InterruptedException
    {
        for (int i = 0; i < 10; i++)   // ❷
            list.add(i);
        System.out.println(list); // ❸

        Runnable task = () -> {   // ❹
            ListIterator<Integer> itr = list.listIterator(); // ❺

            while (itr.hasNext())
                itr.set(itr.next() + 1); // ❻
        };

        ExecutorService pool = Executors.newFixedThreadPool(5); // ❼
        pool.submit(task);   // ❽
        pool.submit(task);
        pool.submit(task);
        pool.submit(task);
        pool.submit(task);

        pool.shutdown(); // ❾
        pool.awaitTermination(100, TimeUnit.SECONDS); // ❿

        System.out.println(list); // ⓫
    }
}
```

❶ 스태틱 영역에 컬렉션 프레임워크의 리스트 객체를 하나 생성합니다.

❷ 리스트에 정수 10개를 차례대로 추가합니다. ❸ 리스트 내용을 출력합니다. 0부터 9까지 차례대로 출력이 됩니다.

❹ Runnable을 이용하여 스레드를 생성합니다. ❺ 리스트의 반복자를 구해옵니다.

❻ 리스트의 반복자로 구해온 리스트의 값에 1씩 더해서 다시 저장합니다.

❼ 스레드 풀을 만듭니다. 이 스레드 풀은 동시에 스레드 5개를 처리할 수 있습니다. ❽ 스레드 풀에 스레드를 전달합니다. 스레드 풀은 전달된 스레드를 실행시킵니다.

❾ 마지막 스레드가 종료되면 스레드 풀을 종료시킵니다. ❿ 스레드 풀이 완전하게 종료되기를 안전하게 조금 더 기다립니다. ⓫ 스태틱 영역에 생성된 리스트의 값을 출력합니다.

이 스레드 풀은 스레드 5개가 동시에 리스트 변수에 접근하여 사용합니다. 각자 리스트 변수에 대해서 반복자를 통해서 돌면서 값을 더해서 다시 세팅하게 됩니다. 데이터가 적기 때문에 CPU가 빠르게 처리하면 정상적으로 처리가 되지만, 여러 번 실행하면 스레드에 안전하지 않은 처리 결과가 나오게 됩니다. 다음 제시한 결과와 개개인이 실행한 결과가 다를 겁니다.

▼ 실행 결과

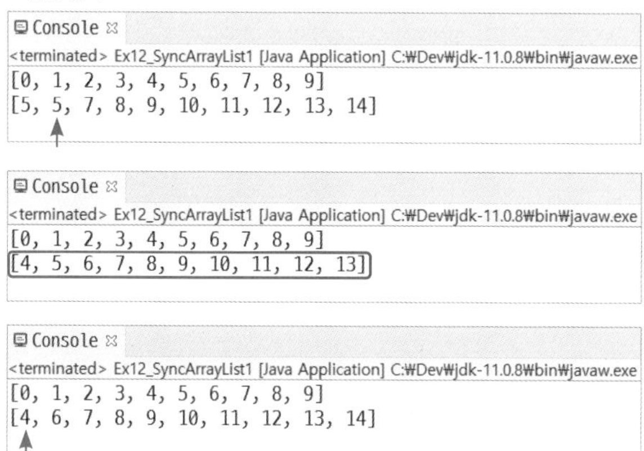

25.7.2 synchronized를 이용한 동기화

컬렉션 프레임워크도 synchronized를 사용하여 동기화를 하면 정상적으로 처리할 수 있습니다.

Chapter25 / Ex13_SyncArrayList2.java

```
import java.util.ArrayList;
import java.util.List;
```

```java
import java.util.ListIterator;
import java.util.concurrent.ExecutorService;
import java.util.concurrent.Executors;
import java.util.concurrent.TimeUnit;

public class Ex13_SyncArrayList2
{
    public static List<Integer> list = new ArrayList<>();

    public static void main(String[] args) throws InterruptedException
    {
        for (int i = 0; i < 10; i++)
            list.add(i);
        System.out.println(list);

        Runnable task = () -> {
            // list 객체를 사용할 때 객체에 동기화 Lock 설정
            synchronized(list)
            {
                ListIterator<Integer> itr = list.listIterator();
                                                                    // ❶
                while (itr.hasNext())
                    itr.set(itr.next() + 1);
            }
        };

        ExecutorService pool = Executors.newFixedThreadPool(5);
        pool.submit(task);
        pool.submit(task);
        pool.submit(task);
        pool.submit(task);
        pool.submit(task);

        pool.shutdown();
        pool.awaitTermination(100, TimeUnit.SECONDS);

        System.out.println(list);
    }
}
```

▼ 실행 결과

```
Console ☒
<terminated> Ex13_SyncArrayList2 [Java Application] C:₩Dev₩jdk-11.0.8₩bin₩javaw.exe
[0, 1, 2, 3, 4, 5, 6, 7, 8, 9]
[5, 6, 7, 8, 9, 10, 11, 12, 13, 14]
```

앞의 예제와 똑같고 ❶에 동기화 처리를 했습니다. 컬렉션 객체인 list 변수에 동기화 처리가 되어 있기 때문에 여러 스레드가 list 변수의 값을 변경할 때 이상한 결과를 보이지 않습니다.

25.7.3 Collections 클래스의 메서드를 이용한 동기화

자바는 비동기화된 메서드를 동기화된 메서드로 래핑하는 Collections의 synchronizedXXX() 메서드를 제공합니다.

반환형	메서드(매개변수)	설명
List	synchronizedList(List list)	List를 동기화된 List로 반환
Set	synchronizedSet(Set s)	Set을 동기화된 Set으로 반환
Map<K,V>	synchronizedMap(Map<K,V> m)	Map을 동기화된 Map으로 반환

```
// thread-safe
List<T> list = Collections.synchronizedList(new ArrayList<T>());
Set<E> set = Collections.synchronizedSet(new HashSet<E>());
Map<K,V> map = Collections.synchronizedMap(new HashMap<K,V>());
```

하지만 컬렉션 객체의 동기화를 이렇게 했다고 하더라도 이 컬렉션 객체를 기반으로 생성하는 반복자는 별도로 동기화를 다시 해주어야 합니다. 그래서 다음과 같은 코드가 생기게 됩니다.

Chapter25 / Ex14_SyncArrayList3.java

```
import java.util.ArrayList;
import java.util.Collections;
import java.util.List;
import java.util.ListIterator;
import java.util.concurrent.ExecutorService;
import java.util.concurrent.Executors;
import java.util.concurrent.TimeUnit;

public class Ex14_SyncArrayList3
```

```
{
    //public static List<Integer> list = new ArrayList<>(); // ❶
    public static List<Integer> list =
            Collections.synchronizedList(new ArrayList<>());          // ❷

    public static void main(String[] args) throws InterruptedException
    {
        for (int i = 0; i < 10; i++)
            list.add(i);
        System.out.println(list);

        Runnable task = () -> {
            // list 객체를 사용할 때 객체에 동기화 Lock 설정
            synchronized(list)
            {
                ListIterator<Integer> itr = list.listIterator();
                                                                      // ❸
                while (itr.hasNext())
                    itr.set(itr.next() + 1);
            }
        };

        ExecutorService pool = Executors.newFixedThreadPool(5);
        pool.submit(task);
        pool.submit(task);
        pool.submit(task);
        pool.submit(task);
        pool.submit(task);

        pool.shutdown();
        pool.awaitTermination(100, TimeUnit.SECONDS);

        System.out.println(list);
    }
}
```

▼ 실행 결과

```
Console ☒
<terminated> Ex14_SyncArrayList3 [Java Application] C:₩Dev₩jdk-11.0.8₩bin₩javaw.exe
[0, 1, 2, 3, 4, 5, 6, 7, 8, 9]
[5, 6, 7, 8, 9, 10, 11, 12, 13, 14]
```

변수를 선언하는 기존 ❶을 ❷처럼 바꿉니다. 그런데 반복자는 동기화 처리를 해야 하기 때문에 ❸ 코드는 이전 코드와 똑같습니다.

25.7.4 ConcurrentHashMap 이용

스레드가 컬렉션 객체의 요소를 처리할 때 전체 잠금이 발생하여 컬렉션 객체에 접근하는 다른 스레드는 대기 상태가 됩니다. 이는 객체의 요소를 다루는 것은 안전해졌지만, 처리 속도는 느려졌다는 이야기가 됩니다. 따라서 자바는 멀티스레드가 컬렉션의 요소를 병렬적으로 처리할 수 있도록 java.util.concurrent 패키지에서 ConcurrentHashMap, ConcurrentLinkedQueue를 제공합니다.

이 클래스는 부분적으로 잠금을 사용하기 때문에 객체의 요소를 처리할 때 스레드에 안전하면서 빠르게 처리가 가능해집니다.

```
Map<K,V> map = new ConcurrentHashMap<K,V>();
Queue<E> queue = new ConcurrentQueue<E>();
```

ConcurrentHashMap을 성능을 체크하는 예제를 만들어 살펴보겠습니다.

Chapter25 / Ex15_ConcurrentHashMap.java

```
import java.time.Duration;
import java.time.Instant;
import java.util.Collections;
import java.util.HashMap;
import java.util.Map;
import java.util.concurrent.ConcurrentHashMap;
import java.util.concurrent.ExecutorService;
import java.util.concurrent.Executors;
import java.util.concurrent.TimeUnit;

public class Ex15_ConcurrentHashMap
{
```

```
    public static Map<String, Integer> syncMap = null; // ❶
    public static Map<String, Integer> concMap = null; // ❷

    public static void performanceTest(final Map<String, Integer> target)
            throws InterruptedException
    {
        System.out.println("Start : " + Thread.currentThread().getName());
        Instant start = Instant.now();

        Runnable task = () -> { // ❸
            for (int i = 0; i<100000; i++)           ─┐
                target.put(String.valueOf(i), i);   ─┘─// ❹
        };

        ExecutorService pool = Executors.newFixedThreadPool(5); // ❺
        pool.submit(task); ─┐
        pool.submit(task);  │
        pool.submit(task);  ├─// ❻
        pool.submit(task);  │
        pool.submit(task); ─┘

        pool.shutdown(); // ❼
        pool.awaitTermination(100, TimeUnit.SECONDS); // ❽

        Instant end = Instant.now();
        System.out.println("End : " + Duration.between(start, end).
    toMillis()); // ❾
    }

    public static void main(String[] args) throws InterruptedException
    {
        syncMap = Collections.synchronizedMap(new HashMap<>()); // ❿
        performanceTest(syncMap); // ⓫

        concMap = new ConcurrentHashMap<>(); // ⓬
        performanceTest(concMap); // ⓭
    }
}
```

▼ 실행 결과

```
Console ⊠
<terminated> Ex15_ConcurrentHashMap [Java Application] C:\Dev\jdk-11.0.8\bin\java
Start : main
End : 229
Start : main
End : 139
```

❶ Collections.synchronizedMap을 사용하여 만든 컬렉션 객체를 담을 변수를 선언합니다.

❷ ConcurrentHashMap을 사용하여 만든 컬렉션 객체를 담을 변수를 선언합니다.

❸ Runnable을 이용하여 스레드를 생성합니다. ❹ 100000 개의 요소를 맵에 추가합니다.

❺ 스레드 풀을 만듭니다. 이 스레드 풀은 동시에 5개의 스레드를 처리할 수 있습니다. ❻ 스레드 풀에 스레드를 전달합니다. 스레드 풀은 전달된 스레드를 실행시킵니다.

❼ 마지막 스레드가 종료되면 스레드 풀을 종료시킵니다. ❽ 스레드 풀이 완전하게 종료되기를 안전하게 조금 더 기다립니다.

❾ 실행된 시간을 출력합니다.

❿ Collections.synchronizedMap을 사용하여 객체를 만들고 변수에 대입합니다. ⓫ 객체 변수를 매개변수로 넘기면서 성능을 체크할 메서드를 호출합니다.

⓬ ConcurrentHashMap을 사용하여 객체를 만들고 변수에 대입합니다. ⓭ 객체 변수를 매개변수로 넘기면서 성능을 체크할 메서드를 호출합니다.

결과에서도 확인이 가능하듯 Collections.synchronizedMap을 사용할 때보다 ConcurrentHashMap을 사용할 때 속도가 더 빠른 것을 알 수 있습니다.

학습 마무리

여기까지 자바 프로그래밍에서 사용하는 스레드를 알아보았습니다.

핵심 요약

1 자바 애플리케이션은 JVM 위에서 동작합니다. 애플리케이션 안에서 여러 작업을 동시에 수행할 수 있는데 이것을 스레드라 합니다.

2 다음 두 가지 방법으로 스레드를 작성할 수 있습니다.
   - Thread 클래스를 상속받아 run() 메서드 오버라이딩
   - Runnable 인터페이스 구현

3 스레드 풀은 제한된 개수의 스레드를 JVM에 관리하도록 맡기는 방식입니다.

4 synchronized는 메서드 전체나 구간을 묶어서 동기화시킵니다.

5 Executor 프레임워크를 사용하면 작업 대상의 Callable 객체를 만들고 ExecutorService에 등록한 다음 태스크 처리가 끝난 다음 작업 결과를 Future 객체를 통해서 반환받을 수 있습니다.

6 ReentrantLock 클래스를 사용하면 시작점과 끝점을 명백히 명시해 동기화할 수 있습니다.

7 컬렉션 객체도 스레드에 안전하지 않습니다. synchronized, Collections 클래스의 메서드, ConcurrentHashMap을 이용해 동기화할 수 있습니다.

Chapter

26

Project

주소록 만들기

Project 주소록 만들기

```
Console ⊠
MyPhoneBook (6) [Java Application] C:₩Dev₩jdk-11.0.8₩bin₩javaw.exe (2021. 6. 26. 오후 9:44:59)
[메뉴 선택]
1.전화번호 입력
2.전화번호 조회
3.전화번호 삭제
4.종료
선택 : 2
조회할 이름 : 전우치
Name : 전우치
PhoneNumber : 010-1234-5678
Email : test3@test.com
-----------------------------------
[메뉴 선택]
1.전화번호 입력
2.전화번호 조회
3.전화번호 삭제
4.종료
선택 :
```

난이도	★★★☆
이름	주소록 만들기
미션	프로그램을 종료해도 이전에 입력한 정보를 읽어와 사용할 수 있는 전화번호부 프로그램을 만들자.
기능	• 전화번호 입력 • 전화번호 조회 • 전화번호 삭제 • 전체 리스트 조회 • 프로그램 종료
조작법	1. 메뉴에서 원하는 숫자를 입력합니다. 2. 이후 안내문에 따릅니다.
라이브러리	• java.io.FileOutputStream : 바이트 단위 파일 출력 • java.io.IOException : 입출력 예외 통지 • java.io.ObjectOutputStream : 객체 스트림 • java.util.HashMap : 해시맵 클래스 • java.util.Map : 맵 자료구조 • java.util.Scanner : 콘솔 입력 처리 • java.util.Set : 단일 데이터를 저장하는 컬렉션

#MUSTHAVE

학습 목표	지금까지 배운 모든 내용을 적용해서 전화번호를 저장하고 조회하는 전화번호부 기능을 단계별로 만들어보겠습니다.
학습 순서	1 프로젝트 개요 2 PhoneInfo 클래스 만들기 3 메인 메뉴 구성하기 4 연락처 입력 5 연락처 조회 6 연락처 삭제 7 프로그램 종료 시 연락처 저장 8 프로그램 시작 시 연락처 로드

26.1 프로젝트 구상하기

이번 프로젝트에서는 전화번호를 저장하고 조회하는 기능을 가진 프로그램을 만들어보겠습니다. 데이터는 다음과 같이 간단한 정보를 저장하고, 최소한의 기능만 만들어보겠습니다.

데이터	기능
이름 전화번호 이메일	전화번호 입력 전화번호 조회 전화번호 삭제 전체 리스트 조회 프로그램 종료

데이터는 PhoneInfo 클래스를 생성하여 객체의 멤버 변수를 통해 저장하고 조회하겠습니다. 그리고 이 PhoneInfo 클래스를 이용하는 MyPhoneBook 클래스를 만들어 앞에서 말한 기능들을 구현해주겠습니다.

STEP 1 26.2 PhoneInfo 클래스 만들기

To Do 01 Chapter26로 프로젝트를 만듭니다. 그리고 전화번호부를 저장하는 클래스를 먼저 만들겠습니다. ❶ step01 패키지를 만들고 ❷ PhoneInfo 클래스를 만들어 추가합니다.

Package Explorer
Chapter26
JRE System Library [jdk-11.0.8]
src
❶ step01
❷ PhoneInfo.java

PhoneInfo.java

```
package step01;

public class PhoneInfo
{

}

```

02 PhoneInfo 클래스는 정보를 저장할 클래스로 사용할 겁니다. 데이터로 사용할 내용은 이름, 전화번호, 이메일입니다.

Chapter26 / step01 / PhoneInfo.java

```
package step01;

public class PhoneInfo
{
    String name;
    String phoneNumber;
    String email;

    public PhoneInfo(String name, String phoneNumber) // ❶ 생성자
    {
        this.name = name;
        this.phoneNumber = phoneNumber;
    }

    public PhoneInfo(String name, String phoneNumber, String email) // ❷ 저장
    {
        this.name = name;
        this.phoneNumber = phoneNumber;
        this.email = email;
    }

    public void showPhoneInfo() // ❸ 읽기
    {
        System.out.println("Name : " + name);
        System.out.println("PhoneNumber : " + phoneNumber);
```

```
        if (email != null)
            System.out.println("Email : " + email);
        System.out.println("-------------------------------------");
    }
}
```

❶ 생성자를 통해 필드값을 초기화할 수 있도록 합니다.

❷ 주소록의 값으로 이름, 전화번호만 입력될 수도, 이메일까지도 입력될 수도 있으므로 생성자의 오버로딩 기능을 사용하여 다양한 입력 방법을 만들어줍니다.

❸ 입력된 값을 보여줄 수 있는 메서드를 만들어줍니다.

03 이제 이 PhoneInfo 클래스를 사용할 MyPhoneBook 클래스를 추가해줍니다.

```
⌄ Chapter26
  › JRE System Library [jdk-11.0.8]
  ⌄ src
    ⌄ step01
      › MyPhoneBook.java
      › PhoneInfo.java
```

Chapter26 / step01 / MyPhoneBook.java

```
package step01;

public class MyPhoneBook
{
    public static void main(String[] args)
    {
        PhoneInfo pInfo1 = new PhoneInfo("손오공", "010-1234-5678",
                                          "test1@test.com"); // ❶
        PhoneInfo pInfo2 = new PhoneInfo("전우치", "010-4321-8765"); // ❷
        pInfo1.showPhoneInfo();  ┐
        pInfo2.showPhoneInfo();  ┘// ❸
    }
}
```

❶ 이름, 전화번호, 이메일 세 정보를 다 가진 생성자를 통해 데이터 객체를 만듭니다.

❷ 이름, 전화번호만 가진 생성자를 통해 데이터 객체를 만듭니다.

❸ 해당 객체에 저장된 정보를 출력합니다.

04 컴파일한 후 실행시켜 입력한 내용이 잘 출력되는지 확인합니다.

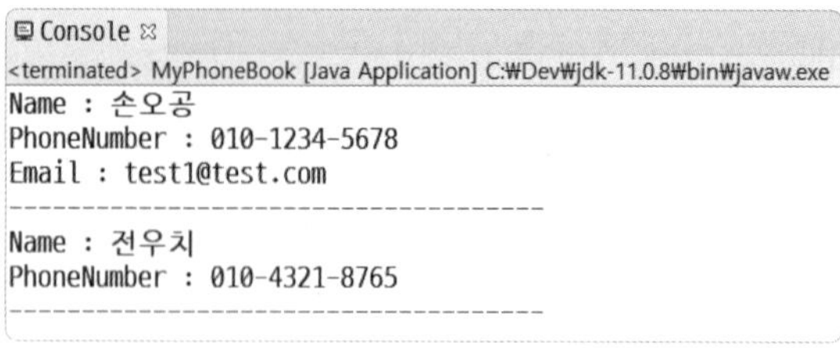

Console
<terminated> MyPhoneBook [Java Application] C:₩Dev₩jdk-11.0.8₩bin₩javaw.exe
Name : 손오공
PhoneNumber : 010-1234-5678
Email : test1@test.com

Name : 전우치
PhoneNumber : 010-4321-8765

두 객체에 저장된 정보가 잘 출력되었습니다.

STEP 2 26.3 메인 메뉴 구성하기

To Do 01 ❶ step02 패키지를 만듭니다. 그리고 ❷ step01 패키지에서 두 클래스를 복사해서 step02 패키지로 붙여넣습니다.

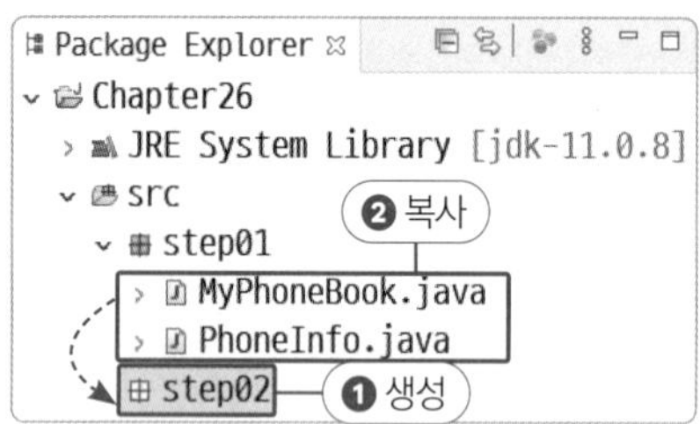

복사해서 붙여넣으면 다음 그림처럼 자동으로 패키지명이 변경됩니다.

Package Explorer
- Chapter26
  - JRE System Library [jdk-11.0.8]
  - src
    - step01
      - MyPhoneBook.java
      - PhoneInfo.java
    - step02
      - MyPhoneBook.java
      - PhoneInfo.java

PhoneInfo.java

```
package step02;

public class PhoneInfo
{
    String name;
    String phoneNumber;
    String email;

    public PhoneInfo(String name, String phoneNumber)
    {
```

02 MyPhoneBook에 다음과 같이 메인 메뉴 구성을 하도록 코드를 작성합니다. PhoneInfo의 클래스를 테스트하던 기존 코드는 제거합니다.

Chapter26 / step02 / MyPhoneBook.java

```
package step02;

```

```
import java.util.Scanner;

public class MyPhoneBook
{
    static Scanner sc = new Scanner(System.in);

    public static void showMenu()
    {
        System.out.println("[메뉴 선택]");
        System.out.println("1.전화번호 입력");
        System.out.println("2.전화번호 조회");           // ❶ 메뉴
        System.out.println("3.전화번호 삭제"); 추가
        System.out.println("4.종료");
        System.out.print("선택 : ");
    }

    public static void addNumber() // ❷ 추가
    {

    }

    public static void selNumber() // ❸ 조회
    {

    }

    public static void delNumber() // ❹ 삭제
    {

    }

    public static void main(String[] args)
    {
        int choice; // ❺
        while(true) // ❻
        {
            showMenu(); // ❼ 메뉴 출력
            choice = sc.nextInt(); // ❽
            sc.nextLine();  // ❾
            switch (choice) // ❿
```

```
            {
            case 1:
                addNumber();
                break;
            case 2:
                selNumber();
                break;
            case 3:
                delNumber();
                break;
            case 4:                                          ─┐
                System.out.println("프로그램을 종료합니다.");   ├─// ⓫
                return;                                      ─┘
            default:                                         ─┐
                System.out.println("잘 못 입력하셨습니다.");    ├─// ⓬
                break;                                       ─┘
            }
        }
    }
}
```

❶ 메인 메뉴를 구성합니다. ❷ 전화번호를 추가하는 기능의 메서드를 만듭니다. ❸ 전화번호를 조회하는 기능의 메서드를 만듭니다. ❹ 전화번호를 삭제하는 기능의 메서드를 만듭니다.

❺ 사용자가 입력한 값을 보관하는 변수를 선언합니다.

❻ 프로그램이 계속 실행되도록 while문으로 구성합니다.

❼ 메뉴를 출력합니다. ❽ 사용자의 입력을 통해 메뉴를 선택할 수 있도록 합니다. ❾ 숫자를 입력하고 Enter 를 입력하기 때문에 Enter 처리를 위해 한 번 더 입력 처리를 해줍니다.

❿ 사용자가 선택한 메뉴에 맞는 메서드를 호출해줍니다. ⓫ 종료를 선택하면 return을 통해 main() 메서드를 빠져나가게 해서 프로그램을 종료시킵니다. ⓬ 메뉴에 없는 번호가 입력되었다면 메시지를 보여주고 다시 메뉴를 선택할 수 있도록 합니다.

03 컴파일한 후 실행시켜 메뉴가 잘 출력되는지 확인합니다.

```
Console ☒
<terminated> MyPhoneBook (1) [Java Application] C:₩Dev₩jdk-11.0.8₩bin₩javaw.exe
[메뉴 선택]
1.전화번호 입력
2.전화번호 조회
3.전화번호 삭제
4.종료
선택 : 1
[메뉴 선택]
1.전화번호 입력
2.전화번호 조회
3.전화번호 삭제
4.종료
선택 : 0
잘 못 입력하셨습니다.
[메뉴 선택]
1.전화번호 입력
2.전화번호 조회
3.전화번호 삭제
4.종료
선택 : 4
프로그램을 종료합니다.
```

STEP 3 26.4 연락처 입력

To Do 01 ❶ step03 패키지를 만듭니다. 그리고 ❷ step02 패키지에서 두 클래스를 복사해서 step03 패키지로 붙여넣습니다.

02 MyPhoneBook의 addNumber( ) 메서드에 다음과 같이 코드를 추가합니다. PhoneInfo 객체에 입력된 전화번호 정보를 저장하기 위해 해시맵을 사용할 겁니다.

Chapter26 / step03 / MyPhoneBook.java

```
package step03;

import java.util.HashMap;    // 임포트 추가
import java.util.Map;
import java.util.Scanner;

public class MyPhoneBook
{
    static Scanner sc = new Scanner(System.in);
    static Map<String, PhoneInfo> map = new HashMap<>(); // ❶

```

```
    public static void showMenu()
    {
        System.out.println("[메뉴 선택]");
        System.out.println("1.전화번호 입력");
        System.out.println("2.전화번호 조회");
        System.out.println("3.전화번호 삭제");
        System.out.println("4.종료");
        System.out.print("선택 : ");
    }

    public static void addNumber()
    {
        System.out.print("이름 : ");                      ┐
        String name = sc.nextLine();                       │
        System.out.print("전화번호 : ");                   │
        String phoneNumber = sc.nextLine();                ├─ // ❷
        System.out.print("이메일 : ");                     │
        String email = sc.nextLine();                      ┘

        PhoneInfo pInfo;                                                      ┐
        if (email != null) {                                                  │
            pInfo = new PhoneInfo(name, phoneNumber, email);                  ├─ // ❸
        } else {                                                              │
            pInfo = new PhoneInfo(name, phoneNumber);                         │
        }                                                                     ┘
        pInfo.showPhoneInfo(); // ❹
        map.put(name, pInfo);  // ❺
        System.out.println("맵의 크기 : " + map.size()); // ❻
    }
  - 이하 생략-
```

❶ 전화번호를 저장한 객체를 저장하는 해시맵 변수를 선언합니다.

❷ 전화번호 정보를 입력받습니다.

❸ 이메일이 입력되었냐 안 되었냐에 따라 서로 다른 생성자를 사용해 PhoneInfo 객체를 생성합니다.

❹ 입력된 정보를 확인차 다시 한번 보여줍니다(확인용). ❺ 해시맵에 생성된 PhoneInfo 객체를 추가합니다. 키값은 입력된 값 중 이름을 다시 한번 사용합니다. ❻ 현재 해시맵에 저장

된 정보의 숫자를 출력합니다(확인용).

03 컴파일한 후 실행시켜 데이터 추가가 잘 되는지 확인합니다. ❹와 ❻의 출력에 의해 입력이 잘 되는지 확인할 수 있습니다.

```
Console
MyPhoneBook (2) [Java Application] C:₩Dev₩jdk-11.0.8₩bin₩javaw.exe (2021. 3. 7.
[메뉴 선택]
1.전화번호 입력
2.전화번호 조회
3.전화번호 삭제
4.종료
선택 : 1
이름 : 홍길동
전화번호 : 010-1234-5678
이메일 : test1@test.com
Name : 홍길동
PhoneNumber : 010-1234-5678
Email : test1@test.com
-------------------------------------
맵의 크기 : 1
[메뉴 선택]
1.전화번호 입력
2.전화번호 조회
3.전화번호 삭제
4.종료
선택 : 1
이름 : 전우치
전화번호 : 010-9876-5432
이메일 :
Name : 전우치
PhoneNumber : 010-9876-5432
Email :
-------------------------------------
맵의 크기 : 2
[메뉴 선택]
1.전화번호 입력
2.전화번호 조회
3.전화번호 삭제
4.종료
선택 :
```

STEP 4 26.5 연락처 조회

To Do 01 ❶ step04 패키지를 만듭니다. 그리고 ❷ step03 패키지에서 두 클래스를 복사해서 step04 패키지로 붙여넣습니다.

02 MyPhoneBook의 selNumber( ) 메서드에 다음과 같이 코드를 추가합니다. 해시맵에서 입력된 이름을 키로 값을 찾아와서 PhoneInfo 객체 변수에 받아서 입력된 전화번호 정보를 출력합니다.

Chapter26 / step04 / MyPhoneBook.java

```
    public static void addNumber()
    {
        System.out.print("이름 : ");
        String name = sc.nextLine();
        System.out.print("전화번호 : ");
```

```java
        String phoneNumber = sc.nextLine();
        System.out.print("이메일 : ");
        String email = sc.nextLine();

        PhoneInfo pInfo;
        if (email != null) {
            pInfo = new PhoneInfo(name, phoneNumber, email);
        } else {
            pInfo = new PhoneInfo(name, phoneNumber);
        }
        //pInfo.showPhoneInfo(); // ❶
        map.put(name, pInfo);
        //System.out.println("맵의 크기 : " + map.size()); // ❷
    }

    public static void selNumber()
    {
        System.out.print("조회할 이름 : ");
        String name = sc.nextLine();

//        Set<String> ks = map.keySet();
//        for(String s : ks)
//            System.out.println(map.get(s).toString());            // ❸
//        System.out.println("-------------------------------------");

        PhoneInfo pInfo = map.get(name); // ❹
        pInfo.showPhoneInfo(); // ❺
    }
```

❶, ❷ 입력된 내용을 확인하던 기존 코드를 주석 처리합니다.

❸ 해시맵에 들어 있는 모든 내용을 출력합니다(확인용).

❹ 입력된 값을 키로 해시맵에서 값을 가져옵니다. ❺ PhoneInfo의 showPhone Info() 메서드를 통해 저장된 정보를 출력합니다.

03 컴파일한 후 실행시켜 1번 메뉴를 통해 먼저 데이터를 추가합니다. 그리고 2번 메뉴를 통해 입력된 데이터가 잘 조회되는지를 확인해봅니다.

```
Console ⊠
MyPhoneBook (3) [Java Application] C:₩Dev₩jdk-11.0.8₩bin₩javaw.exe (2021. 3. 7. 오전
[메뉴 선택]
1.전화번호 입력
2.전화번호 조회
3.전화번호 삭제
4.종료
선택 : 2
조회할 이름 : 손오공
Name : 손오공
PhoneNumber : 010-0987-1234
Email : test2@test.com
-------------------------------------
[메뉴 선택]
1.전화번호 입력
2.전화번호 조회
3.전화번호 삭제
4.종료
선택 :
```

STEP 5 26.6 연락처 삭제

To Do **01** ❶ step05 패키지를 만듭니다. 그리고 ❷ step04 패키지에서 두 클래스를 복사해서 step05 패키지로 붙여넣습니다.

02 MyPhoneBook의 delNumber( ) 메서드에 다음과 같이 코드를 추가합니다. 해시맵에서 입력된 이름을 키로 값을 삭제합니다.

Chapter26 / step05 / MyPhoneBook.java

```
    public static void delNumber()
    {
        System.out.print("삭제할 이름 : ");
        String name = sc.nextLine();

        PhoneInfo pInfo = map.remove(name); // ❶
        if (pInfo != null) { // ❷
            System.out.println("삭제되었습니다.");
            //pInfo.showPhoneInfo();
        } else { // ❸
            System.out.println("해당 값이 없습니다.");
        }
```

```
//        Set<String> ks = map.keySet();
//        for(String s : ks)
//            map.get(s).showPhoneInfo();
//        System.out.println("-----------------------------------");   // ❹
    }
```

❶ 해시맵에서 키의 값을 찾아서 삭제합니다.

❷ 삭제된 정보가 있다면 pInfo 변수의 값은 해당 객체의 값을 반환받게 됩니다.

❸ 삭제된 정보가 없다면 pInfo 변수의 값은 null입니다.

❹ 해시맵에 있는 정보를 다 출력해봅니다(확인용).

03 컴파일한 후 실행시켜 1번 메뉴를 통해 먼저 데이터를 여러 개 추가합니다. 그리고 3번 메뉴를 통해 입력된 데이터가 잘 삭제되는지를 확인해봅니다.

```
Console ☒
MyPhoneBook (4) [Java Application] C:₩Dev₩jdk-11.0.8₩bin₩javaw.exe  (2021. 3. 7. 오전
[메뉴 선택]
1.전화번호 입력
2.전화번호 조회
3.전화번호 삭제
4.종료
선택 : 1
이름 : 홍길동
전화번호 : 010-1234-5678
이메일 : test1@test.com
[메뉴 선택]
1.전화번호 입력
2.전화번호 조회
3.전화번호 삭제
4.종료
선택 : 3
삭제할 이름 : 홍길동
삭제되었습니다.
[메뉴 선택]
1.전화번호 입력
2.전화번호 조회
3.전화번호 삭제
4.종료
선택 :
```

STEP 6 26.7 프로그램 종료 시 연락처 저장

To Do

01 ❶ step06 패키지를 만듭니다. 그리고 ❷ step05 패키지에서 두 클래스를 복사해서 step06 패키지로 붙여넣습니다.

02 24장에서 배운 직렬화 기능을 사용하여 PhoneInfo 객체를 저장할 겁니다. 그래서 PhoneInfo 클래스에 마커 인터페이스를 추가하여 직렬화 기능에 의해 저장될 수 있도록 설정을 추가해줍니다.

Chapter26 / step06 / PhoneInfo.java

```java
package step06;

public class PhoneInfo implements java.io.Serializable // 인터페이스 추가
{
    String name;
    String phoneNumber;
    String email;
```

❶ 직렬화 기능을 사용하기 위한 마커 인터페이스를 추가합니다.

03 이때 경고가 뜨는데 그냥 사용해도 되지만, 다음과 같은 메뉴에서 자동 수정 기능을 사용하여 수정합니다.

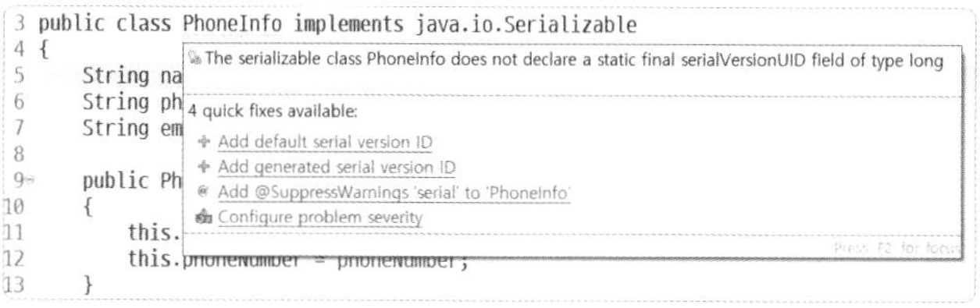

```
3 public class PhoneInfo implements java.io.Serializable
4 {
5     String na
6     String ph
7     String em
8
9     public Ph
10    {
11        this.
12        this.phoneNumber = phoneNumber;
13    }
```

The serializable class PhoneInfo does not declare a static final serialVersionUID field of type long

4 quick fixes available:
- Add default serial version ID
- Add generated serial version ID
- Add @SuppressWarnings 'serial' to 'PhoneInfo'
- Configure problem severity

Press 'F2' for focus

자동으로 코드가 추가된 코드에서 빈 주석을 지우면 다음과 같이 됩니다.

```java
package step06;

public class PhoneInfo implements java.io.Serializable
{
    private static final long serialVersionUID = 1L;
    String name;
    String phoneNumber;
    String email;
```

04 이후 MyPhoneBook에 saveInfo() 메서드를 추가하고 다음과 같이 코드를 추가합니다.

Chapter26 / step06 / MyPhoneBook.java

```
package step06;

import java.io.FileOutputStream;
import java.io.IOException;          // 임포트 추가
import java.io.ObjectOutputStream;
import java.util.HashMap;
import java.util.Map;
import java.util.Scanner;
import java.util.Set; // 임포트 추가

...

    public static void main(String[] args)
    {
        int choice;
        while (true)
        {
            showMenu();
            choice = sc.nextInt();
            sc.nextLine();
            switch (choice)
            {
            case 1:
                addNumber();
                break;
            case 2:
                selNumber();
                break;
            case 3:
                delNumber();
                break;
            case 4:
                saveInfo(); // ❶ 저장
                System.out.println("프로그램을 종료합니다.");
                return;
            default:
                System.out.println("잘 못 입력하셨습니다.");
                break;
```

```
            }
        }
    }

    public static void saveInfo()
    {
        try (ObjectOutputStream oo =
                new ObjectOutputStream(new FileOutputStream("./bin/step06/Object.bin")))
        {
            Set<String> ks = map.keySet();      // ❸
            for (String s : ks)
            {
                PhoneInfo pInfo = map.get(s); // ❹
                oo.writeObject(pInfo); // ❺
            }
        }
        catch(IOException e)
        {
            e.printStackTrace();
        }
    }
}
```

❶ 프로그램이 종료되기 전 saveInfo() 메서드를 호출하여 해시맵에 있는 정보를 저장합니다.

❷ 해시맵에 있는 정보를 파일을 만들고 파일에 저장합니다.

❸ 해시맵에 있는 키값을 가져옵니다. ❹ 키값을 이용해서 모든 해시에 저장된 값들을 가져옵니다. ❺ 가져온 PhoneInfo 객체를 파일에 저장합니다.

05 컴파일한 후 실행시켜 1번 메뉴를 통해 먼저 데이터를 여러 개 추가합니다. 그리고 4번 메뉴를 통해 종료될 때 Object.bin 파일이 생성이 되는지 확인해봅니다.

```
Console
<terminated> MyPhoneBook (5) [Java Application] C:\Dev\jd
선택 : 1
이름 : 홍길동3
전화번호 : 010-4321-5678
이메일 : test2@test.com
[메뉴 선택]
1.전화번호 입력
2.전화번호 조회
3.전화번호 삭제
4.종료
선택 : 4
프로그램을 종료합니다.
```

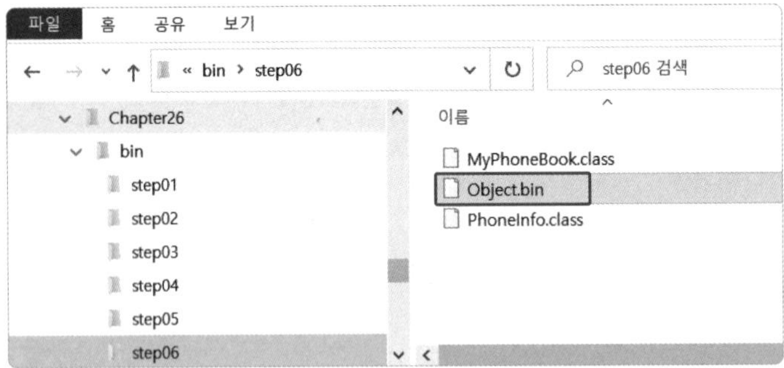

STEP 7 26.8 프로그램 시작 시 연락처 로드

To Do

01 ❶ step07 패키지를 만듭니다. 그리고 ❷ step06 패키지에서 두 클래스를 복사해서 step07 패키지로 붙여넣습니다.

02 MyPhoneBook에 readInfo() 메서드를 추가하고 다음과 같이 코드를 추가합니다.

Chapter26 / step07 / MyPhoneBook.java

```
    public static void main(String[] args)
    {
        readInfo(); // ❶ Object.bin 로드
        int choice;
        while (true)
        {
            - 중략 -
        }
    }

    public static void saveInfo()
    {
        try (ObjectOutputStream oo =                              // ❷
                new ObjectOutputStream
                  (new FileOutputStream("./bin/step07/Object.bin")))
        {
            Set<String> ks = map.keySet();
            for (String s : ks)
            {
                PhoneInfo pInfo = map.get(s);
                oo.writeObject(pInfo);
```

```java
            }
        }
        catch(IOException e)
        {
            e.printStackTrace();
        }
    }

    public static void readInfo()  // ❸
    {
        try (ObjectInputStream oi =
                new ObjectInputStream
                  (new FileInputStream("./bin/step07/Object.bin")))
        {
            while (true)
            {
                PhoneInfo pInfo = (PhoneInfo) oi.readObject(); // ❹
                if (pInfo == null) // ❺
                    break;
                map.put(pInfo.name, pInfo); // ❻
            }
        }
        catch(ClassNotFoundException e)
        {
            e.printStackTrace();
        }
        catch(IOException e)
        {
            //e.printStackTrace();
        }
    }
```

❶ 프로그램이 시작하면 Object.bin 파일을 읽어 저장되어 있는 정보를 미리 메모리에 로드시켰습니다.

❷ 파일이 저장되는 폴더 정보를 수정합니다.

❸ 파일을 읽어들이는 메서드를 정의합니다.

❹ 파일에서 객체를 읽어들입니다. ❺ 더 이상 객체가 없다면 반복문을 종료합니다. ❻ 읽어들

인 객체를 해시맵에 추가합니다.

03 컴파일한 후 실행시켜 1번 메뉴를 통해 먼저 데이터를 여러 개 추가합니다. 그리고 4번 메뉴를 통해 종료가 될 때 Object.bin 파일을 먼저 생성합니다.

04 다시 실행하여 데이터가 로드가 되었는지, 2번 메뉴로 데이터를 조회해봅니다.

```
Console
MyPhoneBook (6) [Java Application] C:\Dev\jdk-11.0.8\bin\javaw.exe (2021. 3. 7. 오후
[메뉴 선택]
1.전화번호 입력
2.전화번호 조회
3.전화번호 삭제
4.종료
선택 : 2
조회할 이름 : 전우치
Name : 전우치
PhoneNumber : 010-1234-6666
Email :
------------------------------------
[메뉴 선택]
1.전화번호 입력
2.전화번호 조회
3.전화번호 삭제
4.종료
선택 :
```

Tip 객체가 저장될 때 패키지 정보도 함께 저장되기 때문에 step06 패키지에서 만든 객체는 step07 패키지에서 읽어들일 수 없습니다.

학습 마무리

지금까지 우리가 배운 클래스, 패키지, 입출력 스트림 등 많은 기능을 전화번호부 예제에 다 적용시켰습니다. 잘못 입력된 데이터의 예외 처리 및 데이터 중복 처리 등은 다루지 않았지만 이 부분은 여러분에게 과제로 남겨두겠습니다.

부록 : ASCII 코드표

10진수	16진수	2진수	ASCII	10진수	16진수	2진수	ASCII	10진수	16진수	2진수	ASCII	10진수	16진수	2진수	ASCII
0	0x00	00000000	NULL	32	0x20	00100000	SP	64	0x40	01000000	@	96	0x60	01100000	`
1	0x01	00000001	SOH	33	0x21	00100001	!	65	0x41	01000001	A	97	0x61	01100001	a
2	0x02	00000010	STX	34	0x22	00100010	"	66	0x42	01000010	B	98	0x62	01100010	b
3	0x03	00000011	ETX	35	0x23	00100011	#	67	0x43	01000011	C	99	0x63	01100011	c
4	0x04	00000100	EOT	36	0x24	00100100	$	68	0x44	01000100	D	100	0x64	01100100	d
5	0x05	00000101	ENQ	37	0x25	00100101	%	69	0x45	01000101	E	101	0x65	01100101	e
6	0x06	00000110	ACK	38	0x26	00100110	&	70	0x46	01000110	F	102	0x66	01100110	f
7	0x07	00000111	BEL	39	0x27	00100111	'	71	0x47	01000111	G	103	0x67	01100111	g
8	0x08	00001000	BS	40	0x28	00101000	(	72	0x48	01001000	H	104	0x68	01101000	h
9	0x09	00001001	HT	41	0x29	00101001	)	73	0x49	01001001	I	105	0x69	01101001	i
10	0x0A	00001010	LF	42	0x2A	00101010	*	74	0x4A	01001010	J	106	0x6A	01101010	j
11	0x0B	00001011	VT	43	0x2B	00101011	+	75	0x4B	01001011	K	107	0x6B	01101011	k
12	0x0C	00001100	FF	44	0x2C	00101100	,	76	0x4C	01001100	L	108	0x6C	01101100	l
13	0x0D	00001101	CR	45	0x2D	00101101	–	77	0x4D	01001101	M	109	0x6D	01101101	m
14	0x0E	00001110	SO	46	0x2E	00101110	.	78	0x4E	01001110	N	110	0x6E	01101110	n
15	0x0F	00001111	SI	47	0x2F	00101111	/	79	0x4F	01001111	O	111	0x6F	01101111	o
16	0x10	00010000	DLE	48	0x30	00110000	0	80	0x50	01010000	P	112	0x70	01110000	p
17	0x11	00010001	DC1	49	0x31	00110001	1	81	0x51	01010001	Q	113	0x71	01110001	q
18	0x12	00010010	DC2	50	0x32	00110010	2	82	0x52	01010010	R	114	0x72	01110010	r
19	0x13	00010011	DC3	51	0x33	00110011	3	83	0x53	01010011	S	115	0x73	01110011	s
20	0x14	00010100	DC4	52	0x34	00110100	4	84	0x54	01010100	T	116	0x74	01110100	t
21	0x15	00010101	NAK	53	0x35	00110101	5	85	0x55	01010101	U	117	0x75	01110101	u
22	0x16	00010110	SYN	54	0x36	00110110	6	86	0x56	01010110	V	118	0x76	01110110	v
23	0x17	00010111	ETB	55	0x37	00110111	7	87	0x57	01010111	W	119	0x77	01110111	w
24	0x18	00011000	CAN	56	0x38	00111000	8	88	0x58	01011000	X	120	0x78	01111000	x
25	0x19	00011001	EM	57	0x39	00111001	9	89	0x59	01011001	Y	121	0x79	01111001	y
26	0x1A	00011010	SUB	58	0x3A	00111010	:	90	0x5A	01011010	Z	122	0x7A	01111010	z
27	0x1B	00011011	ESC	59	0x3B	00111011	;	91	0x5B	01011011	[	123	0x7B	01111011	{
28	0x1C	00011100	FS	60	0x3C	00111100	<	92	0x5C	01011100	\	124	0x7C	01111100	|
29	0x1D	00011101	GS	61	0x3D	00111101	=	93	0x5D	01011101	]	125	0x7D	01111101	}
30	0x1E	00011110	RS	62	0x3E	00111110	>	94	0x5E	01011110	^	126	0x7E	01111110	~
31	0x1F	00011111	US	63	0x3F	00111111	?	95	0x5F	01011111	_	127	0x7F	01111111	DEL

에필로그

수많은 자바 책 중에 또 한 권이 되지 않고 정말로 도움이 되는 책이 되길 바랍니다.

처음 자바를 접한 게 1998년입니다. 그리고 지금까지 자바와 C++을 번갈아 가면서 계속 사용해오고 있습니다. 이렇게 오랫동안 사용하던 자바를 10년이 넘게 가르치고도 있습니다.

그러면서 회사 생활에서 만났던 후배들과, 교육 현장에서 가르쳤던 학생이 자바를 배우고 사용할 때 힘들어하던 것을 많이 봐왔습니다.

자바뿐 아니라 모든 프로그래밍 언어를 공부할 때는 이해가 필요한 부분도 있고, 연습이 필요한 부분도 있습니다(연습이 필요한 부분이 더 절대적으로 많지만 말이죠).

이런 부분을 잘 알고 있기 때문에 이해가 필요한 부분에서는 좀 더 친근한 비유를 들었고 다른 책에서는 담지 않은 근본적인 이유를 들어 설명했습니다. 그리고 디버깅 툴을 통해서 메모리에서 변숫값의 변화를 직접 추적하면서까지 직접 눈으로 확인해서 이해를 쉽게 할 수 있도록 구성했습니다.

강의 현장에서 배울 때는 연습이 필요한 부분을 선생님이 연습시키기 때문에 타이핑을 직접 하면서 코딩을 체득하게 됩니다. 반면 집에서 책이나 인강으로 배우게 될 때는 코드를 눈으로만 보면서 공부를 하게 되는 경우가 많습니다. 이때 안다고 착각을 많이 하게 됩니다. 눈으로만 보고 이해해서는 실력이 늘지 않습니다. 모든 코드를 직접 입력하고 실행해봐야 합니다(연습은 본인이 직접 하는 거죠. 누가 대신해 주지 못합니다).

매 장마다 개념을 설명하는 데 사용한 예제는, 여러분의 시간을 투자해도 아깝지 않을 겁니다. 꼭 직접 입력해서 실행해 보시기 바랍니다.

마지막으로 이 책이 수많은 자바 책 중에 또 한 권이 되지 않고, 독자 여러분에게 정말로 도움이 되는 책이 되길 바랍니다.

2021년 여름

이재환

용어 찾기

용어 찾기

용어 찾기

코드 찾기

코드 찾기

이재환의 자바 프로그래밍 입문

설치 없이 익히는 《선수 수업》부터 딱 필요한 만큼 핵심 문법과 미니 프로젝트까지

초판 1쇄 발행 2021년 08월 01일

지은이 이재환

펴낸이 최현우 · **기획** 최현우 · **편집** 최현우, 이복연

디자인 Nu:n · **조판** Nu:n

펴낸곳 골든래빗(주)

등록 2020년 7월 7일 제 2020-000183호

주소 서울 마포구 신촌로2길 19, 302호

전화 0505-398-0505 · **팩스** 0505-537-0505

이메일 ask@goldenrabbit.co.kr

SNS facebook.com/goldenrabbit2020

ISBN 979-11-971498-6-3 93000

* 파본은 구입한 서점에서 바꿔드립니다.